맹자론

맹학이 송대 이래 일천여 년 동안 공학의 적통으로 간주된 사실을 통해 짐작할 수 있듯이 동양 전래의 학문과 사상에서 맹자가 차지하고 있는 비중은 가히 공자에 버금하는 것이라고 해도 과언이 아니다. 그렇다면 소위 ‘아성’ 맹자는 과연 어떤 인물이었을까.

孟子論

신동준 지음

인간사랑

들어가는 글

흔히 맹자孟子를 아성亞聖이라고 한다. 이는 공자孔子 다음 가는 성인이라는 뜻이다. 그러나 성리학性理學이 극성했던 조선조에는 사실 지성至聖으로 존숭된 공자보다도 오히려 더욱 높은 평가를 받았다. 이는 말할 것도 없이 성리학이 맹학孟學에 뿌리를 둔 데 따른 것이었다. 맹학은 수기修己 · 내성內聖과 치인治人 · 외왕外王의 총체적 합일을 추구한 공학孔學의 차원에서 볼 때 현실적인 '치인 · 외왕'보다 이상적인 '수기 · 내성'을 중시한 점에서 공자좌파孔子左派에 속한다. 이는 순자荀子로 대표되는 우파右派가 '수기 · 내성'보다 '치인 · 외왕'을 중시한 것과 대조된다. 이로 인해 순학荀學은 남송대에 이르러 맹학에 뿌리를 둔 성리학이 탄생하면서 이내 이단으로 몰리고 말았다.

맹학의 가장 큰 특징은 치세治世와 난세亂世를 막론하고 인의仁義에 입각한 소위 '왕도王道'만을 유일한 치도治道로 삼은 데 있다. 이는 우파인 순학에서 갈라져 나온 한비자韓非子 등의 법가法家가 치세와 난세를 막론하고 중법重法에 의거한 '패도覇道'만을 유일한 치도로 삼은 것과 극명한 대조를 이루고 있다. 전국시대 말기에 제자백가諸子百家 내에 전개된 소위 '치도논쟁'에서 왕도를 추종하는 유가와 패도를 추구하는 법가가 정면으로 충돌한 이유가 바로 여기에 있었다.

맹자가 활약하는 전국시대戰國時代 중기는 군신지분君臣之分의 붕괴에 따른 하극상下剋上과 교린지의交隣之誼의 소멸에 따른 총력전總力戰이 횡행한 시기였다. 난세의 정도가 심할수록 치세의 도래를 열망하는 백성들의 염원 또한 증폭되기 마련이다. 당시의 상황에서 볼 때 치세의 도래는 천하통일을 통해서만 가능했다. 천하인 모두 이 사실을 숙지하고 있었다. 열국의 군주들은 너나 할 것 없이 모두 자국을 중심으로 한 천하통일을 달성키 위해 혈안이 되었다. 이는 열국 간의 끝없는 군비경쟁을 촉발시켰다. 군비경쟁에서 우위를 점하는 길은 지속적인 부국강병 노선밖에 없었다. 모든 나라가 하나같이 일하며 싸우는 소위 '경전사상耕戰思想'에 입각해 치열한 각축전을 전개한 것은 바로 이 때문이었다.

맹자는 이런 상황에서 열국의 군주들을 상대로 한 천하유세를 펼치며 인의에 입각한 왕도로 천하통일을 추구할 것을 역설했다. 왕도를 행하면 자국의 백성은 물론 여타 국가의 백성들조차 심복케 되어 마침내 자연스레 천하통일의 대업을 이룰 수 있다는 게 그의 주장이었다. 비록 현실과 동떨어진 공소空疎한 방안이기는 했으나 그 취지만큼은 뛰어난 바가 있었다. 열국의 군주들이 최소한 겉으로라도 그의 유세를 경청하는 모습을 취한 이유가 바로 여기에 있었다.

그러나 전국시대 이래 맹자사상은 별다른 주목을 받지 못했다. 맹자의 주장이 난세의 현실과 동떨어져 있었기 때문이다. 한무제漢武帝가 유학을 유일무이한 관학官學으로 선포한 이래 오랫동안 맹자가 공자와 달리 제자백가의 한 사람 정도로 치부되고 『맹자』에 대한 비판이 간단없이 이어진 사실이 이를 뒷받침한다. 순자의 '비맹非孟'과 전한제국 때 나온 왕충王充의 '자맹刺孟'을 비롯해 송대에 나온 사마광司馬光의 '의맹疑孟'과 소동파의 '원맹原孟' 등이 『맹자』에 통렬한 비판을 가한 대표적인 사례에 속한다. 맹자의 왕도설이 얼마나 현실적인 '치인·외왕' 문제와 괴리되어 있는지를 짐작케 해주는 대목이 아닐 수 없다.

물론 당시에도 이들의 맹자 비판에 맞서 맹자를 적극 변호하고 나선 사람이 전혀 없었던 것은 아니었다. 송대의 여윤문余允文은 「존맹변尊孟辨」을 통해 맹자사상의 긍정적인 면을 적극 부각시켰다. 그러나 그의 이론은 정밀하지 못했다. 남송대의 주희朱熹는 「독여은지존맹변讀余隱之尊孟辨」에서 이를 보다 정치하게 다듬어낸 뒤 맹자사상의 대변자를 자처하고 나섰다. 이를 계기로 맹자에 대한 평가가 완전히 일전되기 시작했다.

당시 주희를 비롯한 남송대의 사대부들이 맹자에 주목한 것은 결코 우연이 아니었다. 당시 남송은 이민족인 거란족의 요遼나라와 여진족의 금金나라로 인한 부단한 침략위협에 크게 시달리고 있었다. 공교롭게도 당시의 사상계조차 중국 고유의 것이 아닌 불학佛學과 도교 계통의 현학玄學이 석권하고 있었다. 당시까지 훈고학訓詁學에 치우쳐 있던 유학은 출세간出世間의 문제를 정면으로 다룬 불학과 현학의 심오한 이론을 전혀 극복치 못하고 불학과 현학에 끌려가는 양상을 보이고 있었다.

당시 남송의 사대부들은 비록 현실적인 이유로 이민족과 굴욕적인 강화를 맺기는 했으나 중원문화에 대한 강한 자부심을 지니고 있었다. 특히 주희는 현실적으로 금나라와 대적하면서 사상적으로 불학과 현학을 극복키 위해 고심했다. 주희가 맹자를 발견한 것은 바로 이런 시대적 배경에서 비롯된 것이었다. 당시 그는 『맹자』에 대한 정밀한 주석을 통해 전국시대 당시 뛰어난 도덕철학자로 활약한 맹자를 부각시킴으로써 중국민족의 도덕적 우월감을 부추기고자 했다. 맹자사상에 뿌리를 둔 성리학이 극단적인 명분론과 사변론에 치우친 것은 바로 이 때문이었다. 이후 성리학이 정통관학으로 채택되자 맹자는 '아성'으로 격상되고, 그의 자찬自撰으로 간주된 『맹자』 또한 여타 유가경전보다 배나 중시되는 소위 '겸경兼經'으로까지 격상되었다.

성리학의 명분론을 더욱 극단적으로 발전시킨 조선조의 사대부들은 이런 경향이 더욱 심해 맹자를 절대시하는 모습마저 보였다. 주희의 학문을 최고의 학문으로 여겼던 조선조의 성리학자들은 주희의 『맹자』에 대한 주석을 금과옥조처럼 여겨 이에 어긋나는 주장을 사문난적斯文亂賊으로 몰아갔다. 조선 성리학이 시종 통치와 무관한 사변적인 형이상학으로 치달은 이유가 바로 여기에 있었다.

당시 조선조의 사대부들이 『맹자』를 대할 때마다 보여준 경건한 태도는 경이로울 정도였다. 이들의 태도는 성경 및 코란을 대하는 기독교 및 이슬람 신도와 별반 차이가 없었다. 이들은 『맹자』를 읽을 때 옷깃을 단정히 한 뒤 맹자와 왕후王侯의 문답 대목에 이르면 왕후가 맹자에게 묻는 말에는 극존칭의 토를 달고 맹자가 왕후에게 답하는 말에는 하대어의 토를 달아 읽었다. 심지어 이들은 맹자의 이름이 나오는 대목에 이르면 '가軻'라는 이름대신에 '모某'라고 읽어 마치 살아 있는 군왕을 대하듯이 했다.

이를 통해 짐작할 수 있듯이 『맹자』는 사환仕宦의 길로 나아가고자 하는 유생은 말할 것도 없고, 설령 초야의 선비일지라도 최소한 선비대접을 받고자 하면 반드시 숙독하지 않으면 안 되는 필독 교양서로 통용되었다. 조선의 사대부들이 입만 열면 『맹자』를 들먹인 것은 바로 이 때문이었다. '공자왈, 맹자왈'이 아직도 고리타분한 상투어를 지칭하는 속언으로 남아 있는 것도 따지고 보면 당시의 극단적인 '숭맹崇孟' 풍조에 대한 일반 백성들의 냉소와 무관할 수 없다.

최근 중국의 부상과 더불어 동양고전에 대한 관심이 고조되고 있다. 특히 중국의 수뇌부들이 『맹자』를 비롯한 고전을 수시로 인용하면서 동양고전에 대한 관심은 날로 더해가는 느낌을 주고 있다. 그렇다면 중국의 수뇌부들은 왜 『맹자』를 비롯한 동양고전을 그토록 자주 인용하는 것일까. 나아가 21세기 동북아시대에 『맹자』는 무슨 의미를 지니고 있는 것일까. 필자는 3가지 면에서 그 이유를 찾을 수 있다고 본다.

첫째, 경제발전에 따른 물신주의物神主義의 팽배를 방지하기 위해 충효의 선양을 목표로 한 맹자의 '존양설存養說'을 적극 활용할 필요가 있다. 소위 '호연지기浩然之氣'를 기르기 위한 구체적인 방안으로 제시된 '존양설'은 맹자의 '성선설'을 구성하는 핵심이론이기도 하다. 현재 이에 대한 연구는 오히려 서양에서 크게 진척되어 있는 실정이다. 프랑수와 줄리앙F. Jullien은 최근에 펴낸 『맹자와 계몽철학자의 대화』에서 맹자의 성선설에서 동서양을 아우르는 21세기의 새로운 도덕철학의 가능성을 찾아낸 바 있다. 그는 맹자의 성선설을 서양의 대표적인 사상가인 루소와 칸트, 니체 등의 도덕철학과 상세히 비교함으로써 이런 성과를 얻어낸 것이다.

맹자의 성선설은 비록 '치인治人' 차원에서는 적잖은 문제가 있음에도 불구하고 '수기修己' 차원에서는 인간의 심성 자체 내에서 도덕의 기본원칙을 찾아냈다는 점에서 탁이卓異한 바가 있다. 이는 맹자의 인간에 대한 무한한 신뢰와 강한 '애민愛民' 사상에서 비롯된 것이다. 사실 『맹자』를 읽으면 이를 쉽게 확인할 수 있다. 『맹자』는 온통 이런 내용으로 점철돼 있다고 해도 과언이 아니다. 줄리앙이 『맹자』에서 21세기의 새로운 도덕철학의 가능성을 찾아낸 것도 결코 우연만은 아니라고 보아야 한다. 줄리앙은 성선설을 비롯해 맹자의 '수기'와 관련한 제반 이론에 대한 심도 있는 연구의 필요성을 선구적으로 보여준 셈이다.

둘째, 현대 민주주의의 파행을 보정補正하는 차원에서라도 백성을 귀하게 여기고 군주를 가볍게 여기는 맹자의 소위 '귀민경군貴民輕君' 사상을 깊이 천착할 필요가 있다. 맹자가 주창한 왕도설의 핵심을 이루고 있는 '귀민경군' 사상은 흔히 '민본주의民本主義'로 통칭되고 있다. 그간 학계에서는 '민본주의'와 '민주주의'는 겉모양만 같고 본질은 전혀 다른 것으로 간주하는 견해가 주류를 이뤄왔다. 그러나 필자가 『공자의 군자학』인간사랑, 2006에서 분석한 바와 같이 자유 · 평등 · 박애로 상징되는 프랑스혁명의 이념은 바로 '귀민경군' 사상에서 차용한 것이다.

19세기 이래 서양의 동양에 대한 '멸아蔑亞' 의식이 불식되지 않고 있는 상황에서 서양 학자들이 이를 애써 은폐 내지 축소하는 것은 그렇다 치더라도 우리나라를 위시한 동양의 지식인들마저 부화뇌동하는 모습을 보이는 것은 큰 잘못이다. 특히 우리나라와 같이 국민여론을 무시한 최고 통치권자들의 독선적인 통치 행태가 횡행하고 있는 나라에서는 이를 시정키 위한 대안 모색 차원에서라도 맹자의 왕도설에 대한 심도 있는 연구가 절실히 필요하다.

셋째, 국제정치이론 분야에서 맹자의 '인의론仁義論'을 적극 활용할 필요가 있다. '귀민경군' 사상과 더불어 왕도설의 핵심을 이루고 있는 '인의론'은 칸트의 '영구평화론永久平和論'과 여러 면에서 닮아 있다. 오히려 이론적인 면에서는 '인의론'이 '영구평화론'보다 훨씬 정치精緻한 면이 있다. 21세기 동북아시대의 새로운 이념적 지표를 정립하기 위해서라도 '인의론'에 담겨 있는 '반전평화反戰平和' 사상을 새로운 국제 평화이념으로 재해석하는 작업을 서두를 필요가 있다. 현재 유일무이한 초강대국으로 군림케 된 미국의 독주로 인해 항구적인 세계평화의 구축을 기치로 내걸고 출범한 국제연합이 제 기능을 하지 못하고 있다. 이런 현실을 감안할 때 '인의론'의 의미는 더욱 크게 부각될 수밖에 없다.

중국의 수뇌부들은 바로 이런 이유들로 인해 자주 『맹자』를 인용하는 것으로 짐작된다. 사실 현실적으로 아무리 패도를 추구할지라도 국제관계에서조차 패도를 전면에 내세울 수는 없는 일이다. 초대강국인 미국을 가상의 적으로 상정해 강도 높은 부국강병책을 구사하고 있는 중국의 수뇌부들이 자신들의 도광양회韜光養晦 : 칼날의 빛을 감추고 때를 기다림 책략을 호도하는 데 『맹자』

보다 더 유용한 고전도 없을 것이다. 이들은 지난 20세기 초에 리쭝우李宗吾가 주창한 소위 '후흑술厚黑術 : 왕도를 내세우며 패도를 추구하는 술책'을 구사하고 있는 셈이다.

그렇다면 우리나라 위정자들도 이제 『맹자』에 대해 다시 생각해야만 한다. 노회老獪하기 짝이 없는 중국의 수뇌부들을 상대하기 위해서라도 『맹자』를 깊이 천착할 필요가 있다. 특히 당면 과제로 등장해 있는 북한 핵문제 등을 원만히 해결하기 위해서라도 맹자의 왕도설을 적극 활용할 필요가 있다. 사실 과거 정권의 '햇볕정책'도 따지고 보면 맹자의 왕도설을 통일방략에 적극 활용한 경우에 해당한다고 할 수 있다. 그러나 '햇볕정책'은 결과적으로 실패하고 말았다. 그 이유는 무엇일까. 이는 기본적으로 설령 겉으로는 왕도를 내세울지라도 내부적으로는 패도를 추구하는 '후흑술'을 구사하지 못한 데 있다. '햇볕정책'과 같은 왕도 노선은 막강한 경제력을 바탕으로 한 병가兵家의 군략軍略과 종횡가縱橫家의 현란한 외교술이 더해져야만 그 실효를 거둘 수 있는 것이다.

이런 의미에서 맹자의 '일부가주론一夫可誅論'은 큰 관심을 모으고 있다. 사상 최초의 '폭군방벌론暴君放伐論'에 해당하는 '일부가주론'은 현재 대를 이어가며 세습적인 전제정치를 계속하고 있는 북한 정권의 체제변동 가능성을 염두에 둘 때 시사하는 바가 매우 크다. 내실을 다지는 가운데 주변 열강을 설득하여 남북통일의 분위기를 효과적으로 조성하기 위해서라도 『맹자』에 대한 심도 있는 연구가 절실히 필요한 것이다. 맹자사상은 비록 '치인' 차원에서는 일정한 수정을 가할 필요가 있음에도 불구하고

'수기' 차원에서는 그 이념적 순수성과 무한한 인간애 등으로 인해 인간의 정신을 끝없이 고양시키는 뛰어난 면이 있다. 통일시대를 눈앞에 둔 현재 맹자사상에 관한 심도 있는 연구가 더욱 절실히 필요한 이유가 바로 여기에 있다.

본래 현실을 떠난 이상은 공허하다. 그런 까닭에 통치자에게는 선후경중先後輕重을 판단하고 상황변화에 따른 임기응변臨機應變의 신속한 대응을 할 수 있는 유연한 사고와 자세가 절실히 요구된다. 그러나 이상을 상실한 현실은 각박하다. 그런 까닭에 통치자에게는 국민들을 따뜻하게 감싸안을 수 있는 개제군자愷悌君子의 덕성과 국민을 약동시켜 꿈과 희망을 품고 전진토록 만들 수 있는 지행일합知行一合의 경륜이 필요하다. 공자우파에 속하는 순자가 현실을 떠난 이상은 공허하다는 사실에 주목한 반면 공자좌파에 속하는 맹자는 이상을 상실한 현실은 각박하다는 사실에 주목한 셈이다.

격동하는 21세기 동북아시대를 주도적으로 이끌기 위해서는 법가적인 부국강병책이 필요하다. 그러나 조만간 도래할 치세를 준비하기 위해서라도 왕도적인 이상을 방기해서는 안 된다. 오히려 난세일수록 왕도에 대한 백성들의 열망은 더욱 커지기 마련이다. 삼국시대의 조조曹操와 유비劉備, 손권孫權 등이 패도를 추구하면서도 최소한 겉으로는 왕도를 내세운 것도 바로 이 때문이었다. 이들은 난세일수록 백성들에게 더욱 필요한 것은 보다 나은 내일에 대한 기대라는 사실을 통찰하고 있었던 것이다. 『맹자』는 후세인들에게 밝은 미래에 대한 꿈과 열정을 포기하지 말도록 강력히 주문하고 있다. 서양에 이상국가의 건설을 염원한 플라톤의

『국가』가 있다면 동양에는 인의에 의한 대동천하大同天下를 만들고자 한 맹가孟軻의 『맹자』가 있다고 할 수 있다. 일찍이 명말청초의 고염무顧炎武는 만주족에 의한 왕조교체의 과정을 목도한 뒤 『일지록日知錄』에서 이같이 절규한 바 있다.

"국가를 태평하게 하는 것은 군주나 신하와 같은 높은 사람들의 책무이다. 그러나 세상을 편안하게 하는 데에는 일반 서민에게도 책임이 있다."

고염무는 망국亡國과 망세亡世를 구분해 '망국'은 왕조의 교체에 지나지 않으나 '망세'는 세상의 도의가 파괴되는 것으로 간주한 것이다. 그는 인간으로 태어난 이상 인간으로서의 도덕적 책무만큼은 죽을 때까지 짊어지고 가야 한다고 생각했다. 국가의 패망 역시 따지고 보면 백성들이 이런 책무를 소홀히 한 데서 비롯된다는 게 그의 지적인 것이다. 이는 맹자의 '왕도설'과 '성선설' 등을 토대로 나라의 흥망을 분석한 결과로 볼 수 있다. 해방 이후 정치파행이 거듭되고 있는 이면에는 사실 고염무의 지적과 같이 국가를 태평하게 만들 수 있는 위정자를 제대로 선택하지 못한 국민에게도 책임이 있다. 난세에 『맹자』가 지니고 의미가 새삼 다가오는 대목이 아닐 수 없다.

그간 『맹자』에 대한 주석은 오랫동안 '수기 · 내성' 차원의 접근에 치우쳐 있었던 게 사실이다. 사마광과 소동파 등이 '치인 · 외왕' 차원에 입각해 『맹자』에 대해 신랄한 비판을 가한 것은 바로 이 때문이었다. 본서 또한 기본적으로 '치인 · 외왕' 차원에서 접근한 까닭에 『맹자』에 대한 비판서의 성격을 띠고 있다. 그러나 맹자의 왕도이념은 격동하는 21세기 동북아시대가 지향해야 할 이상적인 이념적 지표에 부합한다. 그런 의미에서 본서는 '치인 · 외왕의' 차원에서 맹자사상을 긍정적으로 평가한 최초의 사례에 속한다.

본서는 기본적으로 지난 1999년에 북경대학교 출판사에서 간행한 『13경주소』의 『맹자정의孟子正義』를 저본으로 삼아 『맹자』 전 편에 걸쳐 새로운 주석을 시도한 것이다. 필자는 오랫동안 가장 권위 있는 주석서로 간주되고 있는 조기趙岐의 『맹자장구』와 주희의 『맹자집주』, 초순焦循의 『맹자집주』 등을 빠짐없이 참조했다. 특히 『맹자』에 대한 고증학적 접근을 시도한 다산茶山 정약용丁若鏞의 『맹자요의孟子要義』에 세심한 주의를 기울여 다산의 탁월한 주석은 관련 대목에 빠짐없이 반영했다.

현재 시중에 나와 있는 『맹자』의 주석서는 대부분 주희의 주석을 토대로 한 것뿐이다. 격동하는 21세기 동북아시대는 '수기 · 내성'과 '치인 · 외왕'의 합일 차원에서 『맹자』에 대한 새로운 접근을 요구하고 있다. 오랫동안 '치인 · 외왕'의 문제를 천착해 온 필자가 '수기 · 내성'의 차원에서 '치인 · 외왕'의 문제를 다룬 『맹자』에 대해 새로운 주석을 가한 것은 바로 이 때문이다. 본서의 집필은 송산宋山 김홍기와 소평素平 이인한을 비롯한 맹파강원 문도들의 권유에 따른 것이다. 강원 문도들을 포함해 본서의 출판을 쾌히 승낙한 인간사랑 여국동 사장과 편집 · 교열에 애쓴 홍성례 편집장을 비롯한 편집진에게 심심한 사의를 표한다.

2006년 9월
정릉 학오재學吾齋에서
신동준 쓰다

차례

제1부

인물론

제1장 생장론生長論

맹자는 전국시대戰國時代 중엽에 태어났다. 이 시기는 주왕실을 높이고 이적夷狄의 침공을 막아내는 '존왕양이尊王攘夷'의 명분론이 퇴색하고 힘을 배경으로 한 천하통일의 기운이 무르익는 시기였다. 이에 소위 '전국칠웅戰國七雄'으로 불리는 7대 강국의 군주는 왕호王號를 참칭하면서 자국을 중심으로 한 천하통일을 이루기 위해 한치의 양보도 없는 치열한 패권다툼을 전개했다. 열국의 군주는 천하통일을 이루기 위해서는 부국강병富國强兵이 선결되어야 한다는 사실을 확지確知하고 있었다. 이들이 자국을 부강하게 만들어 줄 인재를 등용하는 데 온 힘을 쏟은 것은 당연한 일이었다.

이런 상황에서 맹자는 공학의 요체인 인仁을 새롭게 해석한 소위 '인의설仁義說'과 인정仁政을 통한 천하일통天下一統을 골자로 한 소위 '왕도설王道說' 등을 내세우며 천하유세를 전개했다. 이는 기본적으로 자신만이 공학의 적통을 이을 자격이 있다고 생각한 자부심과 확신에서 비롯된 것이었다. 그러나 맹자 또한 공자가 14년간에 걸친 천하유세에도 불구하고 아무런 성과도 얻지 못한 전철을 밟고 말았다. '인의설'과 '왕도설'로 상징되는 맹자의 주장은 부국강병을 추구하는 당시의 시대적 요구와 너무 동떨어져 있었던 것이다. 그렇다면 맹자가 활약한 전국시대는 과연 어떤 시기였을까. 먼저 시대적 배경부터 간략히 살펴보기로 하자.

전국시대는 춘추시대春秋時代와 더불어 통상 '춘추전국시대春秋戰國時代'로 불린다. 이 시기는 중국의 전 역사를 통틀어 가장 혼란한 시기였다. 5백여 년에 달하는 이 시기는 가히 난세 중의 난세였다고 해도 과언이 아니다. 춘추전국시대라는 명칭은 후세의 사가들이 공자가 저술한 것으로 알려진 『춘추春秋』와 전한제국 말기에 유향劉向이 편수한 『전국책』에서 따온 것이다. 학술적으로는 이 시기를 통상 '선진시대先秦時代'로 부르고 있다. 이는 시대구분론의 관점에서 진시황秦始皇이 세운 진秦제국과 유방劉邦이 건국한 한漢제국을 총칭할 때 사용하는 소위 '진한시대秦漢時代'와 구분키 위해 만들어진 것이다.

그렇다면 왜 학자들은 굳이 이런 시대구분을 시도하는 것일까. 말할 것도 없이 분석의 적실성을 찾기 위한 것이다. 이와 관련해 일찍이 프랑스의 역사학자 마르크 블로크Marc Bloch는 『역사를 위한 변명*Apologie pour l'histoire*』에서 이같이 설명한 바 있다.

"역사라는 큰 강은 멈추지 않고 계속 흐른다. 그럼에도 우리는 그것을 구분해야만 한다. 왜냐하면 그리하지 않으면 우리 정신은 운동의 연속성을 파악하지 못하기 때문이다. 시대구분은 어떤 의미에서 늘 자의적임에도 불구하고 영원한 변화의 주요 변곡점을 파악하기 위해 필요하다."

블로크는 변화의 변곡점을 찾아내기 위해 시대구분이 필요하다고 본 것이다. 블로크의 견해를 좇을 경우 과연 춘추전국시대는 그 전후 시대의 주요 변곡점과 맞아떨어지는 것일까. 원래 '선진시대'는 전설적인 3황5제三皇五帝와 하夏왕조의 시기를 비롯해 역사시대인 은殷 · 주周왕조의 시기를 총칭하는 말이다. 이는 춘추전국시대를 그 이전의 시기와 엄격히 구별할 필요가 없다는 인식 아래 소위 '동주시대東周時代'를 춘추전국시대와 동일시한 데 따른 것이다.

그러나 춘추전국시대와 동주시대는 엄격히 구분할 필요가 있다. 우선 그 시기부터가 합치하지 않고 있다. 동주시대와 춘추전국시대는 주왕조가 호경鎬京에서 낙읍雒邑으로 천도한 주평왕周平王 원년B.C. 770을 시점始點으로 삼고 있다는 점에서는 동일하나 그 종점終點에 차이가 있다. 형식적으로 볼 때 동주시대는 주왕실이 역사의 무대에서 완전히 자취를 감추는 기원전 256년, 춘추전국시대는 진시황이 천하통일을 완수하기 한 해 전인 기원전 221년에 끝난다.

이를 두고 춘추전국시대와 동주시대를 동일시해도 큰 문제가 없다고 보는 견해가 있으나 이는 잘못이다. 내용적으로 볼 때 동주시대의 종점은 이보다 훨씬 거슬러 올라가야만 하기 때문이다. 이는 삼국시대의 개막 시기를 한헌제漢獻帝의 선양禪讓이 이뤄지는 황초黃初 원년220보다 40여 년 거슬러 올라가 황건적의 난이 일어나는 시기로 잡는 것과 같은 맥락이다.

그러나 보다 큰 문제는 사실 5백여 년에 달하는 춘추전국시대를 단지 주왕조의 전개과정에 일어난 일과성 혼란기로 간주한 데 있다. 과연 5백여 년에 걸친 춘추전국시대를 일과성 혼란기로 간주해도 좋은 것일까. 춘추전국시대와 동주시대를 동일시하는 견해는 '진한시대'는 말할 것도 없고 소위 '서주시대西周時代'를 포함한 그 이전 시기의 특성조차 제대로 파악치 못하고 있다는 지적을 면키 어렵다.

춘추전국시대는 결코 주왕조가 전개되는 와중에 일어난 일시적인 혼란기가 아니었다. 이 시기는 통상 '제자백가諸子百家의 시대'로 칭하는 데서 알 수 있듯이 중국의 전 역사를 통틀어 사상과 학문이 가장 자유롭게 꽃핀 시기이기도 했다. 이를 흔히 '백화제방百花齊放'이라고 한다. 이 시기는 봉건정封建政인 주왕조가 붕괴되고 제왕정帝王政인 진한秦漢제국이 탄생하는 극히 역동적인 시기였다. 그럼에도 오랫동안 춘추전국시대의 이런 특징이 무시 내지 간과되었던 것이다.

중국과 같이 이미 오래 전에 방대한 영토 내에서 수많은 인구를 포용해야만 했던 나라는 지속적으로 봉건정을 통해 다스리는 것 자체가 불가능한 일이다. 중국을 비롯한 동양 제국諸國이 조기에 봉건정을 무너뜨리고 제왕정으로 이행한 것도 이와 무관치 않다. 동양의 역사문화를 정확히 이해하기 위해서는 바로 춘추전국시대에 관한 이해가 선행되어야만 하는 것이다. 춘추전국시대를 '선진시대' 및 '동주시대'와 구분해야 하는 이유가 바로 여기에 있다.

그렇다면 춘추시대와 전국시대를 구분하는 것은 타당한 것일까. 나아가 춘추시대와 전국시대를 가르는 변곡점은 구체적으로 무엇을 말하는 것일까. 공자가 수사修史한 것으로 알려진 『춘추』는 노은공魯隱公 원년B.C. 722년에서 시작해 공자가 죽는 노애공魯哀公 16년B.C. 479에 끝나고 있다. 성리학이 만연했던 시절에는 이를 기준으로 춘추시대와 전국시대를 구분하는 견해가 유력했다. 그러나 이는 노나라의 역사를 기준으로 한 것으로 춘추전국시대 전체를 아우르는 변화의 변곡점과는 무관한 것이다.

현재 학계에서는 춘추시대의 시점을 주왕조의 동천東遷이 이뤄지는 주평왕 원년B.C. 770으로 보는 데 일치하고 있다. 동천을 계기로 천자天子 중심의 역사가 제후諸侯 중심의 역사로 진행한 점에서 춘추시대의 시점은 당연히 주왕실의 권위가 추락하기 시작하는 주평왕 원년으로 잡아야만 한다. 문제는 춘추시대의 종점, 즉 전국시대의 시점이다. 현재 학계에서는 이에 관한 합의가 전혀 이뤄지지 않고 있다.

이와 관련해 한동안 공자의 사망시점 등을 기준으로 노애공 15년B.C. 480과 노애공 17년B.C. 478, 노애공 28년B.C. 467 등을 주장하는 다양한 견해가 나왔다. 그러나 이는 모두 『춘추』를 기준으로 한 것으로 역사적 사실과 동떨어져 있다. 이로 인해 현재 학계에서는 전국시대의 시점과 관련해 대략 '주경왕 44년B.C. 476'과 '주위열왕 23년B.C. 403'을 주장하는 견해만이 통용되고 있다. '주경왕 44년설'은 주로 역사학자들이 지지하고 있는 데 반해 '주위열왕 23년설'은 주로 정치학자들이 지지하고 있는 점이 다르다.

'주경왕 44년설'은 그해가 주원왕周元王 원년이라는 사실에 주목한 것으로, 사마천의 『사기』에 나오는 「6국연표」를 토대로 하여 나온 것이다. 사마천은 춘추전국시대를 주왕조의 전 기간 중에 나타난 일과성 혼란기로 간주해 춘추전국시대는 말할 것도 없고 진시황의 천하통일에 대해서도 큰 의미를 부여하지 않았다. 따라서 '주경왕 44년설'은 「6국연표」를 기준으로 했다는 점을 제외하고는 별다른 의미를 찾기가 어렵다.

이로 인해 현재 역사학계에서는 한韓·위魏·조趙 3가三家가 진晉나라를 사실상 3분한 주정왕周定王 16년B.C. 453을 전국시대의 개막으로 보는 견해가 늘고 있다. 그러나 이에 대해서도 한·위·조 3가가 진나라를 3분했다는 의미 이상의 역사적 의의를 찾기가 힘들다는 지적이 나오고 있다. 이로 인해 아예 논란이 되고 있는 '노애공 14년B.C. 481'부터 '주위열왕 22년B.C. 404'까지의 약 80년간을 하나로 묶어 춘추시대와 전국시대의 과도기인 '춘추전국지제春秋戰國之際'로 규정하자는 견해가 등장했다. 이는 춘추전국시대를 하나로 꿰어볼 필요가 크다는 점에서 나름대로 일리가 있다.

현재 정치학계에서는 사마광司馬光이 『자치통감資治通鑑』에서 주장한 '주위열왕 23년B.C. 403'을 전국시대의 시점으로 보자는 데 별다른 이견이 없는 상황이다. 이는 이해에 주왕실이 진나라의 권신인 위사魏斯와 조적趙籍, 한건韓虔에게 제후의 봉작을 내린 사실에 주목한 것이다. 사마광은 『자치통감』의 첫 대목에서 장문의 사론史論을 통해 '주왕실은 세 대부의 하극상을 토벌해야 했는데도 오히려 힘에 굴복해 이들의 요구를 그대로 들어줌으로써 군신지분君臣之分을 무너뜨렸다'고 비판했다. 사마광은 명분론에 입각해 군신지분의 붕괴시점을 춘추시대와 전국시대의 기준으로 삼은 것이다.

본래 주왕실의 몰락과 제후들의 발호는 역함수의 관계를 지니고 있다. 그렇다면 특별한 의미를 찾기 어려운 주왕실의 교체시점을 기준으로 택하기보다는 명분론상의 변곡점을 춘추시대와 전국시대가 분수령으로 간주하는 것이 훨씬 타당하다. '주위열왕 23년설'을 좇을 경우 춘추시대는 동천이 이뤄지는 주평왕 원년부터 주위열왕 22년까지 총 3백67년, 전국시대는 주위열왕 23년부터 천하통일이 이뤄지는 진시황 26년B.C. 221까지 총 1백83년이 된다.

그러나 '주위열왕 23년설' 자체가 명분론에 입각한 것이라는 사실을 통해 알 수 있듯이 춘추시대와 전국시대의 구분은 어디까지나 분석의 적실성을 높이기 위한 편의상의 구분에 불과하다는 사실을 잊어서는 안 된다. 춘추시대와 전국시대는 하나로 묶어, 5백여 년에 걸쳐 봉건정이 무너지고 제왕정이 성립하는 와중에 나타난 기나긴 난세의 시기로 정리하는 것이 타당하다. 춘추시대와 전국시대는 동양 전래의 학문과 사상이 구축되는 매우 중요한 시기였다는 점에서 하등 차이가 없는 것이다.

이러한 흐름을 창도한 효시는 춘추시대 말기에 활약한 공자孔子였다. 공자가 유가儒家를 개창한 이래 전국시대에 들어와 묵가墨家와 병가兵家, 법가法家와 도가道家, 종횡가縱橫家 등의 제자백가가 우후죽순처럼 등장했다. 그야말로 '백화제방'의 시대가 활짝 열렸던 것이다. '백화제방'은 바로 공자로부터 시작되었다고 해도 과언이 아니다.

이후 공학孔學은 한무제漢武帝 때 유일무이한 관학官學으로 정립된 이래 시대의 추이에 따라 한대의 훈고학訓詁學과 남북조시대의 현학玄學, 송대의 성리학性理學, 명대의 양명학陽明學, 청대의 공양학公羊學 등으로 전개되었다. 이 와중에 공학의 내용과 성격이 크게 변한 것은 말할 것도 없다. 특히 송대의 성리학은 청대 말기에 이르기까지 공학의 적통嫡統으로 인정받음으로써 양명학과 공양학의 등장에도 불구하고 정통관학의 지위를 잃지 않았다. 송대 이후 <공학=성리학=맹학> 의 등식이 성립된 것은 바로 이 때문이었다.

당초 전국시대 초기만 하더라도 공자의 직제자直弟子 모두 자신의 관점에서 공자의 언행에 대한 다양한 해석을 시도했다. 이로 인해 수많은 유가학파가 등장했다. 그러나 전국시대 말기로 들어오면서 크게 수신제가修身齊家를 중시한 맹자학파와 치국평천하治國平天下를 중시한 순자학파로 정리되었다. 당시 맹학孟學과 순학荀學은 공학의 적통嫡統 문제를 놓고 한치의 양보도 없는 치열한 논전을 전개했다. 그러나 한제국 때에는 소위 고문학파古文學派와 금문학파今文學派 간의 논쟁이 불붙으면서 맹학과 순학 간의 논쟁은 크게 부각되지 못했다.

그러던 중 당제국 말기에 이르러 불가佛家와 도가道家의 흥성에 위기감을 느낀 한유韓愈가 공학의 수호자를 자처하면서 맹자를 순자보다 높이 평가한 것을 계기로 맹학의 우위현상이 점차 뚜렷해지기 시작했다. 이후 남송대에 이르러 주희朱熹에 의해 성리학이 정립되면서 맹학의 우위는 확고히 굳어졌다. 이를 계기로 소위 '맹학독패孟學獨覇'의 시대가 열리게 되자 이내 순자는 문묘文廟에서 축출되고 순학은 이단으로 몰리고 말았다. 이러한 흐름은 청대 말기까지 아무런 변동 없이 그대로 지속되었다. 명·

청대에 나타난 양명학과 공양학이 맹학에 뿌리를 둔 성리학의 아류에 그친 이유가 바로 여기에 있다.

맹학이 송대 이래 1천여 년 동안 공학의 적통으로 간주된 사실을 통해 짐작할 수 있듯이 동양 전래의 학문과 사상에서 맹자가 차지하고 있는 비중은 가히 공자에 버금가는 것이라고 해도 과언이 아니다. 그가 지성선사至聖先師로 숭앙된 공자에 버금가는 아성亞聖으로 존숭된 사실이 이를 뒷받침한다. 그렇다면 소위 '아성' 맹자는 과연 어떤 인물이었을까.

맹자의 생애에 관한 기록 중 대표적인 것으로는『사기』[맹가순경열전]을 들 수 있다. 이는 맹자에 관한 최초의 기록이기도 하다. 그러나 [맹가순경열전]의 기록은 매우 간략하기 그지없다. 사마천이『사기』를 저술할 때까지만 하더라도 맹자가 그다지 주목을 받지 못했음을 시사하는 대목이 아닐 수 없다. [맹자순경열전]의 전문全文은 다음과 같다.

"맹가孟軻는 추騶 땅 사람이다. 학업을 자사子思의 문인에게서 받았다. 도를 통한 다음 천하유세에 나선 뒤 제선왕을 섬겼다 제선왕은 그를 쓰지 못했으므로 양梁 : 魏나라로 갔다. 양혜왕도 맹자의 주장을 실행하지 않고 그의 주장은 우원迂遠하여 당시의 실정과는 거리가 있다고 생각했다. 당시 진秦나라는 상군商君 : 商鞅을 등용해 부국강병에 주력했고, 초나라와 위나라는 오기吳起를 등용해 전쟁에 이겨 적국의 세력을 약화시켰다. 제나라의 위왕과 선왕은 손자孫子와 전기田忌의 무리를 써서 병력이 강했으므로 제후들이 제나라에 입조入朝했다. 천하는 합종연횡合縱連衡에 힘쓰고 공벌하는 것을 현명한 일로 알았다. 그런 정세 속에서 맹가는 고대 성왕의 덕을 주장한 것이다. 그래서 어디를 가도 용납되지 못했다. 은퇴해서는 제자인 만장萬章 등과 함께 『시경』과 『서경』을 차례에 따라 서술해 중니仲尼의 뜻을 계술繼述하고 『맹자』 7편을 지었다."

동양사상사에서 극히 중요한 위치를 차지하고 있는 맹자에 관한 기록치고는 소략하기 그지없다는 것을 쉽게 알 수 있다. 맹자의 가계家系와 생몰연대는 말할 것도 없고 당시 누구나 갖고 있던 자字에 관한 기록도 없다. 활동상황 또한 소략하기 그지없다. 그 이유는 무엇일까.

원래 『맹자』가 사서의 하나로 평가받은 것은 송나라 이후의 일이다. 그때까지 맹자는 제자백가의 한 사람에 불과했다. 『맹자』 역시 『노자』와 『장자』보다도 존중을 받지 못했다. 『맹자』를 처음으로 높이 평가한 것은 당제국 때의 유종원柳宗元이었다. 당시 한유韓愈 역시 『맹자』에 비상한 관심을 기울였다. 그러나 이들의 노력은 『맹자』를 여타 유가경전의 수준으로까지 올려놓지는 못했다.

그러던 중 북송대에 들어와 소위 신법新法을 주장한 왕안석王安石이 『맹자』를 과거 과목 속에 편입시키는 파격적인 조치를 취했다. 이는 『맹자』를 공적으로 승인한 첫 번째 사례에 해당한다. 그러나 이에 대한 반발이 만만치 않았다. 왕안석의 정적인 사마광司馬光이 이를 강력히 비난하고 나섰다. 그러나 신종神宗의 총임을 받은 왕안석의 주도로 『맹자』는 널리 주목받기 시작했다. 마침내 남송대에 이르러 주희에 의해 성리학이 정립되는 것을 계기로 주희는 『맹자』를 『논어』 등과 함께 소위 '사서四書'의 하나로 격상시키는 파격적인 조치를 취했다. 이로써 『맹자』는 사상 처음으로 유가경전의 하나로 편입되었다.

이를 통해 알 수 있듯이 『사기』가 만들어지는 한제국 때만 하더라도 『맹자』는 큰 주목을 받지 못했다. 맹자 자신이 제자백가의 한 사람 정도로 취급되었던 까닭에 『맹자』가 중시될 이유도 없었다. 사마천이 『사기』에서 맹자를 극히 소략하게 다룬 이유가 바로 여기에 있었던 것이다.

맹자는 대략 공자 사후 약 1백여 년 뒤에 노나라 근처의 추읍鄒邑에서 태어난 것으로 보인다. 그의 이름이 가軻인 것은 확실하나 자字는 현재까지 전혀 알려져 있지 않다. 한제국 때 나온 『공총자孔叢子』는 맹자의 자를 '자거子居'라고 기록해 놓았으나 믿을 수 없다. 삼국시대 위나라의 부현傅玄은 '자여子輿' 내지 '자거子車'라고 했으나 이 또한 무슨 근거가 있는 것이 아니다. 사마천의 『사기』와 반고班固의 『한서』, 최초의 『맹자』 주석서를 쓴 조기趙岐 등이 맹자의 자에 관해 아무런 언급도 하지 않은 점에 비춰 맹자의 자에 대한 후대의 설은 모두 위작이라고 보아도 대과는 없다.

현재 맹자가 산동성에 소재한 추鄒 : 騶 땅에서 태어났다는 사실에 이의를 제기하는 사람은 없다. 그러나 그의 가계에 대해서는 아무 것도 알려진 게 없다. 과거 맹자의 성에 주목해 이웃한 노나라의 세족인 맹손씨孟孫氏의 일원이 어떤 사정으로 추 땅으로 옮아가 살아 맹자의 조상이 되었을 것으로 추정하는 견해가 있었으나 믿을 바가 못 된다. 다만 여러 기록에 비춰 부친이 누구인지조차 전혀 알려지지 않을 정도로 매우 빈한한 가문 출신인 것만은 거의 확실하다.

이는 그의 모친과 관련한 몇 가지 전설을 통해 어느 정도 추정할 수 있다. 전한제국 말기의 유향劉向이 지은 『열녀전烈女傳』에는 '맹모삼천孟母三遷'의 고사가 실려 있다. 이 고사는 어린 맹자의 교육을 위해 '맹모'가 세 번이나 집을 이사했다는 내용으로 구성되어 있다. 이를 액면 그대로 믿을 수는 없으나 최소한 이 설화는 맹자가 어렸을 때 편모 밑에서 생장했을 가능성을 시사하고 있다.

이밖에도 『열녀전』에는 맹모가 자식의 간단없는 면학을 독려하기 위해 학업 도중에 돌아온 아들 앞에서 자신이 애써 짠 천을 과감히 끊어버렸다는 내용의 소위 '맹모단기孟母斷機'의 고사가 실려 있다. 이 또한 믿을 게 못 되나 맹자가 빈한한 환경 속에서도 어렸을 때부터 하급 사족에게 필요한 최소한의 교양인 육예六藝를 습득했을 가능성을 시사하고 있다. 이는 어렸을 때 가장이 된 공자가 집안을 돕기 위해 육예를 익힌 사실과 매우 닮아 있다. 이런 점 등을 종합해 볼 때 맹자 역시 공자와 마찬가지로 지방의 하급 사족士族 출신이었을 공산이 크다.

현재 맹자의 출생연도에 관해서는 정설이 없다. 후대의 맹자 연보年譜에 실린 출생연도는 모두 추정에 불과한 것이다. 출생연도 추정의 기준은 『사기』 [육국연표]에 실려 있는 맹자의 양혜왕 방문시점이다. [육국연표]는 그 시점을 양혜왕 35년B.C. 335으로 잡고 있다. 그러나 [육국연표]의 이 기록을 액면 그대로 믿을 수는 없다. 진제국 성립 당시 각국에 전해오던 연대기가 모두 파기된 까닭에 사마천은 『사기』를 저술하면서 오직 진제국의 연대기를 참조할 수밖에 없었다. 사마천은 이를 기초로 각국의 연대를 나름대로 추정해 [육국연표]를 작성했다. 따라서 진나라 이외의 나라의 연대에는 적잖은 오류가 있을 수밖에 없다.

다만 사마천이 죽은 지 4세기 후에 발견된 『죽서기년竹書紀年』에 의거해 대략 맹자가 양혜왕을 방문한 시기를 어느 정도 정확히 추정할 수 있다. 『죽서기년』은 양나라 애왕哀王의 능에서 발굴된 위나라의 연대기를 말한다. 『죽서기년』에 따르면 양혜왕은 즉위 36년인 기원전 334년에 후원後元 원년으로 개원改元하여 왕호를 쓰기 시작해 16년 후인 기원전 319년에 죽은 것으로 되어 있다.

그렇다면 맹자가 양나라를 방문한 시점은 양혜왕이 생존해 있던 기원전 319년 이전으로 보아야만 한다. 그러나 문제는 당시 맹자의 나이를 정확히 알 수 없다는 데 있다. 이와 관련해 주목할 것은 『맹자』의 기록이다. [양혜왕 상]편의 기록에 따르면 양혜왕은 맹자를 두고 '수叟'로 칭했다. 이는 50세 이상의 노인을 존칭할 때 쓰는 용어이다. 양혜왕을 만났을 때 맹자의 나이는 적어도 50세 이상이었다고 보아야만 한다. 이를 종합하면 맹자의 출생연도는 최소한 기원전 369년 이후는 아니라는 추정이 가능해진다.

그러나 과연 '수'를 기준으로 맹자의 출생연도를 추정하는 것이 타당한 것일까. 맹자가 양혜왕을 방문한 후원 15년은 그의 즉위 50년에 해당한다. 당시 양혜왕이 어려서 보위에 올랐다는 증거는 없는 만큼 만일 그가 20세에 즉위했다면 그의 나이는 이미 70세에 달했다고 보아야 한다. 이 경우 70세의 노왕이 50대의 맹자를 두고 과연 '수'라고 칭하는 것이 타당한 것일까. 이에 주목해 당시 맹자의 나이 또한 70세 전후로 보아야 한다는 주장이 제기되었다. 나름대로 일리가 있는 주장이 아닐 수 없다. 이 경우 맹자의 출생연도는 다시 20년 이상 소급해 기원전 389년까지 올라가야만 한다. 이는 공자가 죽은 지 꼭 90년 뒤에 해당한다.

청대의 정복심程復心과 적자기狄子奇는 기원전 369년과 389년 사이의 적당한 시점을 출생연도로 잡은 뒤 대략 80세 이상의 수명을 누렸을 것으로 간주해 『맹자연보孟子年譜』와 『맹자편년孟子編年』을 만들었다. 이들은 무슨 근거로 맹자의 사망연도를 추정한 것일까. 맹자의 출생연도는 그나마 『맹자』에 나오는 내용을 토대로 추정이 가능하다. 그러나 그의 출생연도는 전혀 추정할 근거가 없다. [양혜왕 상]편에 나오는 '수'를 토대로 막연히 장수했을 것으로 추정한 것일 뿐이다. 한마디로 맹자의 생몰연대는 여전히 베일에 싸여 있는 셈이다.

그렇다면 맹자의 생장과정은 과연 어떠했을까. [맹자순경열전]은 기본적으로 이에 대해 아무런 정보도 전해주지 않고 있다. 이는 그가 한미한 가문에서 태어난 탓도 있으나 당시로서는 그다지 주목받는 인물이 아니었음을 시사한다. 대략 '맹모삼천' 등의 고사에 비춰 그는 어렸을 때 육예 등의 기초 교양학문을 습득한 것으로 짐작된다. 과거 주희를 비롯한 성리학자들은 [맹자순경열전]에 나오는 '자사子思의 문인으로 배웠다'는 구절을 근거로 맹자가 증자曾子와 자사로 이어지는 노학魯學 계통의 유학을 접한 것으로 간주했다. 그러나 [맹자순경열전]은 『맹자』의 기록을 토대로 한 것인 만큼 이를 액면 그대로 믿을 수는 없는 일이다.

맹자는 [이루 하]편에서 '나는 다행히 공문孔門의 학통을 이어

받은 사람으로부터 공자를 사숙私淑할 수 있었다'고 밝힌 바 있다. 여기의 '사숙'은 '특정인을 사적으로 앙모하여 그의 사상과 학문 등을 배우며 추종하다'의 뜻으로 사용되는 말이다. 결코 맹자는 자신의 입으로 '자사의 문인으로부터 배웠다'고 언급한 적이 없다. 그렇다면 이를 어떻게 해석하는 것이 좋은 것일까.

당초 공자 사후에 그의 직제자들은 고향을 찾아 각기 여러 나라로 흩어졌다. 이에 나라별로 여러 학파가 성립되었다. 당시 노나라에 그대로 남아 있던 직제자는 증자였다. 성경誠敬과 효행孝行을 토대로 한 실천을 중시하며 공자사상의 요체를 충서忠恕로 해석한 그는 치평治平보다 수제修齊를 중시한 노학魯學의 비조에 해당한다. 공자의 손자이기도 한 자사는 『중용』을 저술한 것으로 알려진 인물로 증자의 직제자였다. 공자의 후기 제자에 속하는 증자와 공자의 손자인 자사로 이어진 '노학'은 공자 사후에 공학의 적통을 이어받은 것으로 간주되었다.

그렇다면 당시 별다른 이목을 끌지 못한 한미한 하급 사족 출신인 맹자가 명망이 높았던 자사의 문인으로부터 공학을 전수받았을 가능성은 상대적으로 희소했다고 보는 것이 타당하다. 맹자가 자신의 입으로 '사숙'을 언급한 사실이 이를 뒷받침한다. 설령 맹자의 '사숙'을 뒷받침한 인물이 공문의 학통을 이어받은 사람이었다 할지라도 [맹자순경열전]의 기사와 같이 그가 자사의 문인이라고 단정할 근거는 전혀 없다. 그럼에도 [맹자순경열전]의 기사는 맹자가 자사의 문인으로부터 증자의 '노학'을 전수받았다는 증거로 삼을 수는 없으나 나름대로 맹자가 증자 계통의 '노학'을 접했을 가능성을 시사하고 있다. 맹자의 학풍이 '노학'의 학풍과 밀접한 관련을 맺고 있는 사실이 이를 뒷받침한다.

사실 후대인들은 [맹자순경열전]의 기사를 액면 그대로 믿었다. 이 기사가 『열녀전』과 『한서』 [예문지藝文志], 『풍속통風俗通』 등에 그대로 인용되고 있는 점이 그 증거이다. 이런 점 등을 감안해 공자와 자사의 생몰년과 맹자가 태어난 해를 비교할 경우 대략 맹자가 자사 문인으로부터 공학의 세례를 받았다는 『사기』의 기사는 역사적 사실과 크게 동떨어진 것은 아니다.

그렇다면 자사의 문인으로부터 '노학'을 전수받은 맹자는 이후 어떤 행보를 보인 것일까. 맹자의 본격적인 정치활동은 『맹자』의 수편首篇인 [양혜왕 상]편의 내용이 보여주듯이 천하유세를 계기로 시작되었다. 대략 맹자는 자사의 문인으로부터 '노학'을 접한 뒤 천하유세에 나서는 50세 이전까지 고향에서 주로 제자들을 가르치며 자신의 독특한 이론인 인의설과 왕도설 등을 다듬었을 공산이 크다.

맹자의 천하유세 도정은 14년간에 걸친 공자의 천하유세만큼 복잡하게 되어 있지는 않다. 그러나 『맹자』의 기록을 토대로 보면 그 또한 나름대로 위魏·제齊·송宋·등滕·추鄒 등을 비롯해 여러 나라를 매우 분주하게 돌아다니며 자신의 주장을 설파한 것이 거의 확실하다. 그의 천하유세 기간은 대략 10년 정도에 걸친 것으로 짐작된다. 그의 나이 50–70세 사이에 천하유세가 이뤄졌을 공산이 크다.

그가 최초로 유세한 나라는 위나라였다. 당시 맹자는 위혜왕을 만나 열심히 유세했으나 얼마 후 위혜왕이 죽고 뒤를 이은 위양왕魏襄王이 자신을 홀대하자 이내 위나라를 떠났다. 위나라를 떠난 맹자는 제나라로 가 제선왕齊宣王의 지우知遇로 객경客卿이 되었다. '객경'은 일종의 정치고문과 유사한 직책이었다.

당시 제선왕은 도성 임치臨淄의 서쪽에 있는 직문稷門 근처에 커다란 학관學館을 지어놓고 천하의 인재들을 모으고 있었다. 여기에 모인 학자들을 흔히 '직문학사稷門門學士'로 부른다. 맹자는 물론 그보다 반세기 뒤에 태어난 순자도 직문학사의 일원이었다. 순자는 특히 그의 뛰어난 능력을 인정받아 직문학사의 수장인 좨주祭酒의 자리를 세 번이나 역임했다고 한다.

현재 임치는 산동반도 서쪽을 흐르는 치수淄水에 인접한 작은 도시에 불과하다. 별다른 특색이 없는 이 지방도시가 전국시대 당시에는 굴지의 대도시였다. 맹자가 직하에 머물 당시만 하더라도 이 도시의 인구는 수십만에 달했다. 당시 제나라는 제위왕齊威王을 위시해 제선왕과 제민왕齊湣王이 잇달아 재위하면서 '직문학사'들을 크게 우대했다. 이로 인해 '직문학사'들은 특별히 맡은 일도 없이 왕의 자문에 응하는 것을 제외하고는 마음껏 사색하며 학문을 연마하는 자유를 누렸다. 맹자도 바로 이곳에서 여러 사상가들과 교유하며 자신의 사상을 정립했을 것이다. 『맹자』의 전편을 통해 제나라에 체류할 당시의 기록이 가장 활기를 띠고 있는 것도 이와 무관치 않다고 보아야 한다. 맹자는 이곳에서 7–8년 가까이 체류한 것으로 짐작된다.

그러나 제나라가 마침내 이웃 연나라를 공격해 점령하게 되면서 맹자는 제선왕과 갈등을 빚고 이내 제나라를 떠나고 말았다. 당시 연나라에서는 군주인 쾌噲가 집정대신인 자지子之에게 사실상 나라를 양도한 일로 인해 내란이 일어났다. 제나라는 물실

호기勿失好機의 기회로 생각해 이내 불의를 징벌한다는 구실을 내세워 순식간에 연나라를 점령했다.

이때 제나라 대신이 맹자를 찾아와 연나라 공벌에 대한 가부를 묻자 맹자는 거침없이 고개를 끄덕였다. 그러나 얼마 후 제나라 군사가 연나라 백성들의 저항과 열국의 압력으로 인해 진퇴양난의 곤경에 처하게 되고 제자까지 나서 이를 추궁하자 맹자는 교묘한 논리로 책임을 회피하는 모습을 보였다. 자신은 당시 연나라 공벌 여부를 묻는 질문에 답했을 뿐이고, 연나라를 칠 자격이 있는지를 묻지 않은 까닭에 결코 제나라의 연나라 공벌을 수긍한 적이 없다는 게 그의 논리였다. 교언巧言이 아닐 수 없다.

당시 맹자가 연나라 공벌의 전후 사정을 몰랐을 리 없다. 그가 이를 알고도 말렸다는 기록이 없는 점을 보면 맹자는 연나라 공벌을 적극 권유했을 가능성이 크다. 실제로 『사기』와 『자치통감』은 맹자가 연나라 공벌을 적극 권한 것으로 기록해 놓았다. 『맹자』에도 당시의 정황이 제법 상세히 소개되어 있다. 『맹자』를 편찬한 후대의 유자들이 맹자를 옹호하기 위해 맹자의 교언을 삽입시켜 놓았는지도 모를 일이다.

맹자가 제선왕과 결별하게 된 것은 그가 제선왕에게 연나라 점령군의 철병을 강력히 요구한 데서 비롯되었다. 당시 제선왕이 이를 거절하면서 둘 사이에 커다란 틈이 생기고 말았다. 결국 맹자는 소신을 굽혀 제나라에 머물기보다는 제나라를 떠나는 방안을 선택했다. 이에 놀란 제선왕은 맹자를 만류하기 위해 사람을 보내 만종록萬鍾祿을 주겠다고 제안하기도 하고 친히 찾아가 만류하기도 했다. 그러나 맹자는 기어코 이를 뿌리치고 제나라를 떠나고 말았다. 원칙을 존중하는 맹자의 강의剛毅한 기개가 타협을 용납지 않았던 것이다.

그러나 맹자는 막상 제나라를 떠나는 와중에 주晝 땅에 머물면서 공연히 지체하는 모습을 보였다. 제선왕이 사람을 보내 자신을 다시 불러주기를 기다렸던 것이다. 그는 자신에게 지우지은知遇之恩을 베푼 제선왕에 대한 미련을 버리지 못했던 것이다. 맹자는 권력자를 대할 때마다 유별나게 고오高傲한 자세를 취하지 않고는 스스로 견디지 못하는 특이한 모습을 보였다. 맹자의 고질적인 병폐가 아닐 수 없다.

제나라를 떠난 맹자는 이후 송나라로 갔다가 다시 설나라와 노나라로 갔다. 그러나 그곳에서도 받아들여지지 않자 이내 모든 것을 접고 고향인 추읍鄒邑으로 돌아가 제자육성과 『맹자』 편찬에 매진하다가 생을 마감했다. 그의 삶은 공교롭게도 여러 면에서 공자와 매우 닮아 있다. 맹자가 고향에 돌아온 이후의 행적 역시 별로 알려진 게 없다. 그가 80세 전후로 세상을 떠났다는 주장이 있으나 하나의 추정에 불과할 뿐이다.

제2장 사상론思想論

제1절 성선설(性善說)

맹자는 수제修齊를 중시하는 증자계열의 '노학魯學'에 사상적 뿌리를 두고 있는 까닭에 인간의 덕성 함양에 많은 관심을 기울였다. 언변에 뛰어났던 맹자는 당시 사상계에서 주요 논쟁으로 부상한 인간의 본성에 관해 탁월한 이론을 정립했다. 그것이 바로 인간의 본성은 본질적으로 선하다는 내용을 골자로 하는 '성선설性善說'이었다. 맹자사상의 출발점은 바로 '성선설'에 있다고 해도 과언이 아니다.

맹자의 생존 당시 사람의 본성에 대해 크게 세 가지 설이 존재했다. '무선무악설無善無惡說'과 '가선가악설可善可惡說', '유선유악설有善有惡說' 등이 그것이다. 이들 세 가지 설은 표현의 차이에도 불구하고 인성을 선악의 어느 한 쪽으로 규정하지 않았다는 점에서 동일하다. 인간의 본성 문제를 놓고 맹자와 설전을 벌인 고자告子가 바로 이 입장에 서 있었다. 그의 이런 입장은 예치禮治를 통해 인간의 이욕利慾을 억제함으로써 인간을 군자로 만들 수 있다고 주장한 순자의 '성악설性惡說'과 맥을 같이 하는 것이기도 하다. 흔히 순자의 성악설을 두고 맹자의 성선설과 대비되는 이론으로 알고 있으나 이는 잘못이다. 맹자의 성선설에 대비되는 인성론은 한비자 등 법가의 '성악설'이다.

맹자의 성선설은 기본적으로 당시 유행한 '무선무악설' 등을 논파하기 위해 나온 것이었다. 당초 고자는 사람의 본성은 선악의 어느 한 쪽으로 단정할 수 없고 환경에 따라 선악이 구분된다고 주장했다. 이에 대해 맹자는 사람의 본성은 본래부터 선하다고 단정한 뒤 인간이 악하게 되는 것은 선한 본성이 주위의 환경에 의해 가려 있기 때문이라고 주장했다. 맹자는 어린아이가 물에 빠지려는 모습을 보게 되면 누구나 그 아이를 불쌍하게 여기는 측은지심惻隱之心이 일어나는 현상을 그 근거로 제시했다.

맹자는 이를 토대로 대상을 두고 측은하게 여기는 마음에서 비롯되는 인仁과 부끄러움을 아는 마음에서 나오는 의義, 사양할 줄 아는 마음에서 나오는 예禮, 시비를 가리는 마음에서 비롯된 지知는 누구나 갖고 있는 기본덕성이라고 주장했다. 그의 주장에 따르면 누구든 원래 부여받은 이런 선한 마음을 잘 기를 경우 능히 성인과 같은 성품을 가질 수 있게 된다. 이런 마음을 확충해 통치에 적용할 경우 그것이 바로 왕도王道의 실현이 된다는 게 맹자의 주장이다. 맹자의 이런 주장은 인간에 대한 확고한 신뢰와 애정에서 비롯된 것이라고 할 수 있다. 맹자가 후세에 널리 존중된 것은 바로 성선설과 왕도설을 주창한 데 있다고 해도 과언이 아니다.

그렇다면 맹자와 마찬가지로 덕치德治를 강조한 공자는 왜 성선설과 왕도설을 주장하지 않았던 것일까. 공자는 치평治平의 요체를 인격수양을 통한 선성善性의 발현에서 찾은 맹자와 달리 군자지도君子之道에 입각한 학문의 연마에서 찾았다. 공자는 인격수양을 '군자지도'를 이루기 위한 두 가지 수단 중 하나로 보았다. 학문 연마의 이론적 접근과 대비되는 실천적 접근방안으로 간주했던 것이다. 당시 공자는 인성에 대한 탐구 자체가 학문 연마는 물론이고 실천적 접근방안인 인격수양에도 도움이 되지 않는다고 보았다. 공자는 기본적으로 인성론 자체를 공허한 사변론으로 간주했던 것이다. 이는 그가 의도적으로 인성에 관한 언급을 자제한 사실을 통해 쉽게 짐작할 수 있다.

그러나 전국시대에 들어오면서 인성에 대한 논의가 활발해지면서 상황이 일변했다. 이는 하극상下剋上이 일상화함에 따라 유가를 비롯한 제자백가 내에 과연 인간은 얼마나 악해질 수 있는지에 대한 의구심이 강하게 일어난 데 따른 것이었다. 악에 대한 관심의 고조는 선에 대한 탐구욕을 자극했다. 맹자가 성선설을 주창하기 이전까지만 하더라도 제자백가 내에서는 '무선무악설'과 '가선가악설' 등이 주류를 이뤘다. 맹자는 바로 이런 상황에서 인성은 원래 선하다는 단순명쾌한 주장을 들고 나온 것이다. 절대적인 진리를 찾을 수도 없고 이를 증명할 길도 없는 형이상의 문제에 대해 쾌도난마식의 해답을 제시하고 나선 셈이다. 맹자의 성선설 주창을 계기로 인성론은 전국시대 말기까지 왕패론王覇論

과 더불어 제자백가 내에서 가장 뜨거운 논쟁거리가 되었다.

본래 '성性'이라는 글자는 '심心'과 '생生'의 조합으로 이뤄진 데서 알 수 있듯이 천부의 재능이나 자질을 의미했다. 이는 기본적으로 인간의 본질에 관한 성찰에서 나온 것이라고 할 수 있다. 그러나 시간이 지나면서 사람들은 천부의 재능이나 자질 대신 선악을 '성'의 핵심내용으로 간주하기 시작했다. 그러나 이는 소모적인 사변논쟁의 단초를 연 것이나 다름없었다.

선악 개념은 천부의 재능이나 자질과 달리 사람마다 자신에게 주어진 상황에 따라 각기 상이한 판단을 내릴 수밖에 없다. 개념 자체가 극히 형이상적인 까닭에 이에 대한 절대적인 기준을 찾고자 하는 노력 자체가 무의미한 것이다. 만일 천부의 재능이나 자질 등을 '성'의 핵심내용으로 삼았다면 후대에 인성을 둘러싼 소모적인 논쟁이 벌어지지는 않았을 것이다. 당시 맹자는 내심 어지럽게 전개되고 있는 당대의 인성론에 대해 최종적인 해답을 제시했다고 자부했는지 몰라도 결과적으로 볼 때 소모적인 사변논쟁을 더욱 부추기는 역할을 수행한 셈이다. 그렇다면 맹자 자신은 무엇을 근거로 성선설을 주장한 것일까. 크게 인의설仁義說과 사단설四端說에서 그 해답을 찾을 수 있다.

첫째, 맹자는 인간의 본성을 인간만이 지닌 고귀한 성질로 보았다. 그는 그 해답을 인의仁義에서 찾았다. 맹자는 성선설 주장을 통해 '인의' 개념을 찾아낸 것이 아니라 공자의 '인'에 '의'를 덧붙이는 독특한 발상을 통해 인간의 본성에 대한 고찰에 나선 것이다. 맹자는 '인의'가 내부에서 나온 것으로 간주해 본성 자체가 선하다는 결론을 내린 것이다. 이는 [이루 하]편 제19장에 나오는 그의 다음과 같은 언급을 통해 쉽게 확인할 수 있다.

"사람이 금수와 다른 점은 거의 희소하다. 서민庶民들은 이를 버리고 군자는 이를 보존한다. 순舜은 서물庶物 : 여러 사물에 밝아 인륜을 잘 살피면서 인의仁義를 좇아 행했을 뿐, 인의를 억지로 행한 것은 아니었다."

둘째, 맹자는 처음부터 인성의 어두운 측면인 악성惡性을 외면했다. 이는 그가 출발부터 성선설을 예상하고 들어갔음을 의미한다. 측은지심과 수오지심, 사양지심, 시비지심으로 상징되는 사단설이 그 증거이다. 사단의 핵심은 측은지심이다. 동정심과 유사한 의미를 지닌 측은지심은 인간이 인간일 수 있는 가장 뚜렷한 징표라는 게 맹자의 주장이다. 그러나 그의 이런 주장은 인간이 범하는 악행惡行의 기원에 관한 논증이 취약하다. 만일 선성이 인간 내부에서 오는 것이라면 악성 또한 내부에 존재하는 것으로 보아야 할 것이다. 물론 맹자도 이를 충분히 인식하고 있었다. [진심하]편 제24장에 나오는 맹자의 다음 언급이 그 증거이다.

"구口·목目·이耳·비鼻·사지四肢가 미味·색色·성聲·취臭·안일安佚을 추구하는 것은 인성에 속한다. 그러나 그 실현은 운명에 달려 있다. 그래서 군자는 미·색·성·취·안일을 인성이라고 부르지 않는다. 부자父子·군신君臣·빈주賓主·현자賢者·성인聖人이 인仁·의義·예禮·지智·천도天道를 추구하는 것은 운명에 속한다. 그러나 그 실현은 인성에 달려 있다. 그래서 군자는 인·의·예·지·천도를 운명이라고 부르지 않는다."

맹자가 염두에 둔 인성의 악성은 미味·색色·성聲·취臭·안일安佚을 추구하는 심성을 말한다. 맹자는 분명한 어조로 이런 심성은 본성의 문제에 속한다고 했다. 그러나 그는 곧 이를 인간이 감각에 얽매이는 데서 오는 과오로 단정해 본성에서 제외했다. 결국 맹자의 논리를 좇아 심성의 과오를 사상捨象하게 되면 남는 것은 선성뿐이다. 맹자가 <심心=성性=선善> 을 주장한 것은 바로 이 때문이었다.

그러나 미 · 색 · 성 · 취 · 안일을 추구하는 인간의 심성을 본성으로 간주하면서도 이를 감각에 얽매인 과오로 단정한 것은 논리상 모순이다. 순자가 맹자와 정반대로 이를 진정한 본성으로 간주한 '성악설' 을 주장한 것은 바로 이 때문이었다. 그렇다면 맹자는 왜 이런 모순된 주장을 펼친 것일까.

사실 맹자 역시 미 · 색 · 성 · 취 · 안일을 추구하는 감각적인 욕망도 본성에서 나온다는 사실을 알고 있었던 것으로 짐작된다. 그럼에도 그는 굳이 감각적인 욕망을 본성으로 인정치 않고 도덕적 욕구만이 인성에 해당한다고 주장한 것이다. 이는 하극상이 만연한 난세를 덕정德政의 치세로 돌리고자 하는 그의 이상이 반영된 결과로 짐작된다. 그가 성선설을 주장하면서 동시에 수신修身과 교육의 필요성을 역설한 사실이 이를 뒷받침한다.

그러나 이는 모순이다. 만일 맹자의 주장대로 인성이 본질적으로 선하다면 굳이 덕성을 함양하는 교육을 받을 필요가 없기 때문이다. 물론 맹자는 인간의 선성 위에 덮여 있는 미 · 색 · 성 · 취 · 안일의 먼지를 털어내기 위해 수신과 교육이 필요하다고 해명했다. 그러나 이런 해명은 자연스럽지 못하다. 오히려 순자와 같이 미 · 색 · 성 · 취 · 안일을 추구하는 인간의 악성을 교정하기 위해 수신과 교육이 필요하다고 주장하는 것이 논리상 타당하다.

성선설을 액면 그대로 받아들일 수 없는 이유가 바로 여기에 있다. 현실에 대한 정밀한 진단을 마다하고 형이상의 도덕론을 통해 쾌도난마의 해법을 제시코자 한 맹자의 의도가 선명히 드러나는 대목이 아닐 수 없다.

순자의 성악설은 맹자와 달리 경험적이면서도 과학적인 분석을 토대로 하고 있다. 다만 순자의 성악설은 선행善行의 기원에 관한 논증이 상대적으로 취약하다는 약점을 안고 있다. 이에 대해 순자는 인성의 악성을 후천적으로 교정해 인간의 선행을 유도할 수 있다고 해명했다. 그러나 이런 해명은 어딘지 자연스럽지 못하다. 그의 해명에는 교육과 예의라고 하는 선의 규범이 과연 어디서 비롯된 것인지에 대한 확실한 설명이 없는 것이다.

결국 맹자는 도덕성을 지나치게 중시한 나머지 인간의 심성에 존재하고 있는 선성만을 본성으로 간주하고, 순자는 이욕을 추구하는 인간의 감각적 욕망을 지나치게 중시했다는 지적을 면키 어렵다. 두 사람의 이런 시각차는 왕패론王覇論에서 전혀 다른 결론을 도출케 만들었다. 맹자는 난세와 치세를 막론하고 시종 왕도를 행할 것을 강조한 데 반해 순자는 치세의 왕도와 난세의 패도를 공히 인정했다. 예치에 의한 악성의 교정 가능성을 전면 부인한 한비자가 난세와 치세를 막론한 패도를 강조한 것은 순자의 성악설을 극단화한 데 따른 논리적 필연으로 보아야 한다.

그러나 맹자와 순자는 각기 성선설과 성악설을 주장했음에도 불구하고 인간의 참모습을 도덕에서 찾고 도덕적인 인간을 육성코자 했던 점에서는 동일하다. 이는 한비자의 성악설과 뚜렷한 대조를 이루는 것이기도 하다. 맹자가 인의仁義에 입각한 덕치德

治를 강조하고 순자가 예의禮義에 입각한 예치禮治를 주장한 데 반해 한비자가 엄법嚴法에 의한 법치法治를 주장한 것도 바로 이들의 상이한 인성관에서 비롯된 것이다. 맹자의 성선설과 한비자의 성악설이 상호 대립적인 편향적 인성관이라면 순자의 성악설은 절충적인 인성관에 해당한다.

그렇다면 맹자의 성선설은 궁극적으로 무엇을 지향한 것일까. 먼저 성선설의 이론적 배경을 정밀하게 분석할 필요가 있다. 맹자의 이론에 따르면 인간은 선한 본성을 지니고 있음에도 불구하고 감각적 욕구에 휘둘려 마침내 악을 범하게 된다. 맹자는 이를 미연에 방지하기 위해 감각적 욕망을 스스로 억제하는 것이 필요하다고 주장했다. 소위 과욕설寡欲說이 그것이다. 맹자는 [진심하]편 제35장에서 다음과 같이 주장했다.

"양심養心 : 선한 심성을 기름의 방법으로 과욕寡欲 : 욕심을 적게 가짐보다 더 나은 것은 없다. 그 사람됨이 '과욕'하면 설령 마음이 보존되지 않았다 할지라도 그 보존되지 않은 바가 매우 적고, 그 사람됨이 다욕多欲이면 설령 마음이 보존되었다 할지라도 그 보존된 바가 매우 적다."

본래 맹자의 '과욕설'은 '사단설'을 뒷받침하기 위해 나온 것이다. '과욕'이 소극적 수양론이라면 '사단의 확충'은 적극적 수양론에 해당한다. 맹자는 이 두 가지 방안을 병행해야만 인격의 완성을 기할 수 있다고 주장한 것이다. 맹자의 성선설은 바로 '과욕설'과 '사단설' 위에 서 있다고 해도 과언이 아니다.

송대의 성리학자들은 맹자의 제안을 적극 수용해 도덕철학의 핵심이론으로 삼았다. 후대에 이르러 맹자의 성선설이 순자 및 한비자의 성악설을 누르고 각광을 받게 된 이유가 바로 여기에 있다. 성리학자들은 맹자의 성선설을 토대로 보다 정치精緻한 '천리인욕설天理人欲說'을 만들어냈다. 이는 맹자의 성선설을 기초로 천명을 '천리天理', 미 · 색 · 성 · 취 · 안일을 추구하는 인간의 심성을 '인욕人欲'으로 규정한 데서 출발하고 있다. 성리학은 바로 '천리인욕설' 위에 성립한 수제修齊 차원의 도덕철학을 치평治平 차원의 정치철학으로 확장시킨 것이라고 할 수 있다. 사실 이는 정치사상 내지 정치철학이라기보다는 종교적 교설에 가까운 사변철학에 해당한다.

성리학은 '천리' 개념을 통해 우주의 삼라만상은 물론 군신과 부자, 형제관계 등 인륜에 관한 것까지 이분법적 상하관계로 해석해 놓았다. 이로 인해 극심한 남녀차별과 관존민비 등 공자가 개창한 유가의 본래 정신과는 거리가 먼 숱한 폐해가 나타났다. 청대의 대진戴震은 『맹자자의소증孟子字義疏證』에서 '천리'의 폐해를 이같이 지적했다.

"사람이 법을 어겨 죽으면 오히려 불쌍하게 여기는 사람이 있지만 '리理'에 걸려 죽으면 그 누가 불쌍하게 여기겠는가. 오호嗚呼, 노자와 불가의 말을 섞어 가지고 말하는 화禍가 신불해申不害와 한비자韓非子보다 심한 것이 이와 같다."

대진은 양명학에 대해서도 '천리' 개념의 폐해를 가중시키는 데 일조했다고 비판했다. 성리학은 불가의 말을 유가에 잡되게 끌어들인 데 반해 양명학은 유학을 이끌어 불가에 들어갔다는 게 그의 주장이다. 대진의 이런 비판은 형이상形而上과 형이하形而下를 '형形'을 기준으로 하여 형이전形以前과 형이후形以後로 해석한 데 따른 것이었다. 이는 천도와 인도를 확연히 구분한 순학荀學의 학풍과 맥을 같이 하는 것이기도 하다. 그러나 대진의 이런 주장은 당시 별다른 반응을 불러일으키지 못했다.

성리학과 양명학이 역사의 무대 뒤로 사라진 현재 맹자의 성선설을 인간 중심의 도덕철학으로 재해석하려는 움직임이 일고 있어 비상한 관심을 모으고 있다. 그 대표적인 인물이 바로 프랑스의 줄리앙이다. 그는 서양 전래의 도덕철학이 초월자에서 도덕적 근거를 찾으려고 한 점을 비판하면서 맹자가 인간 내부에서 그 근거를 찾으려 한 점을 극찬했다. 맹자의 성선설에서 동서양을 아우르는 새로운 도덕철학의 기초를 세우고자 하는 그의 노력은 충분히 주목을 받을 만한 것이다. 줄리앙은 『맹자와 계몽철학자의 대화』에서 멀리 동양의 맹자로부터 새로운 도덕철학의 가능성을 모색하는 이유를 이같이 설명해 놓았다.

"서양인들에게 중국은 너무 멀고 많은 차이를 느끼게 한다. 철학적으로 중국은 종교적 계시와 같은 것을 경험하지 않은 상태에서 결코 절대자로서의 신을 사변의 대상으로 삼지 않았다. 중국문명은 유럽문명 영향권 밖에 있는 문명 중 가장 오래되고 발전된 것이다. 중국문명의 여러 국면은 도덕 연구에서 매우 이상적이라고 할 수 있다. 이미 파스칼은 '모세가 아니면 중국이다'라고 말한 바 있다. 이는 중국이 서양 도덕철학의 이론적 대안이 될 수 있음을 지적한 것이다."

사실 맹자는 줄리앙이 언급한 바와 같이 중국에서 처음으로 도덕의 기본논리를 제시한 최초의 사상가에 해당한다. 맹자가 말한 '불인不忍', 즉 '측은지심'은 서양 전통의 '동정pity'에 해당한다. 이는 인간에게 도덕성이 존재한다는 것을 보여주기 위해 루소가 핵심 연구과제로 다루었던 '동정심'과 매우 닮아 있다.

루소는 일찍이 『인간불평등기원론』에서 동정심은 너무 보편적이어서 인간의 모든 사고작용에 앞서 나타나게 된다고 말한 바 있다. 이는 맹자가 이미 언급한 바와 같이 우물에 빠지려는 아이를 보고 느끼는 '측은지심'과 유사하다. 루소는 『에밀』에서 동정심이 '나약함'으로 전락하지 않도록 하기 위해 정의를 실현하는 차원에서만 동정심을 전개해야 한다고 주장했다. 그러나 줄리앙은 루소의 이런 주장에 강한 의문을 제기했다. 만일 루소의 주장과 같이 동정심이 부정할 수 없는 도덕적 체험이라는 것이 분명하다면 서양은 왜 이를 이해하기 위해 루소가 나타날 때까지 기다려야 했는지를 해명했어야 하나 아직까지 이를 해명치 못하고 있다는 게 그의 지적이다. 그가 그 해답을 맹자의 성선설에서 찾고자 한 이유가 바로 여기에 있다.

줄리앙에 따르면 서양은 도덕을 절대자인 신의 계명으로 인식한 까닭에 정당화의 필요성을 전혀 느끼지 못했다. 이로 인해 서양에서는 왜 그렇게 행동해야 하는지에 대해서는 전혀 설명하지 않은 채 오로지 무조건 그렇게 해야 한다고만 강요했다. 이러한 독단주의는 이내 회의주의를 불러일으켰다. 그 선구자가 몽테뉴였다. 그는 『에세이』에서 서양 전래의 도덕적 기초가 너무 허약하다는 사실에 놀라움을 표시했다. 마키아벨리는 『군주론』에서 허약한 도덕적 기초로 인한 불안정한 국면을 제압하는 개인적인 능력을 '비르투virtù'로 규정했다. 이로써 신학에 기초한 도덕의 버팀대는 무참히 무너지고 말았다.

여기서 도덕 자체로부터 출발해 도덕을 구축코자 하는 움직임이 나타났다. 계몽철학자들이 주동이 되어 도덕의 종교로부터의 해방을 시도한 것이 그 실례이다. 인간 자체에서 도덕의 기초를 세우고자 하는 이런 노력은 18세기에 들어와 공개적으로 확인되었다. 이 작업의 지도자는 루소와 칸트였다.

루소는 『에밀』에서 '사람들은 자신에게도 생길 수 있는 불행에 대해서만 타인의 입장이 되어 동정심을 느낄 수 있다' 고 주장했다. 타인에 대한 동정심은 그 사람이 겪는 비참한 일이 나에게도 일어날 수 있다고 믿는 경우에만 생길 수 있다는 것이다. 그러나 이런 동정심은 논리상 이기주의로 귀착될 수밖에 없다. 루소도 이를 인정해 '동정심의 달콤함' 이라는 표현을 통해 이를 순화코자 했다. 이는 고통을 겪는 자의 입장이 되면서도 자신은 그 사람의 고통을 느끼지 않아도 되는 쾌감을 의미한다. 이에 대해 줄리앙은 이는 일종의 '사디즘적 쾌감' 에 불과하다고 혹평했다.

여기서 루소의 동정심은 결국 이기주의의 포로로 남을 수밖에 없게 된다. 내가 타인에게 보이는 관심은 오로지 나 자신을 위한 것이 되기 때문이다. 루소의 동정심 개념으로는 결코 도덕의 기초가 될 만한 감정을 찾을 수가 없는 것이다. 줄리앙의 지적대로 루소는 가능한 모든 논증을 시도했지만 새로운 것을 찾지 못한 채 원점에서 맴돌기만 한 셈이다. 루소처럼 인간을 자애심自愛心의 기초 위에서 인식하게 되면 동정심은 자애심의 변형에 지나지 않게 된다. 결국 루소는 자신의 주장과 달리 '진정한 인간' 을 발견하지 못한 채 감성적 인간 내지 감수성이 예민한 인간만을 찾아냈을 뿐이다.

당초 칸트는 루소의 동정심 이론에 크게 매료되었다. 그러나 그는 곧 타인에 대한 뜨거운 연민의 정으로 탈바꿈하는 동정심은 아무리 아름답고 다정스러운 것일지라도 맹목적인 이끌림에 지나지 않고, 거기에는 보편성이 결여되어 있다는 점을 간파했다. 이에 그는 결국 동정심을 통해서는 결코 도덕을 생각할 수 없다는 판단 아래 『도덕 형이상학의 기초』에서 이같이 천명했다.

"도덕이 이해관계에 의존하거나 신과 자연, 과학집단의 이해 등 외부적인 원리에 의해 만들어진다면 그것은 더 이상 도덕일 수 없다."

칸트의 선언을 계기로 마침내 도덕은 인간 자신만의 힘으로 절대적 가치를 찾을 수 있는 계기를 맞게 되었다. 이로써 종교와 도덕의 관계가 역전되어 종교가 도덕의 기초로 사용되기보다는 도덕 자체가 형이상학적 신념의 기초가 되었다.

칸트의 장점은 도덕의 선험성 속에서 도덕이 요구하는 것이 무엇인지를 가장 엄격하게 정의했다는 데 있다. 그러나 그는 도덕으로부터 모든 감성적인 면을 제거했기 때문에 도덕을 더 이상 인간의 경험 차원에 연결시킬 수 없게 되었다. 칸트가 억지로 인간 본성과 도덕을 연결시켜 보려고 부단히 노력했음에도 불구하고 끝내 실패하고 만 이유가 바로 여기에 있다. 결국 그는 『도덕 형이상학의 기초』의 마지막 부분에서 도덕성의 동기는 우리가 이해할 수 없는 차원의 것이라는 애매한 말로 얼버무리고 말았다.

원래 칸트와 같이 도덕을 인간의 경험으로부터 분리시킨 채 도덕 자체의 순수성만을 강조할 경우 당연히 다른 문제가 제기될 수밖에 없다. 어떻게 도덕법이 인간행위의 동기가 되어 인간의 의지를 결정할 수 있는가 하는 문제가 바로 그것이다. 칸트가 말하는 지상명령으로서의 도덕은 이해관계로부터 자유롭다고는 하나 과연 무엇으로써 도덕이 도덕을 행하는 인간 자신에게 유익하다는 것을 보장할 수 있는지를 설명치 못하고 있는 것이다.

당초 루소는 도덕의 기초를 동정심에 두면서 도덕성을 인간의 본래 성향으로 인식한 까닭에 끝내 '자애심自愛心'의 관점에서 벗어나지 못했다. 루소는 도덕의 동기를 명확히 제시하지 못하고 도덕성을 확실히 보장하는 데에도 실패한 것이다. 칸트 역시 비록 도덕의 동기를 자애심에서 분리시키기는 했으나 도덕 실천의 주체가 궁극적으로 자애심을 지닌 인간 자신일 수밖에 없다는 사실을 제대로 해명치 못했다. 그는 도덕을 선험적인 의무로 간주해 도덕성에 해가 되는 모든 요소들을 애초부터 제거한 까닭에 인간 자체에서 도덕성을 이끌어낼 수 있는 가능성을 스스로 봉쇄하고 만 것이다.

본래 도덕법은 인간의 본성에서 유래하는 것도 아니고 인간의 체험으로부터 나오는 것도 아니다. 그럼에도 칸트는 자신이 완전히 벗어났다고 생각하고 있었던 낡은 종교적 기초에서 그 원리를 찾은 까닭에 신의 계율을 세속화하는 수준에서 그치고 만 것이다. 결국 칸트는 도덕의 기초와 관련한 순수이성비판을 통해 기존의 사변적인 신학을 완전히 붕괴시켜 도덕을 명확히 정의하는 공을 세웠음에도 불구하고 도덕법을 만들기 위해 다시 신학자가 되고 만 셈이다.

칸트는 도덕을 이성적인 동시에 선험적인 것으로 본 까닭에 도덕이 이성을 통해 정언명령으로서의 보편성과 필연성을 갖는 규칙을 만들어내는 기능을 갖고 있다고 보았다. 그러나 도덕이 인류역사의 산물이라는 것을 깨닫게 되면서 칸트가 강조한 도덕의 절대성에 대한 강한 의문이 제기되었다.

이에 대한 대안을 제시코자 한 사람이 쇼펜하우어였다. 『도덕형이상학론』에서 칸트와는 전혀 다른 방법으로 도덕의 기초를 탐색한 쇼펜하우어가 찾아낸 것은 결국 루소의 동정심이었다. 물론 쇼펜하우어는 자아의 완성 등을 위해 선행을 하는 것은 이기주의에 지나지 않는다고 간주한 까닭에 동정심이 인간의 상상력에서 비롯되었다는 루소의 주장을 부인했다. 그러나 그 또한 어떻게 남의 고통이 나에게 직접 영향을 미쳐 자신의 고통처럼 느끼게 되는지를 진지하게 자문했으나 이에 대한 명쾌한 해답을 찾아내지 못했다. 그가 이를 해결하기 위해 내세운 것은 '도덕의 신비성'이었다.

그러나 이는 결국 루소가 말한 동정심에 신비적인 면이 존재한다는 것을 인정하는 것에 지나지 않는다. 쇼펜하우어의 주장은 동정심을 철학적 개념이나 종교교리 등과 같은 외부 조건에 의존하지 않는 자연의 산물이라는 주장 위에 서 있으면서도 나와 관련된 난문을 풀기 위해 나를 부정해야만 하는 모순을 안고 있는 것이다.

이에 대한 해답을 제시코자 한 사람이 바로 니체이다. 니체는 『도덕의 자연사에 관한 기고』에서 도덕주의자들에게 그들의 입장을 바꿀 것을 권유하면서 도덕의 기초를 세운다는 환상을 갖기보다는 차라리 도덕의 구원에 주의를 기울이는 편이 더 낫다고 주장했다. 실제로 '도덕의 계보학genealogy'에 대한 니체의 탐구결과 도덕은 순수이성 등과는 거리가 먼 '권력의지'의 소산이라는 사실이 적나라하게 드러났다.

'도덕의 계보학'을 천착한 니체의 연구결과가 던진 충격은 막대했다. 이후 서양의 도덕철학자들이 각자 나름대로 도덕의 '탈신비화' 작업을 열성적으로 시도한 것이 그 증거이다. 그 결과 마르크스는 지배계급이 종교라는 도구를 통해 기존질서를 공고히 하는 데 도덕을 이용했다고 주장하면서 도덕에 내재해 있는 노예적 성격을 고발했다. 프로이트는 심리적 접근을 통해 도덕의식은 유년기에 부모나 그 대리자의 이상화된 형상이 투사작용을 통해 나타나는 초자아surmoi 형성의 결과에 불과하다고 주장했다. 결국 이들의 노력에 의해 도덕의 문제는 니체가 주장했듯이 여러 상이한 도덕 간의 비교를 통해서만 해결이 가능하다는 사실이 확인되었다.

이를 통해 알 수 있듯이 결국 서양은 동정심 문제를 놓고 루소를 시작으로 칸트와 쇼펜하우어, 니체 등이 다양한 해답을 찾고자 노력했음에도 불구하고 아직까지 그 해답을 찾아내지 못하고 있는 셈이다. 줄리앙은 바로 이 점에 주목해 맹자의 성선설을 통해 동서양을 아우르는 새로운 도덕철학의 기초를 찾고자 한 것이다. 그가 볼 때 동정심을 중심으로 전개된 서양 도덕철학의 가장 큰 잘못은 기본적으로 '비참'의 개념에 지나치게 사로잡힌 데 있다.

줄리앙에 따르면 루소가 『에밀』에서 '우리의 마음을 인간애로 이끌어 주는 것은 바로 우리가 공유하고 있는 비참함이다'라고 언급한 데에는 고통에 대한 허무주의적 찬사를 내포하고 있다. 쇼펜하우어도 '고통은 좋은 것이다'라고 말한 바 있다. 니체 역시 '비참'의 개념에서 벗어나지 못했다. 그는 '동정의 종교'가 폄하해 놓은 인간의 허약함에 강한 의문을 제기하면서 이타성을 강조한 종래의 도덕원리를 거부했다. 그는『도덕의 계보학』서문에서 '동정심의 실체에 대한 문제 제기를 누가 시작할지 모르지만 그 사람 앞에는 장차 새롭고도 방대한 시야가 열릴 것이다'라고 단언하면서 새로운 도덕철학의 정립 필요성을 역설했다.

줄리앙은 바로 여기서 맹자의 '측은지심' 개념을 통해 새로운 도덕철학의 가능성을 찾고자 한 것이다. 사실 맹자의 '측은지심' 개념은 '동정심' 개념과 달리 '비참'의 논리를 가지고 있지 않다. 여기서는 인간의 불행을 전혀 운명적인 것으로 보지 않고 있다. 나아가 인간의 고뇌가 자신에게 유익할 수 있다는 입장을 취하지도 않는다. 따라서 맹자의 '측은지심'은 서양의 동정심 개념이 안고 있는 난문에 부딪칠 염려가 전혀 없다. 이는 '측은지심' 개념이 동정심의 특징인 자연발생성과 이해관계에 의존하지 않는 무조건성을 동시에 포용하고 있는 데 따른 당연한 결과이기도 하다. 사실 맹자의 '측은지심' 개념에서는 비록 동정심의 주체인 개인이 존재하기는 하나 그것은 주체로서의 자아라는 고립적인 차원이 아니라 인간관계의 일부로서만 인식된다. 줄리앙은 맹자의 '측은지심' 개념에서 서양 전래의 개인주의적 관점에서 완전히 자유로워질 수 있는 가능성을 본 셈이다.

맹자의 '측은지심' 개념은 자아와 타자를 엄격히 분리하지 않고 나를 포함한 만물의 변전을 음양의 상호작용에 따른 결과로 이해하고 있다는 점에서 서양의 동정심과 근원적인 차이가 있다. '측은지심' 은 고립된 자아로부터 생기는 것이 아니라 행위를 일으키는 현상 자체에서 비롯되는 까닭에 서양의 동정심과 같이 그 현상이 자아 내에서 일어나는 것인지 아니면 타인으로부터 연유하는 것인지 여부를 알아볼 필요조차 없다. 서양인들은 오랫동안 이를 전혀 이해하지 못했던 것이다.

'측은지심' 은 우물에 빠지려는 아이를 황급히 잡아주는 것과 같이 자연발생적인 반응을 통해 드러난다. 이는 오랫동안 군집생활을 영위하며 진화해 온 인간의 기본속성으로 결코 종교적 신념의 소산도 아니고, 니체가 주장한 것처럼 약자에 대한 애도의 산물도 아니며, 마르스가 말한 것처럼 계급이익도 아니고 프로이트가 주장한 것처럼 아버지의 역할도 아니다. 줄리앙은 바로 이 점에 주목해 순수하며 결코 자기 소외를 동반하지 않는 맹자의 사단四端을 도덕의 초석으로 쓸 것을 제안하고 있는 것이다. 맹자사상의 도덕철학으로서의 위대한 면모가 약여하게 드러나는 대목이 아닐 수 없다.

제2절 왕도설(王道說)

국가공동체가 유지되는 한 바람직한 통치에 관한 논의는 끊임없이 지속될 수밖에 없다. 실제로 동서고금을 막론하고 이에 관한 논의가 중단된 적은 없다. 그러나 시공을 초월한 절대적인 기준이 존재한 적은 없다. 현재 전 세계의 모든 나라에 통용되고 있는 민주주의 이념도 큰 틀에서 보면 하나의 시대적 사조에 불과할 뿐이다. 상황에 따른 다양한 변용이 불가피한 만큼 바람직한 통치유형을 하나의 고정된 절대이론으로 정립시키려는 시도 자체가 불필요한 일일 뿐만 아니라 자칫 커다란 부작용을 초래할 소지가 크다는 점에서 주의를 요한다.

그러나 동양에서는 지난 19세기 말기까지 근 1천 년 동안 바람직한 통치에 관한 고정된 이념이 존재했다. 그것이 바로 맹자가 주창한 왕도王道이념이었다. 이는 맹학孟學에 기초한 성리학이 유일무이한 관학으로 군림한 데 따른 것이었다. 그렇다면 맹자는 왜 고정불변한 절대이론으로서의 왕도를 주창하게 된 것일까.

맹자가 활약하는 전국시대 중기는 천하통일의 기운이 한창 무르익기 시작할 때였다. 열국의 군주들 모두 자국을 중심으로 한 천하통일의 대업을 이루기 위해 부국강병에 박차를 가했다. 이로 인해 백성들의 삶은 이루 형언할 수 없을 정도로 참혹했다. 맹자는 [양혜왕 하]편 제12장에서 당시의 상황을 이같이 묘사해 놓았다.

"흉년으로 기근이 들자 군주의 백성들 중 굶어죽어 구학溝壑에 나뒹구는 노약자들과 사방으로 도주한 장정들의 수만도 거의 수천 명이나 되었다. 그러나 군주의 창름倉廩 : 곡식창고은 가득 차 있었고 부고府庫 : 재물창고 또한 가득 차 있었다."

맹자는 바로 이런 상황을 극복하기 위해 인의에 기반을 둔 왕도를 펼쳐야 한다고 역설한 것이다. 천하유세에 나선 그는 즉시 전쟁을 중단해 백성들이 안심하고 생업에 종사할 수 있도록 하는 것이 바로 왕도의 시작이라고 강조하면서 왕도를 펼치는 자만이 천하를 통일할 수 있다고 주장했다. 그러나 부국강병에 여념이 없던 열국의 군주들은 이를 귀담아 듣지 않았다.

이에 맹자는 비록 언설에 그치기는 했으나 왕도를 시행치 않을 경우 백성들의 원망으로 인해 마침내 이성異姓의 유덕자有德者에 의해 패망하는 소위 '역성혁명易姓革命'의 가능성을 들먹이며 열국의 군주들을 위협했다. 맹자는 자신이 동원할 수 있는 모든 수단을 이용해 자신의 왕도설을 설파했던 셈이다. 그럼에도 열국 군주들의 반응은 냉담했다.

열국의 군주들은 왜 맹자의 왕도설에 그토록 냉담한 반응을 보였던 것일까. 후대의 성리학자들은 맹자의 왕도설 자체에 문제가 있었다는 사실에는 눈을 감은 채 열국의 군주들에게 모든 책임을 물었다. 그들 모두가 무도했다는 것이다. 과연 성리학자들의 이런 주장이 타당한 것일까. 본래 왕도는 맹자가 사상 최초로 바람직한 통치의 이치를 의미하는 '치도治道'의 일환으로 거론한 것이다. 맹자 이전에는 치도에 관한 구체적인 논의가 없었다. 춘추시대에 처음으로 패업을 이룬 제나라 재상 관중管仲의 저술로 알려진 『관자』 [대수大數]편에는 치도가 다음과 같이 정리되어 있다.

"무위無爲로써 다스리는 것을 제도帝道, 유위有爲로써 다스리되 무위로 나아가려는 것을 왕도王道, 유위로써 다스리되 이를 존귀하게 생각지 않는 것을 패도覇道라고 한다. 스스로 존귀하게 여기지 않는 것이 군도君道, 존귀한 자리에 있으면서 지나치지 않는 것이 신도臣道이다."

이 대목은 맹자가 왕도라는 용어를 최초로 사용한 점 등에 비춰볼 때 관중을 추종하는 후대 유자가 『관자』에 삽입시킨 위문僞文으로 보인다. 그럼에도 이 대목은 맹자 이후 제자백가 사이에 치열하게 전개된 소위 '치도논쟁'에 관한 종합적인 평가의 성격을 띠고 있다는 점에서 매우 주목할 만하다. 도가사상의 핵심인 '무위통치'와 인 · 의 · 예 · 지로 상징되는 유가의 '유위통치'를 하나로 통합해 서열을 매긴 것은 이 대목이 최초의 것이라고 할 수 있다.

이 대목을 기준으로 보면 도가의 '무위통치'는 말 그대로 가장 높은 수준인 소위 '제도帝道' 내지 '황도皇道'의 수준에 해당한다. 그러나 치도 문제를 최초로 거론한 맹자는 패도를 폄하한 것은 물론 '무위통치'에 입각한 가장 높은 수준의 '제도'에 대해서도 전혀 언급한 바가 없다. 맹자는 오직 인의에 입각한 왕도만을 치도의 모든 것으로 간주했던 것이다.

맹자의 이런 주장에 가장 먼저 이의를 제기하고 나선 사람은 순자였다. 그는 맹자와 달리 왕도에 준하는 수준의 패도가 있음을 강조하면서 왕도와 패도를 모두 치도의 범주에 넣어야 한다고 역설했다. 순자는 왕도와 패도 이외에도 안도安道와 위도危道, 망도亡道 등의 유형을 찾아낸 뒤 패도를 왕도에 버금하는 것으로 평가했다. 이는 소위 '왕패준별법王覇峻別法'에 의거해 치도를 왕도와 패도로 양분한 맹자의 입장과 극명한 대조를 이루는 것이다.

순자가 말하는 패자는 맹자의 주장처럼 무력을 기반으로 하면서 인의를 가장하는 소위 '이력가인以力假仁'의 인물이 아니다. '융례존현隆禮尊賢'에 입각한 왕자는 아니지만 최소한 '중법애민重法愛民'에 입각한 당당한 군주가 바로 순자가 말하는 패자인 것이다. 이는 맹자가 애기하는 '이력가인'과는 거리가 멀다. 순자가 애기한 '중법애민'의 패도는 비록 '융례존현'의 왕도에는 못 미치지만 현실적인 치도방안으로 적극 수용할 만한 것이었다.

순자가 언급한 패도는 비록 이상적인 왕도는 아니지만 왕도 실현이 불가능할 경우에 대비한 현실적인 차선책에 해당한다. 여기에는 난세 속에서 패도에 의해서라도 천하통일이 이루어지기를 고대한 순자의 염원이 담겨 있다. 순자가 맹자에 의해 일언지하에 타기된 패도를 긍정적으로 평가한 이유가 바로 여기에 있다. 순자의 패도는 왕도의 이상을 견지한 가운데 현실 속에서 구현할 수 있는 최상의 대안을 모색하는 과정에서 찾아낸 고뇌의 소산이라고 할 수 있다.

당초 공자는 치도에 관해 아무런 언급도 하지 않았다. 다만 그는 관중의 비례非禮를 비난하면서도 그가 이룬 패업을 높이 평가한 바 있다. 굳이 맹자의 왕도설을 원용해 평가하면 이는 대략 왕도를 최상의 방안으로 간주하면서 관중의 패업과 같이 특별한 경우에 한해 패도를 수용하는 입장을 취한 것으로 볼 수 있다. 공자는 자신이 제안한 군자정치의 이상이 현실의 벽 앞에서 좌절되는 과정을 거치면서 왕도만을 고집하기에는 현실적으로 문제가 있다고 느꼈을 공산이 크다. 공자의 이런 입장은 순자와 궤를 같이 하는 것이기도 하다.

관중의 패업은 공자의 평가를 통해 짐작할 수 있듯이 '존왕양이'의 혁혁한 공업功業에 기초한 것이었다. 이는 『춘추좌전』 [노양공 24년]조에 실려 있는 노나라 대부 숙손표叔孫豹의 평가를 통해 쉽게 확인할 수 있다. 관중 사후 1백 년 뒤에 태어난 숙손표는 관중의 패업을 토대로 한 이른바 '삼불후설三不朽說'을 제창했다. 이는 입덕立德 · 입공立功 · 입언立言 등 세 가지 공덕 중 하나만을 세운 경우라 할지라도 그 공덕은 영원히 스러지지 않는다는 내용을 골자로 하고 있다. 관중의 패업이 그의 사후 얼마나 높게 평가받았는지를 약여하게 보여주는 대목이 아닐 수 없다.

그럼에도 불구하고 관중의 패업은 맹자에 의해 일언지하에 폄하되었다. 이는 관중의 패업을 높이 평가한 공자의 기본취지와 사뭇 다른 것이다. 성리학자들의 관중의 패업에 대한 폄하 역시 맹자에서 비롯된 것이다. 맹자는 '왕패준별법'에 의거해 수신 차원의 '인仁'을 이루지 못한 사람은 설령 치평 차원의 뛰어난 공업을 이룰지라도 결코 '인'을 이룬 것으로 볼 수 없다는 주장을 펼쳤다. 맹자는 관중의 패업에 대한 평가를 묻는 제자 공손추公孫丑의 질문에 대해 이같이 힐난한 바 있다.

"관중은 그토록 오래도록 재상의 지위에 있었건만 그 업적인즉 저토록 보잘 것이 없었다. 나를 어찌 그런 인물과 비교하는가."

이를 통해 맹자가 관중의 패업을 얼마나 폄하하고 있는지를 확연히 알 수 있다. 맹자는 제환공의 공적을 묻는 제선왕의 질문에 대해서도 퉁명스런 어조로 "공자의 제자들은 제환공과 진문공 같은 패자의 공적에 관해 말하는 사람이 없기 때문에 후세에 전술된 것도 없습니다"라고 대답했다. 이는 기본적으로 패업 자체를 인정할 수 없다는 맹자의 확고한 신념에서 나온 것이었다. 맹자는 [공손추 상]편에서 왕자와 패자를 이같이 대비시켰다.

"힘으로 '인'을 가장하는 자를 패자라고 한다. 패자는 반드시 큰 영토를 가지고 있어야 한다. 덕으로 '인'을 행하는 자를 왕자라고 한다. 왕자는 큰 나라를 보유하지 않아도 좋다."

이런 신념을 지닌 맹자에게 왕도의 원칙에서 벗어난 제환공과 관중의 업적이 용납될 여지는 애초부터 전무했다. 그러나 과연 관중의 패업을 일언지하에 폄하한 맹자의 주장이 타당한 것일까. 사실 관중은 춘추시대에 최초로 '존왕양이'의 위업을 이룬 인물이었다. 그럼에도 맹자는 제후는 반드시 천자의 대권인 '전토권專討權'에 의거해 정벌에 나서야 한다는 원칙만을 고집해 제환공과 관중을 폄하한 것이다. 맹자는 왕도를 지나치게 강조한 나머지 역사적 사실과 동떨어진 평가를 내렸다는 지적을 면키 어렵다. 그럼에도 후대에는 맹자를 추종하는 성리학자들에 의해 관중의 패업은 일언지하에 폄하되고 말았다.

사실 맹자의 왕도설은 당시의 시대적 상황에 비춰볼 때 매우 비현실적인 이론이었다. 그러나 맹자는 이에 아랑곳하지 않고 시종 자신의 소신을 굽히지 않았다. 열국의 군주들 역시 비록 그의 제안을 받아들이지는 않았으나 겉으로는 경청하는 태도를 보였다. 이는 제자백가의 자유로운 언론활동을 존중한 당시의 풍조에서 비롯된 것이었다. 당시는 열국 간의 다면전쟁이 간단없이 지속되는 난세였음에도 불구하고 언론자유가 극도로 보장되어 중국의 전 역사를 통틀어 다양한 사상이 가장 활발하게 전개된 시기이기도 했다. 맹자는 바로 이런 시대적 흐름에 편승해 열국의 군주들 앞에서 시종 훈계하는 자세로 자신의 왕도설을 개진했던 것이다.

그렇다면 맹자는 무엇을 근거로 왕도설을 주창한 것일까. 당시 많은 사상가들이 맹자에 앞서 이미 두드러진 활약상을 보이고 있었다. 대표적인 인물이 바로 묵자墨子와 양주楊朱의 무리였다. 묵자는 '겸애兼愛'를 기치로 박애주의와 실용주의를 주장한 데 반해 양주는 '위아爲我'를 기치로 극단적인 개인주의를 부르짖었다. 이런 속에서 맹자는 공자의 적통을 자처하며 묵자와 양주의 무리를 통렬하게 비판하고 나선 것이다. 맹자가 이들을 논파하기 위해 만들어낸 이론이 바로 인의설仁義說이었다. 이는 공학의 요체인 인仁에 의義를 접합시킨 맹자의 독창적인 이론이기도 했다.

본래 '의'는 크게 인간의 고상한 품덕과 인간관계 내의 질서라는 두 가지 의미를 지니고 있다. 전자는 『논어』에서 '의'가 '리利'에 대칭되는 개념으로 사용된 용례를 통해 쉽게 확인할 수 있다. 후자는 군신지의君臣之義 등의 용어에 그 의미가 잘 나타나 있다. 맹자는 바로 후자의 입장에서 '의'의 의미를 극대화시킨 것이다. 맹자의 인의설을 『논어』의 용례에 나오는 '의'의 개념으로 풀이해서는 안 되는 이유가 바로 여기에 있다. 『논어』에는 '인'과 '의'가 결합되어 사용된 용례가 전무하다.

맹자가 '군신지의'와 같은 인간관계 내의 질서에 주목케 된 것은 당시의 시대상황과 밀접한 관련이 있었다. 당시는 부자 간의 질서를 비롯해 부부 간의 질서와 군신 간의 질서 등 모든 인륜의 질서가 극도로 문란해져 있었다. 이는 기본적으로 약육강식과 하극상이 만연한 데 따른 부작용이기는 하나 맹자는 전혀 다른 차원에서 이 문제에 접근했다. 맹자는 그 원인을 당시의 사상계를 지배하고 있는 묵자와 양주의 무리에서 찾은 것이다.

당시 묵자는 친소에 따른 차별적 사랑인 소위 '별애別愛'를 내세운 유가와 달리 친소를 떠난 무차별적 사랑인 소위 '겸애'를 내세우며 범애주의汎愛主義 내지 박애주의博愛主義를 주창했다. 일종의 인류애人類愛 : Philanthropy에 해당하는 그의 이런 주장은 유사 이래 대부분의 종교가 내세우는 주장과 일맥상통하는 것이었다. 묵가가 끊임없는 전역戰役으로 고통받고 있는 서민들로부터 폭발적인 지지를 얻은 이유가 바로 여기에 있다. 기댈 곳은 물론 하소연할 곳도 없는 서민들로서는 형제애兄弟愛 : Fraternity를 통한 화목한 인간관계를 제일의로 내세운 묵자의 주장에서 정신적인 안정을 찾고자 했을 것이다. 사실 묵가의 주장은 일종의 종교적 교설로 치부하면 크게 문제 삼을 것도 없는 것이었다.

그러나 맹자는 묵가의 교리야말로 인간관계의 핵심인 윤리질서를 파괴하는 근원으로 간주했다. 당초 공자는 친소에 따른 차별적인 사랑을 인仁의 출발로 보았다. 그는 부모에 대한 사랑과 이웃을 대하는 사랑에는 차등이 있어야 하고, 이웃과 먼 곳의 사람을 대하는 사랑에도 차별이 있어야 한다고 생각했다. 유가의 '친친형형親親兄兄' 사상이 바로 이를 상징적으로 보여주고 있다. '친친형형' 사상에 입각할 경우 묵가의 주장은 '무친무형無親無兄'의 반윤리적 독설로 오해될 소지가 크다. 실제로 맹자는 이런 입장에서 묵가를 바라보았다. 맹자가 묵가의 주장을 '무부무군無父無君'의 금수지도禽獸之道로 매도한 이유가 바로 여기에 있다. 맹자는 묵가의 '겸애' 이론에 적극 대처할 생각으로 인간관계 내의 질서를 뜻하는 '의'에 주목해 마침내 그의 독특한 '인의설'을 창안해낸 것이다.

맹자는 대략 천하유세에 나서기 이전에 '인의설'을 완성한 것으로 보인다. 그가 첫 번째 유세부터 유세 상대인 양혜왕에게 오직 '인의' 밖에 없다고 강조한 사실이 이를 뒷받침한다. 맹자의 이런 입장은 시종 견지되었다. 만년의 대부분을 제후에 대한 유세로 보낸 그가 늘 주장한 것은 바로 인의에 의한 정치였다. '인의'야말로 맹자가 어떤 상황에서도 변함없이 견지한 그의 기본신조라고 할 수 있다.

그러나 당시의 상황에서 부국강병 대신 인의에 입각한 덕정을 강조한 맹자의 주장은 확실히 비현실적이었다. 실제로 열국의 군주들은 맹자의 웅변에 압도되어 표면상 그의 주장을 수긍하는 모습을 보이면서도 막상 그 정책을 채택하지는 않았다. 이를 두고 그들만을 탓할 수는 없다. 아무리 뛰어난 주장일지라도 그것이 실행에 옮겨지기 위해서는 반드시 그에 따른 구체적인 정책 프로그램이 뒷받침되어야만 한다. 그러나 맹자의 '인의설'에는 그런 것이 전혀 없었던 것이다.

물론 맹자도 이와 관련한 정책 프로그램을 전혀 제시하지 않은 것은 아니었다. 그는 인의의 덕정을 실시하기 위한 구체적인 방안으로 정전제井田制 등을 제시했다. 이는 1리 사방의 땅을 정井자 모양으로 구획해 가운데의 토지를 공전公田, 나머지를 사전私田으로 삼은 뒤 농민들이 각기 사전을 경작하는 와중에 공전을 공동으로 경작해 그 소출을 현물세로 바치는 제도를 말한다. 맹자는 이 제도가 은나라 때부터 실시된 제도라고 했으나 무슨 근거가 있는 것은 아니다.

당시의 상황에서 모든 토지를 일률적으로 정井자 모양으로 구획할 수 있는 것도 아니었고 토지의 등급을 정하는 것 또한 간단치 않았던 점 등을 감안할 때 이는 극히 비현실적인 제안에 불과했다. 다만 경자유전耕者有田의 원칙에 입각해 식량과 세금조달 문제를 일거에 해결코자 한 정신만은 높이 평가할 만하다. 당시 맹자는 세제에 대해서도 수입의 10분의 1을 세율로 정해야 한다고 주장했으나 이 또한 군비확장에 전념할 수밖에 없었던 당시의 상황에서 볼 때 채택이 쉽지 않았다. 결국 맹자는 '인의설'을 내세워 나름대로 의미 있는 유세를 펼쳤다고 자부했음에도 불구하고 당시 열국의 군주들이 간절히 바란 부국강병의 계책은 하나도 제시하지 못한 셈이다. 맹자의 천하유세는 그 출발부터 이미 실패가 예고된 것이나 다름없었다.

그럼에도 맹자는 인의의 원칙에 입각해 열국의 정치를 통렬하게 비판했다. 이때 그가 원용한 것이 바로 왕도설王道說이었다. 이는 소위 '왕패준별법'에 근거해 인의에 입각한 왕도에 의해서만 천하통일의 대업을 이룰 수 있다는 이론이다. 맹자는 왕도설에 근거해 힘에 입각한 패도정치로는 결코 천하통일의 대업을 이루지도 못할 뿐만 아니라 궁극적으로는 보국保國조차 어렵다고 주장했다. 이는 부국강병을 추구할 수밖에 없었던 당시의 기본흐름과 정면으로 충돌하는 주장이 아닐 수 없다. 맹자는 왜 이처럼 현실과 정면으로 충돌하는 주장을 펼친 것일까.

맹자가 볼 때 춘추시대는 전국시대에 비해 그나마 볼 만한 것이 있었다. 비록 왕도는 사라졌지만 '존왕양이尊王攘夷'를 내세운 패도가 인간관계의 기본질서만큼은 유지시키는 역할을 수행했다. 그러나 전국시대에 들어와 하극상의 만연으로 모든 윤리질서가 일거에 무너지게 되자 패도조차 사라지게 되었다는 게 맹자의 판단이었다. 그는 [고자 하]편 제17장에서 이같이 주장했다.

"오패五覇는 삼왕三王 : 禹, 湯, 文 · 武의 죄인이고, 지금의 제후는 오패의 죄인이고, 지금의 대부는 제후의 죄인이다. 천자는 토이불벌討而不伐 : 명을 내려 성토하되 직접 정벌에 참여치는 않음하고, 제후는 벌이불토伐而不討 : 군사를 이끌고 가 치되 직접 명을 내려 대상을 성토하지는 않음한다. 그런데 오패는 멋대로 제후들을 이끌고 가 제후를 친 자들이다. 그래서 오패는 삼왕의 죄인이라고 한 것이다. 규구葵丘의 회맹에서 제후들은 존현육재尊賢育才 : 현자를 높이고 인재를 육성함와 경로자유敬老慈幼 : 노인을 공경하고 어린이를 보살핌, 무망빈려無忘賓旅 : 손님과 나그네 대접을 소홀히 하지 않음 등을 맹서했으나 지금의 제후들은 모두 이를 어기고 있다. 그래서 지금의 제후들은 오패의 죄인이라고 한 것이다. 군주의 악을 돕는 것은 그 죄가 작고, 군주의 악을 앞장서 이끄는 것은 그 죄가 크다. 지금의 대부들은 모두 군주의 악을 앞장서 이끌고 있다. 그래서 지금의 대부들은 제후들의 죄인이라고 한 것이다."

맹자는 과거 춘추시대의 패자들이 존현육재尊賢育才 등을 기치로 최소한 인의에 입각한 명분을 내세운 점을 나름대로 평가한 셈이다. 이는 그가 '왕패준별법'에 의거해 왕도와 패도를 엄별한 뒤 패도를 일언지하에 폄하한 기본입장과 사뭇 다른 것이기도 하다. 그러나 이는 기본적으로 삼왕三王의 왕도를 강조하기 위한 편의적인 수긍에 불과한 것으로 보아야 한다. 이를 두고 맹자가 왕도를 높이고 패도를 폄척貶斥하는 소위 '숭왕척패崇王斥覇'의 기본입장을 번복한 것으로 해석해서는 안 되는 것이다.

맹자의 '숭왕척패' 입장은 군주를 가볍게 보고 백성을 귀하게 보는 소위 '귀민경군貴民輕君' 사상과 불가분의 관련을 맺고 있다. 소위 '민본주의民本主義'로 해석되고 있는 그의 '귀민경군' 사상은 수천 년 동안 유지된 동양의 제왕정에 지대한 영향을 미쳤다. 맹자는 [진심 하]편에 '귀민경군'의 의미를 이같이 풀이했다.

"백성이 귀하고, 사직社稷은 다음이고, 군주는 가볍다. 그래서 구민丘民 : 田野의 백성의 마음을 얻는 자는 천자, 천자의 마음을 얻는 자는 제후, 제후의 마음을 얻는 자는 대부가 된다."

많은 사람들이 여기의 사직社稷을 두고 국가로 해석하고 있으나 이는 잘못이다. 맹자가 여기서 언급한 사직은 왕조를 상징한 것으로 현대의 공화국에 해당한다. 맹자는 왕조는 바뀔 수 있어도 백성이 근간이 된 나라는 바뀔 수 없다는 생각을 갖고 있었다. 이는 중원에 수많은 이민족 정권이 세워졌음에도 불구하고 중국中國이라는 나라가 수천 년 동안 그대로 유지된 사실을 통해 쉽게 알 수 있다. 사직을 왕조로 해석해야만 맹자가 이 장에서 말하고자 하는 '귀민경군'의 취의를 제대로 파악할 수 있다.

나아가 맹자의 '귀민경군' 사상을 '민본주의'로 칭하면서 서양에서 발전한 민주주의와 전혀 별개의 이념체계로 간주하는 것 또한 잘못이다. 맹자의 '귀민경군' 사상은 서구 민주주의 이념의 결정적 배경이 된 프랑스혁명에 지대한 영향을 미쳤다. '민본주의'와 '민주주의' 모두 백성을 정치변혁의 주체로 상정한 점에서 하등 차이가 없다. 양자의 차이는 오직 권력 주체를 선정하는 과정에서의 방법론적 차이에 불과하다.

당시 맹자가 보기에 국가의 주인은 군주가 아닌 백성이고, 천명의 수명受命은 백성의 지지를 의미하는 데 불과했다. 백성을 괴롭히는 폭군은 갈아치우는 것이 당연했다. 맹자는 자신의 이런 주장을 제선왕 앞에서 거리낌 없이 밝힌 바 있다. 그는 [양혜왕하]편에서 탕湯·무武의 역성혁명을 시군弑君으로 해석코자 하는 제선왕의 질문에 대해 이같이 반박했다.

"인仁을 해치는 자를 '적賊', 의義를 해치는 자를 '잔殘', '잔적殘賊'의 인물을 '일부一夫 : 일개 사내'라고 합니다. 나는 '일부'를 주벌誅罰했다는 얘기는 들었어도 '시군'했다는 얘기는 듣지 못했습니다."

여기서 바로 맹자의 그 유명한 '일부가주론一夫可誅論'이 나오게 되었다. 흔히 '폭군방벌론暴君放伐論'으로 불리는 이 이론은 백성을 괴롭히는 폭군은 일개 사내에 불과한 까닭에 가히 '주벌誅罰'할 수 있다는 과격한 내용으로 이뤄져 있다. '주벌'은 목숨을 빼앗는 '주살誅殺'을 포함하고 있다는 점에서 단지 보위에서 쫓아내는 '방벌'보다 훨씬 과격한 의미를 지니고 있다. 신분세습의 봉건정을 유지한 일본의 바쿠후幕府 정권이 메이지유신明治維新 이전까지 『맹자』의 구독을 금한 것도 이와 무관치 않았다.

진시황의 분서갱유焚書坑儒로 처참한 상황에 몰렸던 유가는 한제국이 성립된 후 법가의 존군尊君이념을 도입해 유방의 천하통일을 '왕도에 준하는 패도'로 미화하고 나섰다. 이로써 이들은 마침내 유학을 유일무이한 관학官學으로 삼는 데 성공했다. 이는 맹자의 '귀민경군' 사상과 배치되는 것이다. 그럼에도 중국에서는 성리학 성립을 계기로 '귀민경군'을 강조한 남송대를 지나 원·명·청대를 거치면서 점차 군주에 대한 무조건적인 충성이 강조되었다. 이는 후대의 유자들이 군권君權을 강화한 원·명·청조의 황실과 타협한 데 따른 것이었다. 유자들은 맹자의 '귀민경군' 사상에 일대 수정을 가한 셈이다.

이에 반해 성리학이 극성한 조선에서는 전혀 다른 양상이 나타났다. 정몽주鄭夢周와 길재吉再 등으로 이어지는 소위 의리학義理學에 뿌리를 둔 조선 성리학은 신권臣權의 우위를 확보하기 위해 군권과의 타협을 거부했다. 네 차례에 걸친 사화士禍와 두 차례에 걸친 반정反正이 그 증거이다. 반정은 신하가 주동이 되어 모시던 군주를 몰아낸 점에서 본질적으로 반역反逆에 해당한다. 맹자의 '귀민경군' 사상이 중국과 일본 등지에서 배척된 것은 바로 '일부가주론'에 담겨 있는 반역성 때문이었다.

그러나 역설적으로 민주주의가 보편화된 현대의 관점에서 볼 때 그의 '귀민경군' 사상은 커다란 호소력을 지니고 있다. 현대 헌법학에서 말하는 소위 저항권抵抗權이 바로 맹자의 '일부가주론' 주장과 맥을 같이 하고 있다. '귀민경군' 사상으로 요약되는 맹자의 민본주의 사상이 서구에서 발전한 민주주의 정신과 일맥상통하는 이유가 바로 여기에 있다.

그럼에도 맹자가 그토록 역설한 왕도정치는 춘추전국시대의 시대적 상황에 비춰볼 때 애초부터 실현가능성이 전혀 없었다고 보는 것이 타당하다. 춘추시대에도 패자가 천자를 끼고 제후들을 호령하는 이른바 '협천자挾天子'의 위력을 통해서만 천하질서를 그나마 유지할 수 있었다. 그러나 7웅七雄이 천하의 우이牛耳 장악을 놓고 한치의 양보도 없는 혈전을 치른 전국시대에 들어와서는 왕도는커녕 제환공과 관중이 성취한 패도조차 사실상 자취를 감춰버렸다. 전국시대에 7웅이 이상적으로 그린 인물은 왕도를 실현한 요·순·우·탕이 아니라 패도를 실현한 제환공과 관중이었다.

이를 통해 짐작할 수 있듯이 관중의 패업조차 일언지하에 폄하한 맹자의 왕도설은 기본적으로 실현가능성과는 거리가 먼 하나의 이념적 지표의 성격을 띠고 있었다. 당시의 시대적 흐름은 서주시대의 왕도와 춘추시대의 패도를 넘어 천하통일을 전제로 한 제도帝道의 시대로 진행되고 있었던 것이다. 이러한 때에 복고적인 왕도를 주장하는 것은 주왕조의 봉건체제를 옹호하는 시대퇴행적인 모습으로 비춰질 소지가 컸다.

이런 관점에서 볼 때 맹자의 왕도설은 '일부가주론'과 같은 혁명적인 이론의 뒷받침에도 불구하고 신분세습에 기초한 주왕조의 봉건정을 옹호한 것이 아닌가 하는 의심을 사기에 충분했다. 사실 왕도설의 문제점은 그의 '법선왕론法先王論'에서 더욱 극명하게 나타나고 있다. 그의 '법선왕론'은 요·순·우·탕 등 고대의 성왕이 만든 제도는 더 이상 고칠 데가 없는 만세의 전범인 까닭에 당연히 이를 좇아야 한다는 생각에서 나온 것이었다. 이는 순자의 '법후왕론法後王論'과 극명한 대조를 이루는 것으로 맹자의 회고적懷古的 성향을 여실히 보여주고 있다.

당시 맹자의 '법선왕론'은 정전제井田制와 세록제世祿制, 상서제庠序制 등의 실시 주장으로 구체화되었다. 맹자는 이런 제도가 이미 삼왕三王시대에 널리 시행되었다고 주장했으나 사실 이는 맹자 스스로 자신의 독창적인 구상을 고대 성왕에 가탁한 것에 지나지 않았다. 맹자가 역사적 사실과 동떨어진 이런 제안을 하게 된 것은 말할 것도 없이 자신의 왕도설을 이론적으로 뒷받침하기 위한 것이었다.

그러나 맹자는 결코 복고주의자는 아니었다. 이는 그가 인의를 체현한 새로운 왕자의 출현을 고대한 소위 '신왕론新王論'을 제기한 사실을 통해 쉽게 알 수 있다. 그는 [양혜왕 상]편에서 천하의 향후 전망을 묻는 양혜왕의 질문에 이같이 대답한 바 있다.

"하나로 통일될 것입니다. 사람 죽이기를 좋아하지 않는 사람이 천하를 통일할 수 있을 것입니다."

맹자의 이런 주장은 왕도의 실현이 기존의 군주로는 불가능하다는 판단에서 나온 것이었다. 그가 대망待望한 '신왕'은 사람 죽이기를 좋아하지 않는 이른바 '불기살인자不嗜殺人者'였다. 물론 맹자가 상정한 '신왕'은 기본적으로 인의를 체현한 인물이어야 한다. 결국 평천하를 이룰 '신왕'은 '불기살인자'인 동시에 '인의를 체현한 인물'이어야만 했던 것이다. 이는 당시 맹자가 열국의 군주들을 사람 죽이기를 좋아하는 폭군에 불과한 것으로 간주했음을 의미한다.

이런 관점에서 볼 때 맹자의 왕도설은 복고와 혁신의 개념을 초월해 최상의 것을 추구한 이상주의적인 측면이 강하다고 할 수 있다. 일견 상호 모순적인 것으로 보이는 '법선왕론'과 '신왕론'이 동시에 개진된 것은 바로 지고지선을 추구하는 맹자의 이상주의 성향이 빚어낸 것이다. 맹자의 '신왕론'은 '일부가주론'과 불가분의 관계를 맺고 있다. 맹자가 '탕무혁명湯武革命'을 언급하면서 '일부가주론'을 피력한 것도 바로 왕도 실현을 적극 옹호하려는 의도에서 나온 것이다.

그러나 법가는 맹자의 이런 주장을 통박하고 나섰다. 신하된 도리로 끝까지 '사군事君'에 헌신해야지 '시군弑君'은 어떤 식으로든 합리화할 수 없다는 게 법가의 주장이었다. 법가의 이런 주장은 그들의 '귀군론貴君論'에 따른 것으로 사실 공자의 입장과 상당부분 궤를 같이 하고 있다.

공자는 맹자가 '일부가주론'의 실례로 내세운 탕무혁명에 대해 맹자와 다른 입장에 서 있었다. 공자의 기본입장은 어디까지나 '군군신신君君臣臣'이었다. 그는 설령 '불인不仁'한 군주라고 할지라도 신하들이 마음대로 '시군'하는 것을 인정하지 않았던 것이다. 공자는 신하된 자로서는 오직 진퇴를 통해서만 의사를 표시해야 한다고 강조했다. '불인'한 군주를 만나 무도無道한 세상에 처할 경우 초야로 숨어드는 것만을 인정했을 뿐 '시군'이라는 적극적인 방안을 결코 인정하지 않았던 것이다. 그러나 공자는 동시에 은나라 및 주나라의 건국 자체를 부인하지는 않았다. 공자는 '시군탈위弑君奪位'의 혁명은 인정하지 않았지만 혁명정권의 수립 자체는 인정한 셈이다.

그럼에도 맹자는 공자와 달리 '불기살인자'에 의한 '신왕'의 등장을 염원한 나머지 폭군방벌을 적극 옹호하고 나섰던 것이다. 그의 이런 염원이 바로 일체의 패도를 폄척하고 오직 왕도만을 강조하게 된 근원적인 배경이 되었다. 맹자가 왕도 지상주의로 흐르게 된 데에는 상당부분 그 자신이 왕도의 정당성과 실현가능성에 대해 남다른 확신을 가진 데에서 그 원인을 찾을 수 있다.

맹자의 왕도설은 비록 현대의 민주주의와 맥을 같이 하는 '귀민경군'의 민본주의를 그 이론적 바탕으로 삼고 있음에도 불구하고 대대적인 수정을 요한다. 치세와 난세를 불문하고 오직 인의에 의거한 덕정만을 치도로 간주한 것이 대표적인 실례이다. 그의 성선설이 줄리앙과 같은 서양의 철학자에 의해 21세기의 새로운 도덕철학의 대안으로 각광받고 있는 점에 비춰 그의 왕도설에 대해서도 대대적인 재해석이 절실히 요망되고 있다.

제2부

『맹자』론

제1장 편제론編制論

『맹자』는 한문제漢文帝 때 처음으로 『논어』와 『효경』, 『이아爾雅』 등과 함께 학관學館의 공식 교과목이 되었다. 그러나 얼마 후 한무제漢武帝의 즉위를 계기로 '5경박사五經博士'가 설치되면서 제자백가서의 하나로 격하되었다. 이로 인해 『맹자』는 유자들 내에게 별다른 주목을 받지 못했다. 이러한 흐름은 삼국시대와 남북조시대까지 그대로 유지되었다. 당제국 때에 이르러 한유韓愈 등이 맹자를 높이 평가하면서 『맹자』에 대한 재해석 움직임을 보였으나 전래의 흐름을 바꾸지는 못했다.

5대五代의 혼란기를 거쳐 한족漢族의 통일왕조인 송나라가 들어서면서 맹자의 의리義理를 숭상하는 기운이 높게 일게 되었다. 이에 마침내 신종神宗 때에 이르러 왕안석王安石 등에 의해 『맹자』가 과거시험 과목으로 채택되는 등 『맹자』에 대한 전면적인 재평가 작업이 전개되었다. 이로써 『맹자』는 여타 유가경전보다 한 단계 높게 평가되는 소위 '겸경兼經'으로까지 격상되었다. 다시 남송대에 이르러 주희가 『맹자』를 『논어』와 함께 사서四書의 하나로 표창하면서 『맹자』는 거의 절대적인 권위를 누리게 되었다.

『맹자』는 크게 보아 [양혜왕]과 [공손추], [등문공], [이루], [만장], [고자], [진심]편 등 모두 7편으로 구성되어 있다고 할 수 있다. 그러나 현존 『맹자』는 각 편이 상하로 나뉘어 있어 모두 14편에 해당한다. 이는 후한제국 말기에 조기趙岐가 『맹자』에 주석을 달면서 각 편을 상하로 나눈 데서 비롯된 것이다. 『맹자』의 각 편은 『등문공 상]편의 5개 장에서 『진심 상]편의 46개 장에 이르기까지 다양한 형태로 구성돼 있다. 각 편의 장을 합치면 총 261개 장에 달한다. 글자 수는 총 3만 4천여 자이다. 각 편의 제목은 『논어』와 마찬가지로 해당 편의 첫머리에 등장하는 구절에서 따온 것이다. [양혜왕] 등의 각 편명이 해당 편의 성격을 나타내는 것은 아니다.

그렇다면 『맹자』는 과연 누가 지은 것일까. 원래 유가경전을 비롯한 고전에 대한 자료비판은 오랜 기간에 걸쳐 많은 학자들에 의해 활발히 진행된 바 있다. 특히 청대에 들어와 고증학考證學이 흥기하면서 유가경전은 말할 것도 없고 제자백가의 서적에 이르기까지 매우 광범위한 범위에서 정밀한 자료비판이 전개되었다. 그러나 『맹자』에 대한 자료비판은 거의 이뤄지지 않았다. 이는 다른 고전에 비해 『맹자』는 상대적으로 별다른 문제가 없다고 판단한 데 따른 것이었다.

이를 통해 짐작할 수 있듯이 『맹자』만큼은 특이하게도 수천 년 동안 맹자의 자찬自撰으로 간주하는 흐름이 면면히 이어졌다. 이는 기본적으로 『사기』 [맹자순경열전]의 기록을 그대로 믿은 데 따른 것이었다. 사마천은 [맹자순경열전]에서 맹자의 일생을 간략히 기술하는 와중에 마지막 구절에서 소위 '맹자자찬설'을 뒷받침할 만한 다음과 같은 기록을 남겨놓았다.

"맹자가 은퇴해서는 제자인 만장萬章 등과 함께 『시경』과 『서경』을 차례에 따라 서술해 중니仲尼의 뜻을 계술繼述하고 『맹자』 7편을 지었다."

이 기록을 보고 사람들은 '맹자자찬설'을 의심치 않았다. 후한제국 말기까지 이를 의심하는 사람은 거의 없었다. 맹자의 자찬을 확신케 하는 데에는 『맹자』에 최초로 주석을 가한 조기趙岐의 역할이 컸다. 그는 [맹자제사孟子題辭]에서 "맹자는 은퇴해서 고족제자인 공손추 및 만장 등과 함께 어려운 문답을 나눴고, 법도에 관한 말을 스스로 서술해 『맹자』 7편을 지었다"고 주장했다. 조기가 이런 주장을 편 것은 말할 것도 없이 『사기』의 기록을 맹신한 데 따른 것이었다.

그러나 당제국 이후 '맹자자찬설'에 대한 강한 회의가 일어났다. 대표적인 학자로 한유韓愈를 들 수 있다. 그는 『맹자』에 나오는 성선설에 주석을 가하면서 '맹자의 제자들이 모두 기억하지 못한 게 확실하다'고 결론을 내린 뒤 이같이 주장했다.

"『맹자』는 맹자 스스로가 지은 것이 아니다. 그가 죽은 후에 제자인 공손추와 만장 등이 스승의 말을 기억해 썼을 뿐이다."

한유의 이런 추론이 타당한 것임은 말할 것도 없다. 그러나 '맹자자찬설'을 부인하는 것은 자칫 그간 맹자의 자찬으로 간주해 온 데 따른 『맹자』의 권위를 상당부분 실추시킬 우려가 컸다.

특히 맹자를 공학의 적자로 간주한 성리학자들의 우려는 대단했다. 남송대의 주희는 한제국 당시의 학자들과 마찬가지로 '맹자자찬설'을 강력히 주장하면서 그 이유를 이같이 밝혔다.

"전편을 숙독해 보면 필세筆勢가 꼭 한 사람 손에서 나온 것처럼 느껴진다. 여러 사람이 편집할 수는 없는 일이다."

이를 계기로 다시 '맹자자찬설'이 맹위를 떨쳤다. 성리학이 공학의 적통으로 간주된 원대와 명·청대 역시 대부분의 학자들이 주희의 주장을 좇아 '맹자자찬설'에 별다른 이의를 제기하지 않았다. 현대에 이르기까지 '맹자자찬설'이 널리 통용된 것도 이와 무관치 않을 것이다. 그러나 '맹자자찬설'은 역사적 사실과 동떨어진 것이다.

우선 자신의 저서에서 스스로를 높여 '자子'로 칭한 점을 들 수 있다. 내용적으로도 '맹자자찬설'로는 도무지 해명할 수 없는 대목이 한두 가지가 아니다. 동일한 내용이 각기 다른 편에 중복되어 수록되어 있고, 내용구성이 지극히 산만할 뿐만 아니라 문장구성이 상이하고 문장력에도 적잖은 차이가 나고 있다. 『맹자』에 3인칭의 관점에서 언급하고 있는 대목이 산견되는 것도 의문이다. 나아가 맹자 스스로 자신을 높여 '자子'라는 표현을 썼을 리도 없지만 맹자의 제자에게 '자'의 존칭어를 사용한 것은 있을 수 없는 일이다.

이런 점 등을 감안하면 정확히 누가 지었다고 단정할 수는 없으나 맹자의 자찬이 아닌 것만은 확실하다. 현재 학계에서 '맹자자찬설'을 좇는 학자는 전무하다. 학계에서는 맹자 사후에 제자들의 기록을 비롯해 맹자와 관련한 항간의 전문傳聞 등을 토대로 후대의 유자들이 만들었을 것으로 보고 있다. 대략 몇 차례에 걸친 편찬과정에서 그 내용이 보정補整되면서 현존의 『맹자』가 완성되었을 것으로 보는 것이 타당할 것이다. 『맹자』는 서술방식과 내용 등에 비춰볼 때 대략 맹자 사후에 편집이 시작되어 전한제국 중기에 완성된 것으로 짐작된다. 이는 『논어』의 완성시기보다 대략 1세기 가량 늦은 것이다.

『맹자』도 애초에는 『논어』의 경우와 마찬가지로 현존 『맹자』 이외에 여러 종의 이본異本이 존재했다고 보는 것이 합리적이다. 오랜 시기를 두고 보정과정을 거친 몇 종의 이본이 공존하던 중 어느 시기엔가 맹학을 추종하는 학자들의 노력에 의해 하나로 통합되었을 공산이 크다. 전한제국 당시 현존 『맹자』 이외에 9종의 이본이 존재했고 이본의 통합과정에서 누락된 일부 내용이 외편外篇으로 잔존한 사실이 이를 뒷받침한다. 후한제국 말기까지 현존 『맹자』의 14편 이외에 외서外書 4편이 더 존재했다. 그러나 외서 4편은 후세 유자들의 위작으로 밝혀진 뒤 전승이 끊어지고 말았다.

현재 『맹자』의 편제에 관해서는 아직 체계적인 분석이 이뤄지지 못하고 있다. 다만 일본학자 가나야 사다무金谷 治가 나름대로 『맹자』에 나오는 천하유세 일정을 토대로 통시적通時的 접근방식을 통해 나름대로 체계적인 분석을 시도한 것이 눈길을 끈다. 그러나 가나야의 분석은 맹자의 천하유세 행보에 대한 통시적 분석에 지나치게 치중한 나머지 맹자가 주창한 성선설과 왕도설 등이 나오게 된 배경 등에 관한 공시적共時的 분석이 상대적으로 취약하다.

『맹자』의 편제상 특징은 여타 고전에 대한 비교분석을 통해 쉽게 찾아낼 수 있다. 비교 대상으로는 『논어』가 가장 적절하다. 『맹자』는 『논어』에 비해 산문형식의 비교적 긴 문답체 문장이 많다. 이는 『논어』가 운문의 특징을 강하게 띠고 있는 것과 대비된다. 나아가 내용 및 논리전개 방식도 『논어』에 비해 매우 서술적이면서도 교묘하다. 『논어』가 촌철살인의 짧은 문장으로 오의奧義를 전달코자 하는 『시경』의 문체를 이어받았다면, 『맹자』는 역사적 배경설명 속에서 해당 언표가 나타나게 된 배경과 그 의미를 전달코자 하는 『서경』의 문체를 이어받았다고 할 수 있다. 그러나 [이루] · [진심]편과 같이 『맹자』에도 『논어』와 마찬가지로 경구警句에 가까운 짧은 문장으로 이뤄진 대목이 적지 않다.

『맹자』 자체 내에서 편제상의 특징을 찾을 경우 『맹자』의 앞쪽에 나오는 [양혜왕] · [공손추] · [등문공]편 등 3개 편의 구성에 주목할 필요가 있다. 이들 3개 편은 문답이 전개된 역사적 배경 등이 함께 기술되어 있어 읽기에 훨씬 용이할 뿐만 아니라 내용의 구성 또한 상대적으로 치밀하다. 이들 3개 편을 '상편上篇', 나머지 [이루] · [만장] · [고자] · [진심]편 등 4개 편을 '하편下篇'으로 묶는 것이 『맹자』 전체를 종합적으로 이해하는 데 도움이 된다. 사실 '상편'은 주로 천하유세 당시의 일화로 구성돼 있는데 반해 '하편'은 주로 제자교육과 인성 등에 관한 사변적인 내용이 많아 정계은퇴 이후의 일화를 수록한 것으로 추정되고 있다. 현실참여 문제를 놓고 맹자의 행보가 천하유세를 기점으로 커다란 차이를 보이고 있는 점에 비춰 매우 타당한 분류방안이 아닐 수 없다.

'상편' 중 [양혜왕]편과 [등문공]편은 다른 편에 비해 비교적 장문으로 이뤄져 있는 데다가 유려한 필치의 미문이 많다는 공통점이 있다. 이는 편집과정에서 글재주가 뛰어난 제자들에 의해 가필加筆되었을 가능성을 시사하고 있다. 그러나 동일 사건에 대해 엇갈린 평가와 해석이 실려 있는 점에 비춰 동일인물에 의해 작성되었을 가능성은 상대적으로 희박하다.

그러나 무엇보다도 『맹자』의 가장 두드러진 편제상 특징으로는 단연 [양혜왕]편의 총론적 성격을 들 수 있다. [양혜왕]편이 만들어지게 된 배경에 대한 해답의 실마리는 [양혜왕]편과 [공손추]편에 나오는 제나라의 연나라 공벌 기사에 있다. [양혜왕]편과 [공손추]편에는 연나라 공벌과 관련한 기사가 각각 2개 장씩 실려 있다. 그러나 동일한 내용을 다루었음에도 불구하고 [양혜왕]편에는 제선왕의 시호가 그대로 기록되어 있는 반면 [공손추]편에는 단지 '왕'으로만 기록되어 있다. 이를 어떻게 해석하는 것이 좋은 것일까.

먼저 이 4개 장이 본래 하나의 장으로 이뤄져 있었을 가능성을 생각할 수 있다. 4개 장의 내용이 상호 연접되어 있다는 사실이 이를 뒷받침하고 있다. 우선 [공손추 하]편 제8장을 보면 심동沈同이라는 사람이 맹자에게 연나라 정벌의 가부를 묻는 내용이 나온다. 맹자가 가하다고 대답한 지 얼마 안 돼 마침내 제나라가 연나라를 공벌했다. [양혜왕 하]편 제10장에는 제선왕이 맹자에게 연나라 공벌 이후 조치에 관해 질문한 내용이 실려 있다. [양혜왕 하]편 제11장에는 제나라의 연나라 합병으로 인해 열국의 군주들이 합세해 연나라를 도우려는 움직임을 보이자 이에 놀란 제선왕이 맹자에게 대처방안을 묻는 내용이 나온다. 마지막으로 [공손추 하]편 제9장은 마침내 연나라 백성들이 반기를 들어 제나라가 궁지에 몰리자 제선왕이 맹자의 조언을 듣지 않은 것을 크게 부끄러워하는 내용으로 되어 있다.

여기서 주목할 점은 이들 4개 장이 제나라의 연나라 공벌과정을 순차적으로 기술해 놓고 있는 점이다. 이는 동일한 사람이 사건의 전개과정을 순차적으로 기록해 놓은 것으로 보는 것이 타당하다. 그렇다면 동일한 사건을 순차적으로 다룬 4개 장이 각기 두 편에 나뉘어 기술된 이유는 무엇일까.

가장 가능성이 높은 것은 당초 [공손추]편에 실려 있던 이들 4개 장 중 2개 장이 총론격인 [양혜왕]편을 편제할 때 발췌되어 옮겨졌을 가능성이다. 원래 [공손추]편은 제자인 공손추가 제나라 체류 기간 중의 맹자의 언행을 기록한 것이다. 공손추가 이를 기록할 때 자국의 군주인 제선왕을 두고 '왕'으로 칭한 것은 당연하다. 제선왕이 생존해 있었던 만큼 '선왕宣王'이라는 시호가 존재했을 리 없다. 나아가 자국의 군왕을 '아왕我王'으로 표기하는 것도 거추장스러운 일일 수밖에 없다.

이런 점 등을 종합해 보면 당초 [공손추]편에 편제되어 있던 연나라 공벌 기사에는 '왕'으로만 되어 있던 것이 총론격인 [양혜왕]편이 편제될 때 일부 내용이 발췌·수록되면서 '제선왕'으로 개서되었을 공산이 크다. 사실 [양혜왕]편에 단순히 '왕'으로만 표기될 경우 제선왕을 '양혜왕' 등과 구별할 방법이 없다. 이는 말할 것도 없이 제선왕이 죽고 시호가 만들어진 뒤의 일로 보아야 할 것이다.

나아가 [양혜왕]편에 나오는 제나라 관련 기사 역시 연나라 공벌 기사와 마찬가지로 당초에는 [공손추]편에 실려 있었으나 도중에 [양혜왕]편에 발췌 · 수록된 것으로 짐작된다. 그렇다면 당초의 [공손추]편은 현존하는 [공손추]편의 23개 장보다 그 분량이 훨씬 많았다고 보아야 한다. 공자의 제자인 만장이 기록한 것을 그대로 편제한 것으로 보이는 [만장]편 역시 [공손추]편과 동일한 과정을 밟았을 것으로 짐작된다. 이런 점 등을 감안하면 총론 성격을 띤 [양혜왕]편은 각 편에서 발췌 · 정리한 내용을 중심으로 하여 여타 편의 자료수집 및 편제가 완료된 뒤 가장 늦게 편제되었을 공산이 크다.

당시 편집자들이 총론 성격의 [양혜왕]편을 『맹자』의 첫 편에 배치시킨 데에는 나름대로 명백한 편집의도가 작용한 것으로 보아야 한다. 『맹자』 이전에 이미 『논어』 등의 사상서가 존재했던 만큼 당시 『맹자』의 편집자들도 이미 나름대로 뚜렷한 편집의도를 갖고 있었다고 보는 것이 타당하다. 그렇다면 이들이 『맹자』를 편제하면서 단순히 맹자의 교설을 전하는 차원을 넘어 의도적으로 전달코자 한 것은 과연 무엇일까.

이와 관련해 청대의 주광업周廣業은 '[양혜왕]편에는 맹자의 일생의 사적이 갖춰져 있다'고 분석한 바 있다. 최동벽崔東壁은 여기서 한 걸음 더 나아가 '[양혜왕]편이야말로 맹자의 천하유세 당시의 기록을 그 순서에 따라 배열한 것이다'라고 단정했다. 만일 두 사람의 분석이 맞는다면 당시 맹자는 『맹자』의 편제와 같이 <양梁 · 제齊 · 추鄒 · 송宋 · 설薛 · 추鄒 · 등滕 · 노魯>의 순서로 천하유세 도정을 밟았을 공산이 크다. 그렇다면 『맹자』의 편집자들은 맹자의 천하유세 발자취를 정확히 전달코자 하는 뚜렷한 편집의도 하에 총론격인 [양혜왕]편을 별도로 편제했을 가능성이 크다.

[양혜왕]편은 제1장 첫대목에 나오는 '맹자견양혜왕孟子見梁惠王' 구절에서 시작해 제5장에 이르기까지 맹자와 양혜왕의 문답이 계속 이어지고 있다. 하나의 일화를 5개 장으로 나눠놓은 셈이다. 다음의 제6장은 다시 '맹자견양양왕孟子見梁襄王'으로 시작하고 있다. 이는 맹자가 양혜왕 사후에 그 뒤를 이어 보위에 오른 양양왕과 곧바로 만났을 가능성을 시사하는 것이다.

[양혜왕]편은 제7장부터 '제선왕문왈齊宣王問曰'로 시작하는 새로운 일화를 실어놓았다. 이는 맹자가 양나라를 떠나 제나라에서 새롭게 유세를 시작했음을 확인시켜 주기 위한 배려로 짐작된다. 맹자와 제선왕 사이에 이뤄진 문답은 제나라 대신 장포莊暴와 나눈 문답이 첫머리에 삽입된 제8장을 제외하면 제18장까지 계속 이어지고 있다. 그렇다면 제8장의 첫머리에 나오는 맹자와 장포莊暴의 문답은 제18장까지 이어지는 제선왕과의 문답에 대한 도론導論의 성격을 띠고 있는 셈이다. 후한제국 말기에 조기가 『맹자』에 주석을 가하면서 제8장 이하를 [양혜왕 하]편으로 나눈 것도 이와 무관치 않을 것이다. 제선왕과의 문답이 끝나는 [양혜왕 하]편 제11장 다음부터는 다시 추목공鄒穆公과 등문공滕文公, 노평공魯平公에게 유세한 내용이 차례로 이어지고 있다.

이를 통해 알 수 있듯이 [양혜왕]편에는 당시 맹자가 순방한 나라의 이름이 거의 모두 나와 있다. 나아가 해당 국가의 국명과 제후의 시호까지 기록되어 있어 매우 정중한 느낌을 주는 데다 내용 또한 매우 잘 정돈되어 있다. 이는 다른 편과 확연히 다른 점이기도 하다. [양혜왕]편이 지니고 있는 총론적인 성격이 이러한 편제상의 특징을 통해 극명하게 드러나고 있는 셈이다.

두 번째 편인 [공손추]편은 대부분의 내용이 제나라 출신 제자인 공손추와의 문답으로 구성돼 있다. 문답이 이뤄진 곳은 대략 제나라였을 것으로 짐작된다. 뒤쪽에 나오는 [공손추 하]편 제10–제14장의 5개 장은 맹자가 제나라를 떠날 때의 일화로 구성되어 있다. 그렇다면 [공손추]편은 왜 시종 맹자와 공손추 사이에 오간 문답으로 구성돼 있는 것일까.

그 해답이 [공손추]편 제1장에 있다. 이 장에 나오는 공손추의 질문내용은 맹자를 전혀 이해하지 못한 데 따른 것임에 틀림없다. 그 이유는 크게 두 가지이다. 첫째, 공손추가 맹자에게 질문하면서 만일 요로에 나아갔을 때 커다란 공을 세울 수 있을지 여부를 물은 점이다. 이는 맹자가 사공事功보다 수덕修德을 중시한다는 사실을 전혀 짐작하지 못한 데 따른 것이라고 할 수 있다. 둘째, 공손추가 제나라의 전설적 현상賢相인 관중과 안영晏嬰을 '사공'의 전형으로 거론한 점이다. 이는 맹자가 관중의 공업을 타기唾棄하고 있다는 사실을 전혀 이해하지 못한 데 따른 것으로 볼 수밖에 없다.

이런 점 등을 종합하면 대략 공손추는 맹자가 제나라에 갔을 때 입문한 뒤 맹자를 시종 따라다니면서 맹자의 언행을 일일이 기록했을 공산이 크다. 이런 추론이 맞는다면 대략 [공손추]편은 『맹자』의 편집과정에서 편집자들이 공손추의 기록을 그대로 가져다가 [양혜왕]편에 뒤이은 제2편으로 편제한 것이라는 추정이

가능하다. 편집자들이 제나라 체류 당시의 맹자의 언행을 담은 공손추의 기록을 토대로 [공손추]편을 [양혜왕]편에 뒤이은 제2편으로 편제한 것 자체가 명백한 편집의도에서 나온 것으로 보는 게 타당하다.

사실 맹자는 천하유세 기간 중 제나라에서 가장 오랫동안 체류했다. 그의 제나라 체류 기간은 대략 7–8년에 달하는 것으로 추정되고 있다. 또한 그는 제나라에 머무는 동안 제선왕의 지우로 객경客卿의 지위에 오르는 등 천하유세 기간 중 최상의 대우를 이곳에서 받았다. 『맹자』에서 제나라 체류 기간 중의 언행과 관련된 기사가 차지하고 있는 비중을 능히 짐작케 해주는 대목이 아닐 수 없다. [공손추]편을 제2편에 수록치 않을 수 없었던 이유가 바로 여기에 있었다. [양혜왕]편이 총론적인 성격을 띠고 있는 점을 감안할 때 [공손추]편은 사실상 각론의 첫 편에 해당하는 셈이다.

[등문공] · [이루] · [만장] · [고자] · [진심] 등 5개 편은 상술한 바와 같이 각 편별로 다양한 특징을 지니고 있으나 큰 틀에서 보면 [공손추]편과 더불어 각기 맹자의 언행과 관련된 상이한 내용을 다루고 있는 각론에 해당한다. [공손추]편과 [등문공]편의 구별은 맹자의 문답 대상이 상이한 데 따른 것으로 사실상 동일한 내용을 다루고 있는 것으로 볼 수 있다. 이들 2개 편은 맹자의 천하유세 과정을 다루고 있다는 점에서 정계은퇴 이후의 일화로 구성된 [이루] · [만장] · [고자] · [진심] 등의 4개 편과 확연히 구별되고 있다.

이들 4개 편 중 [만장]편은 맹자와 만장의 대화가 물 흐르듯

시원스럽게 전개되고 있는 점에서 그 특징을 찾을 수 있다. [만장]편은 [공손추]편과 마찬가지로 제자인 만장이 맹자의 문답 상대가 되어 있다는 점에서 만장 또는 그의 제자들에 의해 채록되었을 가능성이 높다. [만장]편은 [공손추]편과 마찬가지로 주로 인의를 논하고 있다. 그러나 [만장]편은 [공손추]편이 주로 '부동심'과 '호연지기' 등의 추상적인 개념을 통해 이론적으로 접근한 것과 달리 주로 옛 성현의 전설과 사적을 통해 역사적으로 접근하고 있다. 이는 두 제자의 학문적 성격의 차이에서 온 것으로 보인다. [만장]편은 유려한 필치 및 내용의 치밀한 구성 등에서는 [공손추]편에 크게 못 미친다.

[고자]편에는 인성에 관한 맹자의 견해가 매우 상세히 다뤄져 있다. 그러나 맹자의 성선설에 대한 설명이 상대적으로 불충분하다. 이는 맹자가 주로 상대방을 공격하는 데 주력한 사실과 무관치 않을 것이다. [이루]편과 [진심]편에는 맹자의 말을 제자가 메모 형식으로 적어놓은 것으로 짐작되는 '맹자왈' 형식의 짧은 문장이 상대적으로 많이 나오고 있어 다른 편과 구별된다. 나아가 내용도 체계가 없을 뿐만 아니라 맹자가 과연 누구에게 한 말인지 여부도 명시되어 있지 않은 경우도 있다. 특히 두세 마디에 불과한 단편적인 것도 있어 대략 맹자 사후 상당한 시일이 흐른 뒤 맹자의 말 중 기억에 남아 있는 요점만을 따로 모아 추가로 편집한 것이 아닌가 하는 느낌을 주고 있다. 이런 추정이 맞는다면 두 편은 『맹자』의 편제과정에서 가장 나중에 만들어진 것으로 보는 것이 타당할 것이다.

[진심]편은 전체적으로 볼 때 다른 편과 중복되는 얘기가 섞여

있는 등 잡다한 내용으로 두서없이 편제되어 있다. 이는 『맹자』의 편집과정에서 남아 있던 자료를 모두 한데 긁어모았다는 느낌을 주기에 충분하다. 그럼에도 [진심]편에는 군자삼락君子三樂을 언급한 맹자의 언급이 실려 있는 등 정계은퇴 이후의 맹자의 행보를 짐작케 해주는 귀중한 정보가 담겨 있다. 확실히 [진심]편은 천하유세 당시의 일화를 담고 있는 '상편'과 전혀 색다른 느낌을 주고 있다. [진심]편을 굳이 『맹자』의 마지막 편에 배치한 편집자의 의도가 선명히 드러나는 대목이 아닐 수 없다. 특히 공학의 적자를 자처한 맹자의 굳은 결의를 담은 마지막 장은 맹학을 세상에 널리 전파코자 하는 편집자의 간절한 의도가 반영된 결과로 보는 게 타당할 것이다.

제2장 주석론註釋論

『논어』에 비해 『맹자』의 주석서는 상대적으로 적은 편이다. 여기에는 크게 두 가지 배경이 작용했다. 하나는 이미 앞서 언급한 바와 같이 맹자 자체가 오랫동안 제자백가의 한 사람으로 치부된 정황을 들 수 있다. 이런 상황에서 『맹자』에 대한 권위 있는 주석을 기대하는 것은 불가능한 일이었다. 다른 하나로는 후한제국 말기에 조기趙岐가 『맹자』를 축자逐字 해석하여 정밀한 주석을 가한 『맹자장구孟子章句』의 출현을 들 수 있다. 14권에 달하는 조기의 『맹자장구』는 지금의 기준에서 볼 때도 매우 탁월한 것이어서 이에 버금가는 주석서를 내기가 용이치 않았다. 『맹자장구』 이후 별다른 주석서가 나오지 못한 데에는 바로 이런 정황이 복합적으로 작용했다.

그러나 이후 『맹자』에 대한 주석작업이 전혀 이뤄지지 않은 것은 아니었다. 『수서』 [경적지經籍志]에는 '후한의 정현鄭玄과 유희劉熙가 각각 『맹자』 7편을 주해註解했다' 는 기록이 나온다. 이는 비록 소수이기는 하나 일부 학자에 의해 『맹자』에 대한 주석 작업이 간단없이 진행되었음을 증언하고 있다. 다만 이들의 주해본은 모두 산일되어 현존하지 않는다.

당제국 때 육선경陸善經이 『맹자육씨주孟子陸氏註』를 펴내고 장일張鎰과 정공저丁公著가 각각 『맹자장씨음의孟子張氏音義』와 『맹자정씨자음孟子丁氏字音』을 펴냈으나 조기의 주석을 넘지는 못했다. 이후 북송대의 손석孫奭이 조기의 주注에 소疏를 단 주석서를 펴냄으로써 조기의 주석에 대한 평가가 더욱 높아졌다. 마침내 청대에 들어와 『13경주소』를 편찬하면서 손석의 주소를 『맹자』의 기본 주석서로 채택했다. 손석의 주소로 이뤄진 소위 『13경주소본』은 손석의 소에 대한 위작僞作 시비에도 불구하고 지난 1999년에 북경대학에서 교정본이 나옴으로써 현재 중국에서 가장 권위 있는 주석서로 통용되고 있다.

조기의 『맹자장구』 이후 가장 괄목할 만한 주석서로는 남송대의 주희가 주석을 가한 『맹자집주孟子集註』를 들 수 있다. 주희는 『맹자』를 『논어』와 함께 사서四書의 하나로 격상시키는 동시에 『맹자』에 새로운 주석을 가함으로써 『맹자』 주석에 일대 전환기를 마련했다. 이후 『맹자』가 과거시험의 필독서로 등장하고 『맹자집주』에 입각한 해석이 모범답안으로 간주됨에 따라 『맹자집주』를 대신할 만한 주석서는 거의 찾아보기 힘들게 되었다. 이는 『맹자집주』를 대신하는 주석서를 펴내는 것 자체가 주희의 권위에 대한 정면도전으로 간주된 데 따른 것이었다. 특히 조선조에서는 정주학程朱學을 지나치게 신봉한 나머지 주자의 『맹자집주』와 배치되는 주석을 '사문난적斯文亂賊'으로 모는 극히 경색된 모습을 보여주었다.

주희 이후에 괄목할 만한 주석가로는 청대의 초순焦循을 들 수 있다. 그는 『맹자집주』의 미비한 점을 보완할 의도로 괄목할 만한 주석서를 펴냈다. 초순의 『맹자정의孟子正義』는 사변적 주석에 치우친 주희의 『맹자집주』와 달리 『춘추좌전』 등의 사서를 폭넓게 인용해 『맹자』의 내용에 대한 고증학적 주석을 가한 점에서 특기할 만하다. 『맹자정의』는 그 질과 양의 두 측면에서 『맹자』 주석의 완결편이라고 해도 과언이 아니다.

이에 버금갈 만한 것으로는 조선조 정약용丁若鏞의 『맹자요의孟子要義』를 들 수 있다. 『맹자요의』는 『맹자』에 대한 체계적인 주석서는 아니나 『맹자』의 거의 모든 편장에 대해 정밀한 분석을 시도하고 있어 사실상 『맹자정의』에 비견할 만하다. 현대에 들어와서는 양백준楊伯峻의 『맹자집주』가 가장 볼 만하다. 양백준의 주석서는 전래의 주석을 망라한 가운데 풍부한 사실史實에 기초한 정밀한 주석을 가한 점에서 정약용의 『맹자요의』를 방불하고 있다. 본서의 주석은 『맹자』 17편에 대한 기왕의 주석을 종합적으로 검토한 위에 필자가 시종 강조해 온 『통치학』의 관점에서 새로운 해석을 가한 것이다.

제1절 [양혜왕(梁惠王) 상]편

1-1

孟子見梁惠王, 王曰, "叟, 不遠千里而來, 亦將有以利吾國乎." 孟子對曰, "王何必曰利. 亦有仁義而已矣. 王曰, '何以利吾國.' 大夫曰, '何以利吾家.' 士庶人曰, '何以利吾身.' 上下交征利, 而國危矣. 萬乘之國弑其君者, 必千乘之家. 千乘之國弑其君者, 必百乘之家. 萬取千焉, 千取百焉, 不爲不多矣. 苟爲後義而先利, 不奪不饜. 未有仁而遺其親者也, 未有義而後其君者也. 王亦曰仁義而已矣, 何必曰利."

맹자가 양혜왕(梁惠王)을 만났다. 왕이 말했다.

"수(叟 : 노인의 경칭)가 불원천리(不遠千里)하여 찾아왔으니 장차 우리나라를 이롭게 해주려는 것이오."

맹자가 대답했다.

"대왕은 하필 이익을 말하는 것입니까. 오직 인의(仁義)가 있을 뿐입니다. 만일 대왕이 말하기를, '어떻게 해야 우리나라를 이롭게 할 것인가' 라고 하면 대부는 말하기를, '어떻게 해야 우리 집안을 이롭게 할 것인가' 라고 하고, 사서인(士庶人)은 말하기를, '어떻게 해야 내 몸을 이롭게 할 것인가' 라고 할 것입니다. 상하가 모두 각기 자기 이익만을 추구하면 나라는 위기에 처할 것입니다. 만승(萬乘)의 나라에서 군주를 죽이는 자가 있으면 그것은 필시 천승(千乘)의 제후일 것이고, 천승의 나라에서 그 군주를 죽이는 자가 있으면 그것은 필시 백승(百乘)의 대부일 것입니다. 만승의 영지에서 10분의 1을 쪼개 천승의 제후에게 주고, 천승의 제후 영지에서 10분의 1을 쪼개 백승의 대부에게 녹(祿)으로 내리니 결코 적다고 할 수는 없습니다. 그런데도 실로 의를 뒤로 하고 이익을 앞세우면 더 많은 것을 빼앗지 않고는 만족해하지 않을 것입니다. 사람이 어진데도 자신의 어버이를 버리거나 의로운데도 자신의 군주를 뒤로 미루는 자는 없습니다. 대왕 또한 인의를 말해야만 하는데도 어찌하여 이익을 말하는 것입니까."

첫대목에 나오는 '맹자견양혜왕孟子見梁惠王'의 '견見'을 두고 '현'으로 읽는 견해가 있으나 이는 잘못이다. 이는 '견見'이 알현謁見의 의미로 사용될 때는 '현', 견문見聞의 의미로 사용될 때는 '견'으로 읽는 점에 착안한 것이기는 하다. 중국어에서는 이것이 명확히 구분되어 있으나 우리말에서는 두 가지 발음을 혼용하고 있다. 예컨대 '알현'에 사용될 때는 '현'으로 읽히나 '배견拜見'에 사용될 때는 '알현'과 동일한 뜻이나 '견'으로 읽힌다. 따라서 '맹자견양혜왕'을 굳이 '맹자현양혜왕'으로 읽을 필요가 없는 것이다.

원래 양혜왕의 이름은 영罃이다. 대량大梁 땅에 도읍한 까닭에 양나라로 불렸다. 혜惠는 그의 시호이다. 『사기』는 '양혜왕 35년에 자신의 예를 낮추고 폐백을 후하게 하여 현자를 초청하자 맹가孟軻가 양 땅에 이르렀다'고 기록해 놓았다. 승乘은 수레의 수효를 말하는 단위로 만승萬乘은 천자, 천승千乘은 제후, 백승百乘은 제후의 대부를 상징한다. 이 장의 내용은 『사기』 [맹자열전찬孟子列傳贊]에도 나온다. 이를 두고 사마천司馬遷은 [맹자열전찬]

에서 이같이 평한 바 있다.

"나는 『맹자』를 읽다가 양혜왕이 '어떻게 해야 우리나라를 이롭게 할 것인가'라고 물은 대목에 이르러 일찍이 책을 덮고 탄식하지 않은 적이 없었다. 아, 이익은 실로 난亂의 시초이다. 부자夫子 : 공자를 지칭는 이익을 드물게 말해 항상 그 난의 근원을 막았다. 그래서 부자는 말하기를, '이익에 따라 행동하면 원망이 많다'고 한 것이다. 천자로부터 서인에 이르기까지 이익을 좋아하는 폐단이 어찌 다르겠는가."

『사기』 [맹자순경열전孟子荀卿列傳]은 『맹자』의 내용을 토대로 한 것이다. 사마천은 맹자가 말한 '하필왈리何必曰利'에 크게 공명해 이런 찬贊을 덧붙였을 것이다. 주희는 이 대목을 두고 이같이 풀이했다.

"인의仁義는 인심의 고유한 것에서 근원한 까닭에 천리지공天理之公이고, 이심利心은 남과 내가 서로 나타나는 데서 생겨난 까닭에 인욕지사人慾之私이다. 천리를 따르면 이익을 구하지 않아도 절로 이롭지 않음이 없고, 인욕을 따르면 이익을 구해도 얻지 못하고 해가 이미 따르게 되는 것을 말한 것이다."

'천리인욕설'에 따른 주희의 이런 해석은 대략 맹자의 취의와 부합하나 정확히 일치하는 것은 아니다. 후술하는 바와 같이 맹자는 인仁·의義·예禮·지智의 '사단四端'을 논의했으나 이를 '인욕'에 대립하는 '천리' 개념으로 파악치는 않았다. 맹자의 '사단'은 인성론적人性論的·본체론적本體論的 개념으로 우주론적宇宙論的 개념인 '천리'와 차이가 있다. 그럼에도 맹자의 '사단설'이 주자학의 핵심이론인 '천리인욕설'의 기초가 되었다는 점에서 볼 때 대략 주희와 같이 풀이해도 대과는 없다.

1-2

孟子見梁惠王. 王立於沼上, 顧鴻鴈麋鹿, 曰, “賢者亦樂此乎.” 孟子對曰, “賢者而後樂此, 不賢者雖有此不樂也. 『詩』云, ‘經始靈臺, 經之營之. 庶民攻之, 不日成之. 經始勿亟, 庶民子來. 王在靈囿, 麀鹿攸伏. 麀鹿濯濯, 白鳥鶴鶴. 王在靈沼, 於牣魚躍.’ 文王以民力爲臺爲沼, 而民歡樂之, 謂其臺曰 ‘靈臺’, 謂其沼曰 ‘靈沼’, 樂其有麋鹿魚鼈. 古之人與民偕樂, 故能樂也. [湯誓] 曰, ‘時日害喪, 予及女偕亡.’ 民欲與之偕亡, 雖有臺池鳥獸, 豈能獨樂哉.”

맹자가 양혜왕을 만났다. 양혜왕이 정원 연못가에 서서 기러기와 사슴들을 돌아보면서 이같이 물었다.

“옛날의 현자들도 이런 것을 즐겼소.”

맹자가 대답했다.

“현자가 되고 나서야 이런 것을 즐길 수 있습니다. 현자가 아니면 비록 이런 것을 갖고 있을지라도 즐길 수는 없습니다. 『시경』 [대아(大雅) · 영대(靈臺)]에 이르기를, ‘영대를 짓기 시작해 설계하여 측량하고, 백성들이 작업한 지 하루가 안 돼 그것을 완성하네. 영대를 만들면서 문왕이 서두르지 말라고 해도 자식이 아비의 일을 돕듯 백성들이 달려왔네. 문왕이 영유(靈囿)에 머물자 사슴은 느긋이 앉아 있네. 사슴은 살쪄서 윤택하고 흰 기러기는 희고도 희다네. 문왕이 영소(靈沼)에 머물자 영소에 가득 찬 물고기들이 뛰어노네’ 라고 했습니다. 문왕이 백성들의 힘으로 누대와 연못을 만들자 백성들은 그것을 기뻐하고 즐거워하며 그 누대를 ‘영대’, 그 연못을 ‘영소’ 라고 부르고 그곳에 미록어별(麋鹿魚鼈 : 사슴과 물고기, 자라)이 있는 것을 즐거워했습니다. 옛날의 현자들은 이처럼 백성들과 즐거움을 함께 했기에 능히 즐길 수 있었습니다. 『서경』 [상서(商書) · 탕서(湯誓)]에 이르기를, '이해가 언제 없어지려나. 내가 너와 함께 망하리라' 고 했습니다. 백성들이 군주와 함께 망하기를 바란다면 비록 누대와 연못이 있고 그곳에 조수(鳥獸)가 노닌다 한들 어찌 군주 홀로 능히 즐길 수 있겠습니까."

여기의 '영대'는 문왕이 지은 대臺이고, '영유'와 '영소'는 대 아래에 있는 동산과 동산 안의 연못을 말한다. 우록유부麀鹿攸伏의 '부伏'는 짐승이 알을 품거나 새끼를 밴 것을 의미한다. 오인어탁於牣魚躍의 '오於'는 감탄사이고, '인牣'은 가득 찬 것을 뜻한다. 『서경』[상서 · 탕서]에 나오는 '시일할상時日害喪'의 '시時'는 '이것'을 뜻하는 '시是'와 통하고, '할害'은 '어찌'를 뜻하는 '갈曷'과 통한다. '일日'은 하나라의 마지막 군주로 역사상 폭군의 전형으로 알려진 걸桀을 상징한다.

주희는 이 장을 두고 풀이하기를, '맹자가 [영대]를 인용한 것은 문왕이 백성을 사랑했기 때문에 백성들이 문왕의 즐거워함을 좋아하고, 문왕 또한 그 즐거움을 누릴 수 있었음을 말한 것이다. [상서 · 탕서]를 인용한 것은 군주가 홀로 즐기고 백성을 구휼하지 않으면 백성들이 그를 원망해 그 즐거움을 보전할 수 없음을 밝힌 것이다' 라고 했다. 맹자의 왕도王道정신을 나름대로 정확히 풀이한 셈이다.

1-3

梁惠王曰, "寡人之於國也, 盡心焉耳矣. 河內凶, 則移其民於河東, 移其粟於河內, 河東凶亦然. 察鄰國之政, 無如寡人之用心者. 鄰國之民不加少, 寡人之民不加多, 何也." 孟子對曰, "王好戰, 請以戰喩. 塡然鼓之, 兵刃旣接, 棄甲曳兵而走, 或百步而後止, 或50步而後止. 以50步笑百步, 則何如." 曰, "不可. 直不百步耳, 是亦走也." 曰, "王如知此, 則無望民之多於鄰國也. 不違農時, 穀不可勝食也. 數罟不入洿池, 魚鼈不可勝食也. 斧斤以時入山林, 材木不可勝用也. 穀與魚鼈不可勝食, 材木不可勝用, 是使民養生喪死無憾也. 養生喪死無憾, 王道之始也. 5畝之宅, 樹之以桑, 50者可以衣帛矣. 鷄豚狗彘之畜, 無失其時, 70者可以食肉矣. 百畝之田, 勿奪其時, 數口之家可以無飢矣. 謹庠序之敎, 申之以孝悌之義, 頒(=半)白者不負戴於道路矣. 70者衣帛食肉, 黎民不飢不寒. 然而不王者, 未之有也. 狗彘食人食而不知檢, 塗有餓莩而不知發. 人死, 則曰, '非我也, 歲也.' 是何異於刺人而殺之, 曰, '非我也, 兵也.' 王無罪歲, 斯天下之民至焉."

양혜왕이 물었다.

"과인(寡人)은 나라를 다스리면서 온 마음을 다할 뿐이오. 하내(河內)에 흉년이 들면 백성들을 하동(河東)으로 이주시키고, 떠나지 못하는 백성을 위해서는 곡식을 그곳으로 옮겨주었소. 하동에 흉년이 든 때에도 그같이 했소. 인국(鄰國)의 정사를 살펴보면 과인처럼 마음을 쓴 나라가 없었소. 그런데도 인국의 백성들이 줄어들거나 과인의 백성들이 늘어나지 않으니 이는 어찌된 일이오."

맹자가 반문했다.

"대왕이 전쟁을 좋아하니 전쟁에 비유해 말하겠습니다. 둥둥 북이 울리고 병기가 서로 부딪치자 패한 쪽의 병사가 방패를 버리고 무기를 질질 끌면서 도망갔습니다. 어떤 사람은 1백 보를 도망간 후 멈추고, 어떤 사람은 50보를 도망간 후 멈췄습니다. 이때 50보를 도주한 자가 1백 보를 도주한 자를 비웃었다면 과연 어찌되겠습니까."

양혜왕이 대답했다.

"옳지 않소. 단지 1백 보가 안 되었을 뿐 도망간 것은 마찬가지오."

맹자가 말했다.

"대왕이 그 이치를 안다면 인국보다 백성들이 많아질 것을 바라서는 안 됩니다. 백성들이 농사철을 놓치지 않게 하면 곡식은 이루 다 먹을 수 없을 정도로 넉넉해지고, 촘촘한 그물을 웅덩이와 못에 넣지 않게 하면 어별(魚鼈)은 이루 다 먹을 수 없을 정도로 넉넉해지고, 도끼를 적절한 때를 지켜 산림에 들여놓게 하면 재목은 이루 다 쓸 수 없을 정도로 넉넉해질 것입니다. 곡식과 어별이 이루 다 먹을 수 없을 정도로 넉넉하고 재목이 이루 다 쓸 수 없을 정도로 넉넉하면 백성들로 하여금 양생상사(養生喪死 : 산 사람을 봉양하고 죽은 사람을 장사지냄)에 유감이 없도록 만들 것입니다. '양생상사' 에 유감이 없도록 만드는 것이 왕도(王道 : 덕치로 이루는 정치)의 시작입니다. 5무(畝 : '1무' 는 약 52평) 넓이의 집 둘레에 뽕나무를 심으면 50세 노인이 비단옷을 입을 수 있고, 닭과 돼지와 개 등의 가축을 기르면서 때를 놓치지 않으면 70세 노인이 고기를 먹을 수 있습니다. 1백무 넓이의 밭을 농사짓도록 하면서 때를 빼앗지 않으면 여러 식구의 가족이 굶주리지 않을 수 있고, 상서(庠序)에서 교육을 엄격히 시행해 효제(孝悌)의 뜻을 가르치면 머리가 희끗한 사람이 길에서 짐을 부대(負戴 : 등에 지거나 머리에 이고 다님)하는 일이 없게 될 것입니다. 노인이 비단옷을 입고 고기를 먹으며 여민(黎民 : 일반 백성)들이 기한(飢寒)에 떠는 일이 없는데도 왕자(王者 : 왕도를 행하는 군주)가 되지 못한 경우는 없습니다. 그러나 풍년에 양식이 넘쳐나 개와 돼지가 사람이 먹을 양식을 먹는데도 양식을 검(檢 : 여기서는 거두어들인다는 뜻임)하지 않고, 흉년에 양식이 부족해 길에 굶주려 죽은 시체가 널려 있는데도 발(發 : 여기서는 창고를 열어 곡식을 나눠준다는 뜻임)할 줄 모르고 있습니다. 사람이 굶주려 죽으면 말하기를, '나 때문이 아니라 흉년 때문이다' 라고 합니다. 이것이 과연 사람을 찔러 죽이고 변명하기를, '나 때문이 아니라 칼 때문이다' 라고 하는 것과 무슨 차이가 있겠습니까. 대왕이 흉년을 핑계삼지 않으면 천하의 백성들이 대왕에게 몰려들 것입니다."

과인寡人은 제후의 자칭으로 과덕寡德의 인물을 지칭한다. 하내河內와 하동河東은 황하의 서쪽과 동쪽을 뜻하는 말로 위魏나라를 기준으로 한 지명이다. 전연고지塡然鼓之의 '전연塡然'은 북소리가 둥둥 울리는 모양을 표현한 것이다. '촉고數罟'는 촘촘하게 짠 그물을 뜻한다. 5무지택五畝之宅은 한 가장이 분배받는 택지의 단위를 말한 것으로 절반은 농지 부근, 절반은 읍내에 있었다고 한다. 상서庠序는 전설적인 고대의 학교를 말한다. 여민黎民은 머리가 검은 일반 백성을 지칭하는 말로 진제국 때에는 검수黔首라고 했다. 이 장을 두고 정이천程伊川은 이같이 풀이했다.

"공자 때에는 주왕실이 비록 미약했으나 천하가 아직 존주尊周가 대의임을 알고 있었다. 그러나 맹자 때에 이르러서 7국이 쟁웅爭雄하자 천하는 다시는 주나라의 존재를 알지 못했고, 생민 또한 도탄에 빠진 것이 이미 극심했다. 이때를 당해 제후들이 능히 왕도를 행한다면 가히 왕자가 되었을 것이다. 이것이 바로 맹자가 제나라와 양나라의 군왕에게 왕도를 권한 이유이다."

정이천의 해석은 맹자가 말한 취의에 부합한다. 그러나 과연 맹자의 말대로 당시의 상황에서 인정仁政으로 상징되는 왕도를 행했으면 천하를 제패할 수 있었을까. 오히려 역설적으로 막강한 무력을 앞세운 나라에 의해 패망하고 말았을 것이다. 예나 지금이나 난세를 평정하는 길은 힘을 기반으로 한 패도覇道에 있다. 열국의 군왕들 모두 맹자의 주장을 멀리하고 법가法家와 병가兵

家, 종횡가縱橫家의 주장을 존숭한 이유가 바로 여기에 있었다.

부지검不知檢의 '검檢'을 두고 주희는 '제制 : 제재'로 풀이했다. 이에 대해 조기와 남송대의 왕응린王應麟은 '수收 : 거두어들임'로 풀이했다. 다산茶山도 이를 좇았다. 주희의 주석을 좇을 경우는 '양식을 먹는 개나 돼지를 제지하다'의 뜻이 되고, 조기와 왕응린의 주석을 좇을 경우는 '개나 돼지가 먹지 못하도록 양식을 거두어들이다'의 뜻이 된다. 문맥상 조기 등의 주석이 타당하다.

1–4

梁惠王曰, "寡人願安承教." 孟子對曰, "殺人以梃與刃, 有以異乎." 曰, "無以異也." "以刃與政, 有以異乎." 曰, "無以異也." 曰, "庖有肥肉, 廄有肥馬, 民有飢色, 野有餓莩, 此率獸而食人也. 獸相食, 且人惡之. 爲民父母行政, 不免於率獸而食人, 惡(=何)在其爲民父母也. 仲尼曰, '始作俑者, 其無後乎.' 爲其象人而用之也. 如之何其使斯民飢而死也."

양혜왕이 맹자에게 말했다.

"과인은 기꺼이 가르침을 받고자 하오."

맹자가 물었다.

"사람을 죽이면서 몽둥이로 죽이는 것과 칼로 죽이는 것에 차이가 있습니까."

양혜왕이 대답했다.

"차이가 없소."

맹자가 다시 물었다.

"칼로 죽이는 것과 정치로 죽이는 것에 차이가 있습니까."

양혜왕이 대답했다.

"차이가 없소."

맹자가 말했다.

"지금 대왕의 주방에는 살진 고기가 있고 마구간에는 살진 말이 있습니다. 그러나 백성들의 얼굴에는 기색(飢色 : 굶주린 모습)이 완연하고, 들에는 굶주려 죽은 시체가 널려 있습니다. 이는 짐승을 몰아 사람을 잡아먹게 하는 것과 같습니다. 사람들은 짐승들이 서로 잡아먹는 것조차 싫어합니다. 그런데도 백성의 부모인 대왕이 행정(行政 : 정치를 행함)하면서 짐승을 몰아 사람을 잡아먹게 한다면 백성의 부모다운 모습을 과연 어디서 찾을 수 있는 것입니까. 공자가 말하기를, '용(俑 : 순장할 때 부장용으로 사람 대신 사용한 인형)을 처음 만든 자는 후손이 없을 것이다' 라고 했습니다. 이는 사람의 형상을 만들어 장례에 사용했기 때문입니다. 그런데도 어찌하여 백성들을 굶주려 죽게 한단 말입니까."

용俑은 장례에 사용되는 목제 허수아비를 말한다. 고대에는 장사지낼 때 풀로 만든 인형으로 상여를 호위했다. 이 인형을 소위 '추령芻靈' 이라고 했다. 후대에 들어와 '추령' 이 변한 것이 바로 '용' 이다. '용' 은 '추령' 과 달리 얼굴과 눈, 기발機發 : 움직임이 있어 사람과 흡사했다. 공자는 그 불인不仁을 미워해 '용을 처음 만든 자는 후손이 없을 것이다' 라고 한 것이다. 맹자가 이를 인용한 것은 말할 것도 없이 공자의 권위를 이용해 각국의 백성 착취 행태를 고발하려는 데 있다.

1–5

梁惠王曰, "晉國, 天下莫强焉, 叟之所知也. 及寡人之身, 東敗於齊, 長子死焉, 西喪地於秦7百里, 南辱於楚. 寡人恥之, 願比死者壹洒之, 如之何則可." 孟子對曰, "地方百里而可以王. 王如施仁政於民, 省刑罰, 薄稅斂, 深耕易耨, 壯者以暇日修其孝悌忠信, 入以事其父兄, 出以事其長上, 可使制梃以撻秦楚之堅甲利兵矣. 彼奪其民時, 使不得耕耨以養其父母, 父母凍餓, 兄弟妻子離散. 彼陷溺其民, 王往而征之, 夫誰與王敵. 故曰, '仁者無敵.' 王請勿疑."

양혜왕이 물었다.

"전에 우리 진(晉)나라가 천하에서 가장 강성했다는 것은 선생도 잘 아는 일이오. 그런데 과인의 대에 이르러 동쪽으로 제나라에 패해 큰 아들이 죽었고, 서쪽으로 진(秦)나라에 땅을 7백 리나 빼앗겼고, 남쪽으로 초나라에 패하는 모욕을 당했소. 과인은 이를 수치스럽게 여기오. 죽은 사람들을 위해 일거에 설욕코자 하는데 어찌하면 좋겠소."

맹자가 대답했다.

"영토가 사방 1백 리만 되어도 왕자가 될 수 있습니다. 대왕이 백성들에게 인정(仁政)을 베풀어 형벌을 감면해 주고, 세금을 적게 하고, 농지를 깊이 갈아 잘 김매게 하고, 장정들로 하여금 일이 없는 날에 효제충신(孝悌忠信)의 덕을 닦아 집안에 들어와서는 부형(父兄)을 섬기고 밖에 나가서는 장상(長上)을 섬기게 하면 됩니다. 그리하면 가히 백성들로 하여금 몽둥이를 만들어 가지고도 진(秦)·초(楚)의 견갑이병(堅甲利兵 : 견고한 갑옷과 예리한 무기)에 맞서게 할 수 있습니다. 진·초의 군주들은 지금 농사지을 때를 빼앗아 밭 갈고 김을 매어 그 부모를 봉양할 기회를 박탈하고 있습니다. 이로 인해 부모는 동뇌(凍餒 : 추위에 떨며 굶주려 죽음)하고, 형제처자들은 사방으로 이산하고 있습니다. 저들이 백성들을 고통 속에 빠뜨린 이때 대왕이 군사들을 이끌고 가 정벌하면 그 누가 대왕을 대적하겠습니까. 그래서 예로부터 '인자무적(仁者無敵 : 어진 자에게는 대적할 자가 없음)'이라고 한 것입니다. 청컨대 대왕은 저의 말을 의심치 말기 바랍니다."

주희는 생형벌省刑罰의 '생省'을 '성찰'로 보아 '형벌을 신중히 살피다'로 풀이했다. 그러나 문맥상 '생략'의 뜻으로 보아 '형벌을 줄이다'로 풀이하는 것이 타당하다. 당시 양혜황이 자국을 진晉나라로 칭한 것은 기원전 403년에 진나라를 3분해 성립한 위 · 한 · 조 3국이 각각 자국이 진나라의 정통성을 이은 나라임을 내세운 데 따른 것이다. 이들 세 나라를 흔히 '삼진三晋'이라고 했다. 전국시대 초기만 하더라도 위나라가 '3진'의 대표 역할을 수행했다. 그러나 양혜왕 때에는 주변국의 압박으로 국세가 크게 위축되어 도성을 대량大梁으로 옮기게 되었다. 이에 국명 또한 '위'에서 '양梁'으로 바뀌고 말았다. 양나라는 양혜왕 17년에 진秦나라의 침공으로 소량少梁 땅을 탈취당했을 뿐만 아니라 양혜왕 30년에 제나라의 침공으로 태자 신申이 포로가 되는 수모를 당했다. 맹자가 양혜왕을 만났을 때는 바로 양나라가 주변국의 위협으로 전전긍긍하고 있을 때였다. 당시 보복을 위해 절치부심하고 있던 양혜왕에게 맹자의 왕도 주장은 공허한 이상론으로 들렸을 것이다.

1-6

孟子見梁襄王. 出, 語人曰, "望之不似人君, 就之而不見所畏焉. 卒然問曰, '天下惡乎定.' 吾對曰, '定于一.' '孰能一之.' 對曰, '不嗜殺人者能一之.' '孰能與之.' 對曰, '天下莫不與也. 王知夫苗乎. 七八月之閒旱, 則苗槁矣. 天油然作云, 沛然下雨, 則苗浡然興之矣. 其如是, 孰能禦之. 今夫天下之人牧, 未有不嗜殺人者也. 如有不嗜殺人者, 則天下之民皆引領而望之矣. 誠如是也, 民歸之, 由(=猶)水之就下沛然, 誰能禦之."

맹자가 양양왕(梁襄王 : 양혜왕의 아들 赫)을 만난 뒤 밖으로 나와 이같이 말했다.

"멀리서 보아도 군주답지 않고 가까이 다가가 보아도 위엄을 볼 수 없었소. 졸연(卒然)히 나에게 묻기를, '천하는 어찌 정해질 것 같소' 라고 하여 내가 대답하기를, '하나로 정해질 것입니다' 라고 했소. 또 묻기를, '누가 통일을 이룰 것 같소' 라고 하여 대답하기를, '불기살인자(不嗜殺人者 : 사람 죽이기를 좋아하지 않는 사람)만이 능히 할 것입니다' 라고 했소. 그러자 다시 묻기를, '누가 그를 따를 것 같소' 라고 하여 대답하기를, '천하의 사람들 중 따르지 않을 사람이 없을 것입니다. 대왕은 벼의 싹에 대해 알고 있습니까. 7–8월 사이에 가물면 싹이 말라 들어갈 것입니다. 이때 하늘에서 유연(油然 : 뭉게뭉게 피어오름)히 구름이 만들어져 패연(沛然 : 기세가 도도함)히 비가 내리면 다시 발연(浡然 : 우쩍 일어남)히 자라나게 됩니다. 이리되면 그 누가 이를 막을 수 있겠습니까. 지금 천하의 인목(人牧 : 군주로 牧民에서 나온 말임) 중 살인을 좋아하지 않는 사람이 없습니다. 만일 불기살인자가 있다면 천하의 백성들이 모두 목을 빼어 그를 바라볼 것입니다. 실로 이같이 하면 백성들이 그에게 돌아가는 것이 마치 물이 낮은 데로 패연히 흐르는 것과 같을 터이니 그 누가 이를 막을 수 있겠습니까."

맹자가 말한 7–8월은 주력周曆을 기준으로 한 것으로 현재의 음력인 하력夏曆의 5–6월에 해당한다. '불기살인자不嗜殺人者만이 능히 천하를 통일할 수 있다' 는 맹자의 주장은 사실 패도를 추구하는 당시 열국 군주들의 행태에 대한 통렬한 반박이기는 하나 이상론에 입각한 반박에 불과할 뿐이다. 당시의 상황에서 왕도의 덕정을 행하는 나라에 감복한 나머지 자발적으로 귀부할 의사를 가진 나라는 전무했다. 맹자의 주장은 막강한 무력을 기반으로 하여 덕정을 베푸는 나라의 경우에 한해 통용될 수 있는 논리에 지나지 않았다. 그러나 국가총력을 기울여 부국강병을 추구하면서 덕정을 전면에 내세우는 것은 이론적으로는 가능할지 몰라도 현실적으로는 있을 수 없는 일이다. 맹자의 왕도 주장이 매우 이상적인 주장임에도 불구하고 약육강식이 횡행하는 전국시대 말기와 같은 난세에 통용될 수 없는 이유가 바로 여기에 있다. 맹자가 그토록 역설한 왕도의 모순은 바로 여기서 출발하고 있는 것이다. 맹자의 왕도 모델은 태평성대에나 통용될 수 있는 하나의 이념형에 불과할 뿐이다.

1–7

齊宣王問曰, "齊桓 · 晉文之事, 可得聞乎." 孟子對曰, "仲尼之徒, 無道桓文之事者. 是以後世無傳焉, 臣未之聞也. 無以, 則王乎." 曰, "德何如則可以王矣." 曰, "保民而王, 莫之能禦也." 曰, "若寡人者, 可以保民乎哉." 曰, "可." 曰, "何由知吾可也." 曰, "臣聞之胡齕曰, 王坐於堂上, 有牽牛而過堂下者, 王見之, 曰, '牛何之.' 對曰, '將以釁鐘.' 王曰, '舍之. 吾不忍其觳觫, 若無罪而就死地.' 對曰, '然則廢釁鐘與.' 曰, '何可廢也, 以羊易之.' 不識有諸." 曰, "有之." 曰, "是心足以王矣. 百姓皆以王爲愛也, 臣固知王之不忍也." 王曰, "然, 誠有百姓者. 齊國雖褊小, 吾何愛一牛. 卽不忍其觳觫, 若無罪而就死地, 故以羊易之也." 曰, "王無異於百姓之以王爲愛也. 以小易大, 彼惡知之. 王若隱其無罪而就死地, 則牛羊何擇焉." 王笑曰, "是誠何心哉. 我非愛其財而易之以羊也, 宜乎百姓之謂我愛也." 曰, "無傷也, 是乃仁術也. 見牛未見羊也. 君子之於禽獸也, 見其生, 不忍見其死. 聞其聲, 不忍食其肉. 是以君子遠庖廚也." 王說曰, "『詩』云, '他人有心, 予忖度之.' 夫子謂之也. 夫我乃行之, 反而求之, 不得吾心. 夫子言之, 於我心有戚戚焉. 此心之所以合於王者何也." 曰, "有復於王者曰, '吾力足以擧百鈞, 而不足以擧一羽, 明足以察秋毫之末, 而不見輿薪.' 則王許之乎." 曰, "否." "今恩足以及禽獸, 而功不至於百姓者, 獨何如. 然則一羽之不擧, 爲不用力焉. 輿薪之不見, 爲不用明焉. 百姓之不見保, 爲不用恩焉. 故王之不王, 不爲也, 非不能也.” 曰, “不爲者與不能者之形何以異.” 曰, “挾太山以超北海, 語人曰, ‘我不能.’ 是誠不能也. 爲長者折枝, 語人曰, ‘我不能.’ 是不爲也, 非不能也. 故王之不王, 非挾太山以超北海之類也, 王之不王, 是折枝之類也. 老吾老, 以及人之老, 幼吾幼, 以及人之幼, 天下可運於掌. 『詩』云, ‘刑于寡妻, 至于兄弟, 以御于家邦.’ 言擧斯心加諸彼而已. 故推恩足以保四海, 不推恩無以保妻子. 古之人所以大過人者, 無他焉, 善推其所爲而已矣. 今恩足以及禽獸, 而功不至於百姓者, 獨何與. 權, 然後知輕重, 度, 然後知長短. 物皆然, 心爲甚. 王請度之. 抑王興甲兵, 危士臣, 構怨於諸侯, 然後快於心與.” 王曰, “否, 吾何快於是. 將以求吾所大欲也.” 曰, “王之所大欲, 可得聞與.” 王笑而不言. 曰, “爲肥甘不足於口與. 輕暖不足於體與. 抑爲采色不足視於目與. 聲音不足聽於耳與. 便嬖不足使令於前與. 王之諸臣皆足以供之, 而王豈爲是哉.” 曰, “否, 吾不爲是也.” 曰, “然則王之所大欲可知已, 欲辟土地, 朝秦楚, 莅中國而撫四夷也. 以若所爲, 求若所欲, 猶緣木而求魚也.” 王曰, “若是其甚與.” 曰, “殆有甚焉. 緣木求魚, 雖不得魚, 無後災. 以若所爲, 求若所欲, 盡心力而爲之, 後必有災.” 曰, “可得聞與.” 曰, “鄒人與楚人戰, 則王以爲孰勝.” 曰, “楚人勝.” 曰, “然則小固不可以敵大, 寡固不可以敵衆, 弱固不可以敵强. 海內之地, 方千里者9, 齊集有其一. 以一服8, 何以異於鄒敵楚哉. 蓋(=何不)亦反其本矣. 今王發政施仁, 使天下仕者皆欲立於王之朝, 耕者皆欲耕於王之野, 商賈皆欲藏於王之市, 行旅皆欲出於王之塗, 天下之欲疾其君者, 皆欲赴愬於王. 其若是, 孰能禦之.” 王曰, “吾惛, 不能進於是矣. 願夫子輔吾志, 明以敎我. 我雖不敏, 請嘗試之.” 曰, “無恒產而有恒心者, 惟士爲能. 若民, 則無恒產, 因無恒心. 苟無恒心, 放辟邪侈, 無不爲已. 及陷於罪, 然後從而刑之, 是罔民也. 焉能仁人在位, 罔民而可爲也. 是故明君制民之產, 必使仰足以事父母, 俯足以畜妻子. 樂歲終身飽, 凶年免於死亡. 然後驅而之善, 故民之從之也輕. 今也制民之產, 仰不足以事父母, 俯不足以畜妻子. 樂歲終身苦, 凶年不免於死亡. 此惟救死而恐不贍, 奚暇治禮義哉. 王欲行之, 則盍反其本矣. 5畝之宅, 樹之以桑, 50者可以衣帛矣. 鷄豚狗彘之畜, 無失其時, 70者可以食肉矣. 百畝之田, 勿奪其時, 8口之家可以無飢矣. 謹庠序之敎, 申之以孝悌之義, 頒白者不負戴於道路矣. 老者衣帛食肉, 黎民不飢不寒, 然而不王者, 未之有也."

제선왕(齊宣王)이 물었다.

"환문지사(桓文之事 : 춘추시대 패자인 齊桓公과 晉文公의 업적)에 관해 들려줄 수 있겠소."

맹자가 대답했다.

"중니지도(仲尼之徒 : 중니의 가르침을 좇는 儒家의 겸칭) 중에는 환문지사를 언급한 자가 없습니다. 이로 인해 후세에 전해진 것이 없는 까닭에 저 또한 듣지 못했습니다. 그에 관해서는 언급할 것이 없으나 왕도에 대해서는 말할 수 있습니다."

제선왕이 물었다.

"어떤 덕행을 행해야 가히 왕도를 이룰 수 있는 것이오."

맹자가 대답했다.

"보민(保民 : 백성을 보전함)하면 됩니다. 그 누구도 이를 막지 못할 것입니다."

제선왕이 다시 물었다.

"과인과 같은 사람도 가히 보민할 수 있겠소."

"가합니다."

제선왕이 재차 물었다.

"내가 그리할 수 있다는 것을 어찌 아는 것이오."

맹자가 반문했다.

"신이 호흘(胡齕 : 제나라 신하)로부터 들은 바가 있습니다. 대왕이 대청 위에 앉아 있을 때 소를 끌고 대청 아래를 지나는 사람이 있었다고 합니다. 대왕이 이를 보고 묻기를, '소가 어디로 가는 것인가' 라고 하자 그가 대답하기를, '장차 흔종(釁鐘 : 짐승의 피를 종에 바르는 의식)하려는 것입니다' 라고 했습니다. 대왕이 말하기를, '그

소를 놓아주어라. 나는 그 소가 곡속(觳觫 : 죽는 것을 두려워하여 곱송그림)하는 것이 마치 아무 죄도 없으면서 사지로 끌려가는 것만 같아 차마 볼 수가 없다' 고 했습니다. 그 사람이 묻기를, '그렇다면 흔종을 폐하려는 것입니까' 라고 하자 대왕이 대답하기를, '어찌 폐할 수 있는가. 양으로 바꾸도록 하라' 고 했다는데 과연 그런 일이 있었습니까."

"그런 일이 있었소."

그러자 맹자가 이같이 말했다.

"그런 마음이라면 왕자가 되기에 족합니다. 백성들은 모두 대왕이 소 한 마리를 아낀 것으로 생각했지만 신은 그 얘기를 들었을 때 대왕이 끌려가는 소의 모습을 차마 볼 수 없어 그리했다는 것을 알았습니다."

제선왕이 말했다.

"바로 그렇소. 실로 내가 소 한 마리를 아낀 것으로 생각하는 백성들이 있소. 제나라가 비록 작다고는 하나 내가 어찌 소 한 마리를 아까워하겠소. 나는 그 소가 곡속하는 것이 마치 아무 죄도 없으면서 사지로 끌려가는 것만 같아 차마 볼 수 없었던 까닭에 양으로 바꾸라고 한 것이오."

맹자가 물었다.

"대왕은 부디 백성들이 대왕을 두고 소 한 마리를 아낀 것으로 생각한 것을 이상하게 여기지 마십시오. 백성들은 이소역대(以小易大 : 작은 양으로 큰 소를 대신토록 한 것을 지칭)한 것만 보고 그리 생각한 것이니 어찌 대왕의 마음을 헤아릴 수 있겠습니까. 그러나 대왕은 그 소가 아무런 죄도 없으면서 사지로 끌려가는 것을 측은히 생각하면서도 어찌하여 소와 양을 구분한 것입니까."

제선왕이 웃으며 대답했다.

"참으로 무슨 마음에서 그리했는지 모르겠소. 과인은 한 마리 소를 아껴 작은 양으로 바꾸라고 한 것은 아니었소. 그러나 백성들이 나를 두고 한 마리 소를 아껴 그리했다고 말하는 것도 무리는 아니오."

맹자가 말했다.

"백성들의 평판에 신경 쓸 필요는 없습니다. 그 마음이 바로 인술(仁術 : 인을 실천하는 방도)입니다. 대왕이 그리한 것은 바로 소는 직접 눈으로 보았으나 양은 보지 못했기 때문입니다. 군자는 금수를 대할 때 살아 있는 모습을 보면 차마 그것이 죽어가는 것을 보지 못하고, 애처롭게 우는 소리를 들으면 차마 그 고기를 먹지 못합니다. 그래서 군자는 포주(庖廚 : 주방)를 멀리하는 것입니다."

제선왕이 기뻐하며 말했다.

"『시경』 [소아 · 교언(巧言)]에 이르기를, '남의 마음을 내가 촌탁(忖度 : 미루어 헤아림)하네' 라고 했소. 이는 바로 부자(夫子 : 맹자를 지칭)를 두고 한 말인 듯하오. 당시 나는 그리해 놓고 돌이켜 내가 그리한 마음을 헤아려 보았으나 끝내 내 마음을 알 수 없었소. 그런데 이제 부자가 그리 말하니 내 마음에 척척(戚戚 : 마음의 동요)한 바가 있소. 이런 마음이 왕자가 되는 데 족하다고 한 것은 무슨 뜻이오."

맹자가 반문했다.

"만일 대왕에게 어떤 사람이 와서 말하기를, '제 힘은 족히 1백 균(鈞 : 1균은 30근)을 들 수 있지만 깃털 하나 들기에 부족하고, 제 시력은 족히 추호지말(秋毫之末 : 가을날 짐승의 솜털로 극히 가는 것을 지칭)도 살필 수 있지만 여신(輿薪 : 수레에 실은 땔감더미)은 볼 수 없습니다' 라고 하면 대왕은 그 말을 믿겠습니까."

"믿을 수 없소."

그러자 맹자가 이같이 말했다.

"지금 대왕의 은혜는 금수에게도 미칠 정도입니다. 그런데도 그 공덕이 백성에게 두루 미치지 못하는 것은 유독 무슨 이유입니까. 그러한즉 깃털 하나를 들지 못하는 것은 힘을 쓰지 않기 때문이고, 수레에 실은 땔감더미를 보지 못하는 것은 그 뛰어난 시력을 쓰지 않기 때문입니다. 백성들이 제대로 보호받지 못하는 것은 대왕이 은혜를 제대로 베풀지 않기 때문입니다. 대왕이 왕자가 되지 못하는 것은 실로 하지 않기 때문이지 못해서가 아닙니다."

제선왕이 물었다.

"하지 않는 것과 할 수 없는 것은 어떻게 다르오."

맹자가 대답했다.

"태산을 옆구리에 끼고 북해를 뛰어넘으라고 할 경우 사람들에게 말하기를, '나는 할 수 없소' 라고 하면 이는 정말 할 수 없는 경우에 해당합니다. 그러나 어른을 위해 절지(折枝 : 수족에 대한 안마를 상징)하라고 할 경우 사람들에게 말하기를, '나는 할 수 없소' 라고 하면 이는 하지 않는 것이지 할 수 없는 것이 아닙니다. 대왕이 왕도를 행하지 않는 것은 태산을 옆구리에 끼고 북해를 뛰어넘는 것과 같은 일이 아닙니다. 대왕이 왕도를 행하지 않는 것은 어른을 위해 절지하지 않는 경우에 해당합니다. 집안의 어른을 공경하는 데서 시작해 다른 어른에게 미치게 하고, 내 아이를 사랑하는 데서 시작해 남의 아이에게 미치게 하면 가히 천하를 손바닥 위에 올려놓고 운용할 수 있습니다. 『시경』 [대아 · 사제(思齊)]에 이르기를, '나의 처에게 모범이 되고 형제에게 미치게 하여 가방(家邦 : 집안과 나라)을 다스리네' 라고 했습니다. 이는 이러한 마음을 다른 사람에게 미치게 하는 것을 말한 것에 불과할 뿐입니다. 그래서 추은(推恩 : 육친에 대한 恩愛의 마음을 확장해 나아감)하면 족히 사해(四海 : 전 세계를 지칭)를 보존할 수 있으나 그리하지 않으면 끝내 처자조차도 보전할 수 없습니다. 옛 성인들이 다른 사람보다 뛰어난 것은 다름 아니라 이러한 덕행을 잘 확장해 나아갔기 때문입니다. 지금 대왕의 은혜가 족히 금수에게 미칠 정도인데도 불구하고 그 공덕이 백성들에게 두루 미치지 못하는 까닭은 무엇입니까. 본래 저울에 달아보아야 그 경중(輕重)을 알 수 있고, 자로 재보아야 그 장단(長短)을 알 수 있습니다. 모든 사물이 다 그렇습니다만 마음은 더욱 그렇습니다. 청컨대 대왕은 이를 촌탁(忖度)키 바랍니다. 대왕이 갑병(甲兵 : 군사)을 일으키면 사신(士臣 : 병사와 신하)들을 위태롭게 하고 다른 제후들로부터 원망을 사게 됩니다. 대왕은 그리한 연후에 비로소 마음이 유쾌해지겠습니까."

제선왕이 대답했다.

"아니오. 내가 어찌 그런 일로 유쾌해 하겠소. 장차 내가 간절히 원하는 바를 얻기 위해 그리한 것일 뿐이오."

맹자가 물었다.

"대왕이 간절히 원하는 바가 무엇인지 들려줄 수 있겠습니까."

제선왕은 빙그레 웃을 뿐 말이 없었다. 그러자 맹자가 물었다.

"비감(肥甘 : 기름지고 단 음식)이 입에 부족하기 때문입니까. 아니면 경난(輕煖 : 가볍고 따스한 옷)이 몸에 부족하기 때문입니까. 그도 아니면 채색(采色 : 아름대운 색채)이 눈에 부족하거나, 성음(聲音 : 즐거운 음악)이 귀에 부족하거나, 편폐(便嬖 : 총애하는 근신)가 앞에 두고 부리기에 부족하기 때문입니까. 대왕의 여러 신하들이 모두 그러한 것들을 충분히 공급할 터이니 대왕이 어찌 이런 것들로 인해 그리할 리 있겠습니까."

제선왕이 대답했다.

"그렇소. 그것 때문은 아니오."

맹자가 말했다.

"그렇다면 대왕이 간절히 원하는 것이 무엇인지 대략 알 듯합니다. 영토를 넓히고 진 · 초로 하여금 조공을 바치게 하여 장차 중원을 장악한 뒤 사방의 이민족들까지 복종시키려는 것인 듯합니다. 그러나 그런 방식으로 원하는 바를 이루려고 하는 것은 연목구어(緣木求魚 : 터무니없이 나무에 올라가 물고기를 구함)와 같습니다."

제선왕이 반문했다.

"내 바람이 그토록 심하단 말이오."

맹자가 대답했다.

"거의 그보다 심할 것입니다. '연목구어'는 비록 물고기를 잡지 못할지라도 후재(後災 : 후환)는 없습니다. 그러나 그런 방법으로 소원을 이루는 것은 진심진력(盡心盡力 : 마음과 힘을 다 함)할지라도 반드시 후재가 뒤따를 것입니다."

제선왕이 청했다.

"그것에 관해 얘기해 줄 수 있겠소."

맹자가 물었다.

"추(鄒)나라가 초나라와 싸우면 대왕은 누가 이길 것으로 봅니까."

제선왕이 대답했다.

"초나라가 이길 것이오."

맹자가 말했다.

"그렇다면 소국(小國)은 본래 대국(大國)을 대적할 수 없고, 과국(寡國 : 인구가 적은 나라)은 본래 중국(衆國 : 인구가 많은 나라)을 대적할 수 없고, 약국(弱國)은 본래 강국(强國)을 대적할 수 없습니다. 지금 해내(海內 : 中國)의 땅 중 사방 천리인 나라는 아홉이나 되는데 제나라는 땅을 모두 합쳐도 그 중 하나밖에 되지 않습니다. 하나를 가지고 여덟을 항복시키려고 드니 추나라가 초나라를 대적하는 것과 무엇이 다르겠습니까. 어찌하여 반본(反本 : 왕도의 근본으로 돌아감)하지 않는 것입니까. 이제 대왕이 발정시인(發政施仁 : 정령을 발하면서 仁政을 베풂)하면 천하의 사자(仕者 : 벼슬하는 자)가 모두 대왕의 조정에서 벼슬하고자 하고, 경자(耕者 : 농사짓는 자)가 모두 대왕의 들에서 농사짓고자 하고, 상고(商賈 : '상'은 行商, '고'는 坐商)가 모두 왕의 시장에서 물건을 쌓아두고자 하고, 행려(行旅 : 여행하는 자)

가 모두 대왕 나라의 길을 통해 나가고자 하고, 자기 군주를 원망하는 천하의 모든 백성들이 대왕에게 달려와 하소연하고자 하도록 만들 수 있습니다. 만일 이리되면 그 누가 이를 막을 수 있겠습니까."

제선왕이 청했다.

"내가 어리석어 그런 쪽으로 나아가지 못할 듯하오. 부디 선생이 내 뜻을 도와 밝게 가르쳐 주기 바라오. 내가 비록 불민(不敏)하기는 하나 선생의 말씀대로 한번 실천해 보도록 하겠소."

그러자 맹자가 이같이 말했다.

"항산(恒産 : 고정적인 생업)이 없으면서 항심(恒心 : 변함없는 마음)을 지니는 것은 오직 선비만이 할 수 있습니다. 일반 백성은 항산이 없으면 그로 인해 항심을 지닐 수 없습니다. 항심이 없으면 방벽사치(放辟邪侈 : 방탕하고 편벽되고 간사하고 사치스러움)하여 못하는 일이 없게 됩니다. 백성들이 죄에 빠진 이후에 그에 따른 형벌을 가한다면 이는 망민(罔民 : 백성들을 법의 그물로 옭아 들임)하는 것입니다. 어떻게 어진 사람이 군위(君位)에 앉아 있으면서 망민할 수 있습니까. 그래서 명군(明君)은 백성들의 생업을 만들어 주면서 반드시 위로는 족히 사부모(事父母 : 부모를 봉양함)하고, 아래로는 족히 휵처자(畜妻子 : 처자를 부양함)할 만하게 합니다. 이에 낙세(樂歲 : 풍년)에는 종신(終身 : 여기서는 '내내'이라는 의미임) 배부르고, 흉년에도 사망(死亡 : 죽거나 망명함)을 면하게 됩니다. 그런 연후에 백성들을 인도해 선한 곳으로 나아가는 까닭에 백성들은 군주의 뜻을 받들면서도 아무 저항도 하지 않는 것입니다. 그러나 지금은 백성들의 생업을 만들어 주면서 위로는 부모를 섬기기에 부족하고, 아래로는 처자를 먹여 살리기에 부족합니다. 이에 낙세에는 내내 고생하고, 흉년에는 사망을 면치 못하고 있습니다. 이런 상황에서는 비록 일시 사망을 면했다 할지라도 닥쳐올 일에 대비해 자신을 건사하기조차 어려운데 어느 겨를에 예의를 익히겠습니까. 대왕은 천하에 군림코자 하면서 어찌하여 왕도의 근본으로 돌아가지 않는 것입니까. 5무(畝) 넓이의 집 둘레에 뽕나무를 심으면 50세 노인이 비단옷을 입을 수 있고, 닭과 돼지와 개 등의 가축을 기르면서 때를 놓치지 않으면 70세 노인이 고기를 먹을 수 있습니다. 1백 무 넓이의 밭을 농사짓도록 하면서 때를 빼앗지 않으면 여러 식구의 가족이 굶주리지 않을 수 있고, 상서(庠序)에서 교육을 엄격히 시행해 효제(孝悌)의 뜻을 가르치면 머리가 희끗한 사람이 길에서 짐을 부대(負戴)하는 일이 없게 될 것입니다. 노인이 비단옷을 입고 고기를 먹으며 여민(黎民)들이 기한(飢寒)에 떠는 일이 없는데도 왕자가 되지 못한 경우는 없습니다."

여기의 '절지折枝'를 두고 예로부터 많은 논란이 있었다. 주희는 어른의 말을 좇아 나무를 꺾는 것으로 해석했다. 다산도 이를 좇았다. 그러나 조기趙岐는 이를 맹자가 출생한 지역의 방언이라고 고증하면서 어른의 수족을 안마하는 것으로 풀이했다. 청대의 모기령毛奇齡은 이를 좇았다. 고증학적인 주석과 문맥상의 자연스러움 등을 감안할 때 조기와 모기령의 해석이 훨씬 타당하다.

휵처자畜妻子의 '휵畜 : 부양하다'은 '사부모事父母'의 '사事 : 봉양하다'에 대칭되는 말로 '축'이 아니라 '휵'으로 읽는다. 종신終身을 두고 다산은 '내내 그러하다'는 뜻의 '항연恒然'으로 풀이하면서 이는 당시의 어법이라고 주장했다. 타당한 분석으로 보인다.

당시 맹자는 제나라에 체류하면서 희생의 대상을 소에서 양으로 바꾼 제선왕의 모습을 보고 적잖은 기대를 품었음에 틀림없다. 맹자는 내심 제선왕을 두고 당대에 왕도를 실현할 수 있는 유일한 인물로 지레짐작했을지도 모를 일이다. 그러나 제선왕은 결코 맹자가 생각한 그런 인물은 아니었다. 그 이유는 무엇일까. 이는 기본적으로 맹자가 제선왕의 행보를 아전인수식으로 해석한 데 있었다.

당시 제선왕은 백성들이 희생의 대상을 소에서 양으로 바꾼 자신의 행동을 인색하게 보는 것에 대해 일면 자신을 방어하려고 하면서도 일면 자신의 경솔함을 인정했다. 그렇다면 과연 제선왕은 왜 이런 모습을 보인 것일까.

맹자는 이 장을 통해 제선왕의 마음 속에서 무슨 일이 일어났는지를 설명하고 있다. 제선왕이 즉각 소를 양으로 바꾸라고 명한 이유는 맹자가 언급한 바와 같이 겁에 질린 비참한 소의 모습을 보았던 반면 양의 실제 모습은 보지 못했기 때문이다. 당시 제선왕은 소가 느끼고 있던 공포를 직접 목도한 데 반해 양이 느끼게 될 공포는 단순히 관념적으로만 느꼈을 뿐이다. 그에게 양의 모습은 추상적인 차원에 머물러 있었기 때문에 희생을 소에서 양으로 바꾸는 것을 큰 부담 없이 받아들였던 것이다. 결국 맹자는 제선왕이 애처로운 소의 모습을 보고 얼굴이 붉어졌다는 사실 하나만으로 그가 선정善政을 베풀 수 있다고 지레짐작한 셈이다. 여기에는 '선정'을 지나치게 단순화한 데 따른 판단상의 오류가 당연히 존재할 수밖에 없다.

당시 그 누구일지라도 정도의 차이는 있으나 제선왕과 동일한 상황에 처했을 경우 비슷한 반응을 보였을 것이다. 이를 두고 맹자는 제선왕의 인자한 성품이 충분히 드러난 것으로 판단한 것이다. 맹자의 낙관적이면서도 단순명쾌한 성격이 약여하게 드러나는 대목이 아닐 수 없다. 이는 맹자가 인간의 동정심을 지나치게 확대해석한 데서 비롯된 것이다. 맹자가 제선왕에게 그 인자한 마음을 계속 확대하지 못하고 있음을 지적한 사실이 이를 뒷받침한다. 맹자는 동정심의 반응을 '인'의 출발점으로 보아 이러한 '인'이 완전히 전개되어야만 비로소 보편성에 도달할 수 있다고 간주한 셈이다. 그러나 한나 아렌트H. Arendt가 지적한 바와 같이 인간의 근원적인 심성과 관련된 동정심 등이 통치에 그대로 적용될 경우 정치공동체의 붕괴를 초래할 수 있다는 점에 주목할 필요가 있다. 맹자의 왕도론이 지고지순한 이상에도 불구하고 난세의 전국시대에 아무런 설득력을 지니지 못했던 근인根因이 바로 여기에 있었다.

제2절 [양혜왕(梁惠王) 하]편

2-1

莊暴見孟子, 曰, “暴見於王, 王語暴以好樂, 暴未有以對也.” 曰, “好樂何如.” 孟子曰, “王之好樂甚, 則齊國其庶幾乎.” 他日, 見於王曰, “王嘗語莊子以好樂, 有諸.” 王變乎色, 曰, “寡人非能好先王之樂也, 直好世俗之樂耳.” 曰, “王之好樂甚, 則齊其庶幾乎. 今之樂, 由古之樂也.” 曰, “可得聞與.” 曰, “獨樂樂, 與人樂樂, 孰樂.” 曰, “不若與人.” 曰, “與少樂樂, 與衆樂惡, 孰樂.” 曰, “不若與衆.” “臣請爲王言樂. 今王鼓樂於此, 百姓聞王鐘鼓之聲, 管籥之音, 擧疾首蹙頞而相告曰, ‘吾王之好鼓樂, 不何使我至於此極也. 父子不相見, 兄弟妻子離散.’ 今王田獵於此, 百姓聞王車馬之音, 見羽旄之美, 擧疾首蹙頞而相告曰, ‘吾王之好田獵, 夫何使我至於此極也. 父子不相見, 兄弟妻子離散.’ 此無他, 不與民同樂也. 今王鼓樂於此, 百姓聞王鐘鼓之誠, 管籥之音, 擧欣欣然有喜色而相告曰, ‘吾王庶幾無疾病與, 何以能鼓樂也.’ 今王田獵於此, 百姓聞王車馬之音, 見羽旄之美, 擧欣欣然有喜色而相告曰, ‘吾王庶幾無疾病與, 何以能田獵也.’ 此無他, 與民同樂也. 今王與百姓同樂, 則王矣.”

장포(莊暴 : 제나라 신하)가 맹자를 만나 이같이 물었다.

“제가 군왕을 만났을 때 군왕이 저에게 음악을 좋아한다고 말했으나 저는 아무런 대답도 하지 못했습니다. 군왕이 음악을 좋아하는 것을 어찌 생각합니까.”

맹자가 대답했다.

“제왕(齊王 : 제선왕)이 음악을 좋아한다고 하니 제나라는 거의 잘 다스려질 것이오.”

다른 날에 맹자가 제선왕을 만나 이같이 물었다.

“대왕은 언젠가 장포에게 음악을 좋아한다고 말했는데 과연 그런 일이 있었습니까.”

제선왕이 얼굴을 붉히면서 대답했다.

“과인은 요순과 같은 선왕의 음악을 좋아하는 것이 아니라 그저 세속의 음악을 좋아할 뿐이오.”

맹자가 말했다.

“대왕이 음악을 매우 좋아한다면 제나라는 거의 잘 다스려질 것입니다. 요즈음의 음악도 옛날의 음악과 같습니다.”

제선왕이 청했다.

“그 이유를 들려줄 수 있겠소.”

맹자가 물었다.

“혼자 음악을 즐기는 것과 다른 사람과 함께 음악을 즐기는 것 중 어느 쪽이 더 즐겁겠습니까.”

“다른 사람과 함께 즐기느니만 못하오.”

맹자가 다시 물었다.

“몇몇 사람과 음악을 즐기는 것과 많은 사람과 함께 음악을 즐기는 것 중 어느 쪽이 더 즐겁겠습니까.”

“많은 사람과 함께 즐기느니만 못하오.”

그러자 맹자가 이같이 말했다.

“신이 대왕에게 즐기는 것에 관해 한 말씀 드리겠습니다. 지금 대왕이 여기에서 음악을 연주하는데 백성들이 대왕의 종고(鐘鼓 : 종과 북)와 관약(管籥 : 생황과 피리) 소리를 듣고 모두 질수축알(疾首蹙頞 : 머리를 아파하며 콧마루를 찡그림)하며 서로 말하기를, ‘우리 군왕은 음악 연주를 좋아하면서 어찌하여 우리들을 이토록 고생스럽게 만드는 것인가. 부자가 서로 만나보지 못하고 형제처자가 이산했는데' 라고 한다면 어떻겠습니까. 또 만일 대왕이 여기서 사냥하는데 백성들이 대왕의 거마(車馬) 소리를 듣고 우모(羽旄 : 깃털로 아름답게 장식한 깃발)를 보고는 모두 질수축알하며 서로 말하기를, '우리 군왕은 사냥을 좋아하면서 어찌하여 우리들을 이토록 고생스럽게 만드는 것인가. 부자가 서로 만나지 못하고 형제처자는 이산했는데' 라고 한다면 어떻겠습니까. 이는 다름 아니라 대왕이 여민동락(與民同樂 : 백성들과 함께 즐거워함)하지 않았기 때문입니다. 지금 대왕이 여기서 음악을 연주하는데 백성들이 대왕의 종고와 관약 소리를 듣고 모두 흔연희색(欣然喜色 : 즐거운 마음으로 기쁜 낯빛을 함)하여 서로 말하기를, '우리 군왕은 거의 편찮은 데가 없는 모양이다. 그렇지 않다면 어찌 음악을 연주할 수 있겠는가' 라고 한다면 어떻겠습니까. 또 만일 대왕이 여기서 사냥하는데 백성들이 대왕의 거마 소리를 듣고 우모를 보고는 모두 흔연희색하여 서로 말하기를, '우리 군왕은 거의 편찮은 데가 없는 모양이다. 그렇지 않다면 어찌 사냥할 수 있겠는가' 라고 한다면 어떻겠습니까. 이는 다름 아니라 대왕이 여민동락했기 때문입니다. 지금 대왕이 여민동락할 수 있다면 이내 왕자가 될 수 있을 것입니다."

원래 서기庶幾는 '매우 가깝다' 는 의미로 사용되는 구절이다. 여기서는 선치善治에 가깝다는 뜻으로 사용되었다. 이 장의 핵심어는 '여민동락與民同樂' 이다. 맹자는 이 장에서 '여민동락' 여부에 따라 군주의 행동이 전혀 다른 평가를 받게 된다는 사실을 역설하고 있다. 맹자의 '귀민貴民사상' 이 약여하게 드러나는 대목이 아닐 수 없다. '여민동락' 은 고금동서를 막론하고 변함없이 통용되는 진리이다. 사량좌射良佐와 유작游酢, 여대림呂大臨과 더불어 정이천과 정호程顥 밑에서 사사師事한 까닭에 흔히 '정문사선생程門四先生'으로 불린 남송대의 양시楊時는 '여민동락'의 음악으로 함咸·영英·소韶·호濩를 들었다. '함'은 황제黃帝, '영'은 제곡帝嚳, '소'는 순舜, '호'는 탕湯의 음악을 말한다.

2-2

齊宣王問曰, "文王之囿, 方70里, 有諸." 孟子對曰, "於傳有之." 曰, "若是其大乎." 曰, "民猶以爲小也." 曰, "寡人之囿, 方40里, 民猶以爲大, 何也." 曰, "文王之囿, 方70里, 芻蕘者往焉, 雉兎者往焉, 與民同之. 民以爲小, 不亦宜乎. 臣始至於境, 問國之大禁, 然後敢入. 臣聞郊關之內有囿方40里, 殺其麋鹿者, 如殺人之罪, 則是方40里爲阱於國中. 民以爲大, 不亦宜乎."

제선왕이 맹자에게 물었다.

"문왕의 동산은 사방 70리였다고 하는데 과연 그렇소."

맹자가 대답했다.

"전해오는 말에 그런 말이 있습니다."

"그렇게 컸소."

"백성들은 오히려 작다고 여겼습니다."

제선왕이 물었다.

"과인의 동산은 겨우 사방 40리인데도 백성들이 오히려 크다고 생각하니 이는 무슨 까닭이오."

맹자가 대답했다.

"문왕의 동산은 사방 70리였지만 추요자(芻蕘者 : 나무꾼)들도 들어가고 치토자(雉兎者 : 꿩과 토끼를 잡은 사람)도 들어가도록 해 백성과 함께 했습니다. 그러니 백성들이 그것을 작다고 여긴 것 또한 당연하지 않겠습니까. 신이 처음 제나라 국경에 이르렀을 때 제나라의 대금(大禁 : 중요한 禁令으로 이를 물어보고 들어가는 것이 예법이었음)이 무엇인지 물어본 후 입경(入境)했습니다. 신은 사람들로부터 교외와 국경의 관문 사이에 사방 70리의 동산이 있는데 이곳의 사슴을 잡는 사람은 살인죄의 중벌을 받는다고 들었습니다. 과연 그렇다면 이는 사방 40리에 걸쳐 나라 안에 함정을 파놓은 것과 같습니다. 그러니 백성들이 이를 크다고 생각하는 것 또한 당연하지 않겠습니까."

추요芻蕘의 '추'는 풀, '요'는 나무 섶을 뜻한다. '추요자'는 풀 베는 사람과 땔나무 하는 사람을 지칭하고, 교郊는 도성 밖 1백 리를 말한다. 당시 '교' 밖에는 관문關門이 있었다. 정阱은 짐승을 잡기 위해 파놓은 구덩이를 말한다. 여기서는 백성을 죽음에 빠뜨리는 것을 뜻한다. 이 장 역시 앞장과 마찬가지로 '여민동락'의 중요성을 강조하고 있다.

2-3

齊宣王問曰, "交鄰國有道乎." 孟子對曰, "有. 惟仁者爲能以大事小, 是故湯事葛, 文王事混夷. 惟智者爲能以小事大, 故太王事獯鬻, 句踐事吳. 以大事小者, 樂天者也. 以小事大者, 畏天者也. 樂天者保天下, 畏天者保其國. 『詩』云, '畏天之威, 于時保之.'" 王曰, "大哉言矣. 寡人有疾, 寡人好勇." 對曰, "王請無好小勇. 夫撫劍疾視曰, '彼惡敢當我哉.' 此匹夫之勇, 敵一人者也. 王請大之. 『詩』云, '王赫斯怒, 爰整其旅, 以遏徂莒(=旅), 以篤周祜, 以對於天下.' 此文王之勇也. 文王一怒而安天下之民. 『書』曰, '天降下民, 作之君, 作之師, 惟曰其助上帝寵之. 四方有罪無罪惟我在, 天下曷敢有越厥志.' 一人衡行於天下, 武王恥之. 此武王之勇也. 而武王亦一怒而安天下之民. 今王亦一怒而安天下之民, 民惟恐王之不好勇也."

제선왕이 물었다.

"인국과 사귈 때 지켜야 할 도리가 있소."

맹자가 대답했다.

"있습니다. 오직 인자(仁者)만이 능히 이대사소(以大事小 : 대국으로서 소국을 섬김)할 수 있습니다. 그래서 은나라의 탕(湯)이 갈(葛)을 섬기고, 주문왕이 곤이(昆夷)를 섬긴 것입니다. 또한 오직 지자(智者)만이 능히 이소사대(以小事大 : 소국으로서 대국을 섬김)할 수 있습니다. 그래서 주나라의 태왕(太王 : 주문왕의 조부인 古公亶父)이 훈육(獯鬻)을 섬기고, 월나라 구천(句踐)이 오나라를 섬긴 것입니다. '이대사소' 하는 자는 낙천자(樂天者 : 하늘의 이치를 즐겁게 받아들이는 사람)이고, '이소사대' 하는 자는 외천자(畏天者 : 하늘을 두려워하는 사람)입니다. '낙천자' 는 천하를 보전하고, '외천자' 는 나라를 보전합니다. 그래서 『시경』 [주송 · 아장(我將)]에 이르기를, '천위(天威)를 두려워하여 나라를 보전하네' 라고 한 것입니다."

제선왕이 말했다.

"참으로 훌륭하오, 그 말이. 그런데 과인에게 결점이 있소. 과인은 용맹을 좋아하오."

맹자가 대답했다.

"청컨대 대왕은 소용(小勇)을 좋아하지 않도록 하십시오. 칼을 어루만지고 노려보면서 말하기를, '저자가 어찌 감히 나를 당하겠는가' 라고 하는 것은 필부지용(匹夫之勇)에 불과합니다. 이는 겨우 한 사람만을 대적할 수 있을 뿐입니다. 청컨대 대왕은 대용(大勇)을 보이도록 하십시오. 『시경』 [대아 · 황의(皇矣)]에 이르기를, '왕이 혁노(赫怒 : 크게 화를 냄)해 군사를 정비하여 침략하러 가는 무리를 막고 주나라의 복을 두텁게 하여 천하인의 기대에 보답했네' 라고 했습니다. 이것이 주문왕의 대용입니다. 주문왕은 일노(一怒 : 한 번 화를 냄)하여 천하의 백성을 편안하게 만들었습니다. 또 『서경』 [주서 · 태서]에 이르기를, '하늘이 백성들을 세상에 내보낼 때 군주를 만들고 스승을 만든 것은 상제를 도와 사람들을 사랑토록 하기 위한 것이다. 사방에서 일어나는 모든 유죄(有罪)와 무죄(無罪)는 오직 내 책임이다. 천하인 중 누가 감히 그 뜻을 어길 수 있겠는가' 라고 했습니다. 은나라 주(紂)가 멋대로 천하에 횡행(衡行)하자 주무왕은 이를 치욕스럽게 생각했습니다. 이것이 주무왕의 대용입니다. 주무왕은 일노하여 천하의 백성을 편안하게 만들었습니다. 이제 대왕이 일노하여 천하의 백성들을 편히 만들면 백성들은 오로지 대왕이 용맹을 좋아하지 않을까 걱정할 것입니다."

『시경』 [대아 · 황의]에는 '이알조거以遏徂莒' 가 '이알조려以遏徂旅' 로 되어 있다. [황의]에 따르면 이는 주문왕에게 저항하는 밀密 땅 사람이 완阮나라를 침략하기 위해 공共 땅으로 가는 것을 저지한 사실을 의미한다. 여기에 나오는 소용小勇 및 대용大勇과 관련해 주희는 풀이하기를, '소용은 혈기가 하는 것이고, 대용은 의리에서 나오는 것이다' 라고 했다. '천리인욕설' 에 입각한 풀이이기는 하나 대략 문의文意에 부합한다.

2-4

齊宣王見孟子於雪宮. 王曰, "賢者亦有此樂乎." 孟子對曰, "有. 人不得, 則非其上矣. 不得而非其上者, 非也. 爲民上而不與民同樂者, 亦非也. 樂民之樂者, 民亦樂其樂. 憂民之憂者, 民亦憂其憂. 樂以天下, 憂以天下, 然而不王者, 未之有也. 昔者齊景公問於晏子曰, '吾欲觀於轉附 · 朝儛. 遵海而南, 放於琅邪. 吾何修而可以比於先王觀也.' 晏子對曰, '善哉問也. 天子適諸侯曰巡狩. 巡狩者, 巡所守也. 諸侯朝於天子曰述職, 述職者, 述所職也. 無非事者, 春省耕而補不足, 秋省斂而助不給. 夏諺曰, [吾王不遊, 吾何以休. 吾王不豫, 吾何以助.] 一遊一豫, 爲諸侯度. 今也不然, 師行而糧食, 飢者弗食, 勞者弗息. 睊睊胥讒, 民乃作慝. 方命虐民, 飮食若流. 流連荒亡, 爲諸侯憂. 從流下而忘反謂之流, 從流上而忘反謂之連, 從獸無厭謂之荒, 樂酒無厭謂之亡. 先王無流連之樂, 荒亡之行. 惟君所行也.' 景公悅, 大戒於國, 出舍於郊. 於是始興發, 補不足. 召大師曰, '爲我作君臣上說之樂.' 蓋[徵招(=韶)] · [角招]是也. 其詩曰, '畜(=止)君何尤.' 畜君者, 好君也."

제선왕이 설궁(雪宮 : 별궁의 이름)에서 맹자를 만나 이같이 말했다.

"현자에게도 이런 즐거움이 있소."

맹자가 대답했다.

"있습니다. 그러나 대개 사람들은 이런 즐거움을 얻지 못하면 윗사람을 비난합니다. 이런 즐거움을 얻지 못했다고 하여 윗사람을 비난하는 것은 잘못이고, 윗사람이 되어 백성들과 즐거움을 함께 하지 못하는 것도 잘못입니다. 백성들의 즐거움을 자신의 일처럼 즐기면 백성들도 군주의 즐거움을 자신의 일처럼 즐기고, 백성들의 근심을 자신의 일처럼 근심하면 백성들도 군주의 근심을 자신의 일처럼 근심합니다. 천하인과 함께 즐기고 천하인과 함께 근심하면서 왕자가 되지 못한 경우는 없었습니다. 예전에 제경공(齊景公)이 안자(晏子 : 제나라의 현신인 晏嬰)에게 묻기를, '과인은 전부산(轉附山)과 조무산(朝儛山)을 여행하고 바다를 따라 남쪽으로 내려가 낭야(瑯邪)에까지 가고자 하오. 과인이 어찌 준비해야 가히 옛 선왕들이 행했던 순방과 비슷하게 할 수 있겠소' 라고 했습니다. 이에 안자가 대답하기를, '매우 좋습니다, 그 질문이. 천자가 제후의 나라에 가는 것을 순수(巡狩)라고 합니다. 순수는 제후가 지키는 영토를 순시하는 것을 뜻합니다. 제후가 천자에게 조회 가는 것을 술직(述職)이라고 합니다. 술직은 맡은 직무를 보고하는 것을 뜻합니다. 이들 모두 일과 관련되지 않는 게 없습니다. 봄에는 밭가는 것을 살펴 부족한 것을 보충해 주고, 가을에는 수확하는 것을 살펴 부족한 것을 도와줍니다. 전해오는 하(夏)나라의 속담에 이르기를, [우리 군주가 여행하지 않으면 우리가 어찌 쉴 수 있고, 우리 군주가 순방하지 않으면 우리가 어찌 도움을 받을 수 있겠는가]라고 했습니다. 이로써 일유일예(一遊一豫 : 한번 유람하고 한번 순방함)가 제후들의 법도가 되었습니다. 그러나 요즘 군주의 일유일예는 그렇지 못합니다. 사행양식(師行糧食 : 군사를 몰고 다니면서 양식을 먹음)하자 백성들은 굶주려도 먹지 못하고, 피곤해도 쉬지 못하고, 서로를 흘겨보며 비방하다가 마침내 서로 해치는 짓을 하기에 이르렀습니다. 그런데도 여전히 방명학민(方命虐民 : 선왕의 명을 거역하고 백성을 학대한다는 뜻으로 方은 逆과 통함)하며, 음식약류(飮食若流 : 물을 흘려버리듯 음식을 낭비함)하고, 유련황망(流連荒亡 : 군주의 방탕을 지칭)하여 제후들의 근심거리가 되어 있습니다. 뱃놀이를 하면서 물살을 따라 내려가며 즐기다가 돌아갈 줄 모르는 것이 유(流)이고, 사람들을 시켜 배를 끌고 물살을 거슬러 오르게 하며 즐기다가 돌아갈 줄 모르는 것이 연(連)이고, 사냥을 하면서 도중에 그만두려 하지 않고 자신을 어지럽힐 만큼 사냥에 몰두하는 것이 황(荒)이고, 술을 마시면서 도중에 그치지 않고 자신을 망칠 만큼 술을 마셔대는 것이 망(亡)입니다. 옛날의 선왕은 유련(流連)의 즐거움에 탐닉하거나 황망(荒亡)의 행동을 하지 않았습니다. 모든 것은 오직 군주가 결정할 일입니다' 라고 했습니다. 이 말을 들은 제경공은 크게 기뻐하며 나라 안에 대계(大戒 : 대대적으로 경계령)를 내린 후 교외로 나가 머물며 혜정(惠政)을 베풀어 창고의 곡식으로 부족한 사람들을 도와주었습니다. 이어 태사(太師 : 음악을 관장하는 관원)를 불러 이르기를, '나를 위해 군신상열지악(君臣相說之樂 : 군신이 함께 즐길 수 있는 음악)을 만들도록 하라' 고 했습니다. [치소(徵招)]와 [각소(角招)]의 악장이 바로 그것입니다. 그 가사에 이르기를, '축군하우(畜君何尤 : 군주의 욕심을 저지하는 것이 무슨 잘못인가)' 라고 했습니다. '축군(畜君)' 은 곧 '호군(好君 : 군주를 사랑함)' 을 뜻합니다."

사행師行의 '사師' 는 2천5백 명으로 구성된 군대를 말한다.『춘추좌전』[노정공 4년조]에 군주가 출행하면 사師가 수행한다는 뜻의 '군행사종君行師從' 이라는 구절이 나온다. '사' 보다 작은 규모인 '여旅' 는 5백 명으로 이뤄진 군대를 말한다. '축군畜君' 의 '축畜' 은 '저지하다' 는 뜻이다. [치소徵招]와 [각소角招]는 궁宮·상商·각角·치徵·우羽의 5성五聲에서 나온 말로 '궁' 은 군君, '상' 은 신臣, '각' 은 민民, '치' 는 사事, '우' 는 물物을 상징한다.

2-5

齊宣王問曰, "人皆謂我毁明堂, 毁諸, 已乎." 孟子對曰, "夫明堂者, 王者之堂也. 王欲行王政, 則勿毁之矣." 王曰, "王政可得聞與." 對曰, "昔者文王之治岐也, 耕者九一, 仕者世祿, 關市譏而不征, 澤梁無禁, 罪人不孥. 老而無妻曰鰥, 老而無夫曰寡, 老而無子曰獨, 幼而無父曰孤. 此4者, 天下之窮民而無告者. 文王發政施仁, 必先斯4者.『詩』云, '哿(=可)矣富人, 哀此煢獨.'" 王曰, "善哉言乎." 曰, "王如善之, 則何爲不行." 王曰, "寡人有疾, 寡人好貨." 對曰, "昔者公劉好貨,『詩』云, '乃積乃倉, 乃裹餱糧, 于槖于囊. 思戢用光. 弓矢斯張, 干戈戚揚, 爰方啓行.' 故居者有積倉, 行者有裹糧也, 然後可以爰方啓行. 王如好貨, 與百姓同之, 於王何有." 王曰, "寡人有疾, 寡人好色." 對曰, "昔者大王好色, 愛厥妃.『詩』云, '古公亶父, 來朝走馬, 率西水滸, 至於岐下. 爰及姜女, 聿來胥宇.' 當是時也, 內無怨女, 外無曠夫. 王如好色, 與百姓同之, 於王何有."

제선왕이 물었다.

"사람들이 모두 나에게 명당(明堂 : 태산 동북쪽에 천자의 동쪽 순수를 위해 지은 건물)을 허물 것을 말하고 있소. 허무는 게 좋겠소, 아니면 그냥 두는 게 좋겠소."

맹자가 대답했다.

"명당은 왕자가 사용하는 건물입니다. 대왕이 왕도를 행할 생각이면 허물지 마십시오."

제선왕이 물었다.

"왕정(王政)에 대해 들려줄 수 있겠소."

맹자가 대답했다.

"옛날 주문왕은 기(岐) 땅을 다스리면서 경자(耕者)에게는 9분의 1의 세금을 거두었고, 사자(仕者)에게는 세록(世祿 : 대를 이어 받는 봉록)을 주었고, 관시(關市 : 관문과 시장)에서는 감시만 할 뿐 세금은 거두지 않았고, 택량(澤梁 : 연못에 설치한 물고기 잡는 보)을 설치하는 것을 금하지 않았고, 죄인에 대해서는 불노(不孥 : 처자까지 연좌치 않음)했습니다. 늙어서 아내가 없는 이를 환(鰥 : 홀아비), 늙어서 지아비가 없는 이를 과(寡 : 과부), 늙어서 부양해 줄 자식이 없는 이를 독(獨 : 獨老), 어린데도 보살펴 줄 부모가 없는 이를 고(孤 : 고아)라고 합니다. 이 4자(四者)는 천하의 궁민(窮民 : 곤궁한 처지의 백성)으로 어디에도 호소할 데가 없는 자들입니다. 주문왕은 발정시인(發政施仁)할 때 반드시 이들 4자를 가장 먼저 배려했습니다. 그래서 『시경』 [소아 · 정월(正月)]에 이르기를, '지금 세상은 살 만하나 부인(富人)은 단지 이들 경독(煢獨 : 외로운 자들로 鰥寡孤獨을 지칭)을 연민할 뿐이네' 라고 한 것입니다."

제선왕이 칭송했다.

"참으로 좋소, 그 말이."

맹자가 물었다.

"대왕이 이 말을 훌륭하다고 여긴다면 어찌하여 실행치 않는 것입니까."

제선왕이 말했다.

"과인에게 결점이 있소. 과인은 재물을 좋아하오."

맹자가 말했다.

"옛날 공류(公劉)라는 자가 재물을 좋아했습니다. 『시경』 [대아 · 공류]에 이르기를, '양식을 노적가리에 쌓고 창고에 저장하고, 후량(餱糧 : 말린 양식)을 싸서 탁낭(橐囊 : 작은 전대와 큰 자루)에 넣었다네. 백성들을 편안하게 하여 나라의 위세를 크게 떨치니 궁시(弓矢)를 마련하고 간과척양(干戈戚揚 : 방패와 창, 크고 작은 도끼)을 준비해 행군을 시작했다네' 라고 했습니다. 공류는 남은 사람들에게는 노적가리와 창고의 곡식을 마련해 주고, 길 떠나는 사람에게는 양식을 싸서 집어넣은 전대와 자루를 마련해 준 연후에 가히 행군을 시작할 수 있었습니다. 대왕이 재물을 좋아할지라도 백성과 함께 한다면 왕도를 행하는 데 무슨 문제가 있겠습니까."

제선왕이 말했다.

"과인에게는 또 다른 결점이 있소. 과인은 여색을 좋아하오."

맹자가 대답했다.

"옛날 태왕(太王 : 고공단보를 지칭)은 여색을 좋아해 왕비를 극히 총애했습니다. 『시경』 [대아 · 면(緜)]에 이르기를, '고공단보(古公亶父)는 아침에 말을 달려 서쪽 물가를 따라 기산(岐山) 아래에 이르러 강녀(姜女 : 고공단보의 부인 강씨)와 함께 와 머물 곳을 살폈다네' 라고 했습니다. 태왕이 다스릴 당시 안으로는 원녀(怨女 : 남편이 없어 원망하는 여인)가 없고, 밖으로는 광부(曠夫 : 아내가 없어 외로운 사내)가 없었습니다. 대왕이 여색을 좋아할지라도 백성들과 함께 한다면 왕도를 행하는 데 무슨 문제가 있겠습니까."

명당明堂을 두고 모기령은 상제를 향사享祀하기 위한 묘당廟堂으로 풀이했으나 조기와 주희는 천자가 동순東巡하여 제후들의 조회를 받고 왕정을 행하는 곳으로 새겼다. 다산도 이를 좇았다. 문맥상 조기 등의 주석이 타당하다.

경자구일耕者九一의 '구일九一'은 수확량의 9분의 1을 거두는 것으로 곧 정전제井田制를 뜻한다. 이에 따르면 사방 1리가 1정井으로 약 9백 무畝에 해당한다. '구일'은 곧 '1정'을 정井자 모양으로 9등분하여 가운데의 1백 무를 공전公田으로 삼은 뒤 경작자들이 나머지 8백 무를 사전私田으로 삼아 각기 경작하면서 공동으로 경작하는 공전에서 나온 곡물을 세금으로 내는 것을 말한다. 이 장을 두고 주희는 '천리인욕설'에 입각해 이같이 풀이했다.

"천리와 인욕은 행동은 같으나 실정은 다르다. 천리를 좇아 천하에 공적으로 행하는 것은 성현이 본성을 다하는 것이고, 멋대로 인욕을 좇아 일 개인에게만 사적으로 행하는 것은 중인들이 천리를 멸하는 것이다. 이 둘 사이의 간격은 털끝만한 차이도 안되나 그 시비득실의 귀결은 그 떨어진 거리가 매우 멀다."

주희는 이 장에 나오는 제선왕의 질문에 대한 맹자의 대답을 '알인욕遏人欲 : 인욕을 막음 · 존천리存天理 : 천리를 보존함'의 의도에서 비롯된 것으로 간주한 것이다. 대략 맹자가 말한 취지에 부합하나 맹자는 결코 천리와 인욕을 구분해 이같이 말한 것은 아니다. 맹학에 기초해 성리학을 집대성한 주희가 『맹자』의 구절을 얼마나 사변론적으로 재해석해 놓았는지를 극명하게 보여주는 실례가 아닐 수 없다.

2-6

孟子謂齊宣王曰, "王之臣, 有託其妻子於其友而之楚遊者, 比其反也, 則凍餒其妻子, 則如之何." 王曰, "棄之." 曰, "士師不能治士, 則如之何." 王曰, "已之." 曰, "四境之內不治, 則如之何." 王顧左右而言他.

맹자가 제선왕에게 물었다.

"만일 대왕의 신하 중에 한 사람이 자신의 처자(妻子 : 아내와 자식)를 친구에게 맡기고 초나라로 여행갔다 돌아와 보니 처자가 동뇌(凍餒)에 처해 있다면 그 친구를 어찌하겠습니까."

제선왕이 자신 있게 대답했다.

"버릴 것이오."

맹자가 다시 물었다.

"만일 사사(士師 : 형벌을 관장하는 獄官)가 속관인 향사(鄕士)와 수사(遂士)를 제대로 다스리지 못한다면 어찌하겠습니까."

"파면시킬 것이오."

그러자 맹자가 이같이 물었다.

"그런데 만일 사경지내(四境之內 : 군주의 관할영역으로 국내를 의미)가 제대로 다스려지지 않으면 어찌하겠습니까."

제선왕이 좌우를 돌아보며 딴 소리를 했다.

제선왕이 맹자의 날카로운 질문에 크게 당황해하는 모습이 마지막의 '고좌우언타顧左右言他' 구절을 통해 절묘하게 묘사돼 있다. 주희는 이 장을 토대로 제선왕을 매우 비판적으로 평가해 놓았다. 그는 평하기를, '제선왕이 자책하는 것을 기탄忌憚하고 아랫사람에게 묻는 것을 부끄러워한 것이 이와 같았으니 그와 더불어 일을 할 수 없음을 알 수 있다'고 했다. 문의에 부합하기는 하나 제선왕을 지나치게 폄하했다는 지적을 면키 어렵다. 당시의 상황에서 맹자의 이런 질문에 제대로 대답할 수 있는 군주는 존재하지 않았다. 사실 당시뿐만 아니라 현재 또한 마찬가지이다. 나라를 제대로 다스리는 것이 그토록 어려운 것이다.

2-7

孟子見齊宣王曰, "所謂故國者, 非謂有喬木之謂也, 有世臣之謂也. 王無親臣矣. 昔者所進, 今日不知其亡也." 王曰, "吾何以識其不才而舍之." 曰, "國君進賢, 如不得已, 將使卑踰尊, 疏踰戚, 可不愼與. 左右皆曰'賢', 未可也. 諸大夫皆曰'賢', 未可也. 國人皆曰'賢', 然後察之. 見賢焉, 然後用之. 左右皆曰不可, 勿聽. 諸大夫皆曰不可, 勿聽. 國人皆曰不可, 然後察之. 見不可焉, 然後去之. 左右皆曰可殺, 勿聽. 諸大夫皆曰可殺, 勿聽. 國人皆曰可殺, 然後察之. 見可殺焉, 然後殺之. 故曰國人殺之也. 如此, 然後可以爲民父母."

맹자가 제선왕을 만나 이같이 말했다.

"소위 고국(故國 : 전통 있는 나라)이라 함은 교목(喬木 : 사직단 옆의 높이 솟은 나무)이 있는 나라를 가리키는 것이 아니라 세신(世臣 : 누대의 勳臣)이 있는 나라를 뜻합니다. 그런데 지금 대왕에게는 친신(親臣 : 신임하는 신하)이 없습니다. 대왕은 신하의 재덕(才德)을 깊이 헤아리지 않은 까닭에 그 신하가 비록 어제 등용되어 오늘 죄를 지어 사형에 처해질지라도 모를 수밖에 없습니다."

제선왕이 물었다.

"그렇다면 과인은 어찌해야 그 부재(不才)를 알아보고 처음부터 등용치 않을 수 있는 것이오."

맹자가 대답했다.

"국군(國君)이 진현(進賢 : 현능한 자를 기용함)할 때는 누구나 부득이해 그리할 수밖에 없었던 것으로 여기도록 만들어야 합니다. 재능이 있다면 신분이 낮을지라도 신분이 높은 사람을 뛰어넘게 해야 하고, 관계가 소원한 사람일지라도 가까운 사람을 뛰어넘게 해야 합니다. 그러니 어찌 신중치 않을 수 있겠습니까. 어떤 사람에 대해 좌우가 모두 현능하다고 말해도 쉽사리 믿어서는 안 되고, 여러 대부들이 다 현능하다고 말할지라도 쉽사리 믿어서는 안 됩니다. 국인들이 모두 현능하다고 말할 때 잘 살펴보고 현능한 점을 발견한 후 기용토록 하십시오. 좌우가 모두 불가하다고 말해도 쉽사리 믿어서는 안 되고, 여러 대부들이 모두 불가하다고 말할지라도 쉽사리 믿어서는 안 됩니다. 국인들이 모두 불가하다고 말할 때 잘 살펴보고 좋지 못한 점을 발견한 후 내치도록 하십시오. 좌우가 모두 죽여야 한다고 말해도 쉽사리 믿어서는 안 되고, 여러 대부들이 모두 죽여야 한다고 말할지라도 쉽사리 믿어서는 안 됩니다. 국인들이 모두 죽여야 한다고 말할 때 잘 살펴보고 죽여야 할 점을 발견한 후 죽이도록 하십시오. 그래야만 국인들이 그 사람을 죽인 것이 됩니다. 이같이 한 연후에 비로소 가히 백성들의 부모가 될 수 있는 것입니다."

맹자는 고국故國을 설명하면서 왜 교목喬木과 세신世臣, 親臣 등의 비유를 든 것일까. 이를 두고 주희는 풀이하기를, '교목과 세신은 모두 고국에 마땅히 있어야 할 것이나 고국이 되는 이유는 이 세신에 있고 저 교목에 있지 않다. 어제 등용된 사람 중 오늘 도망한 자가 있는데도 이를 알지 못한다면 이는 친신도 없는 것이니 하물며 세신이야 말할 것도 없음을 언급한 것이다' 라고 했다. 또 맨 마지막 대목에 나오는 '민부모民父母' 를 두고 주희는 이같이 주석해 놓았다.

"『대학』에 이르기를, '백성이 좋아하는 바를 좋아하고 백성이 미워하는 바를 미워하는 것을 두고 백성의 부모라고 한다' 고 했다."

대략 맹자가 말한 취의에 부합한다. 맹자는 이 장에서 '용인用人'의 기본원칙을 강조하고 있다. 국민들의 여망에 따른 용인이 그 요체이다. 맹자의 '귀민貴民사상'이 그대로 반영된 결과로 볼 수 있다. 맹자의 이런 주장은 일견 타당해 보이나 적잖은 문제가 있다. '군주의 결단'이 배제되어 있는 것이다. 국민들의 여망에 부응하는 인사가 가장 바람직하나 만일 군주의 판단과 배치될 경우는 소신에 따른 과감한 결단이 필요하다. 신하에 대해 가장 잘 알고 있는 사람이 바로 군주이기 때문이다.

2-8

齊宣王問曰, "湯放桀, 武王伐紂, 有諸." 孟子對曰, "於傳有之." 曰, "臣弑其君可乎." 曰, "賊仁者謂之賊, 賊義者謂之殘. 殘賊之人謂之一夫. 聞誅一夫紂矣, 未聞弑君也."

제선왕이 맹자에게 물었다.

"당(湯)은 걸(桀)을 내쫓고 주무왕은 주(紂)를 정벌했다고 하는데 과연 그런 사실이 있었소."

"전해오는 말에 그런 말이 있습니다."

제선왕이 다시 물었다.

"신하가 시군(弑君 : 군주를 시해함)하는 것이 가하오."

맹자가 대답했다.

"인(仁)을 해치는 자를 '적(賊)', 의(義)를 해치는 자를 '잔(殘)'이라고 합니다. '잔적지인(殘賊之人)'은 '일부(一夫 : 일개 사내)'라고 합니다. 저는 '일부'를 주벌(誅罰)했다는 얘기는 들었어도 '시군' 했다는 얘기는 듣지 못했습니다."

이 장에서 바로 폭군은 일개 사내에 불과한 까닭에 가히 주벌할 수 있다는 맹자의 '일부가주론一夫可誅論'이 나오게 되었다. 이를 두고 주희는 풀이하기를, "'일부'란 백성이 배반하고 친척들이 이반해서 다시는 군주로 여기지 않음을 말한다. 『서경』[태서]에서 '독부獨夫 주紂'라고 했다. 사해四海가 돌아오면 천자가 되고, 천하가 배반하면 '독부'가 되는 것이다. 깊이 제왕齊王을 깨우침으로써 후세에 경계를 남긴 것이다"라고 했다. '일부가주론'의 정곡을 찌른 해석이다. 맹자사상의 가장 과격하면서도 혁명적인 요소가 '일부가주론'의 논거가 된 이 대목에 있다고 해도 과언이 아니다.

2-9

孟子見齊宣王曰, "爲巨室, 則必使工師求大木, 工師得大木, 則王喜, 以爲能勝其任也. 匠人斲而小之, 則王怒, 以爲不勝其任矣. 夫人幼而學之, 壯而欲行之, 王曰, '姑舍女所學而從我.' 則何如. 今有璞玉於此, 雖萬鎰, 必使玉人彫琢之. 至於治國家, 則曰, '姑舍女所學而從我.' 則何以異於敎玉人彫琢玉哉."

맹자가 제선왕을 만나 이같이 말했다.

"대왕은 거실(巨室)을 짓고자 할 경우 반드시 공사(工師 : 도편수)를 시켜 대목(大木)을 구하게 할 것입니다. 공사가 대목을 구해오면 대왕은 기뻐하여 그가 소임(所任)을 다할 것으로 생각할 것입니다. 그러나 대목이 나무를 잘못 쪼아 작게 만들어 버리면 대왕은 화를 내며 그가 소임을 다하지 못할 것으로 생각할 것입니다. 만일 어떤 사람이 어릴 적부터 배운 것이 있어 성장한 후 이를 행하고자 할 때 대왕이 그에게 이르기를, '잠시 네가 배운 것을 버리고 나를 따르라' 고 하면 어찌되겠습니까. 지금 여기에 박옥(璞玉 : 옥 덩어리)이 있다면 비록 비용이 1만 일(萬鎰 : '1일' 은 24兩)이 들지라도 반드시 옥공(玉工)을 시켜 이를 다듬게 할 것입니다. 하물며 치국(治國)에 임해 치국의 이치를 어렸을 때부터 배운 사람에게 이르기를, '잠시 네가 배운 것을 버리고 나를 따르라' 고 한다면 옥공에게 옥의 조탁(彫琢)을 가르치려는 것과 무엇이 다르겠습니까."

마지막 대목의 '하이이어교옥인조탁옥재何以異於敎玉人彫琢玉哉' 구절을 두고 '어찌하여 옥공으로 하여금 옥을 조탁하게 하는 것과 다르게 하려는 것입니까' 로 해석하는 견해도 있으나 문맥상 부자연스럽다. 『율곡언해栗谷諺解』도 '옥공에게 옥의 조탁을 가르치려는 것과 무엇이 다르겠습니까' 라고 해석해 놓았다. 이 해석이 보다 자연스럽다. '만일萬鎰' 은 황금 1만 일의 값어치를 뜻한다. '1일鎰' 에 대해 조기趙岐와 주희 모두 '20량' 으로 보았으나 '24량' 이 정설이다.

2-10

齊人伐燕, 勝之. 宣王問曰, "或謂寡人勿取, 或謂寡人取之. 以萬乘之國, 伐萬乘之國, 5旬而擧之, 人力不至於此. 不取, 必有天殃. 取之何如." 孟子對曰, "取之而燕民悅, 則取之, 古之人有行之者, 武王是也. 取之而燕民不悅, 則勿取. 古之人有行之者, 文王是也. 以萬乘之國, 伐萬乘之國, 簞食壺漿以迎王師, 豈有他哉. 避水火也. 如水益深, 如火益熱, 亦運(=轉)而已矣."

제나라가 연나라를 공격해 승리했다. 제선왕이 맹자에게 물었다.

"혹자는 과인에게 연나라를 취하지 말라 하고 혹자는 취하라고 권하고 있소. 만승지국(萬乘之國)인 우리 제나라가 같은 만승지국인 연나라를 치면서 겨우 50일 만에 해치울 수 있었던 것은 인력으로 된 것이 아닌 듯하오. 취하지 않는다면 반드시 천앙(天殃 : 하늘의 앙화)이 있을 것이오. 취하는 것이 어떻겠소."

맹자가 대답했다.

"취해서 연나라 백성들이 기뻐할 것 같으면 취하십시오. 옛 사람 중에도 그런 일을 행한 사람이 있었습니다. 주무왕이 바로 그분입니다. 취해서 연나라 백성이 기뻐하지 않을 것 같으면 취하지 마십시오. 옛 사람 중에 그런 일을 행한 사람이 있었습니다. 주문왕이 바로 그분입니다. 만승지국이 만승지국을 칠 때 그 나라 백성들이 단사호장(簞食壺漿 : 대그릇의 밥과 호리병의 국)으로 왕사(王師 : 만승지국의 군사)를 환영한 배경에 어찌 다른 이유가 있겠습니까. 이는 수화(水火)로 인한 고통을 피하기 위한 것입니다. 만일 물이 더욱 깊어지고 불이 더욱 뜨거워지면 백성들은 다른 나라로 옮겨갈 뿐입니다."

『사기』[연소공세가燕召公世家]에 따르면 연나라는 연왕 쾌噲가 정승인 자지子之에게 나라를 양보하자 크게 어지럽게 되었다. 이를 틈타 제나라가 공벌에 나서자 연나라 장병들은 싸울 생각도 하지 않은 채 성문을 닫지도 않았다. 이에 제나라가 한동안 연나라를 점령해 다스리게 되었다. 이와 관련해 『전국책』[연책燕策]에는 당시 맹자가 제선왕에게 "지금 연나라를 치면 주문왕이 숭崇을 치고 주무왕이 은주殷紂를 친 것과 같으니 이때를 놓쳐서는 안 됩니다"라며 연나라 공벌을 적극 권한 것으로 되어 있다. 왕도 실현에 대한 맹자의 강한 열망이 반영되어 있다는 점에서 볼 때 상당부분 역사적 사실을 반영한 것으로 짐작된다. 실제로 맹자는 왕도 실현을 위해서라면 비상수단을 강구하는 것도 마다하지 않았다. 그가 역성혁명易姓革命을 적극 옹호한 사실이 이를 뒷받침한다.

2-11

齊人伐燕, 取之. 諸侯將謀救燕. 宣王曰, "諸侯多謀伐寡人者, 何以待之." 孟子對曰, "臣聞70里爲政於天下者, 湯是也. 未聞以千里畏人者也. 『書』曰, '湯一征, 自葛始. 天下信之, 東面而征西夷怨, 南面而征北狄怨, 曰, 奚爲後我. 民望之, 若大旱之望雲霓也. 歸市者不止, 耕者不變, 誅其君而弔其民, 若時雨降. 民大悅.' 『書』曰, '徯我后, 后來其蘇.' 今燕虐其民, 王往而征之, 民以爲將拯己於水火之中也, 簞食壺漿以迎王師. 若殺其父兄, 係累其子弟, 毁其宗廟, 遷其重器, 如之何其可也. 天下固畏齊之强也. 今又倍地而不行仁政, 是動天下之兵也. 王速出令, 反其旄(=耄)倪, 止其重器, 謀於燕衆, 置君而後去之, 則猶可及止也."

제나라가 연나라를 정벌해 취하자 제후들이 연나라를 구하기 위해 모의했다. 제선왕이 맹자에게 물었다.

"제후들이 과인을 치려고 모의하고 있으니 어찌 대처하는 것이 좋겠소."

맹자가 대답했다.

"신은 사방 70리의 작은 영토로 천하를 다스렸다는 얘기를 들은 적이 있습니다. 탕왕이 바로 그렇습니다. 그러나 사방 천리나 되는 큰 영토로 남을 두려워했다는 얘기는 들어본 적이 없습니다. 『서경』[상서(商書)·중훼지고(仲虺之誥)]에 이르기를, '탕은 천하정벌에 나서면서 갈(葛)나라부터 시작했다. 천하가 모두 그를 믿은 까닭에 그가 동정(東征)하자 서이(西夷)가 원망하고, 남정(南征)하자 북적(北狄)이 원망했다. 이들은 어찌하여 우리나라 정벌을 뒤로 미루는 것인지 모르겠다며 원망했다. 사방의 백성들이 마치 대한(大旱 : 큰 가뭄)에 운예(雲霓 : 구름과 무지개)를 바라듯이 그를 바라보았다. 귀시자(歸市者 : 시장으로 가는 사람으로 곧 상인)는 발길을 멈추지 않고, 경자(耕者)는 변함없이 농사를 지었다. 폭군을 주벌하고 그 백성들을 위로하는 것이 마치 시우(時雨 : 때맞춰 내리는 비)가 내리는 것과 같아 그 백성들이 모두 크게 기뻐했다' 고 했습니다. 그래서 『서경』 [상서 · 중훼지고]에 이르기를, '아후(我后 : 우리 군주)가 오기를 기다리니 아후가 오면 우리는 살아날 것이다' 라고 했습니다. 지금 연나라가 그 백성들을 학대하자 대왕이 가서 이를 정벌했습니다. 그러자 연나라 백성들은 자신들을 수화(水火 : 塗炭)의 고통에서 건져줄 것으로 생각해 단사호장으로 왕사를 환영했습니다. 그런데 그 부형들을 죽이고, 그 자제들을 계루(係累 : 포박)하고, 그 종묘를 헐어버리고, 그 중기(重器 : 귀중한 보물)를 빼앗았으니 어찌 이런 일이 있을 수 있는 것입니까. 천하는 원래 제나라의 강성함을 두려워했습니다. 이제 또 영토를 2배로 늘리고도 인정(仁政)을 행하지 않고 있으니 이는 천하의 병마를 불러들이는 것입니다. 대왕은 속히 출령(出令 : 명을 내림)하여 연나라의 모예(旄倪 : 노인과 어린이, 여기의 '旄'는 80-90세의 노인을 뜻하는 '耄'와 통함)를 돌려보내고, 중기 반출을 멈추고, 연나라 백성들과 의논해 새 군주를 세워준 후 철수해야 합니다. 그리하면 오히려 전란이 일어나기 전에 제후 연합군의 기병(起兵)을 그치게 할 수 있을 것입니다."

두 번 인용된 『서경』 [상서 · 중훼지고]의 구절은 현존 『서경』의 구절과 약간 차이가 있다. 현존본에는 '탕일정湯一征 · 자갈시自葛始' 구절이 '갈백구향葛伯仇餉 · 초정자갈初征自葛'로 되어 있고, '혜아후徯我后'도 '혜여후徯予后'로 되어 있다. 그러나 내용상 별 차이가 없다. 이 장을 두고 남송대의 범조우范祖禹는 이같이 풀이했다.

"맹자는 제나라와 양나라 군주를 섬길 적에 도덕을 논하면 반드시 요 · 순을 칭하고, 정벌을 논하면 반드시 탕 · 무를 칭했다. 백성을 다스리면서 요 · 순을 본받지 않으면 이는 포학한 정사가 되고, 군대를 출동하면서 탕 · 무를 본받지 않으면 이는 난亂이 되는 것이다. 어찌 우리 군주는 불가능하다고 하여 자신이 배운 바를 버리고 군명을 그대로 좇을 수 있겠는가."

이 장에서 맹자는 비록 사후대책이기는 하나 나름대로 타당한 방안을 제시한 셈이다. 그러나 이 장과 앞장의 내용은 연나라 정벌을 적극적으로 권한 것으로 기술된 『전국책』의 내용과 배치된다. 어느 쪽이 역사적 사실에 가까운지 판단하기는 어려우나 『전국책』의 내용이 맞는다면 맹자는 앞뒤가 맞지 않는 행보를 했다는 지적을 면키 어렵다.

2-12

鄒與魯鬨. 穆公問曰, "吾有司死者33人, 而民莫之死也. 誅之, 則不可勝誅. 不誅, 則疾視其長上之死而不救, 如之何則可也." 孟子對曰, "凶年饑歲, 君之民老弱轉乎溝壑, 壯者散而之四方者, 幾千人矣. 而君之倉廩實, 府庫充, 有司莫以告, 是上慢而殘下也. 曾子曰, '戒之戒之. 出乎爾者, 反乎爾者也.' 夫民今而後得反之也. 君無尤焉. 君行仁政, 斯民親其上, 死其長矣."

추(鄒)나라가 노(魯)나라와 싸웠다. 추나라 목공(穆公)이 맹자에게 물었다.

"나의 유사(有司 : 지휘관을 지칭) 중 죽은 자가 33명이나 되지만 전쟁에 징집된 백성들은 그들을 위해 죽지 않았소. 그들을 주벌하고자 하나 모두 죽일 수도 없고, 주벌하지 않자니 윗사람이 죽는 것을 보고도 구하지 않은 점을 질시(疾視 : 괘씸하게 여김)치 않을 수 없소. 어찌하는 것이 좋겠소."

맹자가 대답했다.

"흉년으로 기근이 들었던 해에 군주의 백성들 중 굶어죽어 구학(溝壑)에 나뒹구는 노약자들과 사방으로 도주한 장정들의 수만도 거의 수천 명이나 되었습니다. 그러나 군주의 창름(倉廩)은 가득 차 있었고, 부고(府庫 : 재물창고) 또한 가득 차 있었습니다. 그런데도 유사들 중 한 사람도 이를 알리지 않았습니다. 이는 상만잔하(上慢殘下 : 윗사람이 태만해 아랫사람을 해침)에 해당합니다. 증자가 말하기를, '경계하고 경계하라. 너에게서 나간 것은 너에게 되돌아올 것이다'라고 했습니다. 이제 백성들은 관원들이 자신들을 긍휼히 여기지 않은 것을 되돌려 준 셈입니다. 그러니 군주는 그들을 탓하지 마십시오. 만일 군주가 인정을 행하면 백성들은 윗사람을 친애하게 되어 이내 그들을 위해 목숨을 바칠 것입니다."

'홍鬨'은 원래 시끄럽게 소리를 내지르며 싸우는 것을 의미한다. '불가승주不可勝誅'는 숫자가 너무 많아 모두 벨 수 없음을 말한다. '전호구학轉乎溝壑'의 '전轉'은 기아로 인해 전전輾轉하다가 죽는 것을 말한다. 맹자는 이 장에서 모든 책임을 백성에게 돌리고 있는 추나라 목공을 간접적으로 질타하고 있다.

2-13

滕文公問曰, "滕, 小國也, 閒於齊楚. 事齊乎, 事楚乎." 孟子對曰, "是謀, 非吾所能及也. 無已, 則有一焉. 鑿斯池也, 築斯城也, 與民守之, 效(=致)死而民弗去, 則是可爲也."

등문공(滕文公)이 맹자에게 물었다.

"등나라는 소국으로 제·초 사이에 끼어 있소. 제나라를 섬겨야 하오, 아니면 초나라를 섬겨야 하오."

맹자가 대답했다.

"그런 계책은 제가 언급할 수 있는 일이 아닙니다. 굳이 말해야 한다면 한 가지 방법이 있기는 합니다. 못을 파고 성을 쌓은 뒤 시덕양민(施德養民)하여 백성들과 함께 지키면서 효사(効死 : 목숨을 바침)로 백성들이 이반해 도망치지 않도록 만들 수 있다면 한번 해볼 만합니다."

주희는 '효사効死'의 '효効'를 '바치다'의 뜻으로 간주해 '효사'를 '치사致死'와 같은 뜻으로 풀이했다. 이 장에서 맹자는 무릇 군주는 마땅히 의를 지켜 백성을 사랑해야만 나라를 지킬 수 있음을 강조하고 있다. 맹자의 계책은 나름대로 타당한 것이기는 하나 약육강식 현상이 보편화된 당시의 상황에 비춰볼 때 그리 현실적인 것은 아니었다. 등나라와 같은 약소국의 경우는 뛰어난 외교술로 나라를 보전하는 방안이 보다 현실적이었다.

2-14

滕文公問曰, "齊人將築薛, 吾甚恐, 如之何則可." 孟子對曰, "昔者大王居邠(=豳), 狄人侵之. 去之岐山之下居焉. 非擇而取之, 不得已也. 苟爲善, 後世子孫必有王者矣. 君子創業垂統, 爲可繼也. 若夫成功, 則天也. 君如彼何哉. 彊爲善而已矣."

등문공이 물었다.

"제나라 사람들이 설(薛) 땅에 성을 쌓으려고 하여 내가 이를 심히 두려워하고 있소. 어찌하는 것이 좋겠소."

맹자가 대답했다.

"옛날 태왕은 빈(邠) 땅에 살던 중 북적이 침공하자 그곳을 떠나 기산(岐山) 아래로 옮겨가 살았습니다. 이는 택취(擇取)한 것이 아니라 부득이(不得已)했던 것입니다. 만일 군주가 선정(善政)을 베풀면 후손 중 반드시 왕자가 나타날 것입니다. 군자가 창업수통(創業垂統 : 대업을 이뤄 國統을 전함)하는 것은 이를 계속 이어나가기 위한 것입니다. 그러나 성공 여부는 하늘에 달려 있습니다. 군주가 강대국인 제나라의 사람들을 어찌할 수 있겠습니까. 단지 힘써 선정을 베푸는 것밖에 없습니다."

당시 설薛나라는 등滕나라와 가까웠다. 제나라가 마침 그 땅을 탈취해 성을 쌓자 등문공이 크게 두려워해 그 대책을 맹자에게 물은 것이다. 수통垂統의 '통統'은 본래 '본 가닥의 실'을 뜻하는 말로 여기서는 국통國統을 의미한다.

2-15

滕文公問曰, "滕, 小國也. 竭力以事大國, 則不得免焉, 如之何則可." 孟子對曰, "昔者大王居邠, 狄人侵之. 事之以皮幣, 不得免焉. 事之以犬馬, 不得免焉. 事之以珠玉, 不得免焉. 乃屬其耆老而告之曰, '狄人之所欲者, 吾土地也. 吾聞之也. 君子不以其所以養人者害人. 二三者何患乎無君. 我將去之.' 去邠, 踰梁山, 邑于岐山之下居焉. 邠人曰, '仁人也, 不可失也.' 從之者如歸市. 或曰, '世守也, 非身之所能爲也. 效死勿去.' 君聽擇於斯2者."

등문공이 물었다.

"등나라는 소국이오. 갈력(竭力 : 모든 노력을 다함)으로 대국을 섬겨도 우환에서 벗어날 수 없으니 어찌하면 좋겠소."

맹자가 대답했다.

"옛날 태왕(大王 : 古公亶父)이 빈 땅에 살 때 북적(北狄)이 침공했습니다. 피폐(皮幣 : 호표 및 사슴의 가죽과 비단)를 바쳐 그들을 섬겨도 우환에서 벗어날 수 없었고, 견마(犬馬)를 바치며 섬겨도 우환에서 벗어날 수 없었고, 주옥(珠玉)을 바쳐 섬겨도 우환에서 벗어날 수 없었습니다. 태왕이 기로(耆老 : 장로)들을 모아놓고 이르기를, '북적이 원하는 것은 우리들의 땅이오. 내가 듣건대 군자는 사람을 길러주는 수단인 땅으로 인해 사람을 해치지 않는다고 했소. 그대들에게 군주가 없은들 무슨 우환이 있겠소. 나는 백성들이 다치는 것을 원치 않소. 장차 이곳을 떠나고자 하오' 라고 했습니다. 이내 빈 땅을 떠난 뒤 양산(梁山)을 넘어 기산(岐山) 아래로 가 마을을 형성해 살았습니다. 그러자 빈 땅 사람들이 '인인(仁人)을 놓쳐서는 안 된다' 고 말하면서 다투어 그를 따랐습니다. 이를 두고 혹여 '대대로 지켜 오던 땅이니 나 한 사람의 생각대로 처리할 수 있는 일이 아니다. 효사(效死)할지라도 이 땅을 떠나서는 안 된다' 고 할 수도 있을 것입니다. 군주는 이 두 가지 중 하나를 택하십시오."

'촉기기로屬其耆老' 의 '촉屬' 은 '모으다' 의 뜻이다. '읍우기산지하邑于岐山之下' 의 '읍邑' 은 '마을을 형성하다' 는 뜻의 동사로 쓰인 것이다. '귀시歸市' 는 마치 시장에 가듯이 많은 사람이 먼저 하기를 다투는 것을 의미한다. 양자택일을 권하는 맹자의 제안을 두고 주희는 이같이 풀이했다.

"나라를 옮겨 보전을 도모하는 것은 권도權道이고, 정도를 지키면서 죽음을 기다리는 것은 의義이다. 자신을 헤아리고 능력을 헤아린 후 양자택일하여 대처하는 것이 가하다."

그러나 사실 당시의 상황에 비춰볼 때 맹자가 제시한 두 가지 방안은 비현실적이었다. 약육강식이 횡행하는 전국시대 말기의 상황에서 약소국 등나라의 운명은 마치 풍전등화와 같았다. 당시 등나라가 나라를 보전할 수 있을지 여부는 전적으로 대국의 동향에 달려 있었다. 마치 19세기 서구 제국주의자들의 침탈 앞에 속수무책으로 당할 수밖에 없었던 약소국들의 처지가 이와 유사했을 것이다. 당시 등나라로서는 철저히 약소국임을 자처해 진시황의 천하통일 이후에도 살아남은 위衛나라의 행보를 취하거나 주변 강국에 등나라가 일종의 완충국의 역할을 수행하고 있음을 각인시키는 수밖에 없었다. 그러나 등나라는 이런 방향으로 나아가지 않았다. 이후 등나라는 결국 이웃 대국인 제나라에 병탄되고 말았다.

2-16

魯平公將出, 嬖人臧倉者請曰, "他日君出, 則必命有司所之. 今乘輿已駕矣, 有司未知所之, 敢請." 公曰, "將見孟子." 曰, "何哉, 君所爲輕身以先於匹夫者. 以爲賢乎. 禮義由賢者出, 而孟子之後喪踰前喪. 君無見焉." 公曰, "諾." 樂正子入見, 曰, "君奚爲不見孟軻也." 曰, "或告寡人曰, '君子之後喪踰前喪.' 是以不往見也." 曰, "何哉, 君所謂踰者. 前以士, 後以大夫, 前以3鼎, 而後以5鼎與." 曰, "否, 謂棺槨衣衾之美也." 曰, "非所謂踰也, 貧富不同也." 樂正子見孟子, 曰, "克告於君, 君爲來見也. 嬖人有臧倉者沮君, 君是以不果來也." 曰, "行或使之, 止或尼(=止)之, 行止, 非人所能也. 吾之不遇魯侯, 天也. 臧氏之子, 焉能使予不遇哉."

노평공(魯平公)이 출행하려고 하자 폐인(嬖人 : 총신) 장창(臧倉)이 물었다.

"전에 군주는 밖에 나갈 때 반드시 유사에게 행선지를 일러주었습니다. 그런데 지금 이미 승여(乘輿 : 수레)가 출행 채비를 다 갖췄는데도 유사가 아직 군주의 행선지를 모르고 있습니다. 감히 청컨대 행선지를 알려주십시오."

"맹자를 만나려고 하오."

장창이 만류했다.

"무슨 이유로 그를 만나려는 것입니까. 군주가 몸을 가벼이 하여 필부를 찾아가고자 하는 것은 그가 현자라고 생각하기 때문입니까. 무릇 예의는 현자에게서 나오는 것입니다. 그러나 맹자는 자신의 모친상을 이전의 부친상보다 지나치게 성대히 치른 자입니다. 군주는 그를 찾아가 만날 필요가 없습니다."

"그리하겠소."

악정자(樂正子 : 맹자의 제자)가 이내 공궁으로 들어가 노평공에게 물었다.

"군주는 어찌하여 맹가(孟軻)를 만나지 않는 것입니까."

노평공이 대답했다.

"어떤 사람이 나에게 충고하기를, '맹자는 모친상을 이전의 부친상보다 지나치게 성대히 치렀다' 고 했소. 그래서 가서 만나보지 않은 것이오."

악정자가 물었다.

"군주가 '지나쳤다' 고 말한 것은 무엇을 말한 것입니까. 이전의 부친상에 사(士)의 예를 쓰고, 뒤의 모친상에 대부(大夫)의 예를 쓴 것을 말한 것입니까. 아니면 이전의 부친상에 3정(三鼎 : 제물의 규모로 선비는 3정을 사용)의 제물(祭物)을 쓰고, 뒤의 모친상에 5정(五鼎 : 천자는 9정, 제후는 7정, 대부는 5정을 사용)의 제물을 쓴 것을 말한 것입니까."

"아니오. 관곽(棺槨)과 의금(衣衾 : 壽衣로 군주는 수놓은 錦衾, 대부는 흰 縞衾, 선비는 검은 緇衾을 사용)을 말한 것이오."

악정자가 반박했다.

"그것은 '지나쳤다' 고 말할 것이 아닙니다. 단지 부친상과 모친상을 치를 때 빈부(貧富)의 차이가 있었기 때문입니다."

악정자가 맹자를 만나 이같이 고했다.

"저 극(克 : 악정자의 이름)이 군주에게 말해 이내 군주가 선생님을 찾아보도록 만들었습니다. 그러나 폐인 장창이 만류해 끝내 군주가 오지 못하고 말았습니다."

그러자 맹자가 이같이 말했다.

"군주가 출행코자 하는 것도 하늘이 시킨 것이고, 사람을 시켜 만류케 한 것도 하늘이 시킨 것이다. 행지(行止) 모두 사람이 능히 할 수 있는 것이 아니다. 내가 노나라 군주를 만나지 못하는 것도 하늘의 뜻이다. 어찌 장씨 자식 따위가 나와 군주가 만나는 것을 막을 수 있겠는가."

'지혹닐지止或尼之'의 '닐尼'은 '저군沮君'의 '저沮'와 마찬가지로 '그치게 하다'의 뜻이다. 이 구절을 두고 주희는 풀이하기를, '가게 되는 소이所以와 멈추게 되는 소이는 실로 천명에 달려 있는 것이다. 이 사람이 시킬 수 있는 것도 아니고 이 사람이 그치게 할 수 있는 것도 아니다. 그렇다면 맹자가 노나라 군주를 만나지 못하는 것이 어찌 장창이 능히 할 수 있는 것이겠는가. 이 장은 성현의 출처出處는 시운의 성쇠에 관계되니 바로 천명이 하는 것이고, 인력으로 미칠 수 있는 것이 아님을 말한 것이다'라고 했다. 맹자가 말한 취의에 부합한다.

제3절 [공손추(公孫丑) 상]편

3-1

公孫丑問曰, "夫子當路於齊, 管仲·晏子之功, 可復許(=期)乎." 孟子曰, "子誠齊人也, 知管仲晏子而已矣. 或問乎曾西曰, '吾子與子路孰賢.' 曾西蹴然曰, '吾先子之所畏也.' 曰, '然則吾子與管仲孰賢.' 曾西艴然不悅, 曰, '爾何曾(=則)比予於管仲. 管仲得君, 如彼其專也. 行乎國政, 如彼其久也. 功烈, 如彼其卑也. 爾何曾比予於是.'" 曰, "管仲, 曾西之所不爲也, 而子爲我願之乎." 曰, "管仲以其君霸, 晏子以其君顯. 管仲晏子猶不足爲與." 曰, "以齊王, 由(=猶)反手也." 曰, "若是, 則弟子之惑滋甚. 且以文王之德, 百年而後崩, 猶未洽於天下, 武王·周公繼之, 然後大行. 今言王若易然, 則文王不足法與." 曰, "文王何可當也. 由湯至於武丁, 賢聖之君六七作, 天下歸殷久矣, 久則難變也. 武丁朝諸侯有天下, 猶運之掌也. 紂之去武丁未久也, 其故家遺俗, 流風善政, 猶有存者. 又有微子·微仲·王子比干·箕子·膠鬲, 皆賢人也, 相與輔相之, 故久而後失之也. 尺地莫非其有也, 一民莫非其臣也. 然而文王猶方百里起, 是以難也. 齊人有言曰, '雖有智慧, 不如乘勢. 雖有鎡基, 不如待時.' 今時則易然也. 夏后·殷·周之盛, 地未有過千里者也, 而齊有其地矣, 鷄鳴狗吠相聞, 而達好四境, 而齊有其民矣. 地不改辟矣, 民不改聚矣. 行仁政而王, 莫之能禦也. 且王者之不作, 未有疏於此時者也, 民之憔悴於虐政, 未有甚於此時者也. 飢者易爲食, 渴者易爲飮. 孔子曰, '德之流行, 速於置郵而傳命.' 當今之時, 萬乘之國行仁政, 民之悅之,猶解倒懸也. 故事半古之人, 功必倍之, 惟此時爲然."

공손추(公孫丑 : 맹자의 제자)가 맹자에게 물었다.

"부자(夫子)는 제나라의 요로에 오르면 관중(管仲)과 안자(晏子 : 안영)의 공적을 다시 일으킬 수 있겠습니까."

맹자가 대답했다.

"그대는 실로 제나라 사람이다. 오직 관중과 안자만 알고 있으니. 예전에 어떤 사람이 증서(曾西 : 증자의 아들)에게 묻기를, '그대와 자로(子路) 중 누가 더 현명한가' 라고 하자 증서가 축연(蹵然 : 황송해함)히 대답하기를, '그분은 우리 선자(先子 : 선친)도 경외한 분이었소' 라고 했다. 그러자 그가 또 묻기를, '그렇다면 그대와 관중은 누가 더 현명한가' 라고 하자 증서가 불연(艴然 : 발끈함)히 불쾌한 표정으로 대답하기를, '그대는 어찌 나를 관중에 비교하는가. 관중은 군주를 섬기면서 저토록 군주의 신임을 독차지하고 국정을 전담하며 저토록 오래도록 재상의 자리에 있었지만 공적은 저토록 보잘 것이 없었다. 그대는 어찌하여 나를 관중에 비교하는 것인가' 라고 했다."

맹자가 또 말했다.

"이처럼 관중은 증서조차 비교되기를 원치 않은 인물인데 그대는 나보고 관중처럼 되라고 하는 것인가."

공손추가 반박했다.

"관중은 그 군주인 제환공을 패자로 만들었고, 안자는 그 군주인 제경공의 이름을 세상에 떨치게 만들었습니다. 그런데도 관중과 안자가 오히려 부족하다고 하는 것입니까."

맹자가 대답했다.

"제나라와 같이 큰 나라를 가지고 왕자를 만드는 것도 반수(反手 : 손바닥을 뒤집음)처럼 쉬운 일인데 하물며 패자를 만든 것이야 말할 게 있겠는가."

공손추가 다시 반박했다.

"그리하니 제자인 제가 더욱 갈피를 잡기 어렵습니다. 주문왕의 덕도 그가 1백 년밖에 살지 못해 천하에 두루 미치지 못했습니다. 주무왕과 주공이 그 뜻을 이어받아 힘써 실천한 후에야 비로소 널리 덕을 펼 수 있었습니다. 지금 왕자가 되는 것이 그토록 쉬운 것처럼 말하면 주문왕도 본받기에 부족하다는 것입니까."

맹자가 대답했다.

"주문왕을 어찌 제나라의 군주와 같이 논할 수 있겠는가. 탕왕부터 무정(武丁 : 은나라 20대 군주)에 이르기까지 성현(聖賢)한 군주 6-7명이 나타나 어진 정치를 했기에 천하인의 마음이 은나라로 돌아간 지 오래되었고, 오래되었기에 쉽게 바뀌지 않은 것이다. 그래서 무정이 제후들의 조례를 받고 천하를 다스린 것이 손바닥에 놓고 움직이는 것과 같이 쉬웠던 것이다. 주(紂)는 시간적으로 무정으로부터 멀리 떨어져 있지 않았다. 그러기에 고가(故家 : 舊臣의 집안)와 유속(遺俗 : 전해져 온 풍속), 유풍(流風 : 전해져 온 미풍), 선정(善政)이 아직 남아 있었다. 또한 미자(微子)와 미중(微仲), 왕자 비간(比干)과 기자(箕子), 교격(膠鬲)과 같은 이들이 있었으니 이들 모두 현인이었다. 그들이 서로 주를 보상(輔相 : 보필)했던 까닭에 주가 폭정을 했는데도 오랜 시간이 지난 뒤에야 천하를 잃어버린 것이다. 당시 척지(尺地 : 한치의 땅)도 주의 소유가 아닌 것이 없었고, 일민(一民 : 한 사람의 백성)도 주의 신하가 아닌 사람이 없었다. 당시 주문왕은 사방 1백 리의 땅만으로 왕도를 행하고자 했으므로 많은 어려움이 있었다. 제나라의 속담에 이르기를, '지혜가 있어도 승세(乘勢 : 시운을 탐)만 못하고, 자기(鎡基 : 호미로 곧 농기구)가 있어도 대시(待時 : 때를 기다림)만 못하다' 고 했다. 지금이 바로 왕도를 행할 때이다. 하 · 은 · 주가 가장 번성한 때에도 사방 1천 리가 넘는 나라가 없었다. 그러나 제나라는 그만큼 넓은 땅을 갖고 있다. 제나라는 현재 도성에서 사경

(四境)에 이르기까지 어디서든 계명구폐(鷄鳴狗吠 : 닭 우는 소리와 개 짓는 소리)를 들을 수 있을 정도로 많은 백성들이 살고 있다. 그러니 땅을 더 넓힐 필요도 없고, 백성을 더 모을 필요도 없다. 이제 인정(仁政)을 베풀고 왕도를 행하기만 하면 그 누구도 제나라 군주가 왕자가 되는 것을 막을 수 없다. 그러나 훌륭한 왕자가 나타나지 않은 지가 요즘처럼 오래된 적이 없고, 백성들이 학정(虐政)에 시달려 초췌(憔悴 : 기력을 잃음)해진 것이 요즘처럼 심한 적이 없었다. 기자(飢者 : 굶주린 자)는 무엇이나 먹고, 갈자(渴者 : 목마른 자)는 무엇이나 마시는 법이다. 공자가 이르기를, '덕의 유행(流行)은 치우전명(置郵傳命 : 파발마를 두어 명령을 전함)보다 빠르다' 고 했다. 지금과 같은 때에 만승지국인 제나라가 인정을 행하면 백성들은 도현(倒懸 : 거꾸로 매달림)에서 풀려난 것처럼 기뻐할 것이다. 그래서 일은 옛날 사람의 절반만 해도 그 공은 틀림없이 그 갑절이나 될 것이다. 지금이 바로 그러한 때이다."

주희는 증서曾西를 증자의 손자로 보았으나 이는 명백한 잘못이다. 증서가 증자를 두고 선자先子 : 선친로 칭한 사실이 이를 뒷받침하고 있다. 주희는 '백년이후붕百年而後崩' 을 두고 풀이하기를, "주문왕은 97세에 붕崩했다. 백 년이라고 말한 것은 완성된 수를 들어 말한 것이다"라고 했다. 주문왕이 97세에 '붕' 했다는 것을 고증할 길은 없으나 대략 타당한 풀이로 보인다. 일각에서 '기자이위식飢者易爲食 · 갈자이위음渴者易爲飮' 구절을 두고 '굶주린 자에게 밥 되기가 쉽고, 목마른 자에게 음료 되기가 쉽다' 고 해석하고 있으나 이는 문맥상 자연스럽지 못하다. 그보다는 '굶주린 자는 무엇이나 먹고, 목마른 자는 무엇이나 마시는 법이다' 로 풀이하는 것이 타당하다.

3-2

公孫丑問曰, “夫子加齊之卿相, 得行道焉, 雖由此霸王不異矣. 如此則動心否乎.” 孟子曰, “否. 我40不動心.” 曰, “若是, 則夫子過孟賁遠矣.” 曰, “是不難, 告子先我不動心.” 曰, “不動心有道乎.” 曰, “有. 北宮黝之養勇也. 不膚撓, 不目逃, 思以一豪挫於人, 若撻至於市朝. 不受於褐寬博, 亦不受於萬乘之君, 視刺萬乘之君, 若刺褐夫, 無嚴諸侯, 惡聲之, 必反之. 孟施舍之所養勇也, 曰, ‘視不勝猶勝也. 量敵而後進, 慮勝而後會, 是畏3軍者也. 舍豈能爲必勝哉. 能無懼而已矣.’ 孟施舍似曾子, 北宮黝似子夏. 夫2子之勇, 未知其孰賢, 然而孟施舍守約也. 昔者, 曾子謂子襄曰, ‘子好勇乎. 吾嘗聞大勇於夫子矣. 自反而不縮, 雖褐寬博, 吾不惴焉, 自反而縮, 雖千萬人, 吾往矣.’ 孟施舍之守氣, 又不如曾子之守約也.” 曰, “敢問夫子之不動心, 與告子之不動心, 可得聞與.” “告子曰, ‘不得於言, 勿求於心. 不得於心, 勿求於氣.’ 不得於心, 勿求於氣, 可. 不得於言, 勿求於心, 不可. 夫志, 氣之帥也, 體之充也. 夫志至焉, 氣次焉. 故曰, ‘持其志, 無暴其氣.’” “旣曰, ‘志至焉, 氣次焉.’ 故曰, ‘持其志, 無暴其氣者.’ 何也.” 曰, “志壹則動氣, 氣壹則動志也. 今夫蹶者趨者, 是氣也, 而反動其心.” “敢問夫子, 惡乎長.” 曰, “我知言, 我善養吾浩然之氣.” “敢問何謂浩然之氣.” 曰, “難言也. 其爲氣也, 至大至剛, 以直養而無害, 則塞于天地之間. 其爲氣也, 配義與道. 無是, 餒也. 是集義所生者, 非義襲而取之也. 行有不慊於心, 則餒矣. 我故曰, ‘告子未嘗知義.’ 以其外之也. 必有事焉而勿正, 心勿忘, 勿助長也. 無若宋人然. 宋人有閔其苗之不長而揠之者, 芒芒然歸, 謂其人曰, ‘今日病矣. 予助苗長矣.’ 其子趨而往視之, 苗則槁矣. 天下之不助苗長者寡矣. 以爲無益而舍之者, 不耘苗者也. 助之長者, 揠苗者也. 非徒無益, 而又害之.” “何謂知言.” 曰, “詖辭知其所蔽, 淫辭知其所陷, 邪辭知其所離, 遁辭知其所窮. 生於其心, 害於其政. 發於其政, 害於其事. 聖人復起, 必從吾言矣.” “宰我 · 子貢善爲說辭. 冉牛 · 閔子 · 顔淵善言德行. 孔子兼之, 曰, ‘我於辭命, 則不能也.’ 然則夫子旣聖矣乎.” 曰, “惡, 是何言也. 昔者, 子貢問於孔子曰, ‘夫子聖矣乎.’ 孔子曰, ‘聖則吾不能, 我學不厭而敎不倦也.’ 子貢曰, ‘學不厭, 智也. 敎不倦, 仁也. 仁且智, 夫子旣聖矣.’ 夫聖, 孔子不居. 是何言也.” “昔者, 竊聞之. 子夏 · 子游 · 子張, 皆有聖人之一體, 冉牛 · 閔子 · 顔淵, 則具體而微, 敢問所安.” 曰, “姑舍是.” 曰, “伯夷 · 伊尹何如.” 曰, “不同道. 非其君不事, 非其民不使, 治則進, 亂則退, 伯夷也. 何事非君, 何使非民, 治亦進, 亂亦進, 伊尹也. 可以仕則仕, 可以止則止, 可以久則久, 可以速則速, 孔子也. 皆古聖人也, 吾未能有行焉. 乃所願, 則學孔子也.” “伯夷 · 伊尹於孔子, 若是班乎.” 曰, “否. 自有生民而來, 未有孔子也.” 曰, “然則有同與.” 曰, “有. 得百里之地而君之, 皆能以朝諸侯有天下, 行一不義, 殺一不辜而得天下, 皆不爲也. 是則同.” 曰, “敢問其所以異.” 曰, “宰我 · 子貢 · 有若, 智足以知聖人, 汙不至阿其所好. 宰我曰, ‘以予觀於夫子, 賢於堯舜遠矣.’ 子貢曰, ‘見其禮而知其政, 聞其樂而知其德, 由百世之後, 等百世之王, 莫之能違也. 自生民而來, 未有夫子也.’ 有若曰, ‘豈惟民哉. 麒麟之於走獸, 鳳凰之於飛鳥, 泰山之於丘垤, 河海之於行潦, 類也. 聖人之於民, 亦類也. 出於其類, 拔乎其萃, 自生民以來, 未有盛於孔子也.”

공손추가 물었다.

“부자가 제나라의 경상(卿相)이 되어 그 뜻을 마음껏 펼칠 수 있다면 그로 인해 작게는 패업, 크게는 왕업을 이룰 게 틀림없습니다. 그런데 그런 지위에 있으면 부자의 마음이 다소 동요치 않겠습니까.”

맹자가 대답했다.

“그렇지 않을 것이다. 나는 40부터 부동심(不動心 : 마음의 동요가 없음)이 되었다.”

공손추가 말했다.

“그렇다면 부자는 맹분(孟賁)보다 더 용감한 셈입니다.”

“부동심은 그리 어려운 것이 아니다. 고자(告子)는 나보다 먼저 부동심이 되었다.”

공손추가 다시 물었다.

“부동심에 이르는 방법이 있습니까.”

맹자가 대답했다.

"있다. 북궁유(北宮黝 : 주희는 자객의 부류로 간주)의 양용(養勇 : 용기를 기름)은 특이했다. 그는 피부에 칼날이 꽂혀도 전혀 꿈쩍하지 않고 눈에 칼날이 들어와도 눈도 깜짝하지 않았다. 그러나 남에게서 터럭만한 모욕을 당해도 시조(市朝 : 저잣거리나 조정)에서 많은 사람들 앞에서 매를 맞는 것처럼 부끄럽게 생각했다. 그래서 갈관박(褐寬博 : '갈'은 毛布, '관박'은 헐렁하고 큰 옷으로 곧 누더기 의관을 걸친 천인을 지칭)은 물론 만승지군(萬乘之君 : 대국의 군주)으로부터도 모욕을 받지 않았다. 그의 용기는 거침이 없어 만승지군을 척살하는 것을 갈부(褐夫 : 누더기를 걸친 천인)를 척살하는 것처럼 생각했다. 그는 제후도 무서워하지 않았고, 자신에 대한 나쁜 소문을 들으면 반드시 보복했다. 맹시사(孟施舍 : 주희는 '맹'을 성, '시'를 뜻 없는 보조어, '사'를 이름으로 봄)의 양용도 매우 특이했다. 그는 말하기를, '승산이 없는 경우도 승리할 수 있다고 생각하면서 싸워야 한다. 적의 역량을 가늠해 본 뒤 자기만 못할 때 전진하고, 승산이 있을 때 비로소 싸우는 것은 3군(三軍 : 적의 대군을 지칭)을 두려워하는 자가 하는 짓이다. 나 사(舍 : 맹시사) 또한 어찌 전쟁에서 매번 이길 수 있겠는가. 단지 나는 그 어떤 적을 만나도 두려워하지 않을 뿐이다'라고 했다. 두 사람을 비교하면 맹시사는 증자, 북궁유는 자하를 닮은 데가 있다. 두 사람의 용기 중 어느 쪽이 나은지 모르겠으나 맹시사 쪽이 수약(守約 : 부동심을 지키는 요체의 견지를 의미)한 바가 있다. 옛날 증자가 제자인 자양(子襄)에게 이르기를, '그대는 용기를 좋아하는가. 나는 일찍이 부자(夫子 : 공자를 지칭)로부터 대용(大勇)에 관하여 들은 바가 있다. 자반불축(自反不縮 : 스스로를 돌이켜 보아 떳떳치 못함)하면 비록 갈관박(褐寬博)일지라도 내가 어찌 두려워하지 않을 수 있겠는가. 그러나 자반이축(自反而縮 : 스스로 돌이켜 보아 떳떳함)하면 비록 상대가 천만인(千萬人)일지라도 나는 용감하게 나아갈 것이다'라고 했다. 맹시사의 수기(守氣 : 두려워하지 않는 용기를 고수함)

는 증자의 수약(守約)만 못하다."

공손추가 물었다.

"감히 부자의 부동심은 고자의 부동심과 어떤 차이가 있는지 물어보고자 합니다. 들려줄 수 있겠습니까."

맹자가 대답했다.

"고자는 말하기를, '말에 의해 이해되지 않는 것을 마음에 의해 이해하려 하지 말고, 마음에 의해 이해되지 않는 것을 기(氣)에 의해 이해하려 하지 말라' 고 했다. 마음에 의해 이해되지 않는 것을 기에 의해 이해하려 들지 말라고 한 것은 그런대로 옳다. 그러나 말에 의해 이해되지 않는 것을 마음에 의해 이해하려 하지 말라는 말은 옳지 않다. 무릇 지(志 : 의지)는 기(氣)를 통수(統帥)하는 것이고, 기는 체(體 : 육체)를 채우고 있는 것이다. 무릇 지가 먼저 움직이면 기는 그것을 따라가기 마련이다. 그래서 말하기를, '지기지(持其志 : 뜻을 굳게 지님) · 무포기기(無暴其氣 : 그 기를 급하게 만들지 않음)' 라고 하는 것이다."

공손추가 다시 물었다.

"부자는 '지지언(志至焉 : 지가 먼저 움직임) · 기차언(氣次焉 : 기는 지를 따라감)' 을 말하면서 또 '지기지 · 무포기기' 를 언급했습니다. 이는 무슨 뜻입니까."

맹자가 대답했다.

"지(志)가 한 곳으로 집중되면 기도 움직이나 기가 한 곳으로 집중되면 지도 그 영향을 받아 움직이게 된다. 사람이 넘어지거나 달리는 것은 기의 작용이다. 그러나 동시에 그로 인해 마음도 움직이게 된다."

공손추가 물었다.

"감히 묻건대 부자는 어떤 점에서 뛰어납니까."

"나는 남의 말을 알고 또한 나의 호연지기(浩然之氣)를 기르는 데

능하다."

"감히 묻건대 무엇을 호연지기라 합니까."

맹자가 말했다.

"말로 하기가 어렵다. 그 기운은 지극히 크고 강해 바르게 길러 방해만 하지 않으면 천지 사이를 가득 메우게 된다. 또 그 기운은 의(義)와 도(道)를 짝으로 삼고 있어 만일 이것이 없으면 이내 위축되고 만다. 호연지기는 의가 쌓여 생겨나는 것으로 의가 기습적으로 호연지기를 만드는 것이 아니다. 행위가 의에 부합되지 않고 마음에 흡족치 않으면 호연지기는 이내 위축되고 만다. 그래서 내가 말하기를, '고자는 아직 의에 대해 모른다' 고 한 것이다. 이는 그가 의를 마음 밖의 것으로 여긴 데 따른 것이다. 호연지기를 기르기 위해 의를 행하야 하나 집착해서도 안 되고, 잊어서도 안 되고, 억지로 조장(助長)해서도 안 된다. 어리석은 송나라 사람의 조장행위를 본받아서는 안 되는 것이다. 송나라의 어떤 사람이 곡식의 싹이 자라지 않는다고 걱정한 나머지 이내 알묘(揠苗 : 싹을 잡아뽑아 위로 올려줌)했다. 그가 망연(芒然 : 피로함)히 집으로 돌아와서는 가족들에게 이르기를, '오늘은 참으로 힘들었다. 내가 싹이 자라나는 것을 도와주었다' 고 했다. 그의 아들이 달려가 보니 싹은 이미 시들어 있었다. 지금 천하에 곡식이 자라나는 것을 조장하지 않는 사람이 매우 드물다. 호연지기의 양기(養氣)를 무익하다고 생각해 내팽겨치는 것은 곧 김을 매지 않는 것과 같다. 그렇다고 이를 억지로 하는 것은 곧 싹을 조장하는 것과 같아 무익할 뿐만 아니라 해롭기조차 하다."

공손추가 또 물었다.

"남의 말을 안다는 것은 무슨 뜻입니까."

맹자가 대답했다.

"피언(詖言 : 편파적인 말)에서 상대에게 폐해를 끼치려는 의도를 알 수 있고, 음사(淫辭 : 과장된 말)에서 상대를 함정에 빠뜨리려는 의

도를 알 수 있고, 사사(邪辭 : 사특한 말)에서 그것이 도리에서 벗어나 있음을 알 수 있고, 둔사(遁辭 : 둘러대는 말)에서 그 말을 하는 사람이 궁지에 빠져 있음을 알 수 있다. 이런 마음이 위정자에게 생기면 정치에 해독을 끼치고, 정치에 끼친 해독은 나아가 국가대사까지 그르치게 만든다. 성인이 다시 살아날지라도 틀림없이 내 말에 동의할 것이다."

그러자 공손추가 이같이 물었다.

"공자의 제자들 중 재아(宰我)와 자공(子貢)은 말을 잘했고, 염우(冉牛) · 민자건(閔子騫) · 안연(顔淵)은 덕행에 뛰어났습니다. 공자는 이 두 가지를 겸하고도 겸양하기를, '나는 사명(辭命 : 應對辭令)에 능하지 못하다' 고 했습니다. 그렇다면 이 두 가지를 겸비한 부자는 이미 성인의 경지에 도달한 것입니까."

맹자가 크게 당황해하며 말했다.

"아니 그게 무슨 말인가. 옛날 자공이 공자에게 묻기를, '부자는 성인이십니까' 라고 하자 공자가 대답하기를, '성인은 내가 미칠 바가 아니다. 나는 단지 배우기를 싫증내지 않고 가르치기를 게을리 하지 않을 뿐이다' 라고 했다. 그러자 자공이 말하기를, '배우기를 싫어하지 않는 것은 지(智)이고, 가르치기를 게을리 하지 않는 것이 인(仁)입니다. 인과 지를 구비했으니 부자는 이미 성인이십니다' 라고 했다. 무릇 성인은 공자조차 자처하지 않았는데 그게 무슨 말인가."

공손추가 물었다.

"전에 제가 듣기로는 '자하(子夏) · 자유(者游) · 자장(子張)은 각기 공자의 일체(一體 : 여기서는 일부를 지칭)를 계승했고, 염우 · 민자건 · 안연은 공자의 구체(具體 : 전체를 지칭)를 계승하기는 했으나 그 정도가 미미했다' 고 했습니다. 감히 묻건대 부자는 어느 위치에 해당합니까."

"그 얘기는 그만 하기로 하자."

공손추가 다시 물었다.

"그러면 백이(伯夷)와 이윤(伊尹)은 어떻습니까."

맹자가 대답했다.

"두 사람은 처세의 방법이 달랐다. 자신이 생각하는 이상적인 군주가 아니면 섬기지 않고, 의로운 백성이 아니면 부리지 않고, 도가 행해지면 벼슬에 나아가고, 어지러우면 물러난 인물은 백이였다. 누구를 섬긴들 내 군주가 아니고, 누구를 부린들 내 백성이 아니고, 도가 행해져도 나아가고, 어지러워도 나아간 사람은 이윤이었다. 벼슬할 만하면 벼슬하고, 그만둘 만하면 그만두고, 오래 머물 만하면 오래 머물고, 빨리 떠날 만하면 빨리 떠난 사람은 공자였다. 이들 모두 옛날의 성인으로 나는 그 어느 분의 태도도 실행할 능력이 없다. 그러나 될 수 있으면 공자를 따라 배우고자 한다."

공손추가 물었다.

"그렇다면 백이와 이윤이 공자와 동등하다는 것입니까."

"아니다. 생민(生民 : 세상에 사람이 나타남) 이래 아직 공자와 같은 분은 없었다."

"그렇다면 어떤 공통점이 있다는 것입니까."

맹자가 대답했다.

"있다. 만일 그분들이 사방 1백 리의 땅이라도 얻어 군주 노릇을 했다면 능히 제후들의 조근(朝覲)을 받아 천하를 소유할 수 있었을 것이다. 그러나 설령 옳지 않은 일을 하나만 하고 무고한 사람을 한 명만 죽이면 곧바로 천하를 얻을 수 있다 할지라도 그분들은 결코 그런 일을 하지 않았을 것이다. 이 두 가지가 공통점이다."

공손추가 물었다.

"그렇다면 그분들의 차이점은 무엇입니까."

맹자가 대답했다.

"재아 · 자공 · 유약(有若)과 같은 이들은 그 지혜가 성인을 이해하기에 충분했다. 다소 부족한 점이 있는데도 불구하고 사사로이 좋아하는 인물이라고 해서 근거 없이 아첨하는 따위의 짓은 하지 않았다. 재아는 말하기를, '내가 부자를 관찰한 바로는 요순보다 더 현명하다' 고 했다. 자공은 말하기를, '한 나라의 예제를 보면 그 정치를 알 수 있고, 한 나라의 음악을 들으면 그 덕을 알 수 있다. 만일 이를 근거로 평가하면 설령 백세(百世) 뒤에 그 이전의 군주들을 평가할지라도 조금의 차이도 있을 수 없다. 이 기준으로 볼 때 생민 이래 부자와 같은 분은 없었다' 고 했다. 유약은 더 나아가 말하기를, '어떻게 사람의 경우에만 해당하겠는가. 주수(走獸 : 들짐승) 중의 기린과 비조(飛鳥 : 날짐승) 중의 봉황, 구질(丘垤 : 언덕) 중의 태산, 행료(行潦 : 고인 물) 중의 하해(河海) 등은 모두 속해 있는 무리와 같은 부류이기는 하다. 민인(民人) 중의 성인 역시 무리와 같은 부류이기는 하다. 그러나 이들은 동류(同類 : 같은 부류) 중 가장 출류(出類)하고, 총췌(叢萃 : 해당 무리의 집합) 중 가장 발췌(拔萃)한 존재들이다. 생민 이래 공자만큼 위대한 분은 존재한 적이 없었다' 고 했다."

부동심不動心을 기르는 방안으로 거론된 '무포기기無暴其氣' 의 '포暴' 를 두고 조기는 '난亂', 주희는 '상傷' 으로 해석했다. 이에 대해 다산은 '급急' 으로 해석했다. 이에 그는 '무포기기' 를 '기를 함부로 손상시켜서는 안 된다' 고 풀이한 주희와 달리 '기를 급하게 해서는 안 된다' 고 풀이했다. 문맥상 다산의 해석이 타당하다.

맹자의 유력한 논적이었던 고자에 대해서는 잘 알려진 바가 없다. 그의 이름이 불해不害였다고 하나 이 또한 확실치 않다. 『묵자』 [공맹公孟]편에는 그가 처음에 묵가의 세례를 받았으나 후에 비판적인 입장으로 선회한 것으로 되어 있다. 대략 그는 묵가는 물론 유가의 교설敎說까지 섭렵한 뒤 독자적인 입장에서 활약한 것으로 짐작된다. 그는 인성을 타고난 소박한 바탕으로 간주한 까닭에 맹자가 중시한 도덕을 후천적인 작위作爲에 의한 것으로 보았다. 이는 순자의 예치설禮治說과 맥을 같이 하는 것이다. 전국시대 말기 최고의 유가사상가로 불리는 순자 역시 고자와 마찬가지로 다양한 학파의 교설을 두루 섭렵한 뒤 맹자와는 전혀 다른 입장에서 유가사상에 대한 독자적인 해석을 시도했다. 순자는 이 과정에서 고자로부터 적잖은 영향을 받았을 것으로 보인다.

맹자는 이 장에서 자신의 독특한 개념인 '부동심不動心'을 강조하고 있다. 이는 대략 공자의 '불혹不惑'과 같다. 『예기』 [곡례曲禮 상]편에서는 10세를 유학幼學, 20세를 약관弱冠, 30세를 장유실壯有室, 40세를 강이사彊而仕로 표현한 바 있다. '강이사'는 체력이 강하여 막 벼슬길에 오르는 나이라는 뜻이다. 이 장의 핵심어는 '호연지기浩然之氣'이다. 맹자는 이 장에서 호연지기가 집의集義 : 의리의 축적를 통해 형성된다고 주장했다. 주희는 '집의'를 '적선積善'과 같은 뜻으로 풀이했다. 이에 대해 정이천은 호연지기를 일종의 공의公義로 풀이했다.

"하늘과 인간은 똑같아 다시 분별이 없다. 호연지기는 바로 나의 기이다. 이를 잘 기르고 해침이 없으면 천지에 충만하고, 한 번이라도 사의私意에 가리게 되면 축 꺼져 굶주려 부족함을 느끼게 될 것이다."

대략 맹자가 말한 취의에 부합한다. 백이伯夷와 이윤伊尹은 각각 은나라와 하나라 말기의 전설적인 인물이다. 백이는 고죽국孤竹國의 세자로 동생 숙제叔齊와 함께 나라를 양보하고 은나라 주

紂의 폭정을 피해 숨어 살다가 주문왕의 덕을 듣고 귀의했다. 그러나 주무왕이 은나라를 정벌하자 주나라를 떠나 수양산에 들어가 여생을 마쳤다. 이윤은 유신국有莘國의 처사로 탕왕湯王의 천거로 하나라 걸桀에게 나아갔으나 등용되지 못하자 다시 탕왕에게 돌아오기를 다섯 번이나 하다가 마침내 탕왕을 도와 하나라 정벌에 대공을 세웠다. 백이와 숙제, 이윤에 관한 일화는 이 장 이외에 [만장 하]편에도 나온다.

3-3

孟子曰, "以力假仁者覇, 覇必有大國. 以德行仁者王, 王不待大, 湯以70里, 文王以百里. 以力服人者, 非心服也, 力不贍也. 以德服人者, 中心悅而誠服也, 如70子之服孔子也. 『詩』云, '自西自東, 自南自北, 無思不服.' 此之謂也."

맹자가 말했다.

"이력가인(以力假仁 : 힘을 사용하면서 인을 행하는 것처럼 가장함)하는 자는 패자이다. 패자는 반드시 대국이어야 한다. 이덕행인(以德行仁 : 덕으로써 인을 행함)하는 자는 왕자이다. 왕자는 반드시 대국일 필요가 없다. 탕왕은 사방 70리의 땅으로 인을 행했고, 주문왕은 사방 1백 리의 땅으로 인을 행했다. 힘으로 사람을 복종시키면 사람들의 심복(心服 : 마음으로 복종함)을 얻을 수 없다. 그들은 단지 자신의 힘이 부족해 억지로 복종한 것일 뿐이다. 그러나 덕으로 사람을 복종시키면 내심 크게 기뻐하며 성복(誠服 : 진심으로 복종함)한다. 70명의 제자들이 공자에게 복종한 것이 그 좋은 예이다. 『시경』 [대아 · 문왕유성(文王有聲)]에 이르기를, '서쪽에서, 동쪽에서, 남쪽에서, 북쪽에서 복종치 않은 자가 없네' 라고 했다. 이는 그런 경우를 말한 것이다."

이 장에서는 맹자의 왕자王者와 패자覇者에 대한 준별峻別의식이 선명히 나타나고 있다. 맹자는 이 장에 나오는 '왕패준별법'에 의거해 춘추시대의 첫 패업을 이룬 제환공齊桓公과 그의 뒤를 이어 두 번째로 패업을 이룬 진문공晉文公을 일언지하에 폄하했다. 이들 모두 왕자의 기본요건인 '이덕행인以德行仁'을 행하지 않고 '이력가인以力假仁'을 행했다는 것이 그 이유였다. 맹자의 이상주의적인 성향이 여실히 드러난 대목이 아닐 수 없다.

3-4

孟子曰, "仁則榮, 不仁則辱. 今惡辱而居不仁, 是猶惡濕而居下也. 如惡之, 莫如貴德而尊士, 賢者在位, 能者在職. 國家閒暇, 及是時, 明其政刑, 雖大國, 必畏之矣. 『詩』云, '迨天之未陰雨, 徹彼桑土, 綢繆牖戶. 今此下民, 或敢侮予.' 孔子曰, '爲此詩者, 其知道乎. 能治其國家, 誰敢侮之.' 今國家閒暇, 及是時, 般樂怠敖. 是自求禍也. 禍福無不自己求之者. 『詩』云, '永言配命, 自求多福.' [太甲]曰, '天作孼, 猶可違. 自作孼, 不可活.' 此之謂也."

맹자가 말했다.

"인정을 행하면 영화롭고, 인정을 행하지 않으면 치욕을 당하게 된다. 수욕(受辱 : 치욕을 당함)을 싫어하면서도 인정을 행하지 않는 것은 마치 습한 곳을 싫어하면서도 물이 고이는 낮은 곳에 머무는 것과 같다. 만일 수욕을 싫어한다면 귀덕존사(貴德尊士 : 덕을 귀히 여기고 선비를 존중함)하여 현자(賢者)가 합당한 위치에 있고 능자(能者 : 재능 있는 사람)가 합당한 직책에 있도록 해야 한다. 그리하여 나라가 한가(閒暇 : 내우외환이 없음)하거든 그때에 이르러 그 정형(政刑 : 정사와 형벌)을 밝게 시행하면 비록 대국일지라도 반드시 그를 두려워할 것이다. 『시경』 [빈풍(豳風) · 치효(鴟鴞)]에 이르기를, '하늘이 음우(陰雨 : 흐리고 비가 내림)하지 않은 때에 태(迨 : '이르다'는 의미로 급시及時의 뜻임)하여 상두(桑土 : 뽕나무 뿌리)를 거두어다가 유호(牖戶 : 창문)를 주무(綢繆 : 칭칭 얽어맴)하면 지금 이 사람들이 감히 나를 업신여길 수 있겠는가'라고 했다. 공자가 말하기를, '이 시를 지은 사람은 도를 알 것이다. 능히 나라를 잘 다스릴 수 있다면 누가 감히 업신여기겠는가'라고 했다. 지금 나라가 한가하게 되자 이때에 이르러 거리낌 없이 즐기고 태만하고 오만한 짓을 하니 이는 스스로 화를 부르는 것이다. 화복(禍福)은 자기로부터 구하지 않는 것이 없는 법이다. 『시경』[대아·문왕]에 이르기를, '영언배명(永言配命 : 길이 천명을 좇음)·자구다복(自求多福 : 스스로 많은 복을 구함)'이라고 했다. 『서경』[상서·태갑(太甲)]에 이르기를, '천작얼(天作孽 : 하늘이 만든 재앙)은 오히려 피할 수 있으나 자작얼(自作孽 : 스스로 만든 재앙)은 피하여 살아날 길이 없다'고 했다. 이는 이런 경우를 말한 것이다."

[상서·태갑]편에서 인용된 '자작얼自作孽·불가활不可活' 구절은 현존본에는 '자작얼·불가환不可逭'으로 되어 있다. 주희는 '환逭'을 '완緩 : 늦추다'의 뜻으로 새겼다. 그러나 이는 원래의 뜻대로 '도주하다' 내지 '벗어나다'의 뜻으로 새기는 것이 보다 타당할 듯하다.

3-5

孟子曰, "尊賢使能, 俊傑在位, 則天下之士, 皆悅而願立於其朝矣. 市廛而不征, 法而不廛, 則天下之商, 皆悅而願藏於其市矣. 關譏而不征, 則天下之旅, 皆悅而願出於其路矣. 耕者助而不稅, 則天下之農, 皆悅而願耕於其野矣. 廛, 無夫里之布, 則天下之民, 皆悅而願爲之氓矣. 信能行此5者, 則鄰國之民, 仰之若父母矣. 率其子弟, 攻其父母, 自生民以來, 未有能濟者也. 如此, 則無敵於天下. 無敵於天下者, 天吏也. 然而不王者, 未之有也."

맹자가 말했다.

"현자를 높이고 능자를 기용해 준걸(俊傑)이 합당한 자리에 있게 되면 천하의 사인(士人)들이 모두 기뻐하며 그 조정에서 벼슬하고자 할 것이다. 시장에서 점포세만 받고 세금을 징수하지 않거나 법대로 처리하기만 하고 점포세를 받지 않으면 천하의 상인(商人)들이 모두 기뻐하여 그 시장에 재화를 쌓아두고자 할 것이다. 관문(關門)에 기찰(譏察 : 세밀히 살핌)하기만 하고 세금을 징수하지 않으면 천하의 여인(旅人)들이 모두 기뻐하며 그 도로로 다니고자 할 것이다. 경작하는 사람에게 조법(助法 : 정전제에 의한 수취방법)을 적용하고 따로 세금을 거두지 않으면 천하의 농인(農人)들이 모두 기뻐하며 그 전야에서 경작하고자 할 것이다. 거주지에 대해 부포(夫布 : 부역에 갈음한 稅布)와 이포(里布 : 桑麻의 경작에 갈음한 稅布)를 거두지 않으면 천하의 민인(民人)들은 모두 기뻐하며 그 나라의 맹(氓 : 외지에서 이주해 온 백성)이 되고자 할 것이다. 실로 이 5가지를 잘 시행하면 인국(鄰國)의 백성들이 그 군주를 마치 부모처럼 우러러 볼 것이다. 그 자제들을 거느리고 그 부모를 공격하는 것은 생민(生民 : 사람이 생겨남) 이래 성공한 적이 없다. 이같이 하면 천하에 대적할 사람이 없게 될 것이다. 천하에 대적할 자가 없는 자는 천리(天吏 : 천명을 행하는 관원)이다. 이같이 하고서도 왕자(王者) 노릇을 하지 못한 자는 일찍이 없었다."

천리天吏의 구체적인 내용과 관련해 대개 천명을 받들어 폭군을 방벌한 탕왕과 무왕 등을 지칭하는 것으로 새기고 있다. 이 장을 두고 주희는 풀이하기를, '군주가 능히 왕정을 행하면 오랑캐와 적이 부자 간이 되고, 왕정을 행하지 않으면 적자赤子 : 인민가 원수가 됨을 말한 것이다' 라고 했다. 맹자가 말한 취의에 부합하나 과연 난세에서도 왕도를 통해 이적까지 능히 굴복시킬 수 있을까. 맹학과 성리학의 통치이론 중 최대 맹점이 바로 여기에 있다.

3-6

孟子曰, "人皆有不忍人之心. 先王有不忍人之心, 斯有不忍人之政矣. 以不忍人之心, 行不忍人之政, 治天下可運於掌上. 所以謂人皆有不忍人之心者, 今人乍見孺子將入於井, 皆有怵惕惻隱之心, 非所以內(=納)交於孺子之父母也, 非所以要譽於鄉黨朋友也, 非惡其聲而然也. 由是觀之, 無惻隱之心, 非人也. 無羞惡之心, 非人也. 無辭讓之心, 非人也. 無是非之心, 非人也. 惻隱之心, 仁之端也. 羞惡之心, 義之端也. 辭讓之心, 禮之端也. 是非之心, 知(=智)之端也. 人之有是四端也, 猶其有四體也. 有是四端而自謂不能者, 自賊者也. 謂其君不能者, 賊其君者也. 凡有四端於我者, 知皆擴而充之矣, 若火之始然, 泉之始達. 苟能充之, 足以保四海. 苟不充之, 不足以事父母."

맹자가 말했다.

"사람은 모두 불인인지심(不忍人之心 : 사람을 차마 해치지 못하는 마음)을 가지고 있다. 선왕은 '불인인지심' 이 있었던 까닭에 불인인지정(不忍人之政 : 사람을 차마 해치지 못하는 정사)을 행한 것이다. '불인인지심' 으로 '불인인지정' 을 행하면 치천하(治天下 : 천하를 다스림)는 가히 장상(掌上 : 손바닥 위)에서 운용하는 것처럼 쉬울 것이다. 사람에게 모두 '불인인지심' 이 있다고 말하는 것은 다음과 같은 근거에서 나온 것이다. 만일 지금 사람들이 문득 유자(孺子 : 어린아이)가 장차 우물 속으로 들어가려는 것을 보게 된다면 틀림없이 깜짝 놀라며 측은지심(惻隱之心 : 가여워하는 마음)을 갖게 될 것이다. 이는 유자의 부모와 교분을 맺기 위해서도 아니고, 향당(鄕黨 : 비교적 큰 단위의 마을 사람)과 붕우(朋友)들로부터 칭찬을 듣기 위해서도 아니고, 비난을 듣기 싫어해서도 아니다. 이를 통해 볼 때 '측은지심' 이 없다면 사람이 아니고, 수오지심(羞惡之心 : 부끄러워하는 마음)이 없다면 사람이 아니고, 사양지심(辭讓之心 : 양보하는 마음)이 없다면 사람이 아니고, 시비지심(是非之心 : 옳고 그름을 가리는 마음)이 없다면 사람이 아니다. '측은지심' 은 인지단(仁之端 : 인이 발동되는 실마리)이고, '수오지심' 은 의지단(義之端)이고, '사양지심' 은 예지단(禮之端)이고, '시비지심' 은 지지단(知之端)이다. 사람이 사단(四端)을 갖고 있는 것은 마치 사체(四體 : 사지)를 갖고 있는 것과 같다. 이 '사단' 을 갖고 있는데도 스스로 인의예지(仁義禮智)를 행할 수 없다고 말하는 자는 스스로를 해치는 자이고, 자신의 군주는 '인의예지' 를 행할 수 없다고 말하는 자는 그 군주를 해치는 자이다. 무릇 나에게 갖춰져 있는 '사단' 을 확충(擴充 : 확대시켜 채움)할 줄 알면 마치 불이 타오르기 시작하고 샘물이 쏟아져 나오기 시작하는 것과 같다. 만일 능히 이를 확충할 줄 알면 족히 사해(四海 : 천하)를 보존할 수 있으나 만일 그러지 못하면 부모조차 섬길 수 없는 것이다."

본문에 나오는 '납교內交' 의 '납內' 은 '납納' 과 같은 뜻으로 '결結' 의 뜻이다. 이 장에 나오는 맹자의 사단四端은 인仁 · 의義 · 예禮 · 지智로 표현되는 소위 사덕四德의 단서를 말한다. 오덕五德 내지 오상五常으로 불리는 덕목 중 하나인 신信이 사덕에서 빠진 이유는 무엇일까. 이와 관련해 정이천은 이같이 풀이했다.

"사단에 신信을 말하지 않은 것은 이미 성심으로 사단을 하면 '신' 이 그 가운데 있기 때문이다."

주희도 '신'을 오행五行의 '토土'와 같은 것으로 간주해 유사하게 풀이했다. 그에 따르면 '신' 또한 마치 '토'가 수水·화火·금金·목木 등의 사행四行의 근원이 되면서도 일정한 위치와 명칭이 없는 것과 마찬가지로 사덕 속에 내재해 있다고 보았다. 주희는 이런 분석을 토대로 인·의·예·지의 '사덕'을 소위 '본연지성本然之性'으로 간주해 '본연지성'만이 진정한 '성'이라고 주장했다. 이는 그가 인·의·예·지를 생래적인 선험적 도덕원리로 간주한 데 따른 것이다. 그를 비롯한 성리학자들이 <인·의·예·지=본연지성=선善>을 주장한 것은 바로 이 때문이었다.

이는 맹자가 <사단四端=심心=선善>으로 파악한 것과 차이가 있다. 이와 관련해 다산은 『맹자요의』에서 주희는 맹자가 말한 '사단四端'의 '단端'을 잘못 해석해 놓았다고 지적했다. 주희는 '인·의·예·지'의 사덕四德을 본연지성本然之性으로 파악한 까닭에 '측은·수오·사양·시비'를 '인·의·예·지'의 '성性'이 밖으로 나타나는 단서端緖 : 실끝로 파악했다. 이에 대해 다산은 '측은지심·수오지심·사양지심·시비지심'이 근원이 되어 '인·의·예·지'의 사덕四德이 발현된다고 주장했다. 주희가 '단端'을 '단서'로 해석한 데 반해 다산은 '시초'로 본 것이다. 다산의 해석이 <사단四端=심心=선善>으로 간주한 맹자의 취의에 부합하는 것임은 말할 것도 없다.

주희의 해석에 대해 청대의 대진戴震도 강력한 이의를 제기한 바 있다. 그는 성리학자들과 정반대로 '기질지성'만이 참된 '성'이라고 주장했다. 이는 대진이 인仁을 '생생지덕生生之德 : 낳고 낳는 덕'으로 정의한 사실과 무관치 않다. '인'을 '생생지덕'으로 간주한 것은 곧 우주 자체를 기氣가 충만한 삶의 영역으로 간주한 데 따른 것이다. 그가 만물 중 가장 뛰어난 존재인 인간일지라도 다른 생물을 마음대로 대해서는 안 된다고 강조한 것도 바로 이 때문이다. '리理' 보다 '기' 를 중시한 대진의 기본입장이 약여하게 드러나는 대목이 아닐 수 없다.

그는 이런 입장에서 성리학자들의 '성즉리性卽理' 주장을 강력 비판하고 있다. '리' 와 '의' 도 '성' 에 포함되므로 '리즉성理卽性' 은 가능하나 '성' 을 '리' 에만 국한시킨 채 이목구비耳目口鼻가 성색미향聲色味香을 바라는 인욕人欲을 '성' 에서 제외한 '성즉리' 논리는 잘못이라는 것이다. 그는 곧 <성性 = 리理 : 인 · 의 · 예 · 지의 본연지성+기氣 : 인욕의 기질지성 = 선善> 으로 파악한 셈이다. 이는 맹자의 <사단四端 = 심心 = 선善> 주장과 맥을 같이 하는 것이다. 대진이 '기질지성' 을 참된 '성' 으로 간주한 이유가 바로 여기에 있다.

대진에 의하면 맹자는 '리' 와 '의' 만이 '성' 이 된다고 주장한 적이 없다. 당시 사람들이 '인욕' 만을 '성' 으로 알고 있었던 까닭에 '리' 와 '의' 도 '성' 이 된다는 것을 강조하기 위해 사단을 언급한 것이지 결코 인욕을 '성' 에서 배제한 적이 없다는 것이다. 그는 『맹자자의소증』에서 이같이 주장했다.

"성인은 욕구와 행위가 모두 '리' 를 얻도록 힘쓴다. 이에 군자 또한 사사로움이 없도록 할 뿐 욕구를 없애는 것을 귀하게 여기지 않는다. 군자는 기飢 · 한寒 · 수愁 · 원怨 · 음식飮食 · 남녀男女 · 상정常情 · 은곡지감隱曲之感 : 가여워하고 간절한 느낌을 반드시 없애려고 하지 않는다. 이욕지변理欲之辨 : '리' 와 '욕구' 의 구분이 군자를 완전한 행동을 하지 않는 사람으로 만들었으니 그 화禍가 매우 크다."

대진은 성리학자들 스스로 자신들의 말에 노자와 불가의 말이 섞여 있는 것을 알지 못하고 마치 공자와 맹자가 이런 얘기를 한 것으로 착각하고 있다고 질타했다. 그는 성리학이 인간의 자연스런 욕구를 '리'에 대칭되는 것으로 간주한 것 자체가 천하인을 기만한 것으로 본 것이다. '이욕지변'을 거부한 그가 '예'를 중시한 것은 필연지사였다. 그는 '예'를 천지의 조리에 근거해 성인이 제정한 만세의 법으로 정의했다. 이는 순자의 '예치禮治' 사상을 수용한 데 따른 것으로 짐작된다.

3-7

孟子曰, "矢人豈不仁於函人哉. 矢人唯恐不傷人, 函人唯恐傷人. 巫匠亦然. 故術不可不愼也. 孔子曰, '里仁爲美, 擇不處仁, 焉得智.' 夫仁, 天之尊爵也, 人之安宅也. 莫之禦而不仁, 是不智也. 不仁不智, 無禮無義, 人役也. 人役而恥爲役, 由弓人而恥爲弓, 矢人而恥爲矢也. 如恥之, 莫如爲仁. 仁者如射. 射者正己而後發, 發而不中, 不怨勝己者, 反求諸己而已矣."

맹자가 말했다.

"화살 만드는 사람이 어찌 갑옷 만드는 사람보다 어질지 못하겠는가. 그러나 화살 만드는 사람은 오직 사람을 해치지 못할까 걱정하고, 갑옷 만드는 사람은 오직 사람을 상하게 만들까 걱정한다. 무격(巫覡 : 무당)과 장인(匠人 : 여기서는 관을 짜는 목수)도 또한 그러하다. 그러기에 직업선택에 신중하지 않으면 안 되는 것이다. 공자가 말하기를, '마을의 풍속이 어진 것이 아름답다. 풍속이 어진 곳을 가려서 거처하지 않으면 어찌 지혜롭다고 하겠는가' 라고 했다. 무릇 인(仁)은 하늘이 내린 존작(尊爵 : 존귀한 벼슬)이고, 사람이 머무는 안택(安宅 : 편안한 집)이다. 누가 이를 막지도 않는데도 불인(不仁)한 것은 지혜롭지 못한 것이다. '불인부지(不仁不知)' 와 '무례무의(無禮無義)' 한 자는 남에게 부림을 당한다. 남에게 부림을 당하면서 이를 부끄럽게 여기는 것은 마치 활 만드는 사람이 활 만드는 것을 부끄러워하고, 화살 만드는 사람이 화살 만드는 것을 부끄러워하는 것과 같다. 만일 이를 부끄러워할 줄 안다면 그 어느 것도 인을 행하느니만 못하다. 인자(仁者)는 활쏘기 하는 사람과 같다. 활을 쏘는 자는 먼저 자신의 몸을 바르게 한 뒤 화살을 쏜다. 설령 명중시키지 않았을지라도 자신을 이긴 자를 원망치 않고 자신을 돌이켜 반성할 뿐이다."

맹자가 이 장에서 역설한 바와 같이 사단의 핵심은 인지단仁之端인 '측은지심惻隱之心' 이다. 남의 불행을 보고 자연스럽게 나타나는 이러한 '측은지심' 은 어떤 계산이나 심사숙고의 결과가 아니다. '측은지심' 의 발현은 즉각적이며 자연발생적이다. 어떠한 이해관계도 없이 순수하게 상대를 구출하는 행위가 전개되는 것이다. 그렇다면 '측은지심' 은 의무일까, 동정일까. 줄리앙은 이같이 풀이했다.

"자연발생적으로 나타나는 동정심이나 수치심과 같은 감정은 결국 도덕성의 출발점으로서 하나의 단서에 지나지 않는다. 만일 인간이 타인의 위험 앞에서 이런 급작스런 반응을 하지 않는다면 인간은 결코 도덕의식을 가질 수 없게 된다. 이 자연발생적인 반응이 바로 도덕의식의 징표로 우리에게 도덕심이 있다는 사실을 깨닫게 해준다. 맹자가 제시한 동정심과 수치심의 반응을 통해 우리의 도덕의식은 잠재적 수준에서 깨어나고, 우리는 그것의 함축된 의미를 즉시 감지할 수 있다."

줄리앙의 사단에 대한 평가가 간단치 않음을 짐작할 수 있다. 그의 이런 풀이는 맹자의 4단을 통해 줄곧 감성과 이성 사이에서 동요하며 제자리걸음을 하고 있는 서양철학의 위기를 구하고자 하는 의도에서 비롯된 것이다. 그러나 측은지심과 같이 도덕성을 자극하는 단서는 말 그대로 하나의 실마리에 지나지 않는다. 어디까지나 도덕성의 출발점에 불과한 셈이다. 그럼에도 줄리앙이 지적한 바와 같이 맹자가 말한 사단은 비록 마음 속에 존재하는 하나의 단서에 불과하기는 하나 칸트가 언명한 도덕률의 근원이 될 수 있다는 점에서 매우 시사하는 바가 크다. 동서의 도덕철학을 하나로 융합할 필요성이 점고하고 있는 현재 이에 대한 보다 진지한 검토가 절실히 요구되고 있다.

3-8

孟子曰, "子路, 人告之以有過則喜. 禹聞善言則拜. 大舜有大焉, 善與人同, 舍己從人, 樂取於人以爲善. 自耕稼陶漁, 以至爲帝, 無非取於人者. 取諸人以爲善, 是與人爲善者也. 故君子莫大乎與人爲善."

맹자가 말했다.

"자로(子路)는 사람들이 그에게 잘못이 있음을 말해주면 기뻐했다. 우(禹)는 선언(善言)을 들으면 절을 했다. 대순(大舜)은 이보다 더 위대하여 선한 일을 다른 사람들과 함께 했다. 자신의 사사로움을 버린 채 다른 사람을 따르고, 즐거운 마음으로 다른 사람에게서 좋은 점을 받아들여 선을 행했다. 스스로 경가도어(耕稼陶漁 : 밭 갈고 곡식을 심으며 그릇을 굽고 고기를 잡음)할 때부터 제위(帝位)에 오를 때까지 다른 사람에게서 좋은 점을 취하지 않은 적이 없었다. 다른 사람에게서 좋은 점을 받아들여 선을 행하는 것은 그 사람이 선을 행하도록 도와주는 것이다. 그래서 군자에게는 다른 사람이 선을 행하는 것을 도와주는 것보다 더 큰 일이 없는 것이다."

본문에 나오는 '우문선언즉배禹聞善言則拜'와 유사한 대목이 『서경』[우서虞書 · 대우모大禹謨]편에 나온다. 주희는 이 장을 두고 풀이하기를, '선현이 선을 좋아하는 정성은 애당초 피차의 간격이 없다. 그래서 남에게 있는 것을 자신에게 넉넉히 할 수 있고, 자신에게 있는 것을 남에게 넉넉히 미칠 수 있음을 언급한 것이다'라고 했다. 대략 맹자가 말한 취의에 부합한다.

3-9

孟子曰, "伯夷, 非其君不事, 非其友不友. 不立於惡人之朝, 不與惡人言. 立於惡人之朝, 與惡人言, 如以朝衣朝冠, 坐於塗炭. 推惡惡之心, 思與鄕人立, 其冠不正, 望望然去之, 若將浼(매)焉. 是故諸侯雖有善其辭命而至者, 不受也. 不受也者, 是亦不屑就已. 柳下惠不羞汙君, 不卑小官. 進不隱賢, 必以其道. 遺佚而不怨, 阨窮而不憫. 故曰, '爾爲爾, 我爲我, 雖袒裼裸裎於我側, 爾焉能浼我哉.' 故由由然與之偕而不自失焉, 援而止之而止. 援而止之而止者, 是亦不屑去已." 孟子曰, "伯夷隘, 柳下惠不恭. 隘與不恭, 君子不由也."

맹자가 말했다.

"백이(伯夷)는 섬길 만한 군주가 아니면 섬기지 않고, 벗할 만한 사람이 아니면 벗하지 않았다. 또 악인의 조정에서 벼슬하지 않고, 악인과 더불어 말도 나누지 않았다. 악인의 조정에서 벼슬을 하고 악인과 더불어 말을 나누는 것을 마치 조의조관(朝衣朝冠 : 조례용 예복과 예관)을 착용한 채 도탄(塗炭 : 진흙탕과 숯 구덩이)에 앉아 있는 것처럼 여겼다. 그는 이처럼 오악지심(惡惡之心 : 악인을 미워하는 마음)을 미루어 생각하기를, 향인(鄕人)과 더불어 서 있을 때에 그 관이 바르지 못하면 망망연(望望然 : 뒤돌아보지 않고 앞으로 나아감)히 떠나가며 마치 자신이 더럽혀질 듯이 여겼다. 그래서 제후들이 비록 그 사명(辭命 : 초빙하는 글)을 잘하여 사람을 보낼지라도 이를 받아들이지 않았다. 그가 제후들의 초청을 받아들이지 않은 것은 제후들에게 나아가는 것을 불설(不屑 : 달갑게 여기지 않음)했기 때문이다.

유하혜(柳下惠)는 오군(汙君 : 더러운 군주)을 섬기는 것을 부끄럽게 여기지 않았고, 맡은 관직이 소관(小官 : 낮은 벼슬)일지라도 하찮게 여기지 않았다. 관직에 나아가서는 자신의 현능(賢能)을 숨기지 않은 채 반드시 자신의 도에 따라 일을 처리했다. 유일(遺佚 : 발탁되지 않음)될지라도 원망하지 않고, 액궁(阨窮 : 곤궁한 상황)에 처해도 근심하지 않았다. 그래서 그는 말하기를, '너는 너이고 나는 나이다. 네가 아무리 내 옆에서 단석나정(袒裼裸裎 : 옷을 벗고 알몸을 드러냄)하며 유혹한들 네 어찌 매아(浼我 : 나를 더럽힘)할 수 있겠는가' 라고 했다. 그래서 유유연(由由然 : 태연자약함)히 남들과 더불어 있으면서도 스스로를 잃어버리지 않았고, 남이 잡아당기며 만류하면 머물렀다. 남이 잡아당기며 만류하면 머문 것은 떠나가는 것을 불설(不屑)했기 때문이다."

맹자가 말했다.

"백이는 마음이 협애(狹隘)하고, 유하혜는 불공(不恭 : 공경스럽지 못함)했다. 협애와 불공은 군자가 따르지 않는 것이다."

유하혜柳下惠는 노나라 대부 전금展禽이다. 그는 주로 유하柳下에 거주한 데다 시호가 혜惠인 까닭에 흔히 이같이 불리게 된 것이다. 『맹자』는 말할 것도 없고 『논어』와 『장자』 등 많은 고전에 그에 관한 많은 설화가 실려 있는 데서 알 수 있듯이 그는 춘추시대 말기의 현대부였다. 주희는 유하혜가 자신의 현명함을 감추지 않은 이유를 도를 굽히지 않은 데서 찾았다. 유하혜가 불공不恭한 이유를 나름대로 정확히 통찰한 셈이다.

제4절 [공손추(公孫丑) 하]편

4-1

孟子曰, "天時不如地利, 地利不如人和. 3里之城, 7里之郭, 環而攻之而不勝. 夫環而攻之, 必有得天時者矣. 然而不勝者, 是天時不如地利也. 城非不高也, 池非不深也, 兵革非不堅利也, 米粟非不多也, 委而去之, 是地利不如人和也. 故曰, '域民不以封疆之界, 固國不以産谿之險, 威天下不以兵革之利. 得道者多助, 失道者寡助. 寡助之至, 親戚畔之. 多助之至, 天下順之. 以天下之所順, 攻親戚之所畔, 故君子有不戰, 戰必勝矣."

맹자가 말했다.

"천시(天時 : 干支의 길흉이나 기후조건 등을 지칭)는 지리(地利 : 지형의 險固 등을 지칭)만 못하고, 지리는 인화(人和 : 인민들의 화합)만 못하다. 내성(內城)의 둘레가 3리(里), 곽(郭 : 外城)의 둘레가 7리인 작은 성을 환공(環攻 : 포위공격)할지라도 이기지 못하는 경우가 있다. 대개 환공할 때에는 반드시 천시를 얻었을 것이다. 그럼에도 이기지 못한 것은 천시가 지리만 못하기 때문이다. 성이 높지 않은 것도 아니고, 해자가 깊지 않은 것도 아니고, 병혁(兵革 : 병기와 갑옷)이 견리(堅利 : 견고하고 예리함)하지 않은 것도 아니고, 미속(米粟 : 군량)이 많지 않은 것도 아닌데 성을 포기하고 도주하는 경우가 있다.

이는 지리가 인화만 못하기 때문이다. 그래서 이르기를, '역민(域民 : 백성을 영토에 안치함)하면서 봉강(封疆 : 봉토)의 경계에 기대지 않고, 고국(固國 : 나라를 방위함)하면서 산계(山谿 : 산과 계곡)의 험고(險固)에 기대지 않고, 위천하(威天下 : 천하에 위엄을 떨침)하면서 병혁의 견리(堅利)에 기대지 않는다' 고 한 것이다. 득도자(得道者 : 덕정의 이치를 얻은 자)는 도와주는 자가 많고, 실도자(失道者)는 도와주는 자가 적은 법이다. 도와주는 자가 적게 되어 극한에 이르면 친척조차도 배반하게 되고, 도와주는 자가 많게 되어 극한에 이르면 천하인이 따르게 된다. 천하인이 따르는 것으로 친척조차 배반하는 것을 공격하는 까닭에 군자는 부전(不戰)을 내세우지만 일단 싸우게 되면 반드시 승리를 거두는 것이다."

주희는 천시 · 지리 · 인화를 두고 풀이하기를, '천시는 시일의 간지干支에 대한 고허孤虛 : 기운이 약하고 다른 기운의 도움이 없음와 왕상王相 : 기운이 왕성하고 다른 기운의 도움을 받음 등을 말하고, 지리는 지형의 험조險阻와 성지城池의 견고함을 말하고, 인화는 인심의 화협和協을 얻는 것을 말한다' 고 했다. 역민域民의 '역域' 을 두고 주희는 한계限界로 풀이했으나 '일정한 영토에 안치하다' 로 풀이하는 것이 문맥상 자연스럽다.

4-2

孟子將朝王, 王使人來曰, "寡人如就見者也, 有寒疾, 不可以風. 朝將視朝, 不識可使寡人得見乎." 對曰, "不幸而有疾, 不能造朝." 明日, 出弔於東郭氏. 公孫丑曰, "昔者, 辭以病, 今日弔, 或者不可乎." 曰, "昔者疾, 今日愈, 如之何不弔." 王使人問疾, 醫來. 孟仲子對曰, "昔者有王命, 有采薪之憂, 不能造朝. 今病少愈, 趨造於朝, 我不識能至否乎." 使數人要於路, 曰, “請必無歸而造於朝.” 不得已而之景丑氏宿焉. 景子曰, “內則父子, 外則君臣, 人之大倫也. 父子主恩, 君臣主敬. 丑見王之敬子也, 未見所以敬王也.” 曰, “惡, 是何言也. 齊人無以仁義與王言者, 豈以仁義爲不美也. 其心曰, ‘是何足與言仁義也’ 云爾, 則不敬莫大乎是. 我非堯舜之道, 不敢以陳於王前, 故齊人莫如我敬王也.” 景子曰, “否, 非此之謂也. 『禮』曰, ‘父召無諾, 君命召, 不俟駕.’ 固將朝也, 聞王命而遂不果, 宜與夫禮若不相似然.” 曰, “豈謂是與. 曾子曰, ‘晉楚之富, 不可及也. 彼以其富, 我以吾仁. 彼以其爵, 我以吾義, 吾何慊乎哉.’ 夫豈不義而曾子言之. 是或一道也. 天下有達尊3. 爵一, 齒一, 德一. 朝廷莫如爵, 鄕黨莫如齒, 輔世長民莫如德. 惡得有其一, 以慢其2哉. 故將大有爲之君, 必有所不召之臣, 欲有謀焉, 則取之. 其尊德樂道, 不如是不足與有爲也. 故湯之於伊尹, 學焉而後臣之, 故不勞而王. 桓公之於管仲, 學焉而後臣之, 故不勞而霸. 今天下地醜德齊, 莫能相尙, 無他, 好臣其所敎, 而不好臣其所受敎. 湯之於伊尹, 桓公之於管仲, 則不敢召. 管仲且猶不可召, 而況不爲管仲者乎.”

맹자가 장차 제선왕을 조현(朝見)하려고 하자 제선왕이 사람을 보내 이같이 전했다.

“과인이 응당 직접 나아가 보려고 했으나 한질(寒疾 : 감기)이 있어 바람을 쐬어서는 안 되오. 아침에 조회에서 볼 생각이나 과연 과인으로 하여금 선생을 볼 수 있게 해줄지 모르겠소.”

맹자가 회답했다.

“불행히도 저 또한 병이 있어 조조(造朝 : 조회에 나아감)할 수 없습니다.”

다음날 맹자가 동곽씨(東郭氏 : 제나라 대부 집안)에게 조문하려고 하자 제자 공손추(公孫丑)가 물었다.

“어제 병으로 사양했는데 오늘 조문하는 것은 불가하지 않겠습니까.”

맹자가 대답했다.

"어제 병이 오늘 나았으니 어찌 조문하지 못하겠는가."

제선왕이 사람을 시켜 문병하고 얼마 후 어의가 찾아왔다. 맹중자(孟仲子 : 맹자의 종형제)가 말했다.

"어제 왕명이 있었으나 채신지우(采薪之憂 : 병이 나 나무를 못한다는 뜻으로 일종의 謙辭임)로 인해 조조(造朝)치 못했습니다. 오늘은 병이 다소 나아 잰걸음으로 '조조' 했는데 저는 잘 모르겠지만 능히 도착했는지요."

그러고는 몇 사람으로 하여금 길목을 지키고 있다가 맹자에게 이같이 전하게 했다.

"제발 집으로 돌아오지 말고 속히 '조조' 토록 하십시오."

이에 맹자가 부득이 경추씨(景丑氏 : 제나라 대부) 집으로 가 유숙했다. 경자(景子 : 경추씨)가 물었다.

"안으로는 부자 간의 도리, 밖으로는 군신 간의 도리가 사람에게는 대륜(大倫)입니다. 부자 간은 은혜를 위주로 하고, 군신 간은 공경을 위주로 합니다. 저는 군왕이 선생을 공경하는 것은 보았어도 선생이 군왕을 공경하는 것은 보지 못했습니다."

맹자가 대답했다.

"오(惡 : 아니), 이게 무슨 말이오. 제나라 사람들 중에는 인의(仁義)를 가지고 군왕과 더불어 말한 사람이 한 사람도 없소. 그것이 어찌 인의가 불미(不美)하다고 생각해 그런 것이겠소. 그들은 내심 생각하기를, '어찌 족히 더불어 인의를 말할 수 있겠는가' 라고 했을 것이오. 불경(不敬)으로 치면 이보다 더한 것이 있겠소. 나는 요순(堯舜)의 도가 아니면 감히 군왕 앞에서 말하지 않소. 그래서 제나라 사람들 중에는 내가 군왕을 공경하는 것처럼 하는 사람이 없는 것이오."

경자가 반박했다.

"아닙니다. 그것을 가지고 말한 것이 아닙니다. 『예기』 [옥조(玉

藻)편에 이르기를, '부친이 부르면 무락(無諾 : 느리게 대답치 않음)하고, 군주가 명하면 불사가(不俟駕 : 수레가 준비되기를 기다리지 않음)해야 한다' 고 했습니다. 실로 조회에 나아가려 했다가 왕명을 듣고서는 도리어 조회에 나아가지 않는 것은 아무래도 예에 부합치 않는 듯합니다."

맹자가 대답했다.

"그게 무슨 말이오. 증자가 말하기를, '진(晉) · 초(楚)의 부유함은 내가 미치지 못한다. 그러나 저들이 부유함으로 대하면 나는 인(仁)으로 대하고, 저들이 관작을 가지고 대하면 나는 의(義)를 가지고 대할 것이다. 그러니 내 어찌 부족할 게 있겠는가' 라고 했소. 증자가 어찌 불의(不義)를 얘기했겠소. 이것도 혹 하나의 방법일 것이오. 천하에 달존(達尊 : 공통적으로 존귀한 것)이 3가지 있소. 관작(官爵)이 그 하나이고, 연치(年齒)가 그 하나이고, 덕행(德行)이 그 하나이오. 조정에서는 관작만한 것이 없고, 향당에는 연치만한 것이 없고, 세상을 돕고 백성을 이끄는 데는 덕행만한 것이 없소. 어찌 그 하나만 가진 자가 나머지 둘을 가진 사람을 소홀이 대할 수 있겠소. 그래서 장차 크게 일을 하고자 하는 군주는 반드시 함부로 부를 수 없는 신하가 있는 법이오. 군주가 큰일을 도모할 때는 자신이 직접 그에게 가야 하오. 군주가 존덕낙도(尊德樂道 : 덕을 높이고 도를 즐거워함)하는 것이 이와 같지 않으면 더불어 일하기에 부족한 것이오. 그래서 탕(湯)은 이윤(伊尹)에게 배운 뒤에 그를 신하로 삼았기에 수고롭지 않고 왕자(王者)가 되고, 제환공(齊桓公)은 관중(管仲)에게 배운 뒤에 그를 신하로 삼았기에 수고롭지 않고 패자(霸者)가 된 것이오. 지금 천하의 제후들은 지추덕제(地醜德齊 : 영토가 비슷하고 덕행도 비슷하다는 뜻으로 '醜' 는 동일의 의미임)하여 상호 간에 걸출한 자가 없는 상황이오. 이는 다름 아니라 자신이 가르칠 만한 사람을 신하로 삼기만 좋아하고 자신이 가르침을 받을 만한 사람을 신하로 삼는 것을 좋아하지 않기 때문이오. 제환공은 이윤과 관중에게 감히 함부로 오라고 부르지 않았소. 관중도 오히려 함부로 부를 수 없었거늘 하물며 관중 정도의 사람이 되기를 원치 않는 나 같은 사람이야 더 이상 말할 것이 있겠소."

'과인여취견寡人如就見'의 '여如'를 '약若 : 같음'으로 새기는 견해도 있으나 문맥상 자연스럽지 못하다. '여'에는 '의宜'와 '상常'의 뜻도 있는 만큼 '응당'으로 풀이하는 것이 좋을 듯하다. 맹자가 동곽씨에게 조문을 가고자 한 것은 자신이 조회하지 않은 이유가 신병 때문이 아니라 빈사賓師인 자신을 함부로 부른 것에 대한 항의의 뜻을 표하기 위한 것이었다. 이는 『논어』 [양화]편에서 공자가 비파를 타면서 신병을 핑계로 자신을 찾아온 유비孺悲의 면회요청을 거절한 취지와 동일하다. 주희도 이같이 새겼다.

본문에 인용된 『예기』 [옥조玉藻]편의 구절은 현존하는 내용과 약간 다르다. 현존본에는 '군주가 부르면 관청에 있을 때에는 불사구不俟屨 : 신발을 바로 신기를 기다리지 않음하고, 밖에 있을 때에는 불사거不俟車 : 수레에 멍에하기를 기다리지 않음한다'로 되어 있다. 그러나 그 내용은 대동소이하다.

4-3

陳臻問曰, "前日於齊, 王餽兼金一百而不受. 於宋, 餽70鎰而受. 於薛, 餽50鎰而受. 前日之不受是, 則今日之受非也. 今日之受是, 則前日之不受非也. 夫子必居一於此矣." 孟子曰, "皆是也. 當在宋也, 予將有遠行. 行者必以贐. 辭曰'餽贐', 予何爲不受. 當在薛也, 予有戒心.

辭曰, '聞戒, 故爲兵餽之.' 予何爲不受. 若於齊, 則未有處也. 無處而餽之, 是貨之也. 焉有君子而可以貨取乎."

진진(陳臻 : 맹자의 제자)이 맹자에게 물었다.

"지난날 제나라에 있을 때 제왕(齊王)이 겸금(兼金 : 품질이 좋아 값이 배나 되는 황금) 1백 일(鎰 : '1일' 은 24兩)을 주었으나 이를 받지 않았습니다. 그러나 최근 송나라에서 70일을 선물로 보내자 받고, 설(薛)나라에서 50일을 주자 받았습니다. 지난날 받지 않은 것이 옳다면 최근에 받은 것은 잘못이고, 최근에 받은 것이 옳다면 지난날 받지 않은 것은 잘못일 것입니다. 부자(夫子)는 틀림없이 이 중 한 가지 잘못을 범한 셈입니다."

맹자가 대답했다.

"모두 옳다. 송나라에 있을 때에는 내가 장차 원행(遠行 : 먼 길을 떠남)하려던 참이었다. 원행하는 자에게는 반드시 신(贐 : 노자)을 주는 것이다. 말하기를 '궤신(餽贐 : 노자를 건넴)' 이라고 했는데 내 어찌 받지 않을 수 있었겠는가. 설나라에 있을 때에는 내가 계심(戒心 : 신변의 위험을 경계하는 마음)을 품고 있었다. 설군(薛君)이 말하기를, '신변의 위험을 경계하고 있다는 말을 듣고 경호할 사람을 구하는데 쓰도록 보낸다' 고 했는데 내 어찌 받지 않을 수 있었겠는가. 그러나 제나라에 있을 때에는 이런 사유가 없었다. 아무런 사유도 없이 준다면 이는 뇌물로 나를 매수하는 것이다. 어찌 군자로서 뇌물에 농락될 수 있겠는가."

마지막 대목에 나오는 '언유군자이가이화취호焉有君子而可以貨取乎' 를 두고 '어찌 군자로서 뇌물을 취할 수 있겠는가' 로 풀이하는 견해도 있으나 문맥상 자연스럽지 못하다. 주희는 이 구절에 나오는 '취取' 를 '치致 : 농락당함' 로 간주해 '어찌 군자로서 뇌물에 농락될 수 있겠는가'로 풀이했다. 이것이 문맥상 훨씬 자연스럽다.

4-4

孟子之平陸, 謂其大夫曰, "子之持戟之士, 一日而三失伍, 則去之否乎." 曰, "不待3." "然則子之失伍也, 亦多矣. 凶年饑歲, 子之民, 老羸轉於溝壑, 壯者散而之四方者, 幾千人矣." 曰, "此非距心之所得爲也." 曰, "今有受人之牛羊而爲之牧之者, 則必爲之求牧與芻矣. 求牧與芻而不得, 則反諸其人乎. 抑亦立而視其死與." 曰, "此則距心之罪也." 他日, 見於王曰, "王之爲都者, 臣知5人焉. 知其罪者, 惟孔距心." 爲王誦之. 王曰, "此則寡人之罪也."

맹자가 제나라 변경의 평륙(平陸)에 가서 그곳의 대부(大夫 : 평륙의 邑宰를 지칭)인 공거심(孔距心)에게 물었다.

"만일 창을 든 그대의 병사가 하루에 세 번씩이나 대오를 이탈한다면 그를 버리겠소, 아니면 그대로 두겠소."

공거심이 대답했다.

"세 번까지 기다리지 않을 것입니다."

맹자가 다시 물었다.

"그렇다면 그대 또한 대오를 이탈하는 적이 많은 셈이 되오. 흉년으로 기근이 든 해에 당신의 백성들 중 노리(老羸 : 노약자)로서 아사하여 구학(溝壑 : 도랑)에 나뒹굴고 장자(壯者 : 장정)로서 산지사방(散之四方 : 사방으로 흩어짐)한 자를 합치면 모두 기천인(幾千人)이나 되오."

공거심이 변명했다.

"그것은 제 능력으로 어찌할 수 있는 일이 아니었습니다."

맹자가 재차 물었다.

"만일 남의 소와 양을 받아다가 사육해 주기로 한 자가 있다면 그 사람은 반드시 소와 양을 사육키 위해 목장과 꼴을 구해야 할 것이오. 그러나 만일 목장과 꼴을 구하다가 얻지 못하면 그 주인에게 되돌려 주어야 하겠소, 아니면 멀뚱히 서서 그 죽어가는 것을 보아야만 하겠소."

그러자 공거심이 자신의 잘못을 인정했다.

"이는 저 거심(距心)의 죄입니다."

다른 날에 맹자가 제선왕을 만나 이같이 말했다.

"군왕의 위도자(爲都者 : 도성을 다스리는 자) 중에 5명을 알고 있습니다. 그들 중 자신의 죄를 알고 있는 사람은 오직 공거심 한 사람뿐이었습니다."

그러자 제선왕이 말했다.

"이는 과인의 죄요."

위도자爲都者는 도성을 다스리는 자로 여기의 '위도'는 '치도治都'와 같은 뜻이다. 읍 중에 선군의 사당이 있는 곳을 '도都'라고 한다. 이는 국도國都를 의미한다. 통상 상경上京과 같이 국도를 높여 부르는 까닭에 국도 이외의 나머지 읍은 스스로를 낮추기 위해 '하읍下邑'을 자칭했다.

4-5

孟子謂蚳鼃曰, "子之辭靈丘而請士師, 似也, 爲其可以言也. 今旣數月矣, 未可以言與." 蚳鼃諫於王而不用, 致爲臣而去. 齊人曰, "所以爲蚳鼃, 則善矣. 所以自爲, 則吾不知也." 公都子以告. 曰, "吾聞之也. 有官守者, 不得其職則去. 有言責者, 不得其言則去. 我無官守, 我無言責也, 則吾進退, 豈不綽綽然有餘裕哉."

맹자가 제나라 대부 지와(蚳鼃)에게 물었다.

"그대가 영구(靈丘) 땅의 읍재(邑宰 : 지방관)를 사양하고 사사(士師 : 사법관)가 되기를 청한 것이 합당해 보인 것은 군왕에게 간언을 할 수 있기 때문이오. 그런데 이제 수개월이 지났는데도 왜 아직까지 군왕에게 간하지 않은 것이오."

지와가 이 말을 듣고 제선왕에게 간했으나 받아들여지지 않았다. 이에 그는 관직을 내놓고 떠나버렸다. 그러자 제나라 사람들이 말했다.

"맹자가 지와를 위해 한 일은 좋다. 그러나 정작 그 자신을 위해서는 무엇을 어찌했는지 우리는 도무지 알 길이 없다."

맹자의 제자 공도자(公都子)가 이를 고하자 맹자가 이같이 말했다.

"내가 듣건대 '관수자(官守者 : 관직을 맡은 사람)는 그 직책을 수행할 수 없으면 떠나고, 언책자(言責者 : 간언의 책임을 맡은 사람)는 자신의 간언이 받아들여지지 않으면 떠난다' 고 했다. 나는 녹을 받는 '관수자' 나 '언책자' 가 아니다. 그러니 나의 진퇴가 어찌 작작연(綽綽然 : 너그러움)히 여유 있는 모습을 보이지 않을 수 있겠느냐."

맹자는 제나라에 있을 때 빈사賓師로 있으면서 녹을 받지 않았다. 주희는 맹자가 진퇴에 즈음에 이처럼 너그럽고 여유 있을 수 있었던 이유를 바로 여기서 찾았다. 타당한 분석이 아닐 수 없다. 맹자가 나름대로 진퇴가 분명했던 데에는 그의 신분이 상대적으로 자유로웠던 사실과 무관치 않았을 것이다.

4-6

孟子爲卿於齊, 出弔於滕, 王使蓋大夫王驩爲輔行. 王驩朝暮見, 反齊滕之路, 未嘗與之言行事也. 公孫丑曰, "齊卿之位, 不爲小矣. 齊滕之路, 不爲近矣, 反之而未嘗與言行事, 何也.” 曰, “夫旣或治之, 予何言哉.”

맹자가 제나라의 객경(客卿 : 외국 출신의 군주 자문역)으로 있을 때 등문공(滕文公)의 문상을 갔다. 이때 제선왕이 개(蓋) 땅의 대부 왕환(王驩)에게 명하여 맹자를 보행(輔行 : 副使로 수행함)하게 했다. 왕환이 조석으로 맹자를 만났으나 제(齊) · 등(滕)의 길을 왕복하는 동안 맹자는 왕환과 공무에 관한 얘기를 한마디도 나누지 않았다. 그러자 제자 공손추가 물었다.

“제경(齊卿 : 제나라의 경)의 지위가 작은 것도 아니고 제 · 등의 길이 가까운 것도 아닙니다. 그런데 왕복하는 동안 그와 공무에 관한 얘기를 한마디도 나누지 않았으니 그 까닭이 무엇입니까.”

맹자가 대답했다.

“이미 혹자(或者 : 왕환을 지칭)가 제멋대로 모두 처리했는데 내가 무슨 말을 하겠는가.”

주희는 왕환을 제경齊卿으로 표현한 점에 주목해 당시 왕환이 경卿을 대신해 보행輔行한 것으로 풀이했다. 전후 맥락에 비춰 타당한 분석으로 보인다.

4-7

孟子自齊葬於魯, 反於齊, 止於嬴. 充虞請曰, “前日, 不知虞之不肖, 使虞敦匠事. 嚴, 虞不敢請. 今願竊有請也. 木若以美然.” 曰, “古者, 棺槨無度, 中古, 棺7寸, 槨稱之. 自天子達於庶人, 非直爲觀美也, 然後盡而人心. 不得, 不可以爲悅. 無財, 不可以爲悅. 得之爲有財, 古之人皆用之, 吾何爲獨不然. 且比化者, 無使土親膚, 於人心獨無恔(=快)乎. 吾聞之也. 君子不以天下儉其親.”

맹자가 제나라에서 노나라로 가 모친의 장례를 치르고 제나라로 돌아오다가 영(嬴 : 제나라 남쪽에 있는 읍) 땅에서 유숙했다. 제자인 충우(充虞)가 물었다.

"저번에 저의 변변치 못함을 알지 못하고 저에게 관을 마련하는 일을 맡아보게 했습니다. 그때는 일이 급해 제가 감히 묻지 못했습니다. 이제야 적이 묻고자 합니다. 관목(棺木)이 너무 아름다운 듯합니다."

맹자가 대답했다.

"고자(古者 : 아주 먼 옛날)에는 관곽(棺槨 : 내관과 외관)에 정해진 규정이 없었다. 중고(中古 : 현재에 가까운 옛날로 주희는 주나라 초기로 간주)에 이르러 관은 7촌(寸)으로 하고, 곽은 그에 걸맞게 했다. 이 규정은 천자로부터 서인에 이르기까지 동일했다. 이는 단지 보기에 좋게 하려는 것이 아니라 이리한 연후에 비로소 마음을 극진히 할 수 있었기 때문이다. 법제로 인해 그리할 수 없어도 마음이 흡족할 수 없고, 재력이 없어 그리할 수 없어도 마음이 흡족할 수 없을 것이다. 그러나 법제로도 그리할 수 있고 재력으로도 그리할 수 있으면 옛 사람들은 모두 그리했다. 그러니 내가 어찌 홀로 그리하지 않겠는가. 또 돌아가신 부모를 위해 흙이 시신의 피부에 닿지 않게 한다면 자식된 자로서 그 마음이 어찌 쾌(快)하지 않겠는가. 내가 듣건대 '군자는 천하를 위해 그 부모에게 검박(儉薄 : 물건을 아껴 야박함)하게 대하지 않는다' 고 했다."

이 장은 맹자가 제나라에서 벼슬할 때 모친상을 당해 일단 노나라로 돌아가 장례를 치른 뒤 다시 제나라로 돌아올 때의 일화이다. 본문의 비화자比化者와 관련해 주희는 '비' 를 '위爲', '화' 를 '사자死者' 로 보아 '죽은 자를 위하는 것' 으로 풀이했다. 문맥상 타당하다.

4-8

沈同以其私問曰, "燕可伐與." 孟子曰, "可. 子噲不得與人燕, 子之不得受燕於子噲. 有仕於此而子悅之, 不告於王而私與之吾子之祿爵. 夫士也, 亦無王命而私受之於子, 則可乎. 何以異於是." 齊人伐燕. 或問曰, "勸齊伐燕, 有諸." 曰, "未也. 沈同問, '燕可伐與.' 吾應之曰, '可.' 彼然而伐之也. 彼如曰, '孰可以伐之.' 則將應之曰, '爲天吏, 則可以伐之.' 今有殺人者, 或問之曰, '人可殺與.' 則將應之曰, '可.' 彼如曰, '孰可以殺之.' 則將應之曰, '爲士師, 則可以殺之.' 今以燕伐燕, 何爲勸之哉."

제나라 대부 심동(沈同)이 사적으로 맹자에게 물었다.

"연나라를 쳐도 되겠습니까."

맹자가 대답했다.

"가하오. 연왕 자쾌(子噲)도 남에게 연나라를 줄 수 없고, 재상 자지(子之)도 연나라를 자쾌에게서 받을 수 없는 것이오. 만일 여기에 한 관리가 있는데 그대가 그를 좋아한다는 이유로 군왕에게 알리지 않고 사적으로 그대의 작록을 그에게 넘겨주고, 그 사람 역시 왕명도 없이 사적으로 그것을 받는다면 그 일이 과연 가한 일이겠소. 자쾌가 자지에게 사적으로 연나라를 넘겨준 것이 어찌 이와 다를 리 있겠소."

과연 제나라 군사가 연나라를 쳤다. 그러자 어떤 사람이 맹자에게 물었다.

"선생이 제나라에 연나라 공벌을 권했다고 하는데 그것이 사실입니까."

맹자가 대답했다.

"아니오. 심동이 묻기를, '연나라를 쳐도 되겠는가' 라고 하여 내가 대답하기를, '가하다' 고 한 것이오. 그가 만일 '누가 연나라를 쳐야 하겠는가' 라고 물었다면 나는 대답하기를, '천리(天吏)라면 칠 수 있을 것이다' 라고 했을 것이오. 지금 살인자가 있는데 어떤 사람이

'저 사람을 죽여도 되겠는가' 라고 묻는다면 나는 '가하다' 라고 대답할 것이오. 그러나 그 사람이 만일 묻기를, '누가 그를 죽일 수 있겠는가' 라고 한다면 나는 대답하기를, '사사(士師)라면 가히 죽일 수 있을 것이다' 라고 할 것이오. 지금의 경우는 연나라로 연나라를 치는 격인데 내가 무슨 이유로 이를 권할 리 있겠소."

『사기』 [맹자열전]은 본문의 내용과 달리 '맹자가 제나라에게 연나라 정벌을 권했다' 고 기록해 놓았다. 주희는 『사기』가 이 일화에 대한 전문傳聞을 수록하는 과정에서 오류를 범한 것으로 보았다. 맹자의 평소 행보 등을 고려할 때 대략 『사기』의 기록이 역사적 사실에 가까운 것으로 짐작된다.

4-9

燕人畔(=叛). 王曰, "吾甚慙於孟子." 陳賈曰, "王無患焉. 王自以爲與周公, 孰仁且智." 王曰, "惡, 是何言也." 曰, "周公使管叔監殷, 管叔以殷畔. 知而使之, 是不仁也. 不知而使之, 是不智也. 仁智, 周公未之盡也, 而況於王乎. 賈請見而解之." 見孟子問曰, "周公何人也." 曰, "古聖人也." 曰, "使管叔監殷, 管叔以殷畔也, 有諸." 曰, "然." 曰, "周公知其將畔而使之與." 曰, "不知也." "然則聖人, 且有過與." 曰, "周公, 弟也. 管叔, 兄也. 周公之過, 不亦宜乎. 且古之君子, 過則改之. 今之君子, 過則順之. 古之君子, 其過也, 如日月之食, 民皆見之. 及其更也, 民皆仰之, 今之君子, 豈徒順之, 又從而爲之辭."

연나라 사람들이 반란을 일으키자 제선왕이 후회했다.

"나는 맹자에게 심히 부끄럽다."

그러자 제나라 대부 진가(陳賈)가 물었다.

"군왕은 심려치 마십시오. 군왕은 군왕과 주공(周公) 중 누가 더 인지(仁智 : 어질고 지혜로움)하다고 여기십니까."

제선왕이 크게 놀라 반문했다.

"오(惡), 그게 무슨 말이오."

진가가 말했다.

"주공이 관숙(管叔 : 주무왕의 동생이자 주공의 형으로 이름은 鮮)에게 은나라 유민을 감독케 했는데 관숙이 은나라 유민을 이끌고 난을 일으켰습니다. 주공이 만일 관숙이 그럴 줄 알면서도 은나라 유민을 감독케 했다면 이는 불인(不仁)이고, 모르고 그랬다면 이는 부지(不智)입니다. '인지'에서 주공조차 미진한 면이 있었는데 하물며 군왕이야 더 말할 게 있겠습니까. 제가 맹자를 만나 해명토록 하겠습니다."

진가가 맹자를 만나 물었다.

"주공은 어떤 사람입니까."

"성인이오."

"주공이 관숙에게 은나라 유민을 감독하게 하자 관숙은 은나라 유민들을 부추겨 난을 일으켰다고 합니다. 과연 그런 일이 있었습니까."

"있었소."

"주공은 관숙이 난을 일으킬 줄 미리 알면서도 그에게 은나라 유민을 감독케 했습니까."

"알지 못했소."

"그렇다면 성인도 잘못을 범하는 일이 있습니까."

그러자 맹자가 이같이 대답했다.

"주공은 아우이고 관숙은 형이었소. 아우인 주공의 입장에서는 당연히 그런 잘못을 범할 만도 한 것이 아니겠소. 또 옛날의 군자(君子 : 여기서는 군주를 의미)는 잘못이 있으면 곧바로 고쳤는데 지금의 군자는 잘못이 있어도 이를 고치지 않은 채 그대로 따르고 있소. 옛날의 군자는 그 잘못이 마치 일식이나 월식과 같아 백성들이 모두 그것을 볼 수 있었소. 이에 그가 잘못을 고치면 백성들이 모두 그를 우러러 보았소. 그러나 지금의 군자는 어찌 한낱 잘못을 그대로 따르는 데 그치겠소. 또한 그것을 밀고 나가면서 변명까지 하고 있소."

조기는 맹자의 주장과 달리 관숙管叔을 주공의 동생으로 간주했다. 청대의 모기령은 『위문상서僞文尙書』에 나오는 주석 등을 근거로 조기의 주장에 근거가 전혀 없는 것은 아니라고 주장했다. 이에 대해 다산은 『맹자요의』에서 『위문상서』는 매색梅賾이 만들어낸 위작인 까닭에 근거로 삼을 수 없다고 지적하면서 주희와 마찬가지로 관숙을 주공의 형으로 보았다. 『사기』의 기록 등에 비춰 다산의 해석이 타당하다.

남송대의 임소영林少穎은 이 장과 앞장 사이에 [양혜와 하]편의 제10장과 11장을 배치해야만 전후 맥락이 자연스럽게 맞아 떨어진다고 주장한 바 있다. 사실 그의 주장대로 하나로 묶어서 해석해야만 맹자가 제나라의 연나라 정벌 전후로 행한 활동이 일목요연하게 드러난다. 『맹자』가 수차례에 걸쳐 증보 · 편찬되었음을 뒷받침하는 대목이 아닐 수 없다.

4-10

孟子致爲臣而歸. 王取見孟子曰, "前日, 願見而不可得, 得侍同朝, 甚喜. 今又棄寡人而歸, 不識可以繼此而得見乎." 對曰, "不敢請耳, 固所願也." 他日, 王謂時子曰, "我欲中國而授孟子室, 養弟子以萬鍾, 使諸大夫國人皆有所矜式, 者盍爲我言之." 時子因陳子而以告孟子, 陳子以時子之言告孟子. 孟子曰, "然, 夫時子惡知其不可也. 如使予欲富, 辭10萬而受萬, 是爲欲富乎. 季孫曰, '異哉, 子叔疑. 使己爲政, 不用, 則亦已矣, 又使其子弟爲卿. 人亦孰不欲富貴, 而獨於富貴之中, 有私龍(=壟)斷焉.' 古之爲市也, 以其所有, 易其所無者, 有司者治之耳. 有賤丈夫焉, 必求龍斷而登之, 以左右望, 而罔(=網)市利. 人皆以爲賤, 故從而征之. 征商自此賤丈夫始矣."

맹자가 객경의 자리에서 물러나 고향으로 돌아가려고 했다. 제선왕이 직접 맹자를 찾아가 만나고는 이같이 물었다.

"지난날 보고자 하면서도 보지 못하다가 마침내 곁에 모시면서 함께 조정에 있게 되어 매우 기뻐했소. 그런데 이제 다시 과인을 버리고 돌아가려고 하니 이후 계속해 만나볼 수 있을지 모르겠소."

맹자가 대답했다.

"불감청고소원(不敢請固所願 : 감히 청하지는 못하나 실로 원하는 바임)입니다."

다른 날 제선왕이 대신 시자(時子)에게 말했다.

"나는 국중(國中 : 제나라 도성 임치를 지칭)에 맹자의 집을 지어주고, 만종(萬鍾 : 1년분의 녹봉으로 '1종'은 6石 4斗)의 녹을 지급해 제자들을 기르게 하고, 여러 대부와 국인(國人)들이 모두 맹자를 긍식(矜式 : 공경하고 본받는다는 뜻으로 '긍'은 '敬', '식'은 '法'을 의미)하게 하려고 하오. 그런데 그대는 어찌하여 나를 위해 맹자에게 그 말을 해주지 않은 것이오."

시자가 진진(陳臻)에게 이를 맹자에게 고하게 하자 진진이 곧 시자의 말을 맹자에게 전했다. 그러자 맹자가 이같이 말했다.

"그런가. 저 시자가 어찌 그 불가함을 알 수 있겠는가. 만일 내가 부유해지기를 원했다면 십만 종(十萬鍾 : 10년분의 녹봉)의 녹을 사양하고 만 종의 녹을 받는 것이 어찌 부유해지기를 원하는 짓이겠는가. 계손씨(季孫氏 : 춘추시대 노나라의 집정대부로 전력 미상)가 일찍이 말하기를, '괴이하다, 자숙의(子叔疑 : 전력 미상)여. 자신이 정사를 맡아 행하려 했다가 자신의 의견이 채택되지 않으면 그만두어야 할 터인데 또 자기 자제들을 경(卿)이 되게 하는구나. 사람으로 그 누구인들 부귀해지기를 원하지 않겠는가만 유독 부귀한데도 사적으로 매사를 농단(壟斷 : 여기서는 자의적인 전횡을 의미)하고자 한 자가 있었다' 고 했다. 옛날에 시장에서 교역하는 것은 자신이 갖고 있는 물건을 갖고 와 자신이 갖고 있지 않은 물건과 바꾸기 위한 것이었다. 시장을 관할하는 유사(有司)는 그것을 감독만 했을 뿐이다. 그런데 한 천장부(賤丈夫 : 졸장부)가 나타나 반드시 농단(壟斷 : 여기서는 사방이 훤히 보이는 높은 곳을 의미)을 찾아 올라가서는 이내 좌우망(左右望 : 좌우로 둘러봄)하여 망시리(罔市利 : 시장의 이익을 그물질하듯 거둬감)해 버렸다. 이에 사람들이 모두 그를 천하게 여겼다. 그래서 그런 행위에 세금을 징수하게 된 것이다. 상행위에 세금을 징수하는 것은 바로 이 천장부로부터 시작된 것이다."

계손씨와 자숙씨는 춘추시대 노나라의 유력한 가문이었다. 그러나 이 장에 나오는 계손씨와 자숙씨가 구체적으로 누구인지는 알 길이 없다. 대략 맹자가 전해오는 얘기를 인용한 것으로 짐작된다. 주희는 '좌우망左右望' 을 두고 이것도 얻고 저것도 얻고자 좌우를 둘러보는 것으로 새겼다. 타당한 해석이다.

4-11

孟子去齊, 宿於晝. 有欲爲王留行者, 坐而言. 不應, 隱几而臥. 客不悅曰, "弟子齊宿而後敢言, 夫子臥而不聽, 聽勿復敢見矣." 曰, "坐, 我明語子. 昔者, 魯繆(=穆)公無人乎子思之側, 則不能安子思. 泄柳申詳, 無人乎繆公之側, 則不能安其身. 子爲長者慮, 而不及子思. 子絶長者乎. 長者絶子乎."

맹자가 제나라를 떠날 때 주(晝 : 도성인 임치의 서남쪽) 땅에 유숙했다. 제선왕을 위해 맹자가 떠나는 것을 만류하고자 한 사람이 자리에 앉아 설득했다. 그러나 맹자는 응대하지 않고 궤(几 : 案席)에 기대어 누워버렸다. 객(客)이 불쾌해하며 말했다.

"제가 재숙(齊宿 : 재계하고 하룻밤을 지냈다는 뜻으로 '齊'는 '齋'와 통함)한 뒤 감히 말씀드리는데 선생은 누워버리고 들어주지 않으니 다시는 배견(拜見)치 않겠습니다."

그러자 맹자가 반문했다.

"앉으시오. 내가 그대에게 분명히 말해주겠소. 옛날 노목공(魯繆公)은 자사(子思 : 공자의 손자)의 곁에 자신의 성의를 전할 사람이 없으면 그가 떠나버릴까 염려한 나머지 자사의 곁에 늘 사람을 둔 까닭에 자사를 편하게 해주지 못했소. 노목공의 신하인 설류(泄柳 : [고자 하]편의 子柳와 동일 인물이라는 설도 있음)와 신상(申詳 : 공자의 직제자인 子張의 아들) 같은 현자들은 노목공 주변에 뛰어난 보좌역이 없으면 자신들이 불편해했소. 지금 그대가 장자(長者 : 관후한 인물로 맹자 자신을 지칭)를 위해 염려해 주었지만 노목공이 자사를 위해 염려한 것에는 못 미치니 과연 그대가 장자를 끊은 것이오, 아니면 장자가 그대를 끊은 것이오."

맹자는 왜 제나라를 떠나면서 도성과 가까운 주晝 땅에 머물며 미련이 남아 있는 듯한 모습을 보인 것일까. 당시 제선왕은 맹자를 중용하지는 않았으나 그를 소홀히 대할 생각은 없었다. 맹자가 떠나는 것을 굳이 만류하지는 않았으나 그가 떠나는 것을 바란 것도 아니었다. 당시 제나라 도성 임치臨淄에는 제선왕을 위해 일하는 인재들이 많이 머물고 있었다. 직하학사稷下學士들이 바로 그들이다. 이들 중 한 사람이 제선왕의 의도를 읽고 제선왕을 위해 맹자의 출국을 만류한 것으로 짐작된다. 그런데 맹자는 이 사람의 말을 들을 체도 하지 않고 궤几에 기대어 누워버린 것이다. 만류에 나선 사람이 불쾌해한 나머지 다시 찾아오지 않을 뜻을 밝히고 일어서자 맹자는 급히 일어나 자신의 속마음을 밝혔다. 제선왕이 보여주고 있는 성의는 노목공이 자사에게 베푼 성의에 못 미친다는 것이 그 요지이다. 노목공이 비록 자사를 불편하게 만들기는 했으나 공경하는 자세만큼은 문제 삼을 수 없다는 뜻을 담고 있다. 맹자는 바로 제선왕이 노목공의 전례를 좇아 그와 유사한 성의를 베풀 것을 촉구한 셈이다.

마지막 대목에 나오는 구절을 두고 주희는 풀이하기를, '제선왕이 보내지도 않았는데 나를 찾아와 만류하는 것은 노목공이 자사를 만류한 것에 미치지 못한다. 이는 결국 맹자의 발걸음을 만류한 자가 먼저 맹자를 끊은 것과 같다. 맹자가 누워서 응대하지 않은 것이 어찌 맹자가 먼저 끊은 것이 되겠는가' 라고 했다. 맹자가 말한 취의에 부합하기는 하나 지나친 해석이 아닐 수 없다. 객을 탓하기에 앞서 객을 불쾌하게 만든 맹자의 태도 자체를 높이 평가할 수 없기 때문이다.

4-12

孟子去齊. 尹士語人曰, "不識王之不可以爲湯武, 則是不明也. 識其不可, 然且至, 則是干澤也. 千里而見王, 不遇故去, 3宿而後出晝. 是何濡滯也. 士則玆不悅." 高子以告. 曰, "夫尹士惡知予哉. 千里而見王, 是予所欲也. 不遇故去, 豈予所欲哉. 予不得已也. 予3宿而出晝, 於予心猶以爲速, 王庶幾改之. 王如改諸, 則必反予. 夫出晝而王不予追也, 予然後浩然有歸志. 予雖然, 豈舍王哉. 王由(=猶)足用爲善. 王如用予, 則豈徒齊民安, 天下之民擧安. 王庶幾改之, 予日望之. 予豈若是小丈夫然哉. 諫於其君而不受則怒, 悻悻然見於其面, 去則窮日之力而後宿哉."
尹士聞之曰, "士誠小人也."

맹자가 제나라를 떠났다. 제나라 사람 윤사(尹士)가 사람들에게 말했다.

"만일 제왕(齊王)이 탕(湯)·무(武)와 같은 성군이 될 수 없음을 몰랐다면 그것은 현명치 못한 것이다. 만일 그것이 불가능한 것임을 알면서도 제나라로 왔다면 그것은 제왕이 주는 녹을 바란 것이다. 천리 먼 길을 제왕을 만나보러 왔다가 뜻이 맞지 않아 떠나면 그뿐이다. 그런데도 맹자는 주 땅에서 사흘 동안이나 머물다가 떠났으니 어찌 이토록 유체(濡滯 : 오랫동안 지체함)할 수 있단 말인가. 나 사(士)는 그 점을 못마땅하게 생각한다."

제나라 출신 제자인 고자(高子)가 이를 고하자 맹자가 말했다.

"윤사가 나를 어찌 이해할 수 있겠는가. 천리 먼 길을 제왕을 만나러 온 것은 내가 원해서 그리한 것이다. 그러나 뜻이 맞지 않아 떠나는 것이 어찌 내가 원해서 그리된 것이겠는가. 나로서는 부득이해 떠나는 것이다. 내가 주(晝) 땅에 사흘 동안 머문 뒤 떠났지만 내심 그것도 오히려 빨랐다고 생각한다. 그것은 제왕이 행여 마음을 고쳐먹기를 기대했기 때문이다. 당시 나는 제왕이 마음을 고쳐먹는다면 틀림없이 나를 다시 부를 것으로 생각했다. 그러나 주 땅을 떠나는데도 제왕은 나를 만류하러 쫓아오지 않았다. 나는 그 연후에야 호연(浩然 : 물의 흐름이 그치지 않음)히 떠날 마음을 갖게 되었다. 비록 그렇다 할지라도 내가 어찌 제왕을 저버릴 수 있겠는가. 제왕은 아직도 족히 위선(爲善 : 선을 행함)할 수 있다. 만일 제왕이 나를 다시 등용한다면 어찌 한낱 제나라 백성만 편안해지겠는가. 천하의 백성이 모두 편안해질 것이다. 제왕이 행여 생각을 고쳐먹을 것을 나는 날마다 바라고 있다. 내 어찌 소장부(小丈夫)처럼 행동할 리 있겠는가. 제왕에게 간했다가 받아들여지지 않았다고 곧바로 노해 행행연(悻悻然 : 화를 냄)히 얼굴에 노기를 드러내고, 떠날 때는 궁일지력(窮日之力 : 온 힘을 다해 하루에 갈 수 있는 데까지 감)한 후 유숙하는 것처럼 할 수 있겠는가."

윤사가 이 말을 전해듣고 탄식했다.

"나는 참으로 소인이다."

이 장을 두고 조기는 풀이하기를, '큰 덕을 가진 사람은 넓고, 소견이 좁은 선비는 급하기만 하다. 현명한 사람은 큰 것에 뜻을 두고, 현명치 못한 사람은 작은 것에 뜻을 둔다' 고 했다. 주희도 풀이하기를, '성현이 도를 행하고 세상을 구제하려는 급급한 본심과 군주를 사랑하고 백성에게 은택을 입히려고 연연해하는 취지를 볼 수 있다' 고 했다. 이로 인해 후대의 유자들은 모두 윤사를 소인으로 간주했다. 문맥상 타당하기는 하나 맹자를 지나치게 비호한 것이 아닐 수 없다.

먼저 맹자가 '내가 주晝 땅에 사흘 동안 머문 뒤 떠났지만 내심 그것도 오히려 빨랐다고 생각한다' 고 언급한 것은 지나친 자기 합리화가 아닐 수 없다. 맹자는 비록 제선왕이 마음을 고쳐먹고 자신을 다시 부를 것으로 생각했기 때문이라고 밝혔으나 이는 그의 전후 행보에 비춰 모순이다. 윤사의 지적과 같이 제선왕이 성군이 될 수 없음을 몰랐다면 현명치 못한 것이고, 뜻이 맞지 않아 떠나는 과정에서 주 땅에서 사흘 동안이나 머문 것 또한 현명치 못한 것이다. 그럼에도 후세의 유자들은 주희의 해석을 좇아 오히려 맹자의 행보를 높이 평가했다. 고려조 말기의 성리학자 이색李穡이 그 대표적인 인물이다. 그는 이성계 일파에 의해 유배를 가는 과정에서 이같이 읊었다.

"벼슬함은 영화를 탐해서가 아니고, 떠남은 몸을 깨끗이 하려는 것이 아니다. 세 밤을 묵고 주晝 땅을 떠난 뒤에야 훌훌 털고 돌아갈 뜻을 두었다."

이색 또한 주희와 마찬가지로 맹자의 행보를 대인의 행보로 해석한 것이다. 그러나 이는 잘못이다. 당초 제선왕을 버리고 떠난 사람은 맹자이다. 그가 주 땅에 머물면서 '만류' 운운한 것은 모순이다. 제선왕의 입장에서 볼 때 맹자는 자신의 주변에 있는 많은 지식인들 중 한 사람에 불과할 뿐이다. 맹자가 떠나는 것을 바라지는 않았지만 굳이 떠나겠다는 것을 말릴 입장도 아니었다. 맹자가 '만류' 운운한 것은 전후 상황을 제대로 파악치 못한 소치이다. 이런 관점에서 볼 때 사태를 정확히 통찰한 윤사가 과연 맹자의 변명을 듣고 '소인' 운운하며 탄식했는지도 의문이다. 후대 유자들의 위문僞文일 가능성을 배제할 수 없다.

4-13

孟子去齊, 充虞路問曰, "夫子若有不豫色然. 前日, 虞聞諸夫子曰, '君子不怨天, 不尤人.'" 曰, "彼一時, 此一時也. 5百年必有王者興, 其閒必有名世者. 由周而來, 7百有餘世矣. 以其數則過矣. 以其時考之則可矣. 夫天未欲平治天下也. 如欲平治天下, 當今之世, 舍我其誰也. 吾何爲不豫哉."

맹자가 제나라를 떠날 때 제자 충우(充虞)가 도중에 물었다.

"부자(夫子)에게 불예(不豫 : 기쁘지 않음)한 기색이 있는 듯합니다. 전에 저는 부자로부터 듣기를, '군자는 하늘을 원망하지 않고, 사람을 탓하지 않는다' 라고 했습니다."

맹자가 대답했다.

"그때도 한때이고 지금도 한때이다. 5백 년마다 반드시 왕자(王者)가 나오고, 그 사이에 반드시 명세자(名世者 : 일세에 명성을 떨치는 인물)가 나와 왕자를 보좌했다. 주왕조가 세워진 이래 벌써 7백 년이 지났다. 연수(年數)로 볼지라도 5백 년이 훨씬 지났고, 시기(時機)로 볼지라도 지금이 가하다. 하늘이 아직 평치천하(平治天下 : 천하를 평화롭게 다스림)하고자 하지 않아 그렇지, 만일 그러고자 한다면 당금지세(當今之世 : 지금의 세상)에서 나 말고 그 누가 그 일을 할 수 있겠는가. 그러니 내가 무엇 때문에 '불예' 할 리 있겠는가."

주희는 이 장을 두고 풀이하기를, '평치천하平治天下가 이뤄지지 않은 때에 한 번 보람된 일을 하지 못한 까닭에 불예不豫 : 기쁘지 않음한 기색이 있었다' 고 했다. 그러나 이는 맹자의 불예不豫 : 기쁘지 않음에 대한 정확한 분석이라고 볼 수는 없다. 과연 맹자는 왜 '불예' 한 표정을 지은 것일까. 당제국 때의 공영달孔穎達은 이같이 풀이했다.

"나라를 걱정하는 마음이 얼굴에 드러난 것이지 하늘과 사람을 원망한 것은 아니다."

공영달의 해석은 명쾌하기는 하나 그 근거가 취약하다. 문맥상 맹자가 걱정한 나라는 제나라로 보이나 맹자가 제나라를 걱정할 이유를 찾기가 어렵다. 공영달의 해석을 정반대로 해석하는 것이 차라리 옳을 듯하다. 이는 유사한 내용이 나오는 『맹자』 [공손추 하]편 제38장과 함께 해석하면 대략 유추할 수 있다. 맹자도 사람인 까닭에 자신의 이상이 실현되지 못한 데 따른 불만을 부지불식간에 얼굴에 드러냈을 공산이 크다고 보는 것이 자연스럽다.

맹자는 이 장에서 크게 두 가지 주장을 전개하고 있다. 하나는 5백 년마다 출현하는 왕자王者가 아직 주왕조가 세워진 이래 7백 년이 지났는데도 아직 출현하지 않고 있다는 주장이다. 다른 하나는 이제 시간이 무르익어 조만간 하늘이 평치천하平治天下하고자 할 경우 새로운 왕자는 자신이 될 것이라는 주장이다. 첫 번째 주장은 맹자 개인의 사관史觀인 만큼 크게 논할 문제는 아니다. 그러나 두 번째 주장은 당시의 기준에서 볼 때 불경不敬 내지는 광언狂言으로 비칠 소지가 컸다. 맹자도 공개적으로 이런 주장을 펼쳤을 리 없다. 그럼에도 그의 두 번째 주장은 당시 그가 조만간 도래할 새로운 세상에서는 자신이 주역이 될 것이라는 확신을 갖고 있었음을 시사하고 있다. 그가 이런 확신을 갖게 된 것은 말할 것도 없이 그의 왕도 주장에서 비롯된 것으로 보아야 한다.

4-14

孟子去齊居休. 公孫丑問曰, "仕而不受祿, 古之道乎." 曰, "非也. 於崇, 吾得見王, 退而有去志, 不欲變, 故不受也. 繼而有師命, 不可以請. 久於齊, 非我志也."

맹자가 제나라를 떠나 휴(休) 땅에 머물렀다. 공손추가 물었다.

"벼슬하면서도 녹을 받지 않는 것이 옛날의 도입니까."

맹자가 대답했다.

"아니다. 숭(崇) 땅에서 내가 제왕을 만나보고 물러나올 때부터 떠날 뜻을 가졌다. 나는 이 뜻을 바꾸고 싶지 않았다. 그래서 녹을 받지 않은 것이다. 그러나 공교롭게도 제나라에서 사명(師命 : 출동명령)이 계속 이어진 까닭에 떠나겠다는 말을 쉽사리 하지 못한 것이다. 제나라에 오래 머문 것은 내 본의가 아니었다."

내용에 비춰 당시 맹자는 제나라를 떠나기로 작심한 이후 녹봉을 받지 않은 것으로 짐작된다. 공손추의 질문이 이를 뒷받침한다. 북송대의 공문중孔文仲은 이 장을 두고 풀이하기를, '벼슬하면서 녹을 받는 것은 예禮이고, 제나라의 녹을 받지 않은 것은 의義이다. 의가 있는 곳에는 예가 때로 변할 수 있는 것이다. 그런데도 공손추가 한 가지로써 처리하려고 했으니 이는 잘못이 아니겠는가' 라고 했다. 맹자가 말한 취의에 부합한 해석이기는 하나 맹자를 지나치게 변호한 느낌을 주고 있다. 당시 맹자가 취한 행보를 보면 제나라를 떠나게 된 이유도 분명치 않을 뿐만 아니라 제나라를 떠나는 과정에서 이유 없이 오랫동안 제나라에 머문 것도 석연치 않다. 맹자는 뒤늦게라도 제선왕이 사람을 보내 자신의 출경出境을 만류해 줄 것을 기대했을 공산이 크다. 공손추가 문득 '고지도古之道'를 들먹이며 출사出仕와 수록受祿의 관계를 물은 것도 바로 이 때문이라고 보아야 한다. 당시 맹자의 행보는 제자인 공손추가 보기에도 매우 석연치 않게 보였음에 틀림없다.

제5절 [등문공(滕文公) 상]편

5-1

滕文公爲世子, 將之楚, 過宋而見孟子. 孟子道性善, 言必稱堯舜. 世子自楚反, 復見孟子. 孟子曰, "世子疑吾言乎. 夫道一而已矣. 成覸謂齊景公曰, '彼丈夫也, 我丈夫也, 吾何畏彼哉.' 顔淵曰, '舜何人也. 予何人也. 有爲者亦若是.' 公明儀曰, '文王我師也. 周公豈欺我哉.' 今滕, 絶長補短, 將50里也, 猶可以爲善國. 『書』曰, '若藥不瞑眩, 厥疾不瘳.'"

등문공(滕文公)이 세자 시절 초나라로 가기 위해 송나라를 지나던 중 맹자를 만났다. 이때 맹자는 등문공에게 성선(性善)에 관해 얘기하면서 언필칭(言必稱 : 말끝마다 언급함) 요순을 들먹였다. 등문공이 초나라에서 돌아오던 중 맹자를 다시 만나게 되자 맹자가 이같이 말했다.

"세자는 제 말을 의심하는 것입니까. 무릇 길은 하나일 뿐입니다. 제나라의 성간(成覸 : 전력 미상)이 제경공(齊景公)에게 이르기를, '성인도 장부(丈夫)이고 나도 장부인데 제가 무엇 때문에 그들을 두려워하겠습니까' 라고 했습니다. 안연(顔淵)은 말하기를, '순(舜)은 어떤 사람인가. 노력하는 자라면 그 누구일지라도 그와 같아질 것이다' 라고 했습니다. 노나라의 현자 공명의(公明儀)는 말하기를, '주공이 문왕을 두고 아사(我師 : 내 스승)라고 하여 나 또한 문왕을 스승으로 삼고 있다. 주공이 어찌 나를 속일 리 있겠는가' 라고 했습니다. 지금 등나라는 절장보단(絶長補短 : 긴 곳을 잘라 짧은 곳을 보충함)한들 크기가 대략 사방 50리밖에 안 되는 작은 나라이나 잘 다스려지는 나라가 될 수 있습니다. 『서경』 [상서 · 설명(說命)]에 이르기를, '약을 먹어도 명현(瞑眩 : 어지러움)치 않으면 그 병은 불추(不瘳 : 낫지 않음)한다' 고 했습니다."

이 장에서 바로 맹자의 그 유명한 성선설性善說이 피력되고 있다. 춘추전국시대를 통틀어 맹자는 형이상形而上의 문제에 가장 큰 관심을 기울인 인물이었다. 인성人性은 본래 선하다는 그의 '성선설'이 바로 그 실례이다. 맹자가 성선설을 제기한 이후 소위 '인성론'은 전국시대 말기의 제자백가 내에서 최대의 논쟁이 되었다. 남송대의 성리학은 바로 그의 성선설을 토대로 하여 정립된 우주론적 통치 이데올로기라고 할 수 있다.

그러나 과연 인성이 맹자의 주장과 같이 선한 것일까. 당초 공자는 인성에 관해 아무런 언급도 하지 않았다. 『논어』 [공야장]편에서 자공子貢이 '부자夫子가 성性과 천도天道를 얘기하는 것은 듣지 못했다' 고 술회한 것이 그 증거이다. 물론 이를 다르게 해석하는 견해가 없는 것은 아니다. 청대의 대진戴震은 『맹자자의소증孟子字義疏證』에서 '부자는 성과 천도를 언급했으나 부자가 언급한 이런 말을 다른 사람으로부터는 들을 수 없었다' 는 뜻으로 풀이했다. 그러나 이는 억지해석이 아닐 수 없다. 자공의 말은 액면 그대로 받아들이는 것이 옳다.

다만 공자가 '성' 에 관해 전혀 언급하지 않은 것은 아니다. 『논어』 [양화]편에 '성상근性相近 · 습상원習相遠' 이라는 구절이 나온다. 이는 '성품은 서로 가까우나 습관으로 인해 서로 멀어지게 된다'는 뜻이다. '성'에 관한 공자의 거의 유일한 언급이다. 공자는 인성에 대해 구체적으로 언급하지는 않았으나 대략 인성은 동일하나 후천적인 교육에 따라 다른 모양으로 변할 수 있다고 생각했음에 틀림없다. 사실 공자는 학문만이 인仁에 이르는 유일한 길이라는 확신을 갖고 있었다. 이는 순자의 성악설性惡說과 맥을 같이 하는 것이다. 그럼에도 공자는 인성에 관해 더 이상 언급하는 것을 자제했다. 이는 궁극적인 해답을 얻을 수 없는 형이상의 문제에 대한 천착 자체를 타기한 데 따른 것이었다.

송대의 학자들은 이 장에 나오는 성선설을 토대로 극히 관념적인 심성론을 전개했다. 이들의 견해는 크게 <성=선>으로 보는 견해와 <성=선+악>으로 보는 견해로 대별할 수 있다. 전자가 맹학孟學의 주류적인 견해라면 후자는 비주류의 견해로 순학荀學에 가깝다고 할 수 있다. 조선조의 다산은 특이하게도 <성=기호嗜好>로 파악하는 소위 '성기호설'을 주장했다. 이는 비록 성선설을 표방하고 있으나 내용상 순학을 가미한 절충설로 볼 수 있다.

사실 인성에 관해 그 어떤 주장을 펼치더라도 일면적 타당성을 지닐 수밖에 없다. 선악 자체가 사안과 시공에 따라 다를 수밖에 없기 때문이다. 경험론적으로 볼 때 인성은 차라리 유선유악有善有惡 내지 무선무악無善無惡으로 보는 것이 합리적이다. 치평治平에 초점을 맞춘 공학孔學이 개인의 덕성 함양에 치중하는 수제修齊의 학문으로 변질된 단초가 바로 맹자의 성선설에 있다고 해도 과언이 아니다.

5-2

滕定公薨, 世子謂然友曰, "昔者, 孟子嘗與我言於宋, 於心終不忘. 今也不幸至於大故, 吾欲使子問於孟子, 然後行事." 然友之鄒, 問於孟子. 孟子曰, "不亦善乎. 親喪, 固所自盡也. 曾子曰, '生, 事之以禮. 死, 葬之以禮, 祭之以禮, 可謂孝矣.' 諸侯之禮, 吾未之學也. 雖然, 吾嘗聞之矣. 3年之喪, 齊疏之服, 飦(=饘)粥之食, 自天子達於庶人, 三代共之." 然友反命, 定爲3年之喪. 父兄百官皆不欲, 曰, "吾宗國魯先君莫之行, 吾先君亦莫之行也, 至於子之身而反之, 不可. 且『志』曰, '喪祭從先祖.' 曰, '吾有所受之也.'" 謂然友曰, "吾他日未嘗學問, 好馳馬試劒. 今也父兄百官不我足也, 恐其不能盡於大事, 者爲我問孟子." 然友復之鄒問孟子. 孟子曰, "然, 不可以他求者也. 孔子曰, '君薨, 聽於冢宰, 歠粥, 面深墨, 卽位而哭, 百官有司莫敢不哀, 先之也.' 上有好者, 下必有甚焉者矣. '君子之德, 風也. 小人之德, 草也. 草上之風, 必偃.' 是在世子." 然友反命. 世子曰, "然, 是誠在我." 5月居廬, 未有命戒. 百官族人可謂曰知. 及至葬, 四方來觀之, 顔色之戚, 哭泣之哀, 弔者大悅.

등정공(滕定公 : 등문공의 부친)이 죽자 세자(世子 : 등문공)가 스승인 연우(然友)에게 말했다.

"전에 맹자는 일찍이 송나라에서 나와 얘기를 나눈 적이 있소. 당시 그가 한 말이 내 마음에 끝내 잊히지 않고 있소. 이제 불행하게도 대고(大故 : 大喪)를 당했소. 내가 그대를 시켜 맹자에게 자문을 구한 뒤 장례를 치르고자 하오."

연우가 추(鄒)나라로 가 맹자에게 물었다. 맹자가 크게 기뻐했다.

"이 또한 좋은 일이 아닌가. 친상(親喪 : 어버이 상)은 본래 스스로 극진해야 하는 것이오. 증자가 말하기를, '살아서 섬기기를 예로써 하고, 죽어서 장사지내기를 예로써 하고, 제사지내기를 예로써 하면 가히 효(孝)라고 이를 만하다'고 했소. 제후들의 예에 관해서는 내가 배우지 못했소. 그러나 나는 일찍이 다음과 같은 얘기를 들은 적이 있소. 3년상을 치르면서 자소(齊疏 : 이랫단을 꿰매지 않은 거친 삼베)

로 만든 상복을 입고 전죽(飦粥 : 된 죽)을 먹는 것은 천자로부터 서민에 이르기까지 하 · 은 · 주 3대 이래 하나같이 지켜져 왔다고 하오."

연우가 반명(反命 : 돌아가 보고함)하자 이내 3년상을 치르기로 결정했다. 그러나 부형(父兄 : 왕실의 친척을 지칭)과 백관(百官)들이 모두 그리하기를 원치 않아 이같이 말했다.

"우리의 종국(宗國 : 여기서는 同姓의 나라를 의미) 노나라의 선군도 3년상을 치르지 않았고, 우리 선군도 그것을 시행치 않았습니다. 그런데 세자 때에 이르러 이를 뒤집는 것은 불가합니다. 또 『지(志 : 옛 기록)』에 이르기를, '상례(喪禮)와 제례(祭禮)는 선조들이 행한 방식을 좇아야 한다' 고 했습니다. 이는 우리들이 전수받은 예제가 있음을 말한 것입니다."

세자가 연우에게 말했다.

"나는 전에 학문을 하지 않고 치마시검(馳馬試劍 : 말달리기와 칼쓰기)만을 좋아했소. 지금 부형과 백관들은 나를 두고 흡족하게 여기지 않는 듯하오. 나는 이번 대사(大事)에 예를 다하지 못할까 걱정되오. 그대는 나를 위해 다시 맹자에게 가 물어보도록 하시오."

연우가 다시 추 땅으로 가 맹자에게 묻자 맹자가 이같이 대답했다.

"그럴 만도 하오. 그러나 다른 데서 찾을 것은 없소. 일찍이 공자가 이르기를, '군주가 죽으면 백관들은 총재(冢宰 : 재상)의 명을 듣는다. 세자는 철죽(歠粥 : 죽을 마심)하고 안색이 심흑(深黑 : 짙은 흑색)이 되도록 상주의 자리로 나아가 곡을 하면 된다. 그리하면 백관과 유사들 중 감히 슬퍼하지 않는 자가 없을 것이다. 이는 위에서 솔선수범했기 때문이다' 라고 했소. 위에서 무엇을 좋아하는 게 있으면 아래는 반드시 그보다 더 심한 법이오. 그래서 공자는 말하기를, '군자의 덕은 바람, 소인의 덕은 풀과 같다. 풀 위로 바람이 불면 풀은 반드시 그리로 쓰러지기 마련이다' 라고 한 것이오. 모든 것은 세자가 하기에 달려 있소."

연우가 반명하자 세자가 말했다.

"과연 그렇소. 이는 실로 내가 하기에 달려 있소."

이에 세자는 5달 동안 여막(廬幕)에 거처하며 명계(命戒 : 명령과 敎戒)를 내리지 않았다. 그러자 백관과 족인들이 모두 세자가 예를 안다고 칭송했다. 장례를 치를 때에 이르러 사람들이 사방에서 와 구경했다. 세자는 얼굴이 수척한 데다 우는 것이 매우 애통했다. 조문하는 자들이 이를 보고 모두 크게 기뻐했다.

자소齊疏의 '자齊'는 상복의 아랫단을 꿰맨 것을 말한다. 꿰매지 않은 것은 참최斬衰, 꿰맨 것을 자최齊衰라고 한다. '소疏'는 거친 삼베를 의미한다. 전죽飦粥의 '전飦'은 미음을 뜻한다. 상례喪禮에 따르면 부모가 죽은 지 3일이 되어야 비로소 죽을 먹을 수 있고, 장례를 지낸 뒤에야 거친 밥을 먹을 수 있었다. '오월거려五月居廬'는 제후가 죽었을 경우 5달 만에 장례하면서 이 기간 중 중문中門 밖에 세운 여막에서 머무르는 것을 말한다. 주희는 당시 어떤 사람이 세자인 등문공을 두고 예를 안다고 말한 것으로 주석을 달아놓았으나 구체적인 근거는 제시하지 않았다.

여기에 나오는 '종국宗國'을 두고 조기는 종주국의 의미로 새긴 데 반해 주자는 정현의 『예기』 주석에 나오는 대종大宗·소종小宗의 '종'과 같은 개념의 용어로 파악했다. 이에 대해 다산은 '종'을 '동성同姓'으로 파악했다. 당시 등나라가 노나라의 개국조인 주공의 동생인 숙수叔繡의 봉국인 점을 감안할 때 다산의 해석이 역사적 사실에 부합한다.

5-3

滕文公問爲國. 孟子曰, "民事不可緩也. 『詩』云, '晝爾于茅, 宵爾索綯, 亟其乘屋, 其始播百穀.' 民之爲道也, 有恒産者有恒心, 無恒産者無恒心. 苟無恒心, 放辟邪侈, 無不爲已. 及陷乎罪, 然後從而刑之, 是罔民也. 焉有仁人在位, 罔民而可爲也. 是故賢君必恭儉禮下, 取於民有制. 陽虎曰, '爲富不仁義, 爲仁不富矣.' 夏后氏50而貢, 殷人70而助, 周人百畝而徹, 其實皆什一也. 徹者, 徹也. 助者, 藉也. 龍子曰, '治地, 莫善於助, 莫不善於貢.' 貢者, 校數歲之中以爲常. 樂歲, 粒米狼戾, 多取之而不爲虐, 則寡取之. 凶年, 糞其田而不足, 則必取盈焉. 爲民父母, 使民盻盻然, 將終歲勤動, 不得以養其父母, 又稱貸而益之, 使老稚轉乎溝壑, 惡在其爲民父母也. 夫世祿, 滕固行之矣. 『詩』云, '雨我公田, 遂及我私.' 惟助爲有公田. 由此觀之, 雖周亦助也. 設爲庠序學校以敎之. 庠者, 養也. 校者, 敎也. 序者, 射也. 夏曰校, 殷曰序, 周曰庠. 學則三代共之, 皆所以明人倫也. 人倫明於上, 小民親於下. 有王者起, 必來取法, 是爲王者師也. 『詩』云, '周雖舊邦, 其命惟新.' 文王之謂也. 子力行之, 亦以新子之國." 使畢戰問井地. 孟子曰, "子之君將行仁政, 選擇而使子, 子必勉之. 夫仁政, 必自經界始. 經界不正, 井地不均, 穀祿不平. 是故暴君汙吏必慢其經界. 經界旣正, 分田制祿, 可坐而定也. 夫滕, 壤之褊小, 將爲君子焉, 將爲野人焉. 無君子莫治野人. 無野人莫養君子. 請野九一而助, 國中什一使自賦. 卿以下必有圭田, 圭田50畝. 餘夫25畝. 死徙無出鄕, 鄕田同井, 出入相友, 守望相助, 疾病相扶持, 則百姓親睦. 方里而井, 井9百畝, 其中爲公田. 8家皆私百畝, 同養公田. 公事畢, 然後敢治私事, 所以別野人也. 此其大略也, 若夫潤澤之, 則在君與子矣."

등문공이 맹자에게 위국(爲國 : 治國)에 관해 물었다. 맹자가 대답했다.

"민사(民事 : 백성을 위한 일)는 느슨히 할 수 없습니다. 『시경』 [빈풍 · 칠월]에 이르기를, '낮이면 우모(于茅 : 띳집용 띠를 취함)하고 밤이면 삭도(索綯 : 새끼줄을 꼼)하여 서둘러 지붕을 이어야 다음해에 비로소 백곡(百穀)을 파종할 수 있다네' 라고 했습니다. 백성들이 살아가는 방법으로 말하면 항산(恒産 : 안정적인 생업)이 있는 자는 항심(恒心 : 안정된 마음)이 있고, 항산이 없는 자는 항심이 없습니다. 만일 항심이 없으면 방벽사치(放辟邪侈 : 방탕 · 편벽 · 사특 · 사치)한 행동을 하지 않음이 없을 것입니다. 그들이 죄에 빠진 연후에 좇아가 처벌하는 것은 망민(罔民 : 백성들을 그물질 함)하는 것입니다. 어찌 인인(仁人)으로 보위에 앉아 그런 '망민'을 할 수 있겠습니까. 그래서 현군(賢君)은 반드시 공검(恭儉 : 공손하고 검소함)하여 아랫사람을 대할 때 예로써 하고, 백성들에게 세금을 거둘 때에도 일정한 제한을 두는 것입니다. 일찍이 양호(陽虎 : 『논어』의 陽貨로 공자 생존 시의 노나라 실권자)가 말하기를, '부(富)하고자 하면 불인(不仁)하고, 인(仁)하고자 하면 불부(不富)하다'고 했습니다. 하후씨(夏后氏 : 전설상의 하나라를 지칭)는 각 호마다 50무(畝)씩 나눠주는 공법(貢法)을 썼고, 은나라는 70무씩 나눠주는 조법(助法)을 썼고, 주나라는 1백 무씩 나눠주는 철법(徹法)을 썼습니다. 그러나 기실 이들 세 법 모두 수확량의 10분의 1을 거두는 것이었습니다. '철(徹)'은 천하에 보편적으로 적용한다는 뜻이고 '조(助)'는 백성의 도움을 받는다는 뜻입니다.

옛 현인 용자(龍子)는 말하기를, '토지를 다스리는 데 조법보다 더 좋은 것은 없고, 공법보다 더 나쁜 것도 없다'고 했습니다. 공법은 여러 해 동안의 수확을 비교해 중간치를 내게 하는 것입니다. 그래서 낙세(樂歲 : 풍년)에는 곡식이 낭려(狼戾 : 넘쳐남)하여 세금을 많이 거둘지라도 결코 포학한 것이 아닌데 오히려 적게 취합니다. 반면 흉년에는 분전(糞田 : 여기는 밭의 곡식을 청소하듯이 모두 쓸어담는다는 뜻)해도 부족한데 반드시 정해진 세금을 다 채워 거둬갑니다. 군왕은 백성의 부모입니다. 백성들이 혜혜연(盻盻然 : 허덕임)히 종세근동(終歲勤動 : 1년 내내 열심히 일함)하고도 부모조차 제대로 봉양할 수 없고, 빚을 내 세금을 채워냄으로써 굶어죽은 노치(老稚 : 노인과 어린아이)가 구학(溝壑)에 나뒹굴게 한다면 백성의 부모라는 뜻은 어디서 찾을 수 있겠습니까. 세록(世祿 : 대를 이어 내리는 봉록)은 실로 등나라도 시행하고 있습니다. 『시경』[소아 · 대전(大田)]에 이르기를, '우리 공전(公田)에 비를 내려 마침내 우리 사전(私田)에도 미치네' 라고 했습니다. 조법은 오직 공전에서만 적용되는 것입니다. 이로써 보건대 주나라도 역시 조법을 썼던 것입니다.

백성의 생업이 안정된 뒤에는 상(庠) · 서(序) · 학(學) · 교(校)를 세워 백성을 가르쳐야 합니다. '상' 은 봉양한다는 뜻이고, '교' 는 가르친다는 뜻이고, '서' 는 활쏘기를 익힌다는 뜻입니다. 하나라에서는 '교', 은나라에서는 '서', 주나라에서는 '상' 이라고 했고, '학' 은 하 · 은 · 주 3대가 공히 그같이 불렀습니다. 이는 모두 인륜을 밝히기 위한 것이었습니다. 인륜이 위에서 밝혀지면 소민(小民 : 백성)들은 아래에서 친밀하게 지내게 됩니다. 이리하면 왕자(王者)가 나올지라도 반드시 등나라로 와서 본받을 것이니 이는 곧 왕자의 스승이 되는 셈입니다. 『시경』[대아 · 문왕]에 이르기를, '주수구방(周雖舊邦 : 주나라는 비록 오래된 나라이나) · 기명유신(其命維新 : 그 천명은 새롭다)' 이라고 했습니다. 이는 주문왕을 말한 것입니다. 만일 군주가 이상 말한 바를 역행(力行 : 힘써 행함)하면 틀림없이 등나라를 새롭게 할 수 있습니다."

등문공이 대신 필전(畢戰)을 시켜 정지(井地 : 井田法)에 대해 묻게 했다. 맹자가 대답했다.

"그대의 군주가 인정(仁政)을 행할 생각으로 그대를 시켜 나에게 묻도록 했으니 그대는 필히 면려(勉勵)토록 하시오. 인정은 반드시 경계(經界 : 토지의 경계를 확정함)에서 시작하는 것이오. '경계' 가 바르지 않으면 '정지' 가 균등하지 못하고 곡록(穀祿 : 토지 수확을 통해 얻는 녹봉) 또한 공평치 못하게 되오. 그래서 폭군과 오리(汚吏)는 반드시 '경계' 를 태만히 하는 법이오. '경계' 가 이미 바르면 분전(分田 :

토지분배)과 '곡록' 제정 또한 가히 좌정(坐定 : 편히 앉아서 정함)할 수 있게 되오. 등나라는 땅이 편소(褊小 : 협소)하나 장차 군자(君子 : 여기서는 위정자)가 될 사람도 있고 야인(野人 : 여기서는 생산을 담당하는 서민)이 될 사람도 있을 것이오. 군자가 없으면 야인을 다스릴 수 없고, 야인이 없으면 군자를 봉양할 수 없소. 청컨대 지방에서는 수확량의 9분의 1을 세금으로 내는 '조법' 을, 국중(國中 : 도성)에서는 10분의 1의 세법을 시행해 자진 납세토록 유도하시오. 경(卿) 이하는 반드시 규전(圭田 : 관원에게 분배한 제사용 토지)이 있으니 규전은 각 호당 50무씩 주되 여부(餘夫 : 부모와 처자 봉양을 책임진 장정 이외의 사내)가 있는 경우는 각 여부당 25무씩을 더 주도록 하시오. 이같이 하면 죽거나 이사를 해도 출향(出鄕 : 마을을 떠남)치 않을 것이오. 향전(鄕田 : 마을의 井田)을 같이 경작키 위해 출입할 때 서로 친구처럼 지내고, 도적에 대비해 망을 볼 때 서로 돕고, 질병에 걸렸을 때 서로 부지(扶持)하면 백성들은 서로 친목(親睦 : 친애하고 화목함)하게 될 것이오. 사방 1리가 정(井)이고, 각 '정' 의 넓이는 9백 무이고, 그 '정' 의 중앙이 공전(公田)이오. 8가구가 각각 그 주위에 있는 1백 무의 땅을 사전(私田)으로 갖고, 공전을 공동으로 경작하게 되오. 공전의 농사를 끝낸 뒤 비로소 사전의 농사를 하니 이는 군자와 야인을 구분키 위한 것이오. 이상이 '정지' 의 대략(大略)이오. 이를 윤택(潤澤 : 시의에 맞게 적용함)하게 하는 것은 군주와 그대에게 달려 있소."

맹자는 이 장에서 공법貢法과 조법助法, 철법徹法 등의 고대 중국의 전제田制에 대해 간략히 언급하고 있다. '공법' 과 '조법' 에 대해서는 알려진 바가 거의 없다. 그러나 '철법' 은 일종의 '정전법井田法' 에 해당하는 것으로 예로부터 이에 관한 많은 언급이 있었다. '정전법' 과 관련해 주희는 제후들이 전적典籍을 없애버린 까닭에 그 대략만 남은 것이라고 주장했다. 그러나 사실 정전법은 하나의 전설적인 제도로 구체적으로 실시된 바는 없다. 맹자도 자신이 들은 바를 언급한 것에 불과하다. 주희의 주장은 역사적 사실에 부합치 않는다. 그럼에도 후대의 유자들은 정전법에 대한 맹자의 언급을 진실로 믿어 이를 끊임없이 실시코자 시도했다.

'분전糞田'의 '분糞'을 두고 주희는 '거름을 주어 북돋워 줌'으로 해석했다. 이에 대해 다산은 '깨끗이 쓸어냄'으로 풀이했다. 『춘추좌전』[노소공 3년]조에 '분제糞除 : 청소'로 쓰인 용례가 있다. 문맥상 다산의 해석이 타당하다.

5-4

有爲神農之言者許行, 自楚之滕, 踵門而告文公曰, "遠方之人, 聞君行仁政, 願受一廛而爲氓." 文公與之處. 其徒數十人, 皆衣褐, 捆屨織席以爲食. 陳良之徒陳相, 與其弟辛, 負耒耜而自宋之滕, 曰, "聞君行聖人之政, 是亦聖人也, 願爲聖人氓." 陳相見許行而大悅, 盡棄其學而學焉. 陳相見孟子, 道許行之言曰, "滕君則誠賢君也. 雖然, 未聞道也. 賢者與民竝耕而食, 饔飧而治. 今也, 滕有倉廩府庫, 則是厲民而以自養也, 惡得賢." 孟子曰, "許子必種粟而後食乎." 曰, "然." "許子必織布而後衣乎." 曰, "否, 許子衣褐." "許子冠乎." 曰, "冠." 曰, "奚冠." 曰, "冠素." 曰, "自織之與." 曰, "否, 以粟易之." 曰, "許子奚爲不自織." 曰, "害於耕." 曰, "許子以釜甑爨, 以鐵耕乎." 曰, "然." "自爲之與." 曰, "否, 以粟易之." "以粟易械器者, 不爲厲陶冶. 陶冶, 亦以其械器易粟者, 豈爲厲農夫哉. 且許子何不爲陶冶, 舍皆取諸其宮中而用之. 何爲紛紛然與百工交易. 何許子之不憚煩." 曰, "百工之事, 固不可耕且爲也." "然則治天下獨可耕且爲與. 有大人之事, 有小人之事. 且一人之身, 而百工之所爲備, 如必自爲而後用之, 是率天下而路也. 故曰, '或勞心, 或勞力.’ 勞心者治人, 勞力者治於人. 治於人者食人, 治人者食於人, 天下之通義也. 當堯之時, 天下猶未平, 洪水橫流, 氾濫於天下, 椒目暢茂, 禽獸繁殖, 五穀不登, 禽獸偪人, 獸蹄鳥跡之道交於中國. 堯獨憂之, 擧舜而敷治焉. 舜使益掌火, 益烈山澤而焚之, 禽獸逃匿. 禹疏9河, 瀹濟漯而注諸海, 決汝漢, 排淮泗而注之江, 然後中國可得而食也. 當是時也, 禹8年於外, 3過其門而不入, 雖欲耕, 得乎. 后稷敎民稼穡, 樹藝五穀, 五穀熟而民人育. 人之有道也, 飽食暖衣, 逸居而無敎, 則近於禽獸. 聖人有憂之, 使契爲司徒, 敎以人倫. 夫子有親, 君臣有義, 夫婦有別, 長幼有序, 朋友有信. 放勳曰, ‘勞之來之, 匡之直之, 輔之翼之, 使自得之, 又從而振德之.’ 聖人之憂民如此, 而暇耕乎. 堯以不得舜爲己憂, 舜以不得禹皐陶爲己憂. 夫以百畝之不易爲己憂者, 農夫也. 分人以財謂之惠, 敎人以善謂之忠, 爲天下得人者謂之仁. 是故以天下與人易, 爲天下得人難. 孔子曰, ‘大哉堯之爲君. 惟天爲大, 惟堯則之, 蕩蕩乎, 民無能名焉. 君哉, 舜也. 巍巍乎, 有天下而不與焉.’ 堯舜之治天下, 豈無所用其心哉. 亦不用於耕耳. 吾聞用夏變夷者, 未聞變於夷者也. 陳良, 楚產也, 悅周公 · 仲尼之道, 北學於中國. 北方之學者, 未能或之先也. 彼所謂豪傑之士也. 子之兄弟, 事之數十年, 師死而遂倍(=背)之. 昔者, 孔子沒, 3年之外, 門人治任將歸, 入揖於子貢, 相嚮而哭, 皆失聲, 然後歸. 子貢反, 築室於場, 獨居3年, 然後歸. 他日, 子夏 · 子張 · 子游, 以有若似聖人, 欲以所事孔子事之, 彊曾子. 曾子曰, ‘不可, 江漢以濯之, 秋陽以暴之, 皜皜乎不可尙已.’ 今也, 南蠻鴃舌之人, 非先王之道, 子倍子之師而學之, 亦異於曾子矣. 吾聞出於幽谷遷于喬木者, 未聞下喬木而入於幽谷者. 『魯頌』曰, ‘戎狄是膺, 荊舒是懲.’ 周公方且膺之, 子是之學, 亦爲不善變矣.” “從許子之道, 則市賈不貳, 國中無僞. 雖使5尺之童適市, 莫之或欺. 布帛長短同, 則賈相若. 麻縷絲絮輕重同, 則賈相若. 五穀多寡同, 則賈相若. 屨大小同, 則賈相若.” 曰, “夫物之不齊, 物之情也. 或相倍蓰, 或相什伯(=百), 或相千萬. 子比而同之, 是亂天下也. 巨屨小屨同賈, 人豈爲之哉. 從許子之道, 相率而爲僞者也, 惡能治國家.”

신농(神農)의 설을 실천하는 허행(許行 : 전설상의 禹를 숭상하는 農家의 주창자)이 초나라에서 등나라로 가 궐문에 이르러 등문공에게 고했다.

"원방(遠方)에 사는 저는 군주가 인정을 행한다는 얘기를 들었습니다. 원컨대 일전(一廛 : 백성이 사는 집 한 채)을 얻어 맹(氓 : 이주민)으로 살고자 합니다."

등문공이 허행에게 '일전'을 주어 거주케 했다. 그를 따르는 무리 수십 명 모두 갈의(葛衣 : 천인이 입는 毛布)를 입고 곤구직석(捆屨織席 : 짚신을 삼고 자리를 짬)하여 먹고 살았다. 당시 초나라의 유자(儒者)인 진량(陳良)의 제자인 진상(陳相)이 그의 동생 진신(陳辛)과 함께 뇌사(耒耜 : 쟁기와 보습으로 농기구를 지칭)를 짊어지고 송나라에서 등나라로 가 이같이 말했다.

"군주가 성인의 정사를 행한다는 얘기를 들었습니다. 군주 또한 성인이니 장차 성인의 백성이 되고자 합니다."

진상이 허행을 보고 크게 기뻐하면서 자신이 배운 학문을 남김없이 버리고 그에게서 배웠다. 진상이 맹자를 만나보고 허행의 설을 설명했다.

"등나라 군주는 실로 현군(賢君)이기는 하나 아직 도를 듣지 못했습니다. 현자는 백성들과 더불어 병경(竝耕 : 함께 농사지음)하며 먹고, 옹손(饔飧 : 조반과 석식)을 손수 지어먹으며 나라를 다스립니다. 지금 등나라에는 창름(倉廩 : 곡식창고)과 부고(府庫 : 재물창고)가 있습니다. 이는 백성을 괴롭혀 자신을 봉양하는 것입니다. 그러니 어찌 진정한 현군이라고 할 수 있겠습니까."

맹자가 물었다.

"허자(許子)는 반드시 손수 농사를 지어 밥을 해 먹소."

"그렇습니다."

"허자는 반드시 손수 베를 짜서 옷을 해 입소."

"아닙니다. 허자는 갈의를 입습니다."

"허자는 관(冠)을 쓰오."

"관을 씁니다."

"어떤 관을 쓰오."

"흰 비단으로 된 관을 씁니다."

"손수 그것을 짜오."

"아닙니다. 곡식을 주고 바꿔옵니다."

"허자는 어째서 손수 짜지 않는 것이오."

"농사짓는 데 방해가 되기 때문입니다."

"허행은 부증(釜甑 : 가마솥과 시루)으로 밥을 짓고, 쇠붙이 농기구로 밭을 가오."

"그렇습니다."

"손수 그것을 만드오."

"아닙니다. 곡식을 주고 바꿔옵니다."

맹자가 물었다.

"곡식을 주고 계기(械器 : 가마솥과 시루 등의 기구)를 바꾼다고 하여 도야(陶冶 : 여기서는 도공과 대장장이)를 해치지는 않소. '도야' 또한 그 '계기'를 가지고 곡식과 바꾼다고 하여 어찌 농부를 해칠 리 있겠소. 허자는 어째서 손수 '도야(陶冶 : 여기서는 도기와 철기)'를 만들어 단지 그 모든 것을 궁중(宮中 : 집안으로 '宮'은 일반 집을 의미)에 가져다 쓰지 않고 분분연(紛紛然 : 번거로움)히 백공(百工)들과 교역을 하는 것이오. 어찌하여 허자는 그런 번거로움을 마다치 않는 것이오."

진상이 대답했다.

"백공들이 하는 일은 원래 농사를 지으며 할 수 있는 일이 아닙니다."

그러자 맹자가 이같이 말했다.

"그렇다면 천하를 다스리는 일만 유독 농사를 지으면서 할 수 있다는 것이오. 세상에는 대인(大人 : 위정자)이 할 일과 소인(小人 :

농 · 공 · 상의 생산자)이 할 일이 따로 있소. 한 사람의 몸에는 백공이 제작한 물건이 모두 필요하오. 만일 사람마다 반드시 모든 것을 손수 만들어 사용해야 한다면 이는 천하인을 지치도록 이끄는 길이오. 그래서 옛 말에 이르기를, '혹자는 노심(勞心 : 마음을 수고롭게 함)하고, 혹자는 노력(勞力 : 몸을 수고롭게 함)한다' 고 한 것이오. 본래 노심자(勞心者)는 치인(治人 : 남을 다스림)하고, 노력자(勞力者)는 치어인(治於人 : 남으로부터 다스림을 받음)하는 법이오. 치어인자(治於人者)는 사인(食人 : 남을 먹여줌)하고, 치인자(治人者)는 식어인(食於人 : 남으로부터 먹을 것을 얻음)하게 되오. 이는 천하의 통의(通義 : 시공을 뛰어넘는 공통원리)요.

요(堯)의 시대에는 천하가 평안하지 못했소. 홍수가 횡류(橫流)하여 천하에 범람(氾濫)하고, 초목이 창무(暢茂 : 무성)하고, 금수가 번식(繁殖)하고, 오곡(五穀 : 벼 · 수수 · 피 · 보리 · 콩)이 부등(不登 : 여물지 못함)하고, 금수가 핍인(偪人 : 사람을 위협함)하고, 수제조적(獸蹄鳥跡 : 들짐승과 날짐승의 발자국)의 흔적이 중국(中國 : 중원)에 어지럽게 나 있었소. 이때 요 한 사람만이 이를 근심하여 순(舜)을 기용해 부치(敷治 : 선정을 널리 폄)하게 했소. 그러자 순이 익(益)에게 불을 관장하게 했소. 익이 산택(山澤)에 불을 질러 태우자 금수가 도망하여 숨었소. 이어 우(禹)가 구하(九河 : 중원의 9개 강)를 소통시켰소. 그는 제수(濟水)와 탑수(漯水 : '제수' 와 '탑수' 모두 황화의 대표적인 지류)를 소통시켜 해(海 : 여기서는 발해를 지칭)로 주입시키고, 여수(汝水)와 한수(漢水)의 물길을 트고, 회수(淮水)와 사수(泗水)를 배수하여 강(江 : 장강)으로 주입시켰소. 그런 뒤에 중국이 곡식을 먹을 수 있었소. 당시 우는 8년 동안 집 밖에 머물며 3번이나 집 문 앞을 지나면서도 들어가지 않았소. 그러니 설령 손수 농사를 짓고자 했을지라도 그것이 과연 가능했겠소.

후직(后稷 : 주나라의 시조로 요 때 농사를 관장)이 백성들에게 가색

(稼穡 : 심고 거둠)을 가르쳐 오곡을 수예(樹藝 : 심고 가꿈)하게 했소. 오곡이 익자 민인(民人)이 이를 배불리 먹고 잘 육성되었소. 그러나 백성은 포식난의(飽食暖衣 : 배불리 먹고 따스하게 입음)하면서 일거무교(逸居無敎 : 편히 지내며 가르침을 받지 못함)하게 되면 곧 금수에 가깝게 되오. 성인은 이를 근심하여 설(契 : 우 때의 대신)로 하여금 사도(司徒 : 교육담당)를 맡아 인륜을 가르치게 했소. 이에 부자유친(父子有親 : 부자 사이에 친애함이 있음)과 군신유의(君臣有義 : 군신 사이에 의리가 있음), 부부유별(夫婦有別 : 부부 사이에 구별이 있음), 장유유서(長幼有序 : 어른과 아이 사이에 차례가 있음), 붕우유신(朋友有信 : 붕우 사이에 믿음이 있음)이 나타나게 되었소. 방훈(放勳 : 요의 號)이 이르기를, '백성들을 위로하여 따라오게 하고, 바로잡아 펴주고, 보완해 도와주어 스스로 본성을 깨닫게 하고, 또 따라서 은혜를 베풀어준다' 고 했소. 성인이 백성을 걱정하는 것이 이와 같았으니 어느 겨를에 농사를 지을 수 있었겠소.

요는 순과 같은 사람을 얻지 못하는 것을 자신의 근심으로 삼았고, 순은 우와 고요(皐陶)와 같은 사람을 얻지 못하는 것을 근심으로 삼았소. 1백 무(畝)의 땅을 다스리지 못하는 것을 자신의 근심으로 삼은 사람은 농부였소. 남에게 재물을 나눠주는 것을 혜(惠), 남에게 선을 가르쳐 주는 것을 충(忠), 천하인을 위해 인재를 얻는 것을 인(仁)이라고 하오. 그래서 천하를 남에게 주기는 쉬워도 천하인을 위해 인재를 얻는 것은 어려운 것이오. 공자가 이르기를, '위대하구나, 요의 군주다움이여. 오직 하늘이 위대하니 요는 그것을 본받았다. 탕탕(蕩蕩 : 넓고 넓음)하여 백성들이 능히 그 덕을 명명(命名 : 형용)할 수 없었다. 외외(巍巍 : 높고 높음)하여 천하를 소유하고도 사사롭지 않았다' 고 했소. 요 · 순이 천하를 다스리면서 어찌 용심(用心 : 마음을 씀)하지 않았겠는가만 농사짓는 데 용심하지는 않았소. 나는 화하(華夏 : 중원)의 문화로 만이(蠻夷)의 문화를 변화시켰다는 얘기는 들

없어도 화하가 만이에 의해 변화되었다는 말은 듣지 못했소. 진량은 초산(楚産 : 초나라 출신)이지만 주공과 공자의 도를 좋아해 북쪽으로 중국에 와 공부했소. 북방의 학자들 중 아직 그보다 뛰어난 사람이 없었으니 그는 소위 호걸지사(豪傑之士 : 걸출한 선비)라 할 만하오. 그대 형제는 그를 섬기기를 수십 년 동안 하다가 스승이 죽자 마침내 배반하고 말았소.

옛날 공자가 몰(沒)하자 3년이 지난 뒤 문인(門人)들이 모두 짐을 챙겨 장차 고향으로 돌아가려고 했소. 이들은 떠나기에 앞서 안으로 들어가 자공(子貢)에게 절을 하고 서로 마주보며 통곡하다가 이내 모두 실성(失聲 : 목이 쉼)한 뒤에 돌아갔소. 이때 자공은 다시 돌아와 스승의 묘가 있는 곳에 여막을 짓고 홀로 3년을 시묘(侍墓)한 연후에 돌아갔소. 훗날 자하(子夏)와 자장(子張), 자유(子游)가 유약(有若)이 공자와 닮았다는 이유로 공자를 섬기던 예로써 그를 섬길 생각으로 증자에게 이를 강청(彊請)했소. 그러자 증자가 반대하기를, '불가하오. 선생의 덕은 강한(江漢 : 장강과 한수)의 물로 씻고, 추양(秋陽 : 가을볕)에 쪼여 호호(皜皜 : 희디 흼)하기 짝이 없으니 덧붙일 게 없소' 라고 했소. 지금 남만(南蠻)의 격설지인(鴃舌之人 : 왜가리소리 하는 자로 허행을 지칭)이 선왕의 도를 비난하고 있는데도 그대는 도리어 스승을 배반하고 그것을 배우니 그대의 자세는 증자와 다르오. 나는 새가 유곡(幽谷 : 깊은 골짜기)에서 나와 교목(喬木 : 높은 나무)으로 옮겨간다는 말은 들었어도 교목에서 내려와 유곡으로 들어간다는 말은 듣지 못했소. 『시경』 [노송(魯頌) · 비궁(閟宮)]에 이르기를, '융적(戎狄 : 서쪽과 북쪽의 만이)을 치고 형서(荊舒 : 남쪽 초나라와 한수 일대의 소국들)를 응징했네' 라고 했소. 주공조차도 만이들을 응징했는데 그대는 오히려 만이의 것을 배우고 있으니 이 또한 제대로 변화하지 못한 것이오."

그러자 진상이 말했다.

“허자의 도를 따르면 시장에 두 가지 물건 가격이 없게 되고, 나라 안에 거짓이 없게 됩니다. 비록 오척지동(五尺之童 : 5척의 어린아이)을 시장에 보낼지라도 혹여 그를 속이고자 하는 자가 없을 것입니다. 포백(布帛 : 마포와 비단)은 장단(長短 : 길이)이 같으면 값이 서로 같고, 마루사서(麻縷絲絮 : 삼과 실, 생사, 솜)는 경중(輕重 : 무게)이 같으면 값이 서로 같고, 오곡은 다과(多寡 : 분량)가 같으면 값이 서로 같고, 신발은 대소(大小 : 크기)가 같으면 값이 서로 같을 것입니다.”

맹자가 반박했다.

“대개 사물들이 서로 똑같지 않은 것은 물건의 실정이오. 그래서 같은 것인데도 서로 혹은 배사(倍蓰 : 2배와 5배), 혹은 십백(什百 : 10배와 1백 배), 혹은 천만(千萬 : 1천 배와 1만 배)의 차이가 나는 것이오. 그대는 물건을 평하면서 비동(比同 : 양의 차이만 따져 같은 것으로 간주함)하니 이는 천하를 어지럽히는 짓이오. 만일 거구소구(巨屨小屨 : 여기서는 질적인 차이가 나는 크고 작은 신발을 의미)가 오직 크기가 같다는 이유만으로 값이 같다면 사람들이 어찌 정교한 신발을 만들려고 하겠소. 허자의 도를 따르는 것은 곧 서로를 이끌어 거짓을 일삼는 짓에 불과하오. 그러고도 어찌 나라를 능히 다스릴 수 있겠소.”

이 장에 나오는 뇌사耒耜는 당시 나무로 만들어졌다. ‘뇌사’는 쟁기와 보습의 원시형을 말한다. 원래 쟁기를 뜻하는 ‘뇌耒’와 보습을 뜻하는 ‘사耜’는 다른 것이다. 그러나 전국시대의 맹자를 비롯한 고대인들은 ‘뇌’와 ‘사’를 제대로 구분치 못했다. 이 장에서 ‘진량의 제자인 진상이 그의 동생 진신과 함께 뇌사를 짊어지고 송나라에서 등나라로 갔다’고 표현한 것이 그 실례이다. 이로 인해 후대인들은 ‘뇌사’를 하나의 농기구로 생각해 ‘뇌’는 쟁기의 윗부분, '사'는 쟁기의 아랫부분으로 해석했다.

그러나 원래 '뇌'는 손으로 밭을 갈 때 쓰는 굽은 나무를 뜻한다. 처음에는 천연적인 굽은 나무를 찾아 썼으나 후에는 나무를 구부려 만들었다. '뇌'는 상단은 구부러졌고 하단은 갈라져 있다. 이에 반해 '사'는 하단이 하나의 둥근 평판平板으로 이뤄진 별개의 농기구를 말한다. 후대에는 청동판이나 철편鐵片을 박아넣게 됨에 따라 '리犁 : 쟁기'의 전신이 되었다. 이후 사람들이 '뇌사'를 병칭해 사용하자 '뇌사'는 모든 농기구를 뜻하는 말로 전용되었다.

농가인 허행에 관한 일화는 다른 문헌에 나오지 않는 것이다. 이 장을 통해 당시 맹자가 묵가 및 양주의 무리 못지않게 농가에 대해서도 매우 비판적이었음을 알 수 있다. 치국평천하를 근본으로 삼는 유가의 대표자를 자처한 맹자의 농가에 대한 비판이 자못 신랄하다. 능력에 따른 분업을 강조한 맹자의 주장이 타당한 것임은 말할 것도 없다.

5-5

墨者夷之, 因徐辟而求見孟子. 孟子曰, "吾固願見, 今吾尙病, 病愈, 我且往見, 夷子不來." 他日, 又求見孟子. 孟子曰, "吾今則可以見矣. 不直則道不見. 我且直之. 吾聞夷子墨者, 墨之治喪也, 以薄爲其道也. 夷子思以易天下, 豈以爲非是而不貴也. 然而夷子葬其親厚, 則是以所賤事親也." 徐子以告夷子. 夷子曰, "儒者之道, 古之人若保赤子, 此言何謂也. 之則以爲愛無差等, 施由親始." 徐子以告孟子. 孟子曰, "夫夷子信以爲人之親其兄之子爲若親其鄰之赤子乎. 彼有取爾也. 赤子匍匐將入井, 非赤子之罪也. 且天之生物也, 使之一本, 而夷子2本故也. 蓋上世嘗有不葬其親者, 其親死, 則擧而委之於壑. 他日過之, 狐狸食之, 蠅蚋姑嘬之, 其顙有泚, 睨而不視. 夫泚也, 非爲人泚, 中心達於面目. 蓋歸反虆梩而掩之. 掩之誠是也, 則孝子仁人之掩其親, 亦必有道矣." 徐子以告夷子. 夷子憮然, 爲閒, 曰, "命之矣."

묵자(墨者 : 墨家의 인물)인 이지(夷之 : '夷'가 성, '之'가 이름)가 맹자의 제자 서벽(徐辟)을 통해 맹자를 보고자 했다. 맹자가 말했다.

"나 또한 실로 만나보고 싶지만 지금은 병중에 있으니 병이 나은 뒤 내가 장차 찾아가 만나볼 것이다. 이자(夷子 : 이지)는 올 것이 없다."

이후 또 맹자를 만나려고 하자 맹자가 말했다.

"내가 이제는 만날 수 있다. 그러나 내가 그를 바로잡지 않으면 도가 드러나지 않을 것이다. 내가 우선 그를 바로잡도록 하겠다. 내가 듣건대 이자는 묵자(墨者)라고 하는데 묵자의 치상(治喪)은 박장(薄葬 : 검소한 상례)을 도로 삼는다. 이자는 묵자의 도로써 역천하(易天下 : 여기서는 천하의 풍속을 바꾼다는 뜻임)하려는 생각을 갖고 있다. 그러니 어찌 묵자의 도가 옳다고 생각해 귀하게 여기지 않겠는가. 그런데도 이자는 친상을 당해 후장(厚葬 : 성대한 상례)을 했다. 이는 그 자신이 천하게 여기는 '후장'의 방법으로 그 어버이를 섬긴 셈이다."

서벽이 이 말을 이자에게 전했다. 이자가 말했다.

"유자(儒者)의 도에 따르면 옛 사람은 백성을 '약보적자(若保赤子 : 어린아이를 보호하듯 함)' 했다고 했다. 이 말은 무엇을 뜻하는 것인가. 나는 사랑에는 차별이 없고, 사랑의 베풂은 어버이로부터 시작한다는 뜻이라고 생각한다."

서벽이 이 말을 맹자에게 전하자 맹자가 이같이 말했다.

"이자는 실로 사람들이 자신의 조카를 이웃집 아이처럼 사랑한다고 여기는 것인가. 『서경』 [주서 · 강고(康誥)]에 나오는 '약보적자'는 원래 이지의 해석과는 다른 뜻을 취한 것이다. 이는 적자(赤子 : 백성을 상징)가 포복(匍匐 : 기어감)하여 장차 입정(入井 : 우물에 빠진다는 뜻으로 백성들이 죄를 짓는 것을 상징)하는 것이 적자의 죄가 아니라는 것을 말한 것이다. 나아가 그는 하늘이 만물을 내면서 일본(一本 : 근본을 하나로 했다는 뜻으로 어버이는 하나라는 의미임)으로 했는데도 이를 이본(二本 : 남의 어버이를 자신의 어버이처럼 여겨야 한다는 묵가의 겸애설을 지칭)으로 여기는 잘못을 범했다. 개상세(蓋上世 : 오랜 상고시대)에 일찍이 그 어버이를 장례지내지 않은 자가 있었다. 그는 어버이가 죽자 들어다가 골짜기에 내버렸다. 나중에 그곳을 지나면서 보니 시신을 호리(狐狸 : 여우와 살쾡이)가 뜯어먹고, 승예(蠅蚋 : 파리와 등에)가 모여들어 빨아먹고 있었다. 이마에 진땀을 흘린 채 흘겨보며 차마 똑바로 쳐다보지 못했다. 무릇 진땀을 흘린 것은 남이 보기 때문이 아니라 중심(中心 : 아픈 마음)이 면목(面目 : 얼굴)에 드러났기 때문이다. 그래서 그는 집으로 돌아온 뒤 유리(虆梩 : 들것과 삼태기)에 흙을 담아가지고 가 시신을 엄폐(掩蔽 : 덮어 가림)했다. 시신을 엄폐한 것이 실로 옳다면 효자와 인인(仁人)이 그의 어버이를 엄폐하는 데에도 틀림없이 도리가 있을 것이다."

서벽이 이 말을 이자에게 전하자 이자가 무연(憮然 : 망연자실함)히 위간(爲間 : 한동안) 있다가 이같이 차탄(嗟歎)했다.

"맹자가 나를 가르쳐 주셨다."

다산은 앞 대목에 나오는 '아차왕견我且往見, 이자불래夷子不來'의 구두점과 관련해 맹자의 말은 '아차왕견'에서 끝나는 것으로 보아야 한다고 주장했다. 이에 대해 조기와 주희 등은 '이자불래'까지 맹자의 말로 간주해 '불래不來'를 '물래勿來'로 풀이했다. 문맥상 조기 등의 주석이 보다 자연스럽다.

이 장을 두고 주희는 풀이하기를, '맹자는 본심지명本心之明을 통해 이자가 배운 것의 가려진 바를 공격한 것이다. 이로 인해 맹자의 말이 쉽게 먹히고 이자의 의혹이 쉽게 풀린 것이다' 라고 했다. 대략 문의에 부합한다.

제6절 [등문공(滕文公) 하]편

6-1

陳代曰, “不見諸侯, 宜若小然. 今一見之, 大則以王, 小則以霸. 且『志』曰, ‘枉尺而直尋.’ 宜若可爲也.” 孟子曰, “昔齊景公田, 招虞人以旌, 不至, 將殺之. ‘志士不忘在溝壑, 勇士不忘喪其元.’ 孔子奚取焉. 取非其招不往也. 如不待其招而往, 何哉. 且夫枉尺而直尋者, 以利言也. 如以利, 則枉尋直尺而利, 亦可爲與. 昔者, 趙簡子使王良與嬖奚乘, 終日而不獲一禽. 嬖奚反命曰, ‘天下之賤工也.’ 或以告王良, 良曰, ‘請復之.’ 彊而後可, 一朝而獲10禽. 嬖奚反命曰, ‘天下之良工也.’ 簡子曰, ‘我使掌與女乘.’ 謂王良, 良不可曰, ‘吾爲之範我馳驅, 終日不獲一, 爲之詭遇, 一朝而獲十. 『詩』云, 不失其馳, 舍矢如破. 我不貫與小人乘, 請辭.’ 御者且羞與射者比. 比而得禽獸, 雖若丘陵, 弗爲也. 如枉道而從彼, 何也. 且子過矣. 枉己者, 未有能直人者也.”

맹자의 제자 진대(陳代)가 말했다.

“제후들을 만나보지 않는 것은 사소한 일인 듯합니다. 지금 한번 만나보면 크게는 왕자(王者), 작게는 패자(覇者)로 만들 수 있습니다. 『지(志)』에 이르기를, ‘왕척직심(枉尺直尋 : 한 자를 굽혀 한 길을 폄)’이라고 했습니다. 의당 해봄직한 일인 듯합니다.”

맹자가 말했다.

"옛날 제경공(齊景公)이 전(田 : 여기서는 사냥)하면서 우인(虞人 : 사냥터 관리인)을 정(旌 : 대부를 부를 때 쓰는 깃털 장식의 깃발)을 사용해 불렀으나 우인이 오지 않자 장차 그를 죽이려 한 일이 있었다. 이를 두고 공자가 칭찬하기를, '지사(志士)는 죽어서 구학(溝壑)에 던져질 수 있음을 잊지 않고, 용사(勇士)는 전사해 원(元 : 머리)이 베어질 수 있음을 잊지 않는다' 고 했다. 공자가 우인의 어떤 점을 취했겠는가. 옳은 방법으로 부르지 않으면 가지 않은 것을 취한 것이다. 그러니 내가 합당한 방법으로 부르는 것을 기다리지 않고 간다면 과연 어떻겠는가. 또한 '왕척직심' 은 이익을 가지고 말한 것이다. 이익만을 가지고 따질 경우 '왕심직척(枉尋直尺 : 한 길을 굽혀 한 자를 폄)'이 이익이 된다면 과연 이를 행해도 가하겠는가. 옛날 조간자(趙簡子 : 춘추시대 말기 晉나라의 집정대부 趙鞅)가 마차를 잘 모는 왕량(王良)에게 명하여 자신의 총신인 해(奚)와 함께 수레를 타고 나가 사냥을 하게 했다. 그러나 종일토록 한 마리의 짐승도 잡지 못했다. 총신인 해가 돌아와 복명(復命)하기를, '천하의 천공(賤工 : 형편없는 재주를 가진 자)입니다' 라고 했다. 혹자가 이 말을 왕량에게 전하자 왕량이 다시 하자고 청했다. 결국 강요하다시피 하여 총신인 해의 승낙을 얻어 함께 사냥을 나서게 되었다. 일조(一朝 : 하루아침)에 10마리의 짐승을 잡게 되자 총신인 해가 복명하기를, '천하의 양공(良工)입니다' 라고 했다. 이에 조간자가 말하기를, '내가 그로 하여금 너와 함께 수레에 타도록 하겠다' 고 한 뒤 왕량에게 이를 말했다. 그러자 왕량이 이를 사양하면서 말하기를, '제가 그를 위해 범아치구(範我馳驅 : 법도대로 내가 말 몰았다는 뜻임)했더니 종일토록 한 마리의 짐승도 잡지 못했습니다. 이번에는 그를 위해 궤우(詭遇 : 부정하게 방법으로 기회를 만들어 줌)를 행하자 일조에 10마리의 짐승을 잡았습니다. 『시경』 [소아 · 거공(車攻)]에 말 달리는 법도를 잃지 않자 화살이 격파하듯 명중한다는 구절이 있습니다. 저는 소인배와 함께 수레를 타는 데

익숙하지 않아 청컨대 사양코자 합니다'라고 했다. 어자(御者 : 마부)조차 법도를 무시하고 사자(射者 : 활 쏘는 사람)와 더불어 비(比 : 阿黨)하는 것을 수치스럽게 생각했다. 이에 법도를 무시하고 사자와 영합하면 구릉(丘陵 : 언덕)같이 많은 짐승을 잡을 수 있는데도 그리하지 않았다. 그런데 내가 도를 굽혀 제후들을 따른다면 과연 어떻겠는가. 이 또한 네가 잘못이다. 자기 몸을 굽힌 자가 능히 남을 바르게 한 경우는 없었다."

이 장에 범아치구範我馳驅와 궤우詭遇, 왕심직척枉尋直尺 등의 성어가 나오게 되었다. '법아치구'와 '궤우'는 당시의 사도射道에서 나온 말이다. 이는 구체적으로 무엇을 말하는 것일까. 당시 사냥을 할 때는 짐승을 마주보며 말을 몰거나 짐승과 나란히 달리는 것이 하나의 예절이었다. 짐승의 정면을 향해 말을 몰 때 수레를 향해 돌진하거나 등을 보이고 달아나는 것은 쏘아도 되지만 옆으로 비껴 도망가는 것은 쏘지 않았다. 이로 인해 사수가 잡을 수 있는 짐승의 숫자는 매우 제한되어 있었다. 이런 '사도'를 정해놓은 것은 무분별한 포획을 막기 위한 것이었다. '범아치구'는 바로 조간자趙簡子의 어자御者인 왕량王良이 법대로 말을 몰아 총신인 해奚가 종일토록 한 마리의 짐승도 잡지 못한 것을 말한다. 이에 반해 '궤우'는 왕량이 부정한 방법으로 말을 몰아 해로 하여금 문득 10마리의 짐승을 잡게 만든 것을 뜻한다. 왕량은 『춘추좌전』 [노애공 2년]조에 나오는 조간자의 어자 우무휼郵無恤 : 子良과 동일 인물인 것으로 짐작된다. 왕량은 성이 왕王, 이름이 '무휼無恤', 자가 '량良'인 '우郵' 땅의 대부일 공산이 크다.

이 장의 '왕심직척'은 힘을 축적하기 위해 시의를 좇아 권변權變하는 패도를 상징한다. 맹자가 이 장에서 왕량과 우인虞人의 예를 들어 시류에 아당阿黨하지 않는 자신의 강의剛毅한 기개를 설명코자 한 것은 바로 '왕심직척'의 논리를 반박하기 위한 것이었다. 왕도를 주장한 맹자로서는 '왕심직척'의 논리를 받아들일 수 없었던 것이다.

이 장을 두고 남송대의 양시楊時는 풀이하기를, '고인들은 도가 행해지지 못할지언정 거취를 가벼이 하지 않았다. 이에 공자와 맹자는 비록 춘추전국시대에 있었지만 나아가기를 반드시 정도로써 하여 끝내 도가 행해지지 못한 와중에 세상을 떠난 것이다. 거취를 생각지 않고 도를 행할 수 있다면 공자와 맹자는 마땅히 먼저 행했을 것이다'라고 했다. 맹자가 말한 취의에 부합한다. 그러나 이 논리가 지나친 도덕주의에 입각한 것임은 말할 것도 없다.

6-2

景春曰, "公孫衍 · 張儀, 豈不誠大丈夫哉. 一怒而諸侯懼, 安居而天下熄." 孟子曰, "是焉得爲大丈夫乎. 子未學禮乎. 丈夫之冠也, 父命之. 女子之嫁也, 母命之, 往送之門, 戒之曰, '往之女家, 必敬必戒, 無違夫子.' 以順爲正者, 妾婦之道也. 居天下之廣居, 立天下之正位, 行天下之大道. 得志, 與民由之, 不得志, 獨行其道. 富貴不能淫, 貧賤不能移, 威武不能屈, 此之謂大丈夫."

종횡가(縱橫家 : 합종연횡의 유세가)인 경춘(景春)이 말했다.

"공손연(公孫衍 : 5국의 재상을 역임한 위나라의 종횡가) · 장의(張儀 : 합종책을 주장한 蘇秦과 달리 연횡책을 주장해 진나라의 재상을 지낸 종횡가)는 어찌 실로 대장부(大丈夫)가 아니겠습니까. 일노(一怒 : 한번 화를 냄)하자 천하의 제후들이 두려워하고, 안거(安居)하자 천하가 잠잠해졌습니다."

맹자가 반박했다.

"이 어찌 대장부라 할 수 있겠는가. 그대는 예를 배우지 않았는가. 장부가 관례(冠禮 : 성인식)를 행할 때는 부친이 명(命 : 훈계)한다. 또 여자가 시집갈 때는 모친이 명하니 시집가는 딸을 문간까지 전송하면서 타이르기를, '시가에 가서 반드시 경계(敬戒 : 공경하고 경계함)하여 부자(夫子 : 남편)를 어기는 일이 없도록 하라' 고 한다. 순종을 정도(正道)로 삼는 것이 첩부(妾婦)의 도리이다. 천하의 광거(廣居 : 넓은 집으로 仁을 의미)에 거처하고, 천하의 정위(正位 : 바른 자리로 禮를 의미)를 세우고, 천하의 대도(大道 : 큰 도로 義를 의미)를 행해야 한다. 득지(得志 : 뜻을 얻는다는 뜻으로 出仕를 의미)해서는 백성들과 함께 그 도를 행하고, 득지하지 못했을 뜻에는 홀로 그 도를 행한다. 부귀해져도 마음을 방탕하게 하지 않고, 빈천한 상황에도 의지가 변치 않고, 위무(威武)에도 굴하지 않아야 한다. 이런 사람을 대장부라고 이르는 것이다."

맹자는 이 장에서는 대장부에 대해 그 나름의 독특한 정의를 내리고 있다. 당시에도 대장부는 경춘의 말처럼 일노一怒로 천하의 제후들을 두렵게 만드는 사람을 지칭하는 것으로 인식되었다. 맹자는 바로 이런 통상적인 대장부 개념을 강력 반박하고 나선 것이다. 맹자의 정의가 대장부의 본의에 부합하는 것임은 말할 것도 없다.

6-3

周霄問曰, "古之君子仕乎." 孟子曰, "仕. 『傳』曰, '孔子三月無君, 則皇皇如也, 出疆必載質(=贄).' 公明儀曰, '古之人三月無君則弔.'" "三月無君則弔, 不以急乎." 曰, "士之失位也, 猶諸侯之失國家也. 『禮』曰, '諸侯耕助, 以供粢盛. 夫人蠶繅, 以爲衣服. 犧牲不成, 粢盛不潔, 衣服不備, 不敢以祭. 惟士無田, 則亦不祭.' 牲殺器皿衣服不備, 不敢以祭, 則不敢以宴, 亦不足弔乎." "出疆必載質, 何也." 曰, "士之仕也, 猶農夫之耕也. 農夫豈爲出疆, 舍其耒耜哉." 曰, "晉國, 亦仕國也, 未嘗聞仕如此其急. 仕如此其急也, 君子之難仕, 何也." 曰, "丈夫生而願爲之有室, 女子生而願爲之有家, 父母之心, 人皆有之. 不待父母之命 · 媒妁之言, 鑽穴隙相窺, 踰牆相從, 則父母國人皆賤之. 古之人未嘗不欲仕也, 又惡不由其道. 不由其道而往者, 與鑽穴隙之類也."

위나라 사람 주소(周霄)가 물었다.

"옛 군자는 출사(出仕 : 벼슬을 함)했습니까."

맹자가 대답했다.

"출사했소. 『전(傳 : 전해오는 기록)』에 이르기를, '공자는 세 달이 되도록 무군(無君 : 군주가 보위에서 물러나 고국을 떠날 경우 석 달 동안 喪禮를 행한 것을 의미)이면 황황(皇皇 : 허둥댄다는 뜻으로 皇은 遑과 통함)해했고, 출강(出疆 : 국경을 벗어나 다른 나라로 감)할 때는 반드시 지(質 : 폐백)를 싣고 갔다' 고 했소. 또 공명의(公明儀)는 말하기를, '옛 사람은 세 달이 되도록 무군이면 당사자를 조문(弔問 : 여기서는 위문)했다' 고 했소."

주소가 물었다.

"세 달이 되도록 무군이면 조문하는 것은 너무 급하지 않습니까."

맹자가 대답했다.

"선비의 실위(失位 : 직위를 잃음)는 제후의 실국가(失國家 : 나라를 잃음)와 같소. 『예기』에 이르기를, '제후는 친히 경조(耕助 : 밭갈이에 참여함)하여 자성(粢盛 : 제사용 곡식)을 대고, 부인은 잠소(蠶繅 : 누에를 치고 고치를 켬)하여 제사용 의복을 만든다. 희생(犧牲 : 제사용 짐승)이 제대로 자라지 않고, 자성이 정결하지 못하고, 의복이 마련되지 못하면 감히 제사를 지내지 못한다. 선비 또한 제전(祭田 : 제사용 곡식을 대는 田地)이 없으면 제사를 지내지 못한다' 고 했소. 생살(牲殺 : 犧牲을 특별히 잡는 것을 의미)과 기명(器皿 : 祭器), 의복이 갖춰지지 못해 감히 제자를 지내지 못하면 감히 잔치를 하지 못하오. 이 또한 족히 조문을 받을 만한 일이 아니겠소."

주소가 물었다.

"그렇다면 공자가 '출강' 할 때 반드시 '지' 를 싣고 간 것은 무슨 까닭입니까."

맹자가 대답했다.

"선비의 출사는 농부의 경전(耕田)과 같소. 농부가 어떻게 '출강' 할 때 뇌사(耒耜)를 버리고 가겠소."

주소가 물었다.

"저희 진(晉 : 위나라로 전국시대 당시 한 · 위 · 조 모두 晉나라의 정통 후계를 자처했음)나라 또한 사국(仕國 : 출사할 만한 나라)이나 출사를 그토록 급히 했다는 말을 들어본 적이 없습니다. 출사를 그토록 급히 하면서 정작 군자(君子 : 맹자를 지칭) 자신이 출사에 까다롭게 구는 것은 무슨 까닭입니까."

맹자가 대답했다.

"장부가 태어나면 장차 유실(有室 : 부인을 얻음)하기를 바라고, 여자가 태어나면 장차 유가(有家 : 시가로 시집을 감)하기를 바라는 것이 부모의 마음이오. 모든 사람이 이런 마음을 갖고 있소. 그러나 부모의 명과 매작(媒妁 : 중매하는 여인)의 말을 기다리지 않고 담에 구멍을 뚫어 서로 들여다 보며 담을 넘어 서로 어울리면 부모나 국인(國人) 모두 이를 천하게 여기오. 옛 사람들이 출사를 원치 않은 것은 아니나 또한 도를 따르지 않는 것을 미워했소. 도를 따르지 않고 출사에 나서는 것은 담에 구멍을 뚫고 서로 들여다 보는 짓과 같소."

예로부터 여기의 '삼월무군즉조三月無君則弔' 구절을 두고 '석 달 동안 섬길 군주가 없으면 조문한다'는 등의 다양한 해석이 나왔으나 이런 해석은 문맥상 자연스럽지 못하다. 이에 대해 다산은 『예기』 [곡례]편의 구절을 전거로 들어 명쾌히 해석해 놓았다. 그는 풀이하기를, '옛날 군주는 실위失位하여 고국을 떠날 경우 석 달 동안 소복을 입는 상례喪禮를 행한 까닭에 상례로써 찾아가 조문하는 것을 뜻한다'고 했다. 다산의 해석이 타당하다.

여기의 '황황皇皇'을 두고 주희는 유구부득有求不得 : 구했으나 얻지 못함으로 풀이했다. 그러나 문맥상 당황한다는 뜻의 '황遑'의 가차로 보는 것이 자연스럽다. 맹자는 이 장에서 출사의 기본자세를 언급하고 있다. 바로 정도를 좇아 출사하는 것을 의미한다.

6-4

彭更問曰, "後車數十乘, 從者數百人, 以傳食於諸侯, 不以泰乎." 孟子曰, "非其道, 則一簞食不可受於人. 如其道, 則舜受堯之天下, 不以爲泰, 子以爲泰(=侈)乎." 曰, "否, 士無事而食, 不可也." 曰, "子不通功易事, 以羨補不足, 則農有餘粟, 女有餘布. 子如通之, 則梓匠輪輿, 皆得食於子. 於此有人焉, 入則孝, 出則悌, 守先王之道, 以待後之學者, 而不得食於子. 子何尊梓匠輪輿而輕爲仁義者哉." 曰, "梓匠輪輿, 其志將以求食也. 君子之爲道也, 其志亦將以求食與." 曰, "子何以其志爲哉. 其有功於子, 可食而食之矣. 且子食志乎, 食功乎." 曰, "食志." 曰, "有人於此, 毁瓦畵墁, 其志將以求食也, 則子食之乎." 曰, "否." 曰, "然則子非食志也, 食功也."

제자 팽경(彭更)이 물었다.

"후거(後車 : 뒤따르는 호위용 수레) 수십 승(乘 : 대)과 종자 수백 명을 이끌고 다니며 제후들에게 전식(傳食 : 돌아다니며 밥을 얻어먹음)하는 것은 지나치지 않습니까."

맹자가 대답했다.

"올바른 도에 따른 것이 아니라면 결코 일단사(一簞食 : 한 그릇의 밥)일지라도 남에게서 받아서는 안 된다. 그러나 만일 올바른 도에 따른 것이라면 순(舜)이 요(堯)의 천하를 물려받으면서 지나치다고 여기지 않은 것과 같다. 자네는 이것을 지나치다고 생각하는가."

팽경이 말했다.

"그것을 말한 것이 아닙니다. 선비의 무사이식(無事而食 : 공을 세운 일도 없이 밥을 얻어먹음)이 불가하다는 취지로 말한 것입니다."

맹자가 말했다.

"자네가 통공역사(通功易事 : 남의 세운 공을 융통시키고 하는 일을 바꾼다는 뜻으로 재화교환과 분업을 의미)와 연보부족(羨補不足 : 남는 것으로 부족한 부분을 보충함)을 행하지만 않으면 된다. 그리하면 농부에게는 곡식이 남아돌고, 여자들에게는 삼베가 남아돌 것이다. 만일 자네가 중간에 끼어 '통공역사'와 '연보부족'을 주관한다고 하면 재장(梓匠 : 목수)과 윤여(輪輿 : 수레를 만드는 車工) 등이 모두 자네에게 밥을 얻어먹게 될 것이다. 그때 어떤 사람이 집에 들어가서는 효도하고, 밖에 나와서는 어른을 공경하고, 선왕의 도를 지키며 후학에게 이를 전해주고 있는데도 공을 세운 게 없다는 이유로 자네에게 밥을 얻어먹을 수 없게 된다면 그것이 타당한 것인가. 자네는 어찌하여 '재장'과 '윤여'는 존중하면서 인의를 행하는 선비는 가벼이 여기는 것인가."

팽경이 물었다.

"'재장'과 '윤여'는 그 뜻이 장차 밥을 구하는 데 있습니다. 군자가 도를 행하는 것도 그 뜻이 장차 밥을 구하는 데 있다는 말입니까."

맹자가 반문했다.

"자네는 어찌하여 그 뜻을 따지는 것인가. 자네에게 공이 있어 먹여줄 만하면 그 사람을 먹여주면 되는 것이다. 그렇다면 자네는 사지(食志 : 그 뜻을 위주로 하여 밥을 먹여줌)를 할 것인가, 아니면 사공(食功 : 그 공을 위주로 하여 밥을 먹여줌)을 할 것인가."

팽경이 대답했다.

"사지(食志)를 할 것입니다."

맹자가 힐난했다.

"어떤 사람이 훼와획만(毁瓦畫墁 : 기왓장을 부수고 담장의 장식에 낙서를 함)하여 허울뿐인 공을 세웠는데도 그 뜻이 장차 밥을 구하는 데 있다면 자네는 그런 자에게도 밥을 먹여줄 것인가."

팽경이 말했다.

"아닙니다."

맹자가 반박했다.

"그렇다면 자네는 사지(食志)가 아니라 사공(食功)을 하는 것이다."

당시 맹자는 열국의 군왕에게 유세를 다니면서 늘 많은 제자들을 이끌고 다녔다. 이로 인해 맹자를 맞이하는 나라에서는 맹자뿐만 아니라 그의 제자들까지 뒷바라지를 해야만 했다. 그 부담이 간단치 않았음은 말할 것도 없다. 실제로 [공손추 하]편 제3장에 나오듯이 송나라와 설薛나라는 맹자에게 노자조로 각각 황금 70일鎰과 50일鎰을 지원했다. 맹자는 이런 대접을 당연하게 생각했다. 팽경이 문득 스승인 맹자에게 선비의 '무사이식無事而

食'을 따지고 나선 것은 바로 이 때문이었다. 통렬한 지적이 아닐 수 없다.

그럼에도 맹자는 '사지食志'와 '사공食功'의 차이를 거론하면서 자신의 행동을 합리화하고 나섰다. 주희를 비롯한 후대 유자들은 맹자의 논리에 아무런 이의도 제기하지 않은 채 이를 액면 그대로 받아들였다. 과연 제자 팽경의 지적은 잘못된 논리에 기초한 것이고 맹자의 논리는 타당한 근거 위에 서 있는 것일까.

기본적으로 제자 팽경이 선비의 '무사이식'을 거론한 것은 당시 대부분의 사람들이 맹자 일행의 '무사이식'에 대해 곱지 않은 시선을 보내고 있었음을 시사한다. 전국시대는 맹자가 추종한 '사지'의 논리가 아니라 법가와 병가 등이 추종한 '사공'의 논리가 지배한 시대였다. 그러나 맹자는 수많은 제자들을 이끌고 다니며 열국의 군왕들로부터 두터운 예우를 받았음에도 불구하고 아무런 공적을 세우지 못했다. 그럼에도 맹자는 제자인 팽경의 지적을 받자 문득 '사지'와 '사공'의 논리를 통해 자신의 행보를 '사지'로 평가하면서 자기합리화를 꾀한 것이다.

맹자가 거론한 '훼와획만毁瓦畫墁'의 비유는 제자인 팽경의 통렬한 지적을 면하기 위한 궤변이 아닐 수 없다. '훼와획만'은 결코 '사공'의 대상인 '공功'이 될 수 없다. 당시 '사공'을 추종한 법가와 병가는 명실상부한 '공'을 강조했다. 법가의 이론이 형명학形名學으로 불린 이유가 바로 여기에 있다. '사공'이 지배하는 전국시대에 무공無功에 기초한 '사지'의 논리야말로 오히려 부국강병을 추구한 열국 군왕의 입장에서 볼 때 '훼와획만'에 가깝다. 팽경도 바로 맹자 일행이 무위도식하고 있는 '무사이식'의 행위가 오히려 이들 법가 및 병가 등에게 '훼와획만'으로 평가될까 우려한 나머지 이런 질문을 한 것으로 보아야 한다.

그럼에도 맹자는 자신의 '무사이식' 행보를 '올바른 도에 따른 순舜의 행보'로 합리화한 것이다. 이런 합리화도 문제지만 법가와 병가 등이 추종한 '사공'의 논리를 '훼와획만'으로 단정한 것은 억지주장의 극치가 아닐 수 없다. '훼와획만'은 비공非功 내지 훼공毁功에 해당한다. 이는 '사공'을 강조한 법가와 병가의 입장에서 볼 때 '상공賞功'의 대상이 아니라 오히려 '형죄刑罪'의 대상인 죄罪에 해당한다. 맹자의 이런 억지논리 하에서 제자 팽경의 지적은 입론立論의 근거를 잃을 수밖에 없다. 팽경이 스승의 '훼와획만' 논리에 마지못해 수긍하는 모습을 보이자 이내 '그렇다면 자네는 사지食志가 아니라 사공食功을 하는 것이다'라고 반박하고 나선 것 또한 억지논리로 제자를 위압한 것에 불과하다. 맹자의 논리 중에는 외견상 그럴 듯하나 이처럼 비논리적인 것이 매우 많다. '훼와획만'의 비유가 그 대표적인 실례이다.

6-5

萬章問曰, "宋, 小國也. 今將行王政, 齊楚惡而伐之, 則如之何." 孟子曰, "湯居亳, 與葛爲鄰, 葛伯放而不祀. 湯使人問之曰, '何爲不祀.' 曰, '無以供犧牲也.' 湯使遺之牛羊, 葛伯食之, 又不以祀. 湯又使人問之曰, '何爲不祀.' 曰, '無以供犧盛也.' 湯使遺衆往爲之耕, 老若饋食. 葛伯率其民, 要其有酒食黍稻者奪之, 不授者殺之. 有童子以黍肉餉, 殺而奪之. 『書』曰, '葛伯仇餉.' 此之謂也. 爲其殺是童子而征之, 四海之內皆曰, '非富天下也, 爲匹夫匹婦復讎也.' '湯始征, 自葛載.' 11征而無敵於天下. 東面而征, 西夷怨. 南面而征, 北狄怨. 曰, '奚爲後我.' 民之望之, 若大旱之望雨也. 歸市者弗止, 芸者不變. 誅其君, 弔其民, 如時雨降, 民大悅.『書』曰, '徯我后, 后來其無罰.' '有攸不惟臣, 東征, 綏厥士女. 匪(=篚)厥玄黃, 紹我周王見休, 惟臣附于大邑周.' 其君子實玄黃于匪, 以迎其君子. 其小人簞食壺漿, 以迎其小人. 救民於水火之中, 取其殘而已矣.『太誓』曰, '我武惟揚, 侵于之疆, 則取于殘, 殺伐用張, 于湯有光.' 不行王政云爾. 苟行王政, 四海之內, 皆擧首而望之, 欲以爲君. 齊楚雖大, 何畏焉."

제자 만장(萬章)이 물었다.

"송나라는 작은 나라입니다. 이제 왕정(王政 : 왕도정치)을 행하려고 하는데 제나라와 초나라가 이를 미워하여 정벌하면 어찌되겠습니까."

맹자가 말했다.

"탕왕이 박(亳 : 은나라 도성)에 살 때 갈(葛)나라와 이웃하고 있었다. 갈백(葛伯 : 갈나라 군주)이 방탕하게 지내며 제사를 지내지 않자 탕왕이 사람을 보내 힐문하기를, '어찌하여 제사를 지내지 않는가' 라고 했다. 그러자 회답하기를, '제사에 바칠 희생이 없기 때문입니다' 라고 했다. 이에 탕왕이 희생으로 쓸 소와 양을 보내주었다. 그러나 갈백은 이를 잡아먹고는 또 제사를 지내지 않았다. 탕왕이 다시 사람을 보내 힐문하기를, '어찌하여 제사를 지내지 않는가' 라고 했다. 이에 회답하기를, '제사에 바칠 자성(粢盛)이 없기 때문입니다' 라고 했다. 탕왕이 박에 거주하는 사람들에게 그곳에 가서 농사를 지어주게 하고, 노약(老弱 : 노인과 어린아이)에게는 농사짓는 사람들에게 궤사(饋食 : 밖으로 음식을 내가 대접함)하게 했다. 그러나 갈백은 그의 백성을 이끌고 가 주식(酒食)과 서도(黍稻 : 기장밥과 쌀밥)를 나르던 사람들을 강요해 음식을 빼앗으면서 순순히 내주지 않는 자는 죽여버렸다. 또 어떤 동자가 서육(黍肉)을 갖고 와 먹였는데 그를 죽이고 음식을 빼앗았다.『서경』[상서 · 중훼지고(仲虺之誥)]에 이르기를, '갈백이 음식을 주는 자를 원수로 여겼다' 고 했다. 이 구절은 바로 이를 이른 것이다.

탕왕은 갈백이 그 동자를 죽였기 때문에 갈나라를 정벌했다. 이를 두고 사해지내(四海之內 : 천하인을 의미)가 모두 칭송하기를, '천하를 탐해서가 아니라 필부필부(匹夫匹婦)를 위해 복수한 것이다' 라고 했다. 탕왕은 정벌을 시작하면서 갈나라로부터 시작해 모두 11차례에 걸쳐 정벌에 나섰지만 천하에 그를 대적할 자가 없었다. 동쪽으로 정벌에 나서면 서이(西夷)가 원망했고, 남쪽으로 정벌에 나서면 북적(北狄)이 원망했다. 이들은 원망하기를, '어찌하여 우리를 뒤로 미루는가' 라고 했다. 백성들이 탕왕의 정벌을 고대하는 것이 마치 대한(大旱)에 비를 바라는 듯했다. 그러나 당시 귀시자(歸市者 : 시장에 장사하러 가는 사람)는 발길을 멈추지 않았고, 운자(芸者 : 김매는 자)는 변함없이 일을 했다. 폭정을 행하는 나라의 군주를 주벌(誅罰)하고 그 백성을 위로하자 마치 때맞춰 단비가 내린 듯이 백성들이 모두 크게 기뻐했다. 『서경』에 이르기를, '아후(我后 : 우리 군주로 주무왕을 지칭)를 기다리니 군주가 오면 형벌이 없어질 것이다' 라고 했다. 또 이르기를, '주나라에 복종하기를 거부하는 나라가 있어 동쪽을 정벌해 사녀(士女)들을 편안하게 하자 사녀들이 비궐현황(匪厥玄黃 : 검은색과 황색의 비단을 광주리에 담아 와 주무왕을 섬김)하여 큰 복을 받고 대읍(大邑) 주(周)의 신하로 복종했다' 고 했다. 군자(君子 : 위정자)는 검은색과 황색의 비단을 광주리에 채워 이쪽의 군자를 맞이했고, 소인(小人 : 백성)은 단사호장(簞食壺漿 : 대그릇 밥과 작은 병 속의 장국)을 담아와 이쪽의 소인을 맞이했다. 이는 백성을 수화(水火 : 도탄)의 가운데에서 구원하고 잔학하게 굴던 자를 잡아 처벌했기 때문이다.

『서경』 [주서 · 태서(太誓)]에 이르기를, '우리의 위엄을 떨쳐 은나라 영토를 치고 잔학한 자를 잡아 살벌(殺伐 : 죽이고 벌줌)하는 공이 크게 베풀어졌다. 그 공적이 탕왕보다 빛났다' 고 했다. '왕정(王政 : 왕도정치)' 을 실천하지 않아 그렇지 만일 '왕정' 을 행한다면 천하인이 모두 머리를 쳐들고 그가 오기를 고대하며 군주로 삼고자 할 것이다. 제나라와 초나라가 비록 강대하다고는 하나 두려워할 게 뭐 있겠는가."

이 장에 나오는 갈백葛伯의 일화는 탕湯의 하나라 정벌을 합리화하기 위해 만들어진 대표적인 설화가 아닐 수 없다. 엄밀한 의미에서 볼 때 탕이 갈나라에 대해 제사를 지내지 않는다고 힐문한 것 자체가 내정간섭이다. 나아가 자기 나라 백성을 갈나라로 보내 농사를 짓게 한 것도 따지고 보면 일종의 침략행위가 아닐 수 없다. 과거 일제가 조선을 개화시키고 조선 내 일본인의 안위를 지킨다는 명분 아래 통감부統監府를 설치해 놓고 사실상 조선을 손아귀에 틀어진 행위와 별반 다를 바가 없는 것이다. '갈백'이 탕의 이런 속셈을 몰랐을 리 없다. 그가 반발한 것은 당연지사였다. 『서경』 [중훼지고]에 나오는 '갈백이 음식을 주는 자를 원수로 여겼다'는 구절은 후대 유자들이 침략자인 탕을 미화하기 위해 만들어낸 것으로 보아야 한다.

당시 갈백이 잘못한 것으로 치면 폭군으로 단죄된 걸桀에게 충성한 죄밖에 없다. 그런데 탕은 하나라를 정벌하기 위해 우선 그 걸에게 충성을 바치는 주변국을 제압키 위해 이런 교묘한 방법을 동원했던 셈이다. 기본적으로 상商나라의 탕과 주周나라 문왕文王과 무왕武王의 정복행위는 무력을 기반으로 한 것이었다. 탕과 문·무 모두 자신들의 정복사업에 방해가 되는 주변국을 예외 없이 무력으로 정복했다. 결코 『서경』 등에 기술되어 있는 것과 같이 덕정德政으로 감복시킨 적이 없다. 학계에서는 『서경』의 58편

중 절반 가량을 후대의 위작으로 보고 있다. 후대의 유자들이 요·순·우·탕·문·무 등을 성군으로 받든 맹자의 주장을 뒷받침하기 위해 이런 가필加筆 내지 위작을 감행했을 공산이 크다.

이 장에 인용된 『서경』의 '혜아후徯我后' 구절은 일편逸篇이나 현존 『서경』의 [상서·중훼지고]편에 유사한 구절이 나온다. 맹자는 이 장에서 왕도를 행할 경우 천하통일의 주역이 될 수 있다고 역설하면서 무력만을 내세우고 있는 제·초 등의 강국을 하등 두려워할 필요가 없다고 주장하고 있다. 그의 이런 주장은 기본 취지에도 불구하고 당시 기준에서 볼 때 비현실적인 것이었음은 말할 것도 없다. 당시 열국의 군주들 중 맹자가 역설한 '왕정'을 채택한 자가 한 사람도 없었다는 사실이 이를 뒷받침한다.

여기의 '비궐현황匪厥玄黃' 구절을 두고 주희는 매색梅賾이 지은 『위고문상서僞古文尙書』의 구절을 인용해 일반 남녀가 현황玄黃의 폐백을 가지고 와 주무왕을 맞아들여 섬긴 것으로 해석했다. 이에 대해 다산은 『상서』 [무성]편을 매색의 위작으로 보아 '비궐현황'을 '제후국의 군주와 그 부인이 가지고 온 폐백'으로 보았다. 다산의 주석은 고증학적인 관점에서 뛰어난 바가 있으나 여기에 인용된 『상서』의 구절만은 놓고 볼 때는 주희의 해석이 자연스럽다.

6-6

孟子謂戴不勝曰, "子欲子之王之善與. 我明告子. 有楚大夫於此, 欲其子之齊語也. 則使齊人傅諸, 使楚人傅諸." 曰, "使齊人傅之." 曰, "一齊人傅之, 衆楚人咻之, 雖日撻而求其齊也, 不可得矣. 引而置之莊嶽之閒數年, 雖日撻而求其楚, 亦不可得矣. 子謂薛居州, 善士也, 使之居於王所. 在於王所者, 長幼卑尊皆薛居州也, 王誰與爲不善. 在王所者, 長幼卑尊皆非薛居州也, 王誰與爲善. 一薛居州, 獨如宋王何."

맹자가 송나라 관원 대불승(戴不勝)에게 말했다.

"그대는 그대의 왕이 선해지기를 바라시오. 내가 분명히 그대에게 알려주겠소. 여기 초나라 대부가 있는데 그의 아들이 제나라 말을 하기를 원할 경우 그는 제나라 사람을 시켜 가르치도록 하겠소, 아니면 초나라 사람을 시켜 가르치도록 하겠소."

대불승이 대답했다.

"제나라 사람을 시켜 가르치도록 할 것입니다."

맹자가 말했다.

"한 명의 제나라 사람이 그를 가르치는데 옆에서 여러 명의 초나라 사람들이 떠들어댄다면 비록 날마다 초달(楚撻 : 회초리로 때림)하며 제나라 말을 배우도록 요구할지라도 될 수 없을 것이오. 그러나 그를 데리고 가서 제나라 도성의 번화한 장악(莊嶽) 거리에서 몇 년 동안 지내게 하면 비록 날마다 초달하며 초나라 말을 하도록 요구해도 될 수 없을 것이오. 그대는 송나라의 설거주(薛居州)가 선사(善士 : 선한 선비)라고 해서 그를 송왕의 처소에서 지내게 했소. 송왕의 처소에 있는 자가 장유비존(長幼卑尊 : 어린아이와 어른 및 천인과 귀인)을 막론하고 모두 설거주와 같은 사람이라면 송왕이 누구와 더불어 불선(不善)을 행하겠소. 또한 송왕의 처소에 있는 자가 장유비존 모두 설거주와 같은 사람이 아니라면 송왕이 누구와 더불어 선(善)을 행하겠소. 한 명의 설거주가 홀로 송왕을 어찌할 수 있겠소."

주희는 이 장을 두고 풀이하기를, '소인은 많고 군자가 혼자이면 인군을 바로잡는 공효를 이룰 수 없음을 말한 것이다'라고 했다. 맹자가 말한 취의에 부합한다.

6-7

公孫丑問曰, "不見諸侯何義." 孟子曰, "古者, 不爲臣不見. 段干木踰垣而辟之, 泄柳閉門而不內, 是皆已甚. 迫, 斯可以見矣. 陽貨欲見孔子而惡無禮, 大夫有賜於士, 不得受於其家, 則往拜其門. 陽貨矙孔子之亡也, 而饋孔子蒸豚. 孔子亦矙其亡也, 而往拜之. 當是時, 陽貨先, 豈得不見. 曾子曰, '脅肩諂笑, 病于夏畦.' 子路曰, '未同而言, 觀其色赧赧然, 非由之所知也.' 由是觀之, 則君子之所養, 可知已矣."

공손추(公孫丑)가 물었다.

"제후들을 만나보지 않는 것은 무슨 의(義)입니까."

맹자가 대답했다.

"옛날에는 신하가 되지 않으면 군주를 만나보지 않았다. 단간목(段干木 : 전국시대 초기의 현신)은 담장을 넘어 위무후(魏武侯)를 피했고, 설류(泄柳 : 노나라의 현자로 [고자 하]편의 子柳와 동일 인물임)는 문을 닫아걸고 노목공(魯繆公)을 들이지 않았다. 이는 모두 지나쳤다. 군주가 간절히 만나 보고자 하면 만날 수 있는 것이다. 양화(陽貨)는 공자가 자신을 찾아오도록 하고 싶었으나 예를 갖추지 않았다는 비난을 듣기가 싫었다. 당시에는 대부가 선비에게 선물을 보낼 때 선비가 집에서 직접 받지 못했으면 대부의 집 문에 가서 절을 하는 것이 예의였다. 그래서 양화는 일부러 공자가 외출하고 없는 틈을 엿보아 공자에게 증시(蒸豚 : 삶은 돼지)를 선물로 보냈다. 이에 공자도 양화가 외출하고 없는 틈을 엿보아 그의 집 문에 가서 절을 했다. 당시 양화가 먼저 예를 베풀었다면 공자도 어찌 그를 만나보지 않았겠는가. 증자가 말하기를, '협견첨소(脅肩諂笑 : 고개를 숙여 몸을 수굿하게 하며 아첨하는 웃음을 흘림)하는 것이 하휴(夏畦 : 여름의 밭두둑으로 땡볕 아래서 일하는 것을 의미)보다 더 수고스럽다' 고 했다. 자로는 말하기를, '서로 뜻이 맞지 않는데도 억지로 영합하여 말하는 자를 보면 그 안색이 난난연(赧赧然 : 부끄러워 붉어짐)하다. 이는 내가 할 수 있는 바가 아니다' 라고 했다. 이로써 보건대 군자들이 어떻게 자신을 수양하는지를 가히 알 수 있다."

이 장에 인용돼 있는 양화의 일화는 『논어』 [양화]편에 나오는 것이다. 『춘추좌전』은 '양화'를 '양호陽虎'로 기록해 놓았다. 당시 주군인 계손씨季孫氏를 제압한 양화는 자신의 무리에 공자를 끌어들이기 위해 애썼으나 결국 실패하고 말았다. 주희는 이 장을 두고 풀이하기를, '성인은 예의의 중정中正이다. 이보다 지나친 자는 절박切迫에 훼손되어 넓지 못하고, 이에 미치지 못한 자는 오천汚賤에 빠져 치욕을 당하게 되는 것을 말한 것이다' 라고 했다. 문의文意에 부합한다.

6-8

戴盈之曰, "什一, 去關市之征, 今茲未能. 請輕之, 以待來年, 然後已, 何如." 孟子曰, "今有人日攘其鄰之雞者, 或告之曰, '是非君子之道.' 曰, '請損之, 月攘一雞, 以待來年, 然後已.' 如知其非義, 斯速已矣, 何待來年."

송나라 대부 대영지(戴盈之)가 물었다.

"10분의 1의 세제(稅制)와 관시(關市 : 관문과 시장)에서의 세금징수를 폐지하는 것은 금자(今茲 : 금년으로 '茲'는 '歲'의 의미)에는 불가능합니다. 일단 세액을 경감하고 내년까지 기다린 후 폐지코자 하는데 이 방안이 어떻겠습니까."

맹자가 질책했다.

"지금 어떤 사람이 날마다 이웃집의 닭을 훔치자 혹자가 그에게 말하기를, '이는 군자의 도리가 아니다' 라고 했소. 그러자 그자가 대답하기를, '훔치는 숫자를 줄여 한 달에 한 마리씩만 훔치다가 내년까지 기다린 후 그만두겠소' 라고 했소. 만일 의가 아닌 것을 안다면 속히 그만두어야지 어찌 내년까지 기다리겠다는 것이오."

금자今玆의 '자玆'가 '세歲'의 의미로 쓰인 용례는 매우 많다. 대표적인 예로 『춘추좌전』 [노선공 12년]조에서 '금자'가 '석세昔歲'에 대칭되는 의미로 사용된 경우를 들 수 있다. 이 장의 내용을 토대로 볼 때 당시 송나라 대부 대영지는 점진적인 감세減稅방안을 제시한 것으로 보인다. 그럼에도 맹자는 '월양일계月攘一雞'와 '일양일계日攘一雞'의 비유를 들어 그의 감세방안을 도심盜心의 교묘한 포장에 불과하다고 질타한 것이다. 당시 열국의 군왕들을 대상으로 즉각적인 왕도의 구현을 역설하고 다닌 맹자로서는 대영지의 제안 자체가 마음에 들지 않았을 것이다. 그러나 과연 맹자의 질타가 타당한 것일까.

격동하던 당시의 상황에 비춰볼 때 대영지의 제안을 일언지하에 '양계攘鷄'에 비유한 것은 잘못이다. 대영지는 나름대로 사안의 선후경중先後輕重을 종합적으로 고려한 합리적인 방안을 제시한 것으로 보아야 한다. 그는 일종의 점진적인 개혁방안을 제시한 셈이다. 그럼에도 맹자는 대영지의 제안을 일종의 '조삼모사朝三暮四'의 간책奸策으로 간주한 것이다. 치세와 난세를 막론하고 무조건적인 덕정德政의 시행을 강조한 왕도이념의 문제점이 극명하게 드러난 대목이 아닐 수 없다.

6-9

公都子曰, "外人皆稱夫子好辯, 敢問何也." 孟子曰, "予豈好辯哉. 予不得已也. 天下之生久矣, 一治一亂. 唐堯之時, 水逆行, 氾濫於中國, 蛇龍居之, 民無所定, 下者爲巢, 上者爲營窟, 『書』曰, '洚水警余.' 洚水者, 洪水也. 使禹治之. 禹掘地而注之海, 驅蛇龍而放之菹. 水由地中行, 江淮河漢是也. 險阻旣遠, 鳥獸之害人者消, 然後人得平土而居之. 堯舜旣沒, 聖人之道衰, 暴君代作, 壞宮室以爲汙池, 民無所安息. 棄田以爲園囿, 使民不得衣食. 邪說暴行又作, 園囿汙池沛澤多而禽獸至. 及紂之身, 天下又大亂. 周公相武王, 誅紂伐奄, 3年討其君, 驅飛廉於海隅而戮之, 滅國者50, 驅虎豹犀象而遠之, 天下大悅. 『書』曰, '丕顯哉, 文王謨. 丕承哉, 武王烈. 佑啓我後人, 咸以正無缺.' 世衰道微, 邪說暴行有作, 臣弑其君者有之, 子弑其父者有之. 孔子懼, 作『春秋』. 『春秋』, 天下之事也. 是故孔子曰, '知我者其惟『春秋』乎. 罪我者其惟『春秋』乎.' 聖王不作, 諸侯放恣, 處士橫議, 楊朱墨翟之言盈天下, 天下之言不歸楊, 則歸墨. 楊氏爲我, 是無君也. 墨氏兼愛, 是無父也. 無父無君, 是禽獸也. 公明儀曰, '庖有肥肉, 廐有肥馬. 民有飢色, 野有餓莩, 此率獸而食人也.' 楊墨之道不息, 孔子之道不著, 是邪說誣民, 充塞仁義也. 仁義充塞, 則率獸食人, 人將相食. 吾爲此懼, 閑先聖之道, 距楊墨, 放淫辭, 邪說者不得作. 作於其心, 害於其事. 作於其事, 害於其政. 聖人復起, 不易吾言矣. 昔者, 禹抑洪水而天下平, 周公兼夷狄驅猛獸而百姓寧, 孔子成『春秋』而亂臣賊子懼. 『詩』云, '戎狄是膺, 荊舒是懲, 則莫我敢承.' 無父無君, 是周公所膺也. 我亦欲正人心, 息邪說, 距詖行, 放淫辭, 以承3聖者. 豈好辯哉. 予不得已也. 能言距楊墨者, 聖人之徒也."

공도자(公都子)가 물었다.

"외인(外人)들은 모두 부자가 논쟁을 즐긴다고 합니다. 감히 묻건대 이는 어떤 까닭입니까."

맹자가 대답했다.

"내가 어찌 논쟁하기를 즐기겠는가. 나는 부득이해서 그리한 것이다. 천하에 사람이 살아온 지 오래되었으나 일치일란(一治一亂 :

한번 다스려지고 한번 혼란해짐)이 계속되었다. 요(堯)의 시대에 물이 역행(逆行)해 중국에 범람했다. 사룡(蛇龍)이 서식하자 백성들은 정착할 길이 없었다. 낮은 지대에 사는 사람은 둥지를 만들고 높은 지대에 사는 사람은 땅굴을 파 살았다. 『서경』 [우서 · 대우모(大禹謨)]에 이르기를, '홍수경여(洚水警余 : 아득하여 끝없는 물이 나를 경계함)' 라고 했다. '홍수(洚水)' 는 '홍수(洪水)' 를 말한다.

그래서 순(舜)이 우(禹)를 시켜 치수(治水)하게 했다. 우가 땅에 물길을 파 바다로 주입(注入)시키고, 사룡을 몰아 수초가 우거진 곳으로 쫓아냈다. 물이 지중(地中 : 양쪽 기슭 사이)으로 흘러갔으나 강(江 : 장강) · 회(淮 : 회수) · 하(河 : 황하) · 한(漢 : 한수)이 그것이다. 험조(險阻 : 위험과 장애)가 멀어지고 조수(鳥獸)가 사람을 해치는 일이 없어진 연후에 비로소 사람들이 평지를 얻어 살게 되었다.

요와 순이 몰(沒)하자 성인의 도가 쇠하여 폭군들이 연이어 나타났다. 백성들의 궁실(宮室 : 일반 집)을 헐어 오지(汙池 : 못)를 만들자 백성들이 안식할 곳이 없게 되었다. 또 전지(田地)를 없애 원유(園囿 : 짐승들이 노니는 동산)를 만듦으로써 백성들이 의식(衣食)을 얻지 못하게 했다. 사설폭행(邪說暴行 : 잘못된 학설과 포학한 행위)이 또 다시 나타나고 원유 · 오지 · 패택(沛澤 : 늪)이 많아지자 금수(禽獸)가 모여들게 되었다. 주(紂) 때에 이르러 천하는 다시 대란(大亂)에 빠져들었다.

주공은 무왕을 도와 폭군 주를 주벌하고, 엄(奄)나라를 정벌한 지 3년 뒤에 그 군주를 토벌하고, 비렴(飛廉 : 은왕 주의 총신)을 해우(海隅 : 바닷가 구석)로 몰아내 죽였다. 나라를 멸한 것이 50국에 달했고, 호표서상(虎豹犀象 : 범과 표범, 코뿔소, 코끼리)과 같은 맹수를 몰아 멀리 내쫓자 천하인이 크게 기뻐했다. 『서경』 [주서 · 군아(君牙)]에 이르기를, '크게 빛나는구나, 문왕의 계책이여. 크게 계승했구나, 무왕의 공렬(功烈 : 공적)이여. 우리 후세인들을 도와 계도해 주고, 모두 정도로써 하여 결함이 없게 했다' 고 했다. 세상이 쇠하고 도가 미약해져 '사설폭행' 이 또 일어나자 신하로서 군주를 시해하고, 자식으로서 부친을 시해하는 자가 있었다. 공자가 이를 두려워해 『춘추』를 지었다. 『춘추』와 같이 포폄(褒貶)을 가하는 일은 천자가 하는 일이다. 이에 공자는 이르기를, '나를 알아주는 것도 오직 『춘추』이고, 나를 죄주는 것도 오직 『춘추』이다' 라고 한 것이다.

성왕(聖王)이 나오지 않자 제후들이 방자하게 굴고 초야의 선비들은 제멋대로 떠들어댔다. 양주(楊朱)와 묵적(墨翟)의 말이 천하에 가득하여 천하의 말이 양주에게 돌아가지 않으면 묵적에게 돌아가게 되었다. 양주는 위아(爲我 : 자신만을 위함)를 주장했다. 이는 무군(無君 : 군주의 존재를 부정함)이다. 묵적은 겸애(兼愛 : 만인에 대한 차별 없는 사랑)를 주장했다. 이는 무부(無父 : 어버이를 부정함)이다. '무부무군' 을 주장하는 것은 금수와 같은 것이다. 공명의(公明儀)가 말하기를, '군왕의 주방에는 살진 고기가 있고 마구간에는 살진 말이 있는데도 백성들에게 기색(飢色 : 굶주린 氣色)이 역력하고 들에는 아부(餓莩 : 굶어죽은 시체)가 있다. 이는 짐승을 몰아 사람을 잡아먹게 하는 것과 같다' 고 했다. 양주와 묵적의 학설이 사라지지 않으면 공자의 도가 드러나지 못할 것이다. 이는 사설(邪說)이 백성을 속이고 인의(仁義)를 막는 것이다. 인의가 막히면 짐승을 내몰아 사람을 잡아먹게 하다가 끝내는 인상식(人相食 : 사람들이 서로 잡아먹음)을 초래할 것이다. 나는 이를 두려워해 선성(先聖)의 도를 보호하고, 양주와 묵적의 학설을 막고, 음사(淫辭 : 부정한 언설)를 몰아내 사설을 주장하는 자가 생겨나지 않도록 했다. 음사와 사설은 그 마음에서 시작돼 일에 해를 끼치고, 일에서 시작돼 다시 정사에 해를 끼친다. 성인이 다시 살아 나와도 내 말을 따를 것이다.

옛날 우(禹)가 홍수를 억제하자 천하가 평안(平安)해졌고, 주공이 이적을 겸병(兼并)하고 맹수를 구축(驅逐)하자 백성들이 안녕(安寧)

해졌고, 공자가 『춘추』를 짓자 난신적자(亂臣賊子 : 인륜을 해친 신하와 자식들)가 두려워했다. 『시경』 [노송 · 비궁]에 이르기를, '융적(戎狄)을 치고 형서(荊舒)를 응징하자 나를 감히 대적할 자가 없네' 라고 했다. '무부무군' 은 주공도 응징한 바 있다. 나 또한 인심(人心)을 바로잡아 사설(邪說)을 종식시키고, 피행(詖行 : 잘못된 행실)을 막고, 음사(淫辭)를 몰아내 세 분의 성인을 계승하려는 것이다. 그러니 내가 어찌 논쟁을 즐겨 그리하는 것이겠는가. 나는 부득이하여 그리하는 것일 뿐이다. 능히 양주와 묵적을 물리칠 수 있는 자는 성인지도(聖人之徒 : 성인을 따르는 무리)이다."

이 장에서 바로 맹자의 '일치일란설一治一亂說' 이 나왔다. '일치일란설' 은 [공손추 하]편 13장에 언급된 '오백세왕자흥설五百世王者興說' 과 밀접한 관련이 있다. '일치일란설' 은 맹자의 역사관을 반영한 것으로 '일치일란설' 이 총론이라면 '오백세왕자흥설' 은 각론에 해당한다. 이는 『춘추』에 대한 맹자의 독특한 해석론에서 비롯된 것이다. 주희는 이를 두고 이같이 풀이했다.

"공자가 『춘추』를 지어 난신적자를 토벌했으니, 이는 다스림을 이루는 법이 만세에 드리워진 것이다. 이 역시 일치一治에 해당한다."

역사를 도덕적으로 풀이하는 주희의 이런 해석은 결국 정통론正統論을 낳은 배경이 되었다. 정통론의 가장 큰 결점은 역사적으로 존재한 사실조차 도덕적 잣대에 의해 무화無化시킨 데 있다. 이 또한 맹자의 '일치일란설' 에서 연유한 것임은 말할 것도 없다. 역사는 치治와 란亂이 한 번씩 교대로 오는 것이 아니라 오히려 치란治亂이 뒤섞여 흘러간다고 보는 것이 타당하다. 역사를 도덕적 잣대로 재단하는 것은 마르크스류의 '역사법칙주의'와 마찬가지로 오류이다.

6-10

匡章曰, "陳仲子豈不誠廉士哉. 居於陵, 3日不食, 耳無聞, 目無見也. 井上有李, 螬食實者過半矣, 匍匐往將食之. 3咽, 然後耳有聞, 目有見." 孟子曰, "於齊國之士, 吾必以仲子爲巨擘焉. 雖然, 仲子惡能廉. 充仲子之操, 則蚓而後可者也. 夫蚓, 上食槁壤, 下飮黃泉. 仲子所居之室, 伯夷之所築與. 抑亦盜跖之所築與. 所食之粟, 伯夷之所樹與. 抑亦盜辟之所樹與. 是未可知也." 曰, "是何傷哉. 彼身織屨, 妻辟纑, 以易之也." 曰, "仲子, 齊之世家也. 兄戴, 蓋祿萬鍾. 以兄之祿爲不義之祿而不食也, 以兄之室爲不義之室而不居也, 辟兄離母, 處於於陵. 他日歸, 則有饋其兄生鵝者, 己頻顣曰, '惡用是鶃鶃者爲哉.' 他日, 其母殺是鵝也, 與之食之. 其兄自外至, 曰, '是鶃鶃之肉也.' 出而哇之. 以母則不食, 以妻則食之. 以兄之室則弗居, 以於陵則居之, 是尙爲能充其類也乎. 若仲子者, 蚓而後充其操者也."

제나라 장수 광장(匡章)이 말했다.

"진중자(陳仲子 : 제나라의 선비)는 어찌 실로 염사(廉士 : 청렴한 선비)가 아니겠습니까. 그는 어릉(於陵) 땅에 머물 때 3일 동안 먹지 못해 귀에는 들리는 게 없고, 눈에는 보이는 게 없었습니다. 당시 우물가에 있던 오얏나무에는 벌레 먹은 열매가 반이 넘었는데 중자는 기어가서 떨어진 열매를 주워 먹고 세 번을 삼킨 뒤에야 비로소 귀에 들리는 게 있고 눈에 보이는 게 있었다고 합니다."

맹자가 말했다.

"제나라의 선비 중에 나는 반드시 중자를 거벽(巨擘 : 엄지손가락)으로 여기오. 비록 그렇기는 하나 중자가 어찌 염사일 수 있겠소. 중자가 추구하는 지조를 채우려면 구인(蚯蚓 : 지렁이)이 되고 나서야 가능할 것이오. 무릇 '구인' 은 위로 고양(槁壤 : 마른 흙)을 먹고, 아래로 황천(黃泉 : 땅 속의 흐린 물)을 먹소. 중자가 거처하는 집은 백이(伯夷)가 지은 것이오, 아니면 도척(盜跖)이 지은 것이오. 그가 먹는 곡식은 백이가 심은 것이오, 아니면 도척이 심은 것이오. 이를 알 길이 없소."

광장이 말했다.

"그것이 무슨 문제가 되겠습니까. 그는 직접 신발을 짜고, 처는 삼을 길쌈하여 곡식과 바꿔 먹습니다."

맹자가 말했다.

"중자는 제나라의 세가(世家) 출신으로 형인 대(戴)가 합(蓋) 땅의 수확에서 얻는 봉록이 1만 종(鍾)이나 되오. 그런데 형의 봉록이 의롭지 못하다고 해서 그것을 먹지 않고, 형이 사는 집이 의롭지 못하다고 해서 그곳에 거처하지 않았소. 그래서 형을 피하고 어머니를 떠나 어릉에 거처한 것이오. 훗날 형의 집으로 돌아갔을 때 그 형에게 살아 있는 거위를 선물한 자가 있었소. 그는 빈축(頻顣 : 이마를 찡그림)하여 말하기를, '이 예예자(鶃鶃者 : 꽥꽥거리는 거위 소리로 거위를 지칭)를 어디에 쓸 것인가' 라고 했소. 이후 어느 날 그의 어머니가 이 거위를 잡아 그에게 먹였소. 그때 마침 형이 밖에서 돌아와 말하기를, '이것이 그 꽥꽥거리는 거위의 고기이다' 라고 하자 중자는 밖으로 나가 그것을 와(哇 : 원래는 토하는 소리로 여기서는 嘔吐를 의미)했다고 하오. 그는 어머니가 주는 것은 먹지 않으면서 아내가 주는 것은 먹고, 형의 집에서는 살지 않으면서 오릉에는 거처했소. 이러고도 오히려 그가 능히 지조를 채웠다고 할 수 있겠소. 중자와 같은 자는 '구인' 이 된 뒤에야 그 지조를 채울 수 있을 것이오."

맹자가 이 장에서 강조하는 것은 친친親親을 기초로 한 인륜人倫이다. 중자가 형을 피하고 어머니를 떠난 것은 곧 인륜을 저버린 행위라는 게 맹자의 판단이다. 내용에 비춰 광장은 묵가墨家의 무리로 보인다. 겸애兼愛를 강조하며 모든 것을 자신의 노동에 의해 해결코자 한 묵가의 무리에 대한 맹자의 지적이 매우 통렬하다.

제7절 [이루(離婁) 상]편

7-1

孟子曰, "離婁之明, 公輸子之巧, 不以規矩, 不能成方員. 師曠之聰, 不以6律, 不能正5音, 堯舜之道, 不以仁政, 不能平治天下. 今有仁心仁聞而民不被其澤, 不可法於後世者, 不行先王之道也. 故曰, '徒善不足以爲政, 徒法不能以自行.' 『詩』云, '不愆不忘, 率由舊章.' 遵先王之法而過者, 未之有也. 聖人旣竭目力焉, 繼之以規矩準繩, 以爲方員平直, 不可勝用也. 旣竭耳力焉, 繼之以6律正5音, 不可勝用也. 旣竭心思焉, 繼之以不忍人之政, 而仁覆天下矣. 故曰, '爲高必因丘陵, 爲下必因川澤.' 爲政不因先王之道, 可謂智乎. 是以惟仁者宜在高位. 不仁而在高位, 是播其惡於衆也. 上無道揆也, 下無法守也, 朝不信道, 工不信度, 君子犯義, 小人犯刑, 國之所存者幸也. 故曰, '城郭不完, 兵甲不多, 非國之災也. 田野不辟, 貨財不聚, 非國之害也. 上無禮, 下無學, 賊民興, 喪無日矣.' 『詩』曰, '天之方蹶, 無然泄泄.' 泄泄, 猶沓沓也. 事君無義, 進退無禮, 言則非先王之道者, 猶沓沓也. 故曰, '責難於君謂之恭, 陳善閉邪謂之敬, 吾君不能謂之賊.'"

맹자가 말했다.

"이루(離婁 : 눈이 밝은 전설상의 인물)의 밝은 눈과 공수자(公輸子 : 노나라 출신의 뛰어난 기술자)의 솜씨로도 규구(規矩 : 컴퍼스와 곱자로 기준이 되는 도구를 의미)를 쓰지 않으면 방원(方圓 : 네모와 원)을 그릴 수 없다. 사광(師曠 : 춘추시대 晉平公 때의 악사)의 밝은 귀도 육률(六律 : 음의 표준을 정하는 대나무 대롱)을 쓰지 않으면 오음(五音 : 宮·商·角·徵·羽)을 바로잡지 못한다. 요·순의 도가 있어도 인정(仁政)이 없으면 능히 천하를 평치(平治)할 수 없다. 지금 군주에게 인심(仁心 : 어진 마음)과 인문(仁聞 : 어질다는 평판)이 있는데도 백성들이 그 혜택을 입지 못해 후세의 모범이 될 수 없는 것은 선왕의 도를 행하지 않기 때문이다. 그래서 말하기를, '한낱 선심만으로는 위정(爲政 : 선정을 행함)이 이뤄질 수 없고, 한낱 법만으로는 자행(自行 : 저절로 시행됨)이 이뤄질 수 없다' 고 하는 것이다. 『시경』 [대아·가악(假樂)]에 이르기를, '불건불망(不愆不忘 : 허물을 짓지 않고 잊어버리지 않음)은 구장(舊章 : 옛 법도)을 따랐기 때문이네' 라고 했다. 선왕의 법을 따르고도 잘못된 경우는 없었다. 성인은 목력(目力 : 밝은 시력)을 다하고도 규구준승(規矩準繩 : 컴퍼스와 곱자, 수평기, 먹줄)에 의거했다. 이에 방원평직(方圓平直 : 네모와 원, 평행, 직선)을 그릴 때 이루 다 쓸 수 없는 넉넉함이 있었던 것이다. 또한 이력(耳力 : 밝은 청력)을 다하고도 육률에 의거했다. 이에 오음을 바로잡을 때 이루 다 쓸 수 없는 넉넉함이 있었던 것이다. 나아가 심사(心思 : 어진 마음과 생각)를 다하고도 불인인지정(不忍人之政 : 사람을 차마 해치지 못하는 정사)에 의거했다. 이에 인(仁)이 부천하(覆天下 : 천하를 덮음)하게 된 것이다.

그래서 흔히 말하기를, '높은 것을 만들되 반드시 구릉(丘陵)을 이용하고, 낮은 것을 만들되 반드시 천택(川澤)을 이용하라' 고 한 것이다. 정사를 하면서 선왕의 도를 이용하지 않는다면 지혜롭다고 이를 수 있겠는가. 이에 오직 인자(仁者)만이 고위직에 앉아 있어야 한다. 불인(不仁)하면서 고위직에 앉아 있으면 이는 그 해악을 여러 사람에게 퍼뜨리는 것이다. 위에서는 도를 헤아리지 않고, 아래서는 법을 지키지 않고, 조정에서는 도를 믿지 않고, 공인(工人)들은 도량(度量)

의 기준을 지키지 않고, 군자(君子 : 위정자를 지칭)는 의를 범하고, 소인은 법을 지키지 않는데도 나라가 보존된다면 이는 요행에 불과할 뿐이다. 그래서 말하기를, '성곽이 완전하지 못하고 병사가 많지 못한 것이 나라의 재앙이 아니고, 전야(田野)가 개간되지 못하고 재화가 모이지 않는 것이 나라의 해가 아니다. 위가 무례(無禮)하고 아래가 무학(無學)하면 적민(賊民 : 나라를 해치는 백성)이 나타나 상국(喪國 : 나라를 잃음)이 무일(無日 : 기다릴 여유도 없이 곧바로 나타남)하게 된다' 고 한 것이다. 『시경』[대아 · 판(板)]에 이르기를, '하늘이 바야흐로 왕실을 쓰러뜨리려고 하니 그렇게 설설(泄泄 : 시끄럽게 떠들며 기뻐하여 따름)하지 말라' 고 했다. '설설' 은 '답답(沓沓 : 끓어 넘침)' 과 같다. 군주를 섬기면서 무의(無義 : 의리가 없음)하고, 진퇴에 무례(無禮)하고, 말을 할 때마다 선왕의 도를 비방하는 것이 곧 '답답' 과 같은 것이다. 그래서 말하기를, '군주에게 책난(責難 : 어려운 것을 간함)하는 것을 공(恭), 진선폐사(陳善閉邪 : 선한 것을 진술하고 사특한 것을 막음)하는 것을 경(敬), 오군불능(吾君不能 : 우리 군주는 안 된다고 말함)을 적(賊)이라 한다' 고 한 것이다."

여기의 이루離婁는 천리안을 지닌 전설상의 인물로 『장자』 [천지] 편에는 이주離朱로 나온다. 『장자』에 따르면 이루는 시력이 밝아 1백 보 떨어진 곳에서 추호秋毫의 끝을 보았다고 한다. 맹자가 이 장에서 역설하고 있는 것은 신도臣道 : 신하의 도리이다. 신도의 요체는 공경恭敬에 있고, '공' 과 '경' 의 요체는 각각 책난責難과 진선폐사陳善閉邪에 있다는 것이 맹자의 주장이다. 훗날 주희도 천리에 이르는 요체를 '거경居敬' 에서 찾은 바 있다. 군권君權에 대한 신권臣權의 우위를 강조하며 신도를 중시한 맹자와 주희는 '공경' 에서 치도治道의 핵심을 찾은 셈이다.

7-2

孟子曰, "規矩, 方員之至也. 聖人, 人倫之至也. 欲爲君盡君道. 欲爲臣盡臣道. 2者皆法堯舜而已矣. 不以舜之所以事堯事君, 不敬其君者也. 不以堯之所以治民治民, 賊其民者也. 孔子曰, '道2, 仁與不仁而已矣.' 暴其民甚, 則身弑國亡. 不甚, 則身危國削. 名之曰 '幽厲'. 雖孝子慈孫, 百世不能改也. 『詩』云, '殷鑑不遠, 在夏后之世.' 此之謂也."

맹자가 말했다.

"규구(規矩)는 방원(方圓)의 지극함이고, 성인은 인륜(人倫)의 지극함이다. 군주가 되고자 하면 군도(君道 : 군주의 도리)를 다해야 하고, 신하가 되고자 하면 신도(臣道)를 다해야 한다. 이 두 가지는 모두 요·순을 본받는 것일 뿐이다. 순이 요를 섬긴 것과 같이 군주를 섬기지 않는다면 이는 군주에게 불경(不敬)한 것이다. 요가 백성을 다스린 것과 같이 백성을 다스리지 않으면 이는 백성을 해치는 것이다. 그래서 공자가 이르기를, '길은 둘이니 인(仁)과 불인(不仁) 뿐이다' 라고 한 것이다. 백성에게 포학하게 구는 것이 심하면 신시국망(身弑國亡 : 군주가 시해당하고 나라가 망함)하게 되고, 그다지 심하지 않으면 신위국삭(身危國削 : 몸이 위태롭고 국토가 깎임)하게 된다. 그래서 유(幽 : 우매함으로 주유왕을 지칭)·여(厲 : 잔혹함으로 주여왕을 지칭)의 시호가 붙게 되면 비록 효성스런 자식과 손자가 나올지라도 1백 세(世)가 지나도록 이를 고칠 수 없다. 『시경』 [대아·탕(蕩)]에 이르기를, '은감(殷鑑 : 은나라가 거울로 삼아야 할 교훈)이 멀리 있지 않으니 바로 하후지세(夏后之世 : 하왕조 시대)에 있다' 고 했다. 이 구절은 바로 유·여의 경우를 말한 것이다."

맹자는 이 장에서 군도와 신도를 하나로 묶어 치도治道의 요체는 전설상의 성군인 요순을 본받는 소위 '법요순法堯舜'에 있다고 단언하고 있다. 이는 말할 것도 없이 자신이 내세운 왕도와 조응하는 것이다. 그러나 과연 '법요순'의 방법으로 지극한 통치를 이룰 수 있는 것일까. 이는 비현실적인 주장이 아닐 수 없다. 만일 열국의 군주들이 맹자의 주장과 같이 '법요순'의 방법론을 따랐다면 순식간에 패망을 면치 못했을 것이다. 맹자가 치도의 요체로 거론한 '법요순'의 방법론은 후세에 커다란 부작용을 낳았다. 남송과 조선조의 패망이 그 대표적인 실례이다. 외환의 위기 속에서 시종 '법요순'을 외치는 것은 마치 쳐들어 오는 적 앞에서 도덕 교설을 늘어놓는 행위와 다름없다. 춘추시대 중엽 송양공宋襄公이 적을 앞에 두고 도덕 교설을 늘어놓다가 이내 패망한 사례를 비웃는 '송양지인宋襄之仁'의 성어가 만들어진 것도 바로 이 때문이다.

7-3

孟子曰, "三代之得天下也以仁, 其失天下也以不仁. 國之所以廢興存亡者亦然. 天子不仁, 不保四海. 諸侯不仁, 不保社稷. 卿大夫不仁, 不保宗廟. 士庶人不仁, 不保四體. 今惡死亡而樂不仁, 是猶惡醉而強酒."

맹자가 말했다.

"하 · 은 · 주 3대가 천하를 얻은 것은 인(仁)으로 인한 것이고, 3대가 천하를 잃은 것은 불인(不仁)으로 인한 것이다. 나라의 폐흥존망(廢興存亡 : 기울고, 흥하고, 보존되고, 망함) 역시 마찬가지이다. 천자가 불인하면 사해를 보전하지 못하고, 제후가 불인하면 사직을 보전하지 못하고, 경대부가 불인하면 종묘를 보전하지 못하고, 사서인(士庶人)이 불인하면 사체(四體 : 四肢로 곧 몸)를 보전하지 못한다. 지금 사망(死亡 : 죽음이나 패망)을 싫어하면서도 불인을 좋아하니 이는 오취강주(惡醉强酒 : 취하는 것을 싫어하면서도 억지로 술을 마심)와 같다."

맹자는 이 장에서 국가의 폐흥존망廢興存亡의 근원이 인정仁政의 실시 여부에 있다고 주장하고 있다. 인정은 왕도의 요체이다. 확실히 맹자의 지적대로 학정虐政은 폐망廢亡을 자초하는 지름길이다. 그러나 치세와 난세를 막론하고 무조건 인정을 베푸는 것은 위험하다. 난세에는 어디까지나 힘을 바탕으로 하여 인정을 베풀어야 한다. 난세의 무조건적인 인정은 치세의 학정보다 오히려 더 위험한 것이다. 일찍이 춘추시대 말기에 정나라의 집정대부 자산子産은 임종에 즈음해 후임자인 대부 유길游吉에게 이같이 당부한 바 있다.

"내가 죽게 되면 그대가 틀림없이 집정이 될 것이오. 그러나 오직 유덕자만이 관정寬政으로 백성을 복종시킬 수 있소. 그렇지 못한 사람은 맹정猛政으로 다스리느니만 못하오. 무릇 불은 맹렬하기 때문에 백성들이 이를 두려워하므로 불에 타 죽는 사람이 많지 않소. 그러나 물은 유약하기 때문에 백성들이 친근하게 여겨 쉽게 가지고 놀게 되오. 이로 인해 매우 많은 사람이 물에 빠져 죽게 되는 것이오. 그래서 관정은 시행하기가 매우 어려운 것이오."

자산은 공자사상에 지대한 영향을 미친 춘추시대 말기의 최고의 현상賢相이다. 자산의 주장을 통해 알 수 있듯이 맹자의 왕도는 '맹정'이 아닌 '관정'으로 일관할 소지가 크다는 점에서 문제가 있는 것이다. 인정을 요체로 한 맹자의 왕도는 치세에나 통용되는 부분적 타당성을 지닐 수밖에 없다.

7-4

孟子曰, "愛人不親, 反其仁. 治人不治, 反其智. 禮人不答, 反其敬. 行有不得者, 皆反求諸己. 其身正而天下歸之. 『詩』云, '永言配命, 自求多福.'"

맹자가 말했다.

"애인(愛人 : 사람을 사랑함)해도 친해지지 않으면 자신의 인(仁)을 돌아보고, 치인(治人 : 사람을 다스림)해도 다스려지지 않으면 자신의 지(智)를 돌아보고, 예인(禮人 : 사람을 예우함)해도 답례가 없으면 자신의 경(敬 : 공경하는 마음)을 돌아보아야 한다. 행하고도 얻지 못하는 것이 있으면 모두 반구저기(反求諸己 : 돌이켜 자신으로부터 그 원인을 찾음)해야 한다. 자신의 한 몸이 바르면 천하인이 귀부케 된다. 그래서 『시경』[대아 · 문왕]에 이르기를, '영언배명(永言配命 : 길이 천명을 좇음) · 자구다복(自求多福 : 스스로 많은 복을 구함)' 이라고 한 것이다."

맹자 도덕철학의 요체가 이 장에 잘 나타나 있다. 그것이 바로 '반구저기反求諸己' 이다. 맹자의 주장에 따르면 '반구저기' 는 내용적으로 '불친不親' 과 '불치不治', '부답不答' 에 대한 구체적인 해답으로 제시된 '반기인反其仁' 과 '반기지反其智', '반기경反其敬' 으로 이뤄져 있다. 이는 수제修齊와 치평治平의 모든 문제를 궁극적으로 자신에게서 찾는 높은 도덕성에 기초한 것이다. 주희가 '반구저기' 의 구체적인 방법론으로 '거경궁리居敬窮理' 를 강조한 것도 바로 이 때문이다.

'거경궁리'와 '반구저기'는 높은 도덕성에 기초한 '수제'의 방법론으로는 탁월하다. 그러나 '치평'의 논리로 원용하는 데에는 적잖은 문제가 있다. 개인적 덕성과 '치평'은 전혀 차원이 다른 문제이다. '치평'은 오히려 지인知人에 대한 식안識眼과 지사知事에 대한 식견識見, 부국강병富國強兵에 대한 확지確志, 박문통람博文通覽의 경륜經綸 등이 필요하다. 이는 개인적 윤리 및 덕성과는 별반 상관없는 덕목이다.

7-5

孟子曰, "人有恒言, 皆曰'天下國家'. 天下之本在國, 國之本在家, 家之本在身."

맹자가 말했다.

"사람들이 항시 말하기를, '천하 · 국 · 가'라고 한다. 천하의 근본은 나라에 있고, 나라의 근본은 집에 있고, 집의 근본은 몸에 있다."

맹자는 이 장에서 '수제'가 이뤄지지 않을 경우 '치평'도 이룰 수 없다는 주장을 펼치고 있다. 주희가 『예기』에서 [대학]과 [중용]편을 추출해 사서四書로 격상시킨 것도 바로 이 때문이었다. 그는 [대학]에 나오는 '천자로부터 서인에 이르기까지 모두 수신修身을 근본으로 삼는다'는 구절에 주목했던 것이다. 그러나 '수제'와 '치평'은 전혀 다른 차원의 문제이다. 맹자의 '수제론'에 기초한 성리학이 난세에 제 역할을 수행치 못한 것도 바로 '수제'의 논리를 '치평' 차원까지 그대로 연장한 데 있었다.

7-6

孟子曰, "爲政不難, 不得罪於巨室. 巨室之所慕, 一國慕之. 一國之所慕, 天下慕之. 故沛然德教溢乎四海."

맹자가 말했다.

"위정(爲政)은 어렵지 않다. 거실(巨室 : 명문 世家)에게 득죄하지 않으면 된다. 거실이 앙모(仰慕)하는 것은 일국이 앙모하고, 일국이 앙모하는 것은 천하가 앙모한다. 그래서 패연(沛然 : 기세 있음)히 덕교(德教)가 사해에 넘쳐 흐르는 것이다."

이 장에서 맹자가 전개한 논리는 『맹자』 전편을 관통하는 기본논리와 모순이다. 맹자는 시종 왕후王侯의 위세에 제압되어서는 안 된다는 논리를 펼쳤다. 그럼에도 이 장에서는 거실巨室에 득죄하지 않으면 정사를 쉽게 행할 수 있다는 논리를 펴고 있는 것이다. 과연 그 논거는 무엇일까. 그의 이런 논리는 마치 신분세습에 기초한 봉건정을 옹호하는 듯한 느낌마저 주고 있다. 이 장에서 맹자가 펼친 논리는 자신의 기본논리와 배치될 뿐만 아니라 논리상의 비약이 심해 설득력이 떨어진다. 후대의 유자들이 『맹자』를 편찬하면서 잘못 삽입했거나 종횡가 등 여타 학파가 위문僞文을 교묘히 삽입했을 가능성을 배제할 수 없다.

7-7

孟子曰, "天下有道, 小德役大德, 小賢役大賢. 天下無道, 小役大, 弱役强. 斯2者, 天也. 順天者存, 逆天子亡. 齊景公曰, '旣不能令, 又不受命, 是絶物也.' 涕出而女於吳. 今也小國師大國而恥受命焉, 是猶弟子而恥受命於先師也. 如恥之, 莫若師文王. 師文王, 大國5年, 小國7年,必爲政於天下矣.『詩』云, '商之孫子, 其麗不億. 上帝旣命, 侯于周服. 侯服于周, 天命靡常. 殷士膚敏, 祼將于京.' 孔子曰, '仁不可爲衆也. 夫國君好仁, 天下無敵.' 今也欲無敵於天下而不以仁, 是猶執熱而不以濯也.『詩』云, '誰能執熱, 逝不以濯.'"

맹자가 말했다.

"천하가 유도(有道)하면 소덕(小德)이 대덕(大德)에 부림을 당하고, 소현(小賢)이 대현(大賢)에 부림을 당한다. 천하가 무도(無道)하면 소자(小者 : 작은 것)가 대자(大者 : 큰 것)에 부림을 당하고, 약자(弱者)가 강자(强者)에게 부림을 당한다. 이 두 가지는 하늘의 이치이니, 순천자(順天者 : 하늘에 순종하는 자)는 보존되고, 역천자(逆天者)는 망한다. 제경공이 말하기를, '이미 능히 영을 내리지도 못하고 또한 명을 받지도 않는다면 이는 절물(絶物 : 남과의 관계를 끊음)한 것이다' 라고 하고는 눈물을 흘리며 딸을 오나라에 시집보냈다. 지금 소국이 대국의 소행을 본받으려 하면서도 대국의 명을 받는 것을 수치스러워하니 이는 제자가 선사(先師 : 선생)의 명을 받는 것을 부끄러워하는 것과 같다. 만일 이를 부끄러워한다면 문왕을 본받느니만 못하다. 문왕을 본받으면 대국은 5년, 소국은 7년이면 반드시 천하에 정사를 펼칠 것이다.『시경』[대아 · 문왕]에 이르기를, '상(商 : 殷)나라의 자손은 그 수가 억(億 : 고대에는 십만을 억으로 표현했음)만 되는 게 아니지만 상제가 천명을 내리니 주나라에 복종하네. 주나라에 복종하니 천명미상(天命靡常 : 천명은 고정된 것이 아님)이라네. 은나라 선비로서 부대(膚大 : 훤칠함)하고 민달(敏達)한 자들이 주나라 경사(京師 : 도성)로 와 관제(祼祭 : 땅에 술을 부어 올리는 강신제)를 돕는다네' 라고 했다. 공자는 말하기를, '인자(仁者)에게는 불가위중(不可爲衆 : 맞서는 무리의 수가 문제가 되지 않음)이다. 국군(國君)이 호인(好仁)하면 천하무적(天下無敵)이다' 라고 했다. 이제 천하무적을 바라면서 인정을 행하지 않으니 이는 집열불탁(執熱不濯 : 뜨거운 물건을 손에 쥐고도 찬물로 손을 씻지 않음)과 같다. 『시경』 [대아 · 상유(桑柔)]에 이르기를, '누가 능히 뜨거운 물건을 손에 쥐고도 찬물로 손을 씻지 않겠는가' 라고 했다."

흔히 '천하무적天下無敵' 을 두고 '천하에 적이 없다' 는 식으로 해석하고 있으나 이는 잘못이다. 여기의 '적敵' 은 '대적하다' 는 뜻의 동사로 쓰인 것이다. 따라서 '천하의 그 누구도 그를 대적할 수 없다' 는 뜻으로 새기는 것이 타당하다. 여기의 '천하' 는 '천하인天下人' 의 뜻을 지닌 것으로 주어에 해당한다.

이 장에서는 순천順天과 역천逆天이 극명하게 대비되고 있다. 긴 역사적 안목에서 볼 때 '역천' 은 비록 일시 흥성할 수 있어도 궁극적으로는 패망의 길을 걸을 수밖에 없다. 맹자의 도덕철학이 찬연히 빛나는 대목이 아닐 수 없다. 그러나 이를 지나치게 고집할 경우 역사로부터 교훈을 얻지 못하는 우를 범할 소지가 크다. 대표적인 사례로 조선조가 왜란倭亂과 호란胡亂을 당한 뒤에도 모든 책임을 이적夷狄에게 뒤집어 씌운 채 도덕적 우월감에 휩싸여 부국강병을 소홀히 하다가 끝내 일제에 의해 패망한 것을 들 수 있다. 국가의 흥망존폐는 개인 차원의 성패와 달리 결코 도덕적 우월 여부에 의해 판가름 나는 것이 아니다. 이는 국민 개개인의 역량의 총화總和인 국가총력에 의해 좌우될 수밖에 없다. 국민 개개인이 지닌 도덕성의 총화는 국가총력의 정당성과 도덕성을 담보할 수는 있어도 그 자체가 국가총력이 되는 것은 아니다.

이 장에서 공자의 말로 인용된 '인불가위중仁不可爲衆' 구절을 두고 주희는 '인자가 있으면 비록 10만 명의 무리가 있을지라도 인자를 당할 수 없다'고 풀이하면서 '불가위중'을 '난형난제難兄難弟'와 같은 의미로 새겼다. 해석은 타당하나 '불가위중'을 '난형난제'와 같은 뜻으로 새긴 것은 잘못이다. '난형난제'는 형제가 서로 뛰어나다는 뜻으로 후한 말기의 진기陳紀와 진심陳諶 형제의 일화에서 나온 것이다. '불가위중'은 '적대적인 무리가 될 수 없다'는 뜻으로 '인자에게는 맞서는 무리의 수가 결코 문제가 될 수 없다'는 의미이다.

7-8

孟子曰, "不仁者可與言哉. 安其危而利其菑, 樂其所以亡者. 不仁而可與言, 則何亡國敗家之有. 有孺子歌曰, '滄浪之水清兮, 可以濯我纓. 滄浪之水濁兮, 可以濯我足.' 孔子曰, '小子聽之. 清斯濯纓, 濁斯濯足矣, 自取之也.' 夫人必自侮, 然後人侮之. 家必自毁, 而後人毁之. 國必自伐, 而後人伐之. 『太甲』曰, '天作孽, 猶可違. 自作孽, 不可活,' 此之謂也."

맹자가 말했다.

"불인자(不仁者)와 더불어 가히 더불어 말할 수 있겠는가. 그는 안기위(安其危 : 위태로운 것을 편안한 것으로 여김)와 이기재(利其菑 : 재앙을 이롭게 여김), 낙소이망(樂所以亡 : 망하게 되는 것을 즐김)의 짓거리를 한다. 불인한데도 가히 더불어 말할 수 있다면 어찌 망국패가(亡國敗家 : 나라를 망하게 하고 집안을 패하게 함)가 있을 수 있겠는가. 어떤 유자(孺子 : 동자)가 노래하기를, '창랑(滄浪)의 물이 맑으면 나의 갓끈을 씻고, 창랑의 물이 흐리면 나의 발을 씻는다'고 했다. 공자가 말하기를, '소자(小子 : 너희들)는 저 노래를 들어보아라. 맑으면 갓끈을 씻고 흐리면 발을 씻는다고 하니 이는 물이 스스로 자초한 것이다'라고 했다. 무릇 사람은 반드시 자모(自侮 : 스스로 업신여김)한 연후에 남이 업신여기고, 집안도 반드시 자훼(自毁 : 스스로 망침)한 연후에 남이 망치고, 나라도 반드시 자벌(自伐 : 스스로 공격함)한 연후에 남이 공격하는 것이다. 『서경』 [상서 · 태갑]에 이르기를, '천작얼(天作孼 : 하늘이 만든 재앙)은 오히려 피할 수 있으나 자작얼(自作孼 : 스스로 만든 재앙)은 피하여 살아날 길이 없다' 고 했다. 이는 이런 경우를 말한 것이다."

[상서 · 태갑]편에서 인용된 '자작얼自作孼 · 불가활不可活' 구절은 [공손추 하]편 4장에도 나온다. 현존 『서경』에는 '불가활' 이 '불가환不可逭' 으로 되어 있다. 주희는 이 장을 두고 풀이하기를, '마음이 보존되면 득실의 기미를 살필 수 있고, 보존되지 않으면 존망이 드러난 것조차 분별할 수 없다. 화복의 유래가 모두 스스로 취한 것임을 말한 것이다' 라고 했다. 문의에 부합한다.

7-9

孟子曰, "桀紂之失天下也, 失其民也. 失其民者, 失其心也. 得天下有道, 得其民, 斯得天下矣. 得其民有道, 得其心, 斯得民矣. 得其心有道, 所欲與之聚之, 所惡勿施爾也. 民之歸仁也, 猶水之就下 · 獸之走壙也. 故爲淵敺魚者, 獺也. 爲叢敺爵(=雀)者, 鸇也. 爲湯武敺民者, 桀與紂也. 今天下之君有好仁者, 則諸侯皆爲之敺矣. 雖欲無王, 不可得已. 今之欲王者, 猶七年之病求三年之艾也. 苟爲不畜, 終身不得. 苟不志於仁, 終身憂辱, 以陷於死亡. 『詩』云, '其何能淑, 載胥及溺.' 此之謂也."

맹자가 말했다.

"걸(桀) · 주(紂)가 천하를 잃은 것은 백성을 잃었기 때문이다. 백성을 잃었다는 것은 그 마음을 잃은 것이다. 천하를 얻는 데는 방법이 있다. 백성을 얻으면 천하를 얻을 것이다. 백성을 얻는 데는 방법이 있다. 그 마음을 얻으면 백성을 얻을 것이다. 마음을 얻는 데는 방법이 있다. 원하는 바를 주어 모이게 하고, 싫어하는 바를 그들에게 행하지 않으면 된다. 백성이 인자(仁者)에게 귀부하는 것은 물이 아래로 내려가고, 짐승이 들판을 내달리는 것과 같다. 그래서 연못을 위해 물고기를 몰아주는 것은 수달(水獺)이고, 숲을 위해 참새를 몰아주는 것은 전(鸇 : 새매)이고, 탕(湯) · 무(武)를 위해 백성을 몰아준 자는 걸 · 주이다. 이제 천하의 군주 중 호인자(好仁者)가 있다면 제후들이 모두 그를 위해 백성을 몰아줄 것이다. 그리되면 설령 천하에 군림하는 군왕이 되지 않으려 해도 그리될 수 없다. 지금 천하에 군림하는 군왕이 되고자 하는 것은 마치 7년지병(七年之病)에 3년지애(三年之艾 : 3년 묵은 쑥)를 구하는 경우와 같다. 만일 쑥을 미리 비축해 두지 않는다면 종신토록 얻지 못할 것이다. 실로 인(仁)에 뜻을 두지 않으면 종신토록 근심하고 치욕을 당하다가 사망(死亡 : 죽음이나 패망)에 빠지고 말 것이다. 『시경』 [대아 · 상유]에 이르기를, '어찌 능히 할 수 있겠는가. 서로 함께 빠져 죽는데 이르리라' 고 했다. 이 구절은 바로 이를 말한 것이다."

3년지애三年之艾는 뜸을 뜨기 위해 3년 동안 말린 쑥으로 말린 지가 오래 될수록 약효가 뛰어나다. 주희는 이를 두고 풀이하기를, '말린 지 오래된 약쑥을 구하려면 실로 갑자기 장만하기가 어렵다. 그러나 지금부터라도 뜯어다가 말려두면 오히려 고칠 수 있는 것이다. 그리하지 않으면 병이 날로 더욱 깊어져 죽음이 날로 더욱 임박해져도 쑥은 끝내 얻지 못할 것이다' 라고 했다. 문의에 부합한다. 그러나 맹자가 난세의 호인자好仁者를 '삼년지애' 로 비유한 것은 자신의 왕도 주장을 뒷받침하기 위한 것으로 비유의 적실성이 떨어진다.

7-10

孟子曰, "自暴者, 不可與有言也. 自棄者, 不可與有爲也. 言非禮義, 謂之自暴也. 吾身不能居仁由義, 謂之自棄也. 仁, 人之安宅也. 義, 人之正路也. 曠安宅而弗居, 舍正路而不由, 哀哉."

맹자가 말했다.

"자포자(自暴者 : 스스로를 해치는 자)는 더불어 말할 수 없고, 자기자(自棄者 : 스스로를 버리는 자)는 더불어 일할 수 없다. 말할 때 예의(禮義)를 비방하는 것을 '자포', 내 몸은 인(仁)에 머물 수 없고 의(義)를 행할 수 없다고 생각하는 것을 '자기'라고 이른다. '인'은 사람의 안택(安宅 : 편안한 집)이고, '의'는 사람의 정로(正路 : 바른 길)이다. '안택'을 비워둔 채 머물지 않고 '정로'를 버려둔 채 따르지 않으니 심히 슬픈 일이다."

이 장에서 자포자기自暴自棄의 성어가 나왔다. '자포自暴'는 '포暴'가 '해害'의 뜻을 지닌 까닭에 '자해自害'와 같은 의미이다. '자포자기'는 지레 절망하여 스스로를 해치고 함부로 구는 것을 말한다. 정이천은 이를 두고 풀이하기를, "자포하는 자는 스스로 막으면서 믿지 않고, 자기하는 자는 스스로 끊고 행하지 않는 자이다. 이에 비록 성인과 더불어 거처할지라도 교화해 들어갈 수 없다. 이것이 바로 하우불이下愚不移이다"라고 했다.

정이천이 언급한 '하우불이'는 교화가 불가능할 정도로 미련한 자를 지칭한 것으로 『논어』 [양화]편에 나오는 말이다. 주희도 이를 좇았다. 그러나 맹자의 '자포자기'를 공자의 '하우불이'와 동일시한 것은 잘못이다. '자포자기'는 스스로 지레 절망한 데 따른 것으로 천생天生의 '하우'와는 본질적으로 다른 것이다. 정이천과 주희가 '자포자기'를 '하우불이'로 간주한 것은 자신들이 내세운 이기설理氣說을 뒷받침하기 위한 견강부회牽强附會에 불과하다.

7-11

孟子曰, "道在爾(=邇)而求諸遠, 事在易而求諸難. 人人親其親 · 長其長而天下平."

맹자가 말했다.

"도가 가까운 곳에 있는데도 먼 곳에서 구하고, 일이 쉬운 데 있는데도 어려운 곳에서 찾는다. 모든 사람이 각기 그 어버이를 친히 하고, 어른을 어른으로 대하면 천하가 평안해질 것이다."

맹자는 이 장에서 치평의 요체로 친친장장親親長長을 내세우면서 겸애兼愛를 강조한 묵가와 대비되는 별애別愛를 역설하고 있다. '수제' 차원에서 볼 때 맹자 도덕철학의 핵심적인 실천윤리인 '별애'는 묵가의 실천윤리인 '겸애'와 극명한 대조를 이루고 있다. '치평' 차원에서 맹자의 덕치德治와 극명한 대조를 이루고 있는 것은 법가의 '법치'이다. 다산은 '친친장장'의 근거를 『대학』의 [치국평천하조治國平天下條]에 나오는 '효孝 · 제弟 · 자慈'에서 찾았다. 수신을 강조하고 있는 『대학』의 특징을 적확히 간취한 데 따른 탁견이 아닐 수 없다.

7-12

孟子曰, "居下位而不獲乎上, 民不可得而治也. 獲於上有道, 不信於友, 弗獲於上矣. 信於友有道, 事親弗悅, 弗信於友矣. 悅親有道, 反身不誠, 不悅於親矣. 誠身有道, 不明乎善, 不誠其身矣. 是故誠者, 天之道也. 思誠者, 人之道也. 至誠而不動者, 未之有也. 不誠, 未有能動者也."

맹자가 말했다.

"하위직에 있으면서도 윗사람에게 신임을 얻지 못하면 백성들을 다스릴 수 없다. 윗사람에게 신임을 얻는 데는 방법이 있다. 벗에게서 믿음을 얻지 못하면 윗사람에게서 신임을 얻지 못할 것이다. 벗에게서 믿음을 얻는 데는 방법이 있다. 어버이를 섬겨 기쁘게 하지 못하면 친구에게서 믿음을 얻지 못한다. 어버이를 기쁘게 하는 데에는 방법이 있다. 자신을 돌이켜 보아 성실하지 못하면 어버이를 기쁘게 하지 못한다. 자신에게 성실한 데에는 방법이 있다. 선(善)에 대해 밝게 알지 못하면 자신에게 성실할 수 없다. 그래서 성자(誠者 : 성실 그 자체)는 천도(天道)이고, 사성자(思誠者 : 성실을 생각하는 것)는 인도(人道)인 것이다. 지성(至誠)으로 남을 감동시키지 못한 경우도 없고, 불성(不誠)으로 능히 남을 감동시킨 경우 또한 없다."

맹자는 이 장에서 '수제'의 근원으로 '성誠'을 내세우고 있다. 지성감천至誠感天이라는 성어는 지성을 행하면 천도에 부합한다는 의미에서 나온 말로 바로 이 장에 근거한 것이다. 주희는 천도, 즉 천리天理에 이르는 방법론으로 '성'보다 '경敬'을 중시한 까닭에 '거경궁리居敬窮理'를 궁극적인 해답으로 제시했다. 성리학을 완성시킨 조선조의 퇴계退溪 이황李滉은 이를 그대로 좇았다. 이에 반해 율곡栗谷 이이李珥는 '경'보다 '성'을 중시했다. 주경론主敬論을 펼친 퇴계와 달리 율곡이 주성론主誠論을 펼친 데에는 '성'을 강조한 『중용』의 영향이 컸으나 궁극적으로는 『맹자』의 이 구절에 영향받은 바가 큰 것으로 보아야 할 것이다.

여기의 성자誠者와 사성자思誠者를 두고 조기는 각각 하늘과 인간으로 풀이했다. 주희는 '성誠'을 '천도의 본연本然'으로 보았다. 이에 대해 다산은 '성자'를 '성인', '사성자'는 '배우는 사람'으로 풀이했다. 다산의 해석이 탁월하기는 하나 여기의 '자者'는 사람으로 새기는 것보다 '것'으로 새기는 것이 보다 타당하다.

7-13

孟子曰, "伯夷辟(=避)紂, 居北海之濱, 聞文王作, 興曰, '盍(=何不)歸乎來. 吾聞西伯善養老者.' 太公辟紂, 居東海之濱, 聞文王作, 興曰, '盍歸乎來. 吾聞西伯善養老者.' 二老者, 天下之大老也, 而歸之, 是天下之父歸之也. 天下之父歸之, 其子焉往. 諸侯有行文王之政者, 7年之內, 必爲政於天下矣."

맹자가 말했다.

"백이(伯夷)는 은왕 주(紂)를 피해 북해의 해빈(海濱 : 바닷가)에 살았다. 그는 문왕이 떨쳐 일어났다는 말을 듣고 고무되어 말하기를, '내 어찌 그에게 돌아가지 않겠는가. 나는 서백(西伯 : 문왕)이 양로(養老)를 잘 한다고 들었다'고 했다. 태공(太公 : 제나라의 시조인 강태공 呂尙)도 은왕 주를 피해 동해의 해빈에 살았다. 그 또한 문왕이 떨쳐 일어났다는 얘기를 듣고 고무되어 말하기를, '내 어찌 그에게 돌아가지 않겠는가. 나는 서백이 양로를 잘 한다고 들었다'고 했다. 이로(二老 : 백이와 태공을 지칭)는 천하의 대로(大老 : 원로)인데 문왕에게 돌아갔다. 이는 곧 천하지부(天下之父 : 천하의 아버지)가 문왕에게 돌아간 셈이다. '천하지부'가 돌아갔는데 그 자제들이 어디로 가겠는가. 지금 제후들이 능히 문왕의 정사를 행할 수만 있다면 7년

안에 반드시 천하에 군림해 정사를 펼칠 수 있을 것이다."

여기의 천하지부天下之父는 나이와 덕망이 모두 높아 여러 사람들의 부친과 같다는 의미를 지니고 있다. 맹자는 주문왕이 '천하지부'가 된 이유를 덕정에서 찾은 것이다. 맹자가 주문왕의 덕정을 펼치면 7년 내에 천하에 군림할 수 있다는 주장한 것과 관련해 주희는 여기서 한발 더 나아가 대국을 보유한 채 덕정을 펼칠 경우 5년 내에 천하에 군림할 수 있다고 주장했다. 두 사람이 무엇을 근거로 7년과 5년을 시한으로 거론한 것일까. 알 길이 없다. 대략 길지 않은 시간 내에 천하에 군림할 수 있다는 취지로 이같이 말한 것으로 짐작된다.

7-14

孟子曰, "求也爲季氏宰, 無能改於其德, 而賦粟倍他日. 孔子曰, '求非我徒也, 小子鳴鼓而攻之, 可也.' 由此觀之, 君不行仁政而富之, 皆棄於孔子者也. 況於爲之强戰. 爭地以戰, 殺人盈野. 爭城以戰, 殺人盈城, 此所謂率土地而食人肉, 罪不容於死. 故善戰者服上刑, 連諸侯者次之, 辟草萊, 任土地者次之."

맹자가 말했다.

"구(求 : 공자의 제자 冉求)가 계씨의 가신이 되어 그의 덕을 고치지 못하고 세금을 이전보다 2배로 부과했다 그러자 공자가 말하기를, '구는 나의 무리가 아니다. 소자(小子)들아, 명고이공(鳴鼓而攻 : 북을 울려 그 죄를 다스리는 군법에 준해 성토함)이 가하다' 고 했다. 이로써 보건대 군주가 인정을 행하지 않았는데도 그 군주를 부유하게 해주는 자는 모두 공자에게 버림을 받을 자들이다. 하물며 군주를 위해 강전(强戰 : 억지로 무리한 싸움을 벌임)하는 경우야 더 말할 게 있겠는가. 땅을 빼앗으려고 전쟁을 하여 시체가 들판을 채울 정도로 사람을 죽이고, 성을 빼앗으려고 전쟁을 하여 시체가 성을 가득 채울 정도로 사람을 죽이고 있다. 이는 소위 '솔토지식인육(率土地食人肉 : 토지를 얻으려고 인육을 먹음)' 과 같은 것이다. 그 죄는 사형에 처해도 용서받지 못할 것이다. 그래서 선전자(善戰者 : 병법에 능한 孫臏 등의 병가를 지칭)는 상형(上刑 : 극형)을 받아야 하고, 연제후(連諸侯 : 합종연횡을 주선한 蘇秦과 張儀 등의 종횡가를 지칭)한 자는 차형(次刑 : 극형 다음의 형벌)을 받아야 하고, 벽초래임토지(辟草萊任土地 : 황무지를 개간해 백성에게 경작을 맡긴 李悝와 商鞅 등의 법가를 지칭)한 자는 차차형(次次刑)을 받아야 한다."

맹자는 이 장에서 병가와 종횡가, 법가 등을 싸잡아 엄형에 처해야 한다고 주장하고 있다. 이들 모두를 영토전쟁을 부추겨 무고한 백성들을 죽음으로 내몬 장본인으로 지목한 것이다. 병가와 종횡가, 법가 등이 횡행하던 당시의 세태에 대한 통렬한 비판이 아닐 수 없다. 그러나 당시의 영토전쟁은 궁극적으로 천하통일을 위한 것이었다는 사실에 주의할 필요가 있다.

전국시대 말기의 영토전쟁은 열국 군주의 야심과 무관할 수 없으나 근본적으로 천하통일을 통한 조속한 치세의 도래를 고대한 백성들의 염원에서 비롯된 것이었다. 병가와 종횡가, 법가 모두 이러한 대세에 부응해 자신들의 이상을 펼친 것이다. 맹자가 극심한 영토전쟁으로 인한 참상의 책임을 모두 이들에게 돌리는 것은 분명 지나친 것이다. 맹자가 이런 극단적인 주장을 펼친 데에는 열국의 군주들이 맹자의 주장을 외면한 데 따른 울분이 적잖이 작용했을 것으로 짐작된다.

주희는 '명고이공지鳴鼓而攻之'를 두고 풀이하기를, "북을 울리며 그 제자의 죄를 성토하는 것이 가하다는 뜻이다"라고 했다. 이에 반해 다산은 풀이하기를, "북을 울리는 것은 군대에서 하는 일이고 사가에서 하는 일이 아니다. '명고이공지'는 공자가 염구의 죄는 해민害民의 죄에 해당하므로 '군률軍律에 의거해 북을 울려 그 죄를 다스리는 것이 가하다'고 말한 것이다"라고 했다. 당시 조선조의 성균관에서는 '명고이공지'를 글자 그대로 해석한 나머지 태학생太學生에게 기이한 벌을 가하는 관행이 있었다. 성균관 유생들은 동료인 태학생이 잘못을 저지를 경우 벌로 등에 대고大鼓를 지게 하여 마구 북을 치면서 반교泮橋 : 성균관과 창덕궁 사이를 흐르는 개천의 다리의 문밖으로 몰아냈다. 이를 두고 다산은 '명고이공지'를 잘못 해석한 나머지 이런 기이한 관행이 만들어졌다고 개탄했다.

7-15

孟子曰, "存乎人者, 莫良於眸子. 眸子不能掩其惡. 胸中正, 則眸子瞭焉. 胸中不正, 則眸子眊焉. 聽其言也, 觀其眸子, 人焉廋哉."

맹자가 말했다.

"존인(存人 : 사람을 살핌)하는 데 눈동자보다 더 좋은 것은 없다. 눈동자는 그 사람의 악을 감추지 못한다. 흉중(胸中 : 마음 속)이 바르면 눈동자가 맑고, 바르지 못하면 눈동자가 흐리다. 그 사람의 말을 들어보고 그 눈동자를 들여다 보는데 사람들이 어떻게 흉중을 숨길 수 있겠는가."

이 장을 두고 주희는 풀이하기를, '말도 마음에서 나오는 것이다. 그러나 말은 오히려 거짓으로 잘 할 수 있지만 눈동자는 속일 수 없다'고 했다. 문의에 부합한다.

7-16

孟子曰, "恭者不侮人, 儉者不奪人. 侮奪人之君, 惟恐不順焉, 惡得爲恭儉. 恭儉豈可以聲音笑貌爲哉."

맹자가 말했다.

"공손한 사람은 남을 업신여기지 않고, 검소한 자는 남의 것을 빼앗지 않는다. 남을 업신여기고 빼앗는 군주는 유공불순(惟恐不順 : 오직 남들이 자신에게 순종하지 않을까 두려워함)한다. 그러니 어떻게 공손하고 검소할 수 있겠는가. 공손함과 검소함을 어찌 성음소모(聲音笑貌 : 목소리와 웃는 모습)로 꾸며서 할 수 있겠는가."

맹자가 이 장에서 군주의 공검恭儉을 강조한 것은 말할 것도 없이 쉼 없이 백성들을 전쟁에 동원하는 행태를 지적하기 위한 것이다. 그러나 백성에 대한 모탈侮奪을 일삼는 군주의 '유공불순惟恐不順'은 논리상 비약이 있다. 남을 업신여기고 빼앗는 군주가 백성들의 '불순不順'을 두려워할 리 없다. 오히려 백성들의 '불순'을 두려워하지 않기 때문에 그런 '모탈'을 자행하는 것으로 보는 것이 옳다. 나아가 군주의 공검이 백성에 대한 불모불탈不侮不奪과 밀접한 관련이 있는 것은 사실이나 성음소모聲音笑貌와 무관한 것으로 본 것도 비약이다. 백성에 대한 '모탈'을 자행하는 군주 중에도 '성음소모'로 공검을 가장하는 자가 얼마든지 존재할 수 있기 때문이다.

7-17

淳于髡曰, "男女授受不親, 禮與." 孟子曰, "禮也." 曰, "嫂溺則援之以手乎." 曰, "嫂溺不援, 是豺狼也. 男女授受不親, 禮也. 嫂溺援之以手者, 權也." 曰, "今天下溺矣, 夫子之不援, 何也." 曰, "天下溺, 援之以道. 嫂溺, 援之以手. 子欲手援天下乎."

제나라의 변사(辯士) 순우곤(淳于髡)이 물었다.

"남녀 사이에 수수(授受)를 직접 하지 않는 것이 예입니까."

맹자가 대답했다.

"예이오."

"그렇다면 형수가 물에 빠진 경우 손으로 끌어당겨야 합니까."

"형수가 물에 빠졌는데도 구원하지 않는다면 이는 시랑(豺狼 : 승냥이)의 짓이오. 남녀가 수수를 직접 하지 않는 것은 예이고, 형수가 물에 빠진 경우 손으로 끌어당기는 것은 권도(權道 : 임기응변)요."

순우곤이 다시 물었다.

"지금 천하가 도탄에 빠졌는데 부자(夫子)가 구원하지 않는 것은 무슨 까닭입니까."

맹자가 대답했다.

"천하가 도탄에 빠지면 도로써 구원하고, 형수가 물에 빠지면 손으로 끌어당겨 구해줘야 하오. 그대는 내가 손으로 천하를 끌어당겨 구원하기를 바라는 것이오."

순우곤은 맹자와 동시대에 제나라에서 활약한 유명한 종횡가이다. 이 장을 두고 주희는 풀이하기를, '천하가 도탄에 빠졌을 때는 오직 도만이 이를 구할 수 있다. 형수가 물에 빠졌을 때는 손으로 구원할 수 있는 것과는 차원이 다르다. 순우곤은 맹자로 하여금 몸을 굽혀 왕후王侯에게 영합하기를 권했다. 이는 도를 잃는 것이다' 라고 했다. 맹자가 말한 취의에 부합한다.

일각에서는 '수嫂' 를 '형수' 가 아닌 '제수弟嫂' 로 새기고 있으나 이는 잘못이다. '수嫂' 는 '수叟 : 노인' 라는 글자가 덧붙여져 있는 데서 알 수 있듯이 나이 많은 여인에 대한 경칭이다. '수' 를 '제수' 로 새긴 것은 제수와 시아주버니 사이의 엄격한 예절을 근거로 한 해석으로 짐작된다. 사실 그같이 새기는 것이 문의에 부합키도 한다. 그러나 이런 예절은 조선조 특유의 것으로 맹자 당시의 예절과는 거리가 멀다.

7-18

公孫丑曰, "君子之不教子, 何也." 孟子曰, "勢不行也. 教者必以正. 以正不行, 繼之以怒. 繼之以怒, 則反夷(=傷)矣. '夫子教我以正, 夫子未出於正也.' 則是父子相夷也. 父子相夷, 則惡矣. 古者, 易子而教之. 父子之閒不責善. 責善則離, 離則不祥莫大焉."

제자인 공손추가 물었다.

"군자가 직접 자식을 가르치지 않는 것은 무슨 까닭입니까."

맹자가 대답했다.

"세(勢)가 행해지지 않기 때문이다. 가르치는 자는 반드시 바른 길로써 한다. 그러나 바른 길로써 가르쳤는데도 자식이 그 가르침을 행하지 않으면 노하게 되고, 노하면 도리어 자식의 마음을 해치게 된다. 그러면 자식은 생각하기를, '부자(夫子 : 여기서는 부친)가 나를 바른 길로써 가르치지만 부자도 행실이 바른 길에서 나온 것은 아니다' 라고 할 것이다. 이는 부자 간에 서로 마음을 상하게 하는 것이다. 부자 간에 서로 마음을 상하게 하는 것은 좋지 않다. 그래서 옛날에는 자식을 서로 바꿔 가르쳤던 것이다. 부자 간에는 책선(責善 : 선을 행하라고 질책함)해서는 안 된다. 부자 간에 책선하면 사이가 멀어지게 된다. 부자 간에 사이가 멀어지는 것보다 불상(不祥 : 상서롭지 못함)한 것은 없다."

여기의 '이夷'는 '상傷'의 뜻으로 쓰인 것이다. 이족夷族이 멸족滅族의 뜻으로 쓰인 경우와 같다. 주희는 책선責善을 붕우간의 도리로 보았다. 그렇다면 부자지간에는 어떤 방안을 동원해야 하는 것일까. 주희는 부친에 대한 간쟁諫爭과 자식에 대한 경계警戒를 들었다. '책선'에 대한 맹자의 정의에 비춰볼 때 문의에 부합한다.

7-19

孟子曰, "事孰爲大. 事親爲大. 守孰爲大. 守身爲大. 不失其身而能事其親者, 吾聞之矣. 失其身而能事其親者, 吾未之聞也. 孰不爲事. 事親, 事之本也. 孰不爲守. 守身, 守之本也. 曾子養曾晳, 必有酒肉. 將徹, 必請所與. 問有餘, 必曰, '有.' 曾晳死, 曾元養曾子, 必有酒肉. 將徹, 不請所與. 問有餘, 曰, '亡(=無)矣.' 將而復進也. 此所謂養口體者也. 若曾子, 則可謂養志也. 事親若曾子者, 可也."

맹자가 말했다.

"섬기는 일 중 무엇이 가장 중요한가. 사친(事親 : 부모를 섬김)이 가장 중요하다. 지키는 일 중 무엇이 가장 중요한가. 수신(守身 : 행실을 바르게 하여 몸을 지킴)이 가장 중요하다. 자신의 몸을 잃지 않으면서 그 어버이를 섬긴 자에 대해서는 내가 들은 적이 있으나 자신의 몸을 잃고 그 어버이를 섬긴 자에 대해서는 아직 들어본 적이 없다. 무엇인들 섬겨야 할 일이 아니겠는가마는 '사친'이 섬기는 일의 근본이다. 무엇인들 지켜야 할 일이 아니겠는가마는 '수신'이 지키는 일의 근본이다. 증자는 부친 증석(曾晳)을 봉양할 때 반드시 주육(酒肉)을 올렸고, 상을 물릴 때는 반드시 남은 음식을 누구에게 주어야 하는지를 물었다. 또한 부친이 남은 음식이 있는지를 물을 때에는 반드시 대답하기를, '있습니다'라고 했다. 증석이 죽은 뒤 증원(曾元)이 증자를 봉양하면서 반드시 주육을 올렸으나 상을 물릴 때에 누구에게 주어야 하는지를 묻지 않았다. 또 남은 음식이 있는지를 물을 때는 반드시 '없습니다'라고 대답했다. 이는 남은 음식을 다시 올리기 위한 것이었다. 이것이 소위 '양구체(養口體 : 부모의 입과 몸만을 봉양함)'라고 하는 것이다. 증자처럼 해야 가히 '양지(養志 : 부모의 뜻을 봉양함)'라고 이를 만하다. '사친'은 증자처럼 하는 것이 가하다."

이 장의 핵심어는 양지養志이다. 공자의 직제자 중 증자와 같이 '양지'를 제대로 실천한 인물도 없다. 공자 사후 예禮를 중시한 자하학파子夏學派와 쌍벽을 이룬 증자학파가 효제孝悌를 중시한 것도 바로 증자의 이러한 '양지' 행태와 밀접한 관련이 있다. 전한제국 초기에 나온 『효경』이 증자의 저술로 알려지게 된 것도 이와 무관치 않다고 보아야 한다.

7-20

孟子曰, "人不足與適也, 政不足與間也. 惟大人爲能格君心之非. 君仁莫不仁. 君義莫不義. 君正莫不正. 一正君而國定矣."

맹자가 말했다.

"잘못 기용된 사람을 두고 군주와 더불어 일일이 흠잡을 수는 없고, 잘못된 정사를 일일이 비난할 수는 없다. 오직 대인(大人 : 여기서는 德人을 지칭)만이 군주의 마음을 바로잡을 수 있다. 군주가 어질면 매사에 어질지 않은 게 없고, 군자가 의로우면 매사에 의롭지 않은 게 없게 된다. 한번 군주의 마음을 바르게 하면 나라는 곧 안정된다."

원래 판본에는 '정부족여간政不足與間' 구절 중 '여與' 자가 없다. 이에 대해 이의를 제기한 사람이 주희이다. '정부족여한' 구절이 직전에 나오는 '인부족여적人不足與適' 구절과 대구를 이루고 있는 점 등에 비춰 주희의 지적이 타당하다. '간間'이 '적適'과 마찬가지로 '비난하다'는 뜻을 지니고 있는 점도 이를 뒷받침한다. 이 장을 두고 정이천은 풀이하기를, "옛날에 맹자가 세 번 제왕齊王을 만나고도 정사를 언급하지 않았다. 이에 문인들이 의심하자 맹자가 대답하기를, '나는 먼저 그 사심邪心을 다스린다'고 했다. 마음이 바로 된 뒤에야 비로소 다스릴 수 있다. 군주의 나쁜 마음을 바로잡고자 하는 자는 대인의 덕이 없으면 이를 능히 할 수 없는 것이다"라고 했다. 문의에 부합한다.

7-21
孟子曰, "有不虞之譽, 有求全之毁."

맹자가 말했다.
"불우지예(不虞之譽 : 예상치 못한 칭찬)가 있는가 하면, 구전지훼(求全之毁 : 온전하기를 구하다가 비난받음)도 있다."

맹자가 상호 대비되는 듯한 '불우지예不虞之譽'와 '구전지훼求全之毁'를 나란히 거론한 것은 두 가지 경우 모두 바람직하지 않다고 판단한 데 따른 것이다. '불우지예'는 행실이 칭찬을 받을 만한 것이 아닌데도 우연히 칭찬을 듣는 경우를 말하고, '구전제훼'는 비방을 면하려다가 오히려 비방을 불러일으키는 것을 말한다.

7-22
孟子曰, "人之易其言也, 無責耳矣."

맹자가 말했다.
"사람들이 말을 함부로 하는 것은 책망을 받지 않았기 때문이다."

맹자가 왜 이런 말을 한 것일까. 그 의미를 헤아리기가 쉽지 않다. 주희는 풀이하기를, '상인常人의 정情은 앞서 징계한 바가 없으면 후에 경계하는 바가 없다. 군자의 학문이 반드시 꾸짖음이 있기를 기다린 후 감히 함부로 말하지 않는다고 한 것은 아닐 것이다'라고 했다. 주희도 정확히 분석하기가 쉽지 않았던 듯하다.

7-23
孟子曰, "人之患, 在好爲人師."

맹자가 말했다.
"사람들의 병통은 인사(人師 : 다른 사람의 스승)가 되기를 좋아하는 데 있다."

송대의 왕면王勉은 풀이하기를, '학문이 충분해 남들이

자신에게 의뢰하거든 부득이 응하는 것은 가하다. 만일 남의 스승이 되기를 좋아하면 스스로 만족하게 생각해 다시는 진전이 없을 것이다' 라고 했다. 문의에 부합한다.

7-24

樂正子從於子敖之齊. 樂正子見孟子. 孟子曰, "子亦內見我乎." 曰, "先生何爲出此言也." 曰, "子來幾日矣." 曰, "昔者." 曰, "昔者, 則我出此言也, 不亦宜乎." 曰, "舍館未定." 曰, "子聞之也, 舍館定, 然後求見長者乎." 曰, "克有罪."

제자인 악정자(樂正子)가 자오(子敖 : 王驩의 자)를 쫓아 제나라로 갔다. 악정자가 맹자를 접견하자 맹자가 말했다.

"자네도 나를 만나러 왔는가."

"선생(先生)은 어찌하여 그런 말씀을 하십니까."

"자네가 이곳에 온 지 며칠이 되었는가."

"석자(昔者 : 어제)에 왔습니다."

"자네가 '석자' 라고 하니 내가 이런 말을 하는 것도 당연하지 않은가."

"숙소를 미처 정하지 못해 그랬습니다."

"자네는 숙소부터 정해놓고 장자(長者)를 찾아본다고 들었는가."

그러자 악정자가 사죄했다.

"저 극(克 : 악정자의 이름)이 죄를 졌습니다."

예로부터 '석자昔者' 의 구체적인 시기 문제를 두고 적잖은 논란이 있었다. 당초 조기는 '며칠 사이', 주희는 '전일前日 : 지난날' 로 풀이했다. 두 사람 모두 애매하게 풀이해 놓기는 했으나 '작일昨日 : 어제' 로 보는 것에 반대한 점에서는 일치하고 있다. 그러나 당시 '석자'는 '어제'의 의미로 사용된 말이다. [공손추 하]편 제2장에서 금일今日과 대비되는 의미로 사용된 실례가 이를 뒷받침한다. 당제국의 공영달도 '어제 와서 오늘 뵙는 것은 지체했다거나 오랫동안 시간을 끌었다고 할 수 없다'며 '석자'를 '어제'로 풀이했다.

만일 '석자'를 '며칠 사이' 내지 '지난날'로 해석할 경우 악정자는 제선왕의 총애를 입는 왕환王驩을 좇아왔음에도 불구하고 숙소를 정하는 데 며칠이 걸린 셈이 된다. 이는 상식과 어긋나는 일이다. 조기와 주희도 이를 모를 리 없었을 것이다. 조기와 주희는 '석자'를 두고 왜 이런 무리한 해석을 감행한 것일까. '석자'를 '어제'로 해석할 경우 맹자는 어제 온 제자가 숙소를 잡는데 하루를 소비한 것을 두고 곧바로 찾아오지 않았다고 질책하는 속 좁은 스승이 되고 만다. 조기와 주희가 '석자'를 '어제'로 번역하지 못한 이유가 바로 여기에 있는 듯하다. 주희도 이를 의식한 듯 이런 주석을 덧붙여 놓았다.

"왕환은 맹자가 함께 더불어 말하지 않은 자이다. 그런데 악정자는 이런 자를 따라온 것이다. 그 자신이 지조를 잃은 죄가 크다. 게다가 곧바로 어른까지 배견치 않았으니 그 죄가 심하다. 그래서 우선 어른을 배견치 않은 것으로 꾸짖은 것이다."

이는 '석자'의 시점보다는 왕환과 동행한 사실이 맹자의 심기를 불편하게 했음을 의미한다. 대략 『맹자』에 언급된 왕환에 대한 맹자의 태도에 비춰볼 때 주희의 분석이 타당하다. 주희는 맹자의 제자에 대한 힐책이 속 좁은 심기에서 비롯된 것이 아님을 드러내기 위해 무리하게 '석자'를 '작일'이 아닌 '전일'로 해석한 배경을 스스로 밝힌 셈이다. 그렇다면 주희의 의도대로 '석자'를 '전일'로 해석할 경우 맹자의 태도는 속이 좁다는 혐의에서 벗어날 수 있는 것일까.

주희의 해석은 은연 중 제자는 스승이 싫어하는 사람을 만나서는 안 된다는 생각을 전제로 하고 있다. 물론 악정자가 맹자와 왕환의 관계를 알고도 굳이 왕환을 쫓아갔을 경우는 비난의 여지가 있다. 그러나 이를 모르고 왕환을 쫓아갔을 경우에는 문제가 다르다. 당시 악정자는 맹자와 왕환의 관계를 몰랐을 공산이 크다. 맹자가 악정자를 꾸짖으면서 왕환에 대해 한마디도 언급하지 않은 사실이 이를 뒷받침한다. 맹자가 만일 왕환 때문에 제자가 잘못된 길을 가는 것을 우려했다면 제자가 늦게 온 것을 탓하기 전에 우려의 말부터 하는 것이 옳다. 주희의 주석에 따를 경우 맹자는 정작 중요한 문제는 차치하고 부수적인 사안을 문제 삼아 제자를 탓하면서 자신의 속마음을 헤아려 주기를 바란 셈이 된다.

악정자의 입장에서 볼 때는 숙소를 잡느라 그 다음날 배견한 죄로 인해 스승으로부터 문득 엄중한 꾸중을 들은 셈이 된다. 사실 '석자'가 '작일'인지 '전일'인지 여부는 그다지 중요치 않다. 상황에 따라 배견의 시점은 얼마든지 달라질 수 있기 때문이다. 정작 중요한 것은 맹자의 태도이다. 주희의 해명에도 불구하고 당시 맹자는 애꿎게도 자신의 속마음을 감춘 채 '석자'를 문제 삼아 영문도 모르는 제자를 몹시 꾸짖었다는 혐의를 벗기가 힘들다.

여기서 주목할 점은 악정자가 스승인 맹자를 '선생先生'으로 칭한 점이다. 당시 '선생'은 남자에 대한 통상적인 존칭으로 쓰였다. 제자가 스승을 가리킬 때는 통상 '부자夫子'를 칭했다. 정약용은 『맹자요의』에서 지적하기를, "제자는 스승에 대해 모두 스승이라고 불렀다. 그런데도 악정자는 맹자에 대해 문득 '선생'이라고 불렀으니 의아스럽다"고 했다. 『맹자』의 편집과정에서 실수가 있었던 것인지, 아니면 당시 '선생'이 스승을 칭하는 '부자'에 갈음하여 사용된 것인지 짐작키가 쉽지 않다.

7-25

孟子謂樂正子曰, "子之從於子敖來, 徒餔啜也. 我不意子學古之道而以餔啜也."

맹자가 악정자에게 말했다.

"자네가 자오를 좇아 제나라로 온 것은 한낱 포철(餔啜 : 먹고 마심)하기 위해서이다. 나는 자네가 옛 성인의 도를 배워 그것을 '포철'에 써먹으리라고는 생각지도 못했다."

이 장은 앞장과 합쳐 해석해야만 한다. 맹자는 악정자가 사죄했음에도 통렬한 힐난을 멈추지 않고 있다. 여기의 '포철'은 악정자가 따를 바를 가리지 않고 단지 구식求食한 것을 지적한 것이다.

7-26

孟子曰, "不孝有3, 無後爲大. 舜不告而娶, 爲無後也, 君子以爲猶告也."

맹자가 말했다.

"불효에는 세 가지가 있다. 그 중 무후(無後 : 자식이 없음)가 가장 크다. 순(舜)이 부모에게 알리지 않고 장가든 것은 '무후'를 염려했기 때문이다. 이를 두고 군자는 사실상 알린 것이나 다름없다고 생각했다."

조기는 전래의 예절에서 말하는 세 가지 불효를 다음과 같이 정의했다. 첫째 부모의 뜻에 아첨하고 극진히 따라 부모를 불의에 빠뜨리는 것이다. 둘째 집이 가난하고 부모가 늙었는데도 녹사祿仕 : 녹을 받기 위한 벼슬를 하지 않는 것이다. 셋째 장가들지 않아 자식을 두지 못해 선조의 제사를 끊는 것이다. 맹자는 이 중 '무후'가 가장 크다고 말한 것이다.

맹자의 이런 주장은 자신이 성군으로 내세운 순의 행보를 옹호하기 위한 것으로 보인다. 주희는 순의 행보를 두고 옹호하기를, '순이 부모에게 고했다면 취처娶妻하지 못해 무후無後로 끝났을 것이다. 고하는 것은 예禮이고, 아뢰지 않은 것은 권도權道이다'라고 했다. 맹자가 말한 취의에 부합한다.

7-27

孟子曰, "仁之實, 事親是也. 義之實, 從兄是也. 智之實, 知斯2者弗去是也. 禮之實, 節文斯2者是也. 樂之實, 樂斯2者, 樂則生矣. 生則惡可已也, 惡可已, 則不知足之蹈之手之舞之."

맹자가 말했다.

"인(仁)의 실질은 사친(事親 : 부모를 섬김)이고, 의(義)의 실질은 종형(從兄 : 형에게 순종함)이고, 지(智)의 실질은 이 두 가지를 알아서

버리지 않는 것이고, 예(禮)의 실질은 이 두 가지를 절문(節文 : 절도에 맞게 하고 文飾을 가해 문채를 드러냄)하는 것이고, 악(樂)의 실질은 이 두 가지를 즐기는 것이다. 즐기면 이 두 가지 마음이 생기고, 그런 마음이 생기면 어찌 그만둘 수 있겠는가. 그만둘 수 없으면 자신도 모르게 족도수무(足蹈手舞 : 발로 뛰고 손을 흔들며 춤을 춤)하게 될 것이다"

여기의 '실實'을 두고 주희는 화실華實 : 꽃과 열매의 '실'과 같은 뜻으로 간주해 '효제충군孝悌忠君'을 확충해 나간 결과로 보았다. 이에 대해 다산은 정조正祖 14년의 경연經筵 자리에서 주희와는 정반대로 '실'을 '명名'의 상대 개념으로 간주해 인仁을 덕목의 총명總名으로 보고 효제孝悌를 그 구체적인 내용인 '실'로 보았다. 다산의 해석이 보다 합리적이다.

주희는 '족도수무足蹈手舞'의 경지를 두고 풀이하기를, '사친 · 종형은 양심이 참되고 간절한 것이니 천하의 도가 모두 여기서 근원한 것이다. 그러나 반드시 알기를 분명히 하고 지키기를 굳게 한 후에야 비로소 절도가 엄밀해지고 즐거움이 깊어짐을 언급한 것이다'라고 했다. 맹자가 말한 취의에 부합한다.

7-28

孟子曰, "天下大悅而將歸己. 視天下悅而歸己, 猶草芥也, 惟舜爲然. 不得乎親, 不可以爲人. 不順乎親, 不可以爲子, 舜盡事親之道而瞽瞍厎豫, 瞽瞍厎豫而天下化. 瞽瞍厎豫而天下之爲父子者定, 此之謂大孝."

맹자가 말했다.

"천하인이 크게 기뻐하며 장차 자신에게 귀의하려 할 때 이를 마치 초개(草芥)처럼 여긴 사람이 있으니 오직 순(舜)만이 그러했다. 순은 어버이를 기쁘게 해드리지 못하면 사람이 될 수 없고, 어버이를 도리에 순응케 하지 못하면 자식이 될 수 없다고 여겼다. 순이 사친(事親)의 도리를 극진히 하자 부친인 고수(瞽瞍)가 지예(厎豫 : 진정한 기쁨에 다다름)하게 되었고, 고수가 '지예' 하자 천하의 부자(父子) 사이가 안정되었다. 이를 일러 대효(大孝)라고 하는 것이다."

고수瞽瞍의 '지예'는 『서경』에 나온다. 이를 두고 주희는 풀이하기를, "『서경』에서 말하는 소위 '불격간不格姦 : 간악에 이르지 않음 · 역윤약亦允若 : 고수 또한 믿고 따름'은 이를 말한 것이다"라고 했다. '불격간'은 순이 부친 고수를 꾸준히 교화해 죄악에 빠뜨리지 않게 했음을 뜻하는 말로 『서경』 [요전堯典]편에 나온다. '역윤약'은 고수가 교화되어 순을 믿고 따른 것을 뜻하는 말로 『서경』 [대우모大禹謨]편에 나온다.

제8절 [이루(離婁) 하]편

8-1

孟子曰, "舜生於諸馮, 遷於負夏, 卒於鳴條, 東夷之人也. 文王生於岐周, 卒於畢郢, 西夷之人也. 地之相去也, 千有餘里. 世之相後也, 千有餘歲. 得志行乎中國, 若合符節, 先聖後聖, 其揆一也."

맹자가 말했다.

"순(舜)은 제풍(諸馮)에서 태어나 부하(負夏)로 옮겼다가 명조(鳴條)에서 졸(卒)했으니 동이(東夷)의 사람이다. 문왕은 기주(岐周 : 기산 아래의 주나라 古都)에서 태어나 필영(畢郢 : 주나라 도성인 豐鎬 부근)에서 졸했으니 서이(西夷)의 사람이다. 지역 간 거리가 1천여 리, 세대 간 차이가 1천여 년이나 득지하여 중국에서 도를 행한 것이 부절(符節)을 합한 듯이 똑같았으니 선성(先聖)과 후성(後聖)은 규일(揆一 : 세상을 헤아려 보는 도에서 동일함)했다."

주희는 제풍諸馮과 부하負夏, 명조鳴條 모두 동쪽 '이복夷服'의 땅에 있다고 풀이했다. '이복'은 구복九服의 하나이다. 『주례』[하관夏官 · 직방씨職方氏]에 의하면 천자의 관할구역인 사방 1천 리는 왕기王畿, 그밖에 있는 5백 리는 후복侯服, 그 다음의 5

백 리는 전복甸服, 그 다음은 5백 리를 단위로 하여 차례로 남복男服과 채복采服, 위복衛服, 만복蠻服, 이복夷服, 진복鎭服, 번복藩服이 된다. 이들을 모두 합쳐 '구복'이라고 한다.

천자가 머무는 왕기에서 가장 가까운 지역은 제후들의 봉지인 '후복'과 '전복', '남복'의 땅이다. '채복'과 '위복'은 제후들의 가신인 배신陪臣의 채읍采邑에 해당한다. '만복'과 '이복'은 만이蠻夷가 사는 지역을 말한다. 가장 밖에 있는 '진복'과 '번복'은 번진藩鎭이 되어 천자의 통치가 미치는 가장 먼 지역에 해당한다. 주희는 바로 이러한 분류방식에 의거해 순의 생장지역이 모두 동이의 '이복' 땅에 있다고 주장한 것이다.

8-2

子産聽鄭國之政, 以其乘輿濟人於溱洧. 孟子曰, "惠而不知爲政. 歲11月徒杠成. 12月輿梁成, 民未病涉也. 君子平其政, 行辟人可也, 焉得人人而濟之. 故爲政者, 每人而悅之, 日亦不足矣."

자산(子産)이 정나라 국정을 청정(聽政)할 때 자신의 승여(乘輿 : 수레)로 사람을 진수(溱水)와 유수(洧水)가 합류하는 곳에서 건네주었다. 이를 두고 맹자가 말했다.

"은혜롭기는 하나 위정(爲政)을 제대로 몰랐다. 11월에 도강(徒杠 : 도보로 건너는 다리), 12월에 여량(輿梁 : 수레가 통행하는 다리)을 놓았다면 백성들이 물을 건너는 데 수고롭지 않았을 것이다. 군자가 정사를 공평히 하면 출행(出行)할 때 사람들을 벽제(辟除 : 수레의 통행에 앞서 미리 행인의 통행을 제한하여 길을 정비함)하는 것도 가하다. 그런데 어찌 일일이 모든 사람을 건네준단 말인가. 그래서 위정자가 사람마다 일일이 기쁘게 해주려면 날마다 그리할지라도 또한 부족할 수밖에 없는 것이다."

여기의 진유溱洧와 관련해 조기는 하나의 강명江名으로 본 데 반해 주희는 진수溱水와 유수洧水라는 두 개의 강명으로 보았다. 다산은 북위北魏의 역도원酈道元이 찬술한『수경주水經注』를 근거로 진수와 유수를 두 개의 강으로 보면서도 자산이 사람을 건네준 곳은 진수와 유수가 합류하는 곳이라고 주장했다. 고증에 기초한 다산의 해석이 단연 탁월하다.

정나라의 현상賢相 자산子産이 자신의 수레로 사람들을 도강시켜 주었다는 얘기는『맹자』의 이 장에만 나오는 것이다. 자산이 만일 이런 행동을 했다면 맹자로부터 '부지위정不知爲政'이라는 지적을 받을 만하다. 그러나 자산보다 한 세대 뒤에 태어나 자산을 군자의 전범典範으로 삼은 공자는 이에 대해 아무런 언급도 하지 않았다. 패도覇道에 입각한 자산의 행보를 탐탁하게 여기지 않은 맹자가 자산에 관한 전설을 토대로 이런 비판을 가했을 공산이 크다.

8-3

孟子告齊宣王曰, "君之視臣如手足, 則臣視君如腹心. 君之視臣如犬馬, 則臣視君如國人. 君之視臣如土芥, 則臣視君如寇讎." 王曰, "禮, 爲舊君有服, 何如斯可爲服矣." 曰, "諫行言聽, 膏澤下於民, 有故而去, 則君使人導之出疆, 又先於其所往. 去3年不反, 然後收其田里. 此之謂三有禮焉. 如此, 則爲之服矣. 今也爲臣, 諫則不行, 言則不聽. 膏澤不下於民. 有故而去, 則君搏執之, 又極之於其所往. 去之日, 遂收其田里. 此之謂寇讎. 寇讎何服之有."

맹자가 제선왕에게 말했다.

"군주가 신하를 자신의 수족(手足)처럼 중히 여기면 신하는 군주를 자신의 복심(腹心)처럼 여기고, 신하를 견마(犬馬)처럼 하찮게 여기면 신하는 군주를 국인(國人 : 주희는 路人으로 보았으나 도성의 일반 서민으로 보는 것이 타당)처럼 여기고, 신하를 토개(土芥 : 흙덩이와 지푸라기)처럼 천하게 여기면 신하는 군주를 구수(寇讎 : 원수)처럼 여길 것입니다."

제선왕이 물었다.

"『의례(儀禮)』[복상(服喪)]에 이르기를, '옛 군주를 위해 상복을 입는다' 고 했으니 어찌해야 이같이 할 수 있는 것이오."

맹자가 대답했다.

"간행언청(諫行言聽 : 간언이 실행되고 진언이 받아들여짐)이 이뤄져 군주의 은택이 백성들에게 두루 미치도록 해야 합니다. 이에 신하가 유고(有故)로 인해 떠나면 군주는 사람을 시켜 그를 인도하여 국경을 넘게 하고, 그가 가는 곳에 그를 잘 돌보도록 먼저 기별하고, 떠난 지 3년이 되어도 돌아오지 않은 뒤에야 그의 전리(田里 : 토지와 주택)를 환수합니다. 이를 일러 '삼유례(三有禮 : 세 번 예를 갖춤)' 라고 합니다. 이같이 하면 신하는 옛 군주를 위해 상복을 입을 것입니다. 그러나 지금은 신하가 간해도 실행되지 않고 진언해도 들어주지 않아 군주의 은택이 백성들에게 두루 미치지 못하고 있습니다. 이에 신하가 유고로 인해 떠나면 군주는 그를 박집(搏執 : 붙잡아두고 가지 못하게 함)하고, 그가 가는 곳에 그를 곤궁하게 만들도록 먼저 기별하고, 떠나는 날에 마침내 그의 전리를 환수하고 있습니다. 이를 일러 '구수(寇讎)' 라고 합니다. 그러니 '구수' 를 위해 누가 상복을 입을 리 있겠습니까."

『논어』[팔일]편에는 공자가 '군신지의君臣之義' 를 논한 대목이 나온다. 공자는 '군신지의'를 묻는 노정공魯定公의 질문에 '군주가 신하를 예禮로써 부리면 신하는 군주를 충忠으로써 섬긴다'고 대답했다. 당시 공자는 군주가 신하를 '견마' 내지 '토개'처럼 여길 경우 신하가 군주를 어떻게 대하는지에 대해 구체적으로 언급치 않았다. 그러나 공자는 설령 이에 대해 언급할지라도 맹자처럼 직설적으로 말하지는 않았을 것이다. 공자는『논어』[헌문]편에서 '나라에 도가 없으면 행실은 소신 있게 하되 말은 공손히 해야 한다'고 언급한 바 있다. 이는 '군주를 구수寇讎처럼 여긴다'고 한 맹자의 언급과 천양지차가 있다. 맹자의 이런 언급은 그의 경군輕君사상에서 비롯된 것임은 말할 것도 없다.

8-4
孟子曰, "無罪而殺士, 則大夫可以去. 無罪而戮民, 則士可以徙."

맹자가 말했다.
"죄가 없는데도 선비를 죽이면 대부는 사직하여 떠날 만하고, 죄가 없는데도 백성을 죽이면 선비는 딴 곳으로 옮길 만하다."

이를 두고 주희는 풀이하기를, '군자는 마땅히 기미幾微를 보고 떠나야 하니 화가 이미 임박하면 떠날 수 없음을 말한 것이다'라고 했다. 문의에 부합한다. 공자가『논어』[태백]편에서 '천하에 도가 있으면 몸을 드러내 벼슬하고, 도가 없으면 몸을 숨긴다'고 언급한 것도 같은 맥락에서 이해할 수 있다.

8-5

孟子曰, "君仁莫不仁. 君義莫不義."

맹자가 말했다.

"군주가 어질면 매사에 어질지 않은 게 없고, 군자가 의로우면 매사에 의롭지 않은 게 없다."

이 장에서는 군자가 행하는 인의仁義의 공효功效가 언급되어 있다. 그러나 맹자의 언급은 논리상 비약이 심하다. 치도에서 신도臣道를 군도君道보다 높이 평가한 맹자가 문득 이 장에서는 군주가 인의를 행하기만 하면 매사에 어질거나 의롭지 않은 게 없다고 주장하고 있다. 그렇다면 치도의 핵심은 군도에 있다는 말인가. 『맹자』를 관통하는 그의 경군輕君 사상과 모순되는 대목이 아닐 수 없다.

8-6

孟子曰, "非禮之禮, 非義之義, 大人弗爲."

맹자가 말했다.

"예(禮)가 아닌 예와 의(義)가 아닌 의를 대인은 하지 않는다."

맹자는 이 장에서 '대인은 예의禮義를 행한다'는 애기를 부정어법으로 표현하고 있다. 일종의 강조어법인 셈이다. 그러나 맹자는 '진정한 예의'를 흉내낸 '사이비 예의'에 대해 구체적인 언급을 하지 않고 있다. 주희는 풀이하기를, "이치를 살핌에 정밀하지 못하기 때문에 비례지례非禮之禮와 비의지의非義之義의 가리움이 있는 것이다. 대인은 수사순리隨事順理 : 일에 따라 이치를 좇음하고, 인시처의因時處宜 : 때에 따라 마땅히 처리함하니 어찌 이런 짓을 하겠는가"라고 했다. 주희의 풀이에도 불구하고 '비례지례'와 '비의지의'가 구체적으로 무엇을 가리키는지 명확히 파악키가 쉽지 않다.

8-7

孟子曰, "中也養不中, 才也養不才, 故人樂有賢父兄也. 如中也棄不中, 才也棄不才, 則賢不肖之相去, 其閒不能以寸."

맹자가 말했다.

"중자(中者 : 중용의 도에 맞는 자)가 부중자(不中者 : 중용의 도에 맞지 않는 자)를 길러주고, 재자(才者 : 재주 있는 자)가 부재자(不才者 : 재주 없는 자)를 길러주는 까닭에 사람들은 현명한 부형(父兄)이 있는 것을 즐겁게 여긴다. 만일 '중자'가 '부중자'를 방기하고, '재자'가 '부재자'를 방기하면 현자(賢者 : 중자와 재자를 지칭)와 불초자(不肖者)와의 간격이 불과 한치도 안 될 정도로 가까워질 것이다."

여기의 '중中'은 과불급過不及이 없는 중용의 상태를 말한다. '재才'는 족히 훌륭한 일을 할 수 있는 것을 말한다. 주희는 풀이하기를, '만일 부형된 자가 자제들이 현명치 못하다고 하여 대번에 끊어버리고 가르칠 수 없다고 여기면 자신 또한 중中에서 지나쳐 재주 없는 것이 된다'고 했다. 문의에 부합한다.

8-8

孟子曰, "人有不爲也, 而後可以有爲."

맹자가 말했다.

"사람은 불위(不爲 : 하지 않는 것으로 節操를 의미)가 있은 뒤에야 소위(所爲 : 대사의 성취를 의미)가 있게 된다."

정이천은 풀이하기를, '불위不爲가 있는 것은 어떤 것을 가려야 할지를 아는 것이다. 능히 불위가 있기 때문에 소위所爲가 있는 것이다. 무소불위無所不爲의 인물이 어찌 훌륭한 일을 할 수 있겠는가' 라고 했다. '유소불위有所不爲' 와 '무소불위' 의 차이가 극명하게 드러나고 있다.

8-9

孟子曰, "言人之不善, 當如後患何."

맹자가 말했다.

"다른 사람의 불선(不善)을 말하다가 막상 후환을 어찌 감당할 것인가."

당연한 내용이나 맹자가 왜 이런 말을 했는지 헤아리기가 쉽지 않다. 주희도 '이유가 있어 한 말일 것이다' 라고 추정하는 데 그쳤다.

8-10

孟子曰, "仲尼, 不爲已甚者."

맹자가 말했다.

"중니는 이심자(已甚者 : 너무 심한 것)를 행하지 않았다."

『논어』에 나타나는 공자의 행보를 한마디로 요약한 셈이다. 정확한 지적이 아닐 수 없다.

8-11
孟子曰, "大人者, 言不必信, 行不必果, 惟義所在."

맹자가 말했다.
"대인은 말을 하면서 여하한 경우에도 남이 믿어줄 것을 바라거나 행동하면서 여하한 경우에도 상응한 결과가 있기를 기대하지 않는다. 오직 의(義)가 있는 곳을 좇아 말하고 행동할 뿐이다."

의義를 중시하는 맹자의 소견이 여실히 드러난 대목이 아닐 수 없다. 맹자가 공자의 '인仁'에 '의'를 덧붙여 '인의仁義' 개념을 만들어낸 것도 바로 이 때문이다. 줄리앙은 맹자의 이런 입장을 두고 평가하기를, "선한 본성에 자신을 완전히 합치시키면 도덕성은 자신과 자신의 마음의 차이에서 오는 괴리감에 의해 방해받지 않게 된다. 결국 도덕 또한 의도적으로 세워진 계율의 성격을 지니지 않은 채 목적으로 제기되기보다는 결과로서만 나타나게 된다"고 했다. 맹자의 성선설에서 새로운 도덕철학의 가능성을 찾고자 하는 줄리앙의 예리한 분석이 돋보이는 대목이 아닐 수 없다.

주희는 '필必'을 '기필期必'로 간주해 불필신不必信 등을 두고 풀이하기를, "대인의 언행은 믿음이 있게 하고 과단성이 있게 하기를 미리 '기필' 하지 않는다. 이에 반드시 남이 믿어주기를 바라지 않고, 행동하면서 반드시 상응하는 결과가 있기를 바라지 않는다"고 했다. 양시楊時도 같은 입장에서 "말은 반드시 믿음이 있어야 하고, 행실은 반드시 과단성이 있어야 한다고 생각하는 것은 융통성이 없는 소인이다"라고 했다. 이에 대해 다산은 불필不必을 통상적인 어법으로 간주해 "처음에는 '기필' 했으나 도중에 사정이 바뀌어 행할 바를 밀고 나가지 않는 것을 말한다"고 했다.

과연 어느 견해가 타당한 것일까. '불필'을 '대인大人'의 행보와 연관시켜 해석할 필요가 있다. 만일 주희와 양시의 주석을 따르게 되면 대인은 언행을 할 때 미리 일이 잘 안될 경우를 염두에 두고 상대방을 의심하는 등의 미심쩍은 태도를 취할 수밖에 없게 된다. 이는 대인의 풍모에 어울리지 않는다. 그보다는 '대인은 언행을 하면서 처음에는 기필코 성사될 것으로 생각하나 도중에 사정이 바뀌게 되면 곧 당초의 생각을 접고 이를 계속 성사시키려고 고집하지 않는다'고 보는 것이 대인의 실질적인 풍모와 어울린다. 다산의 해석이 타당하다.

8-12

孟子曰, "大人者, 不失其赤子之心者也."

맹자가 말했다.

"대인은 적자지심(赤子之心 : 천진하고 거짓이 없는 어린아이의 마음으로 純一을 의미)을 잃지 않는 자이다."

주희는 풀이하기를, '대인이 대인이 될 수 있는 까닭은 바로 물욕에 유인당하지 않아 순일무위純一無僞의 마음을 온전히 한 데 있다. 이를 확충하면 모르는 바가 없고 능하지 못한 바가 없게 된다'고 했다. 맹자가 말한 취의에 부합한다.

8-13

孟子曰, "養生者, 不足以當大事, 惟送死可以當大事."

맹자가 말했다.

"양생(養生 : 생존한 부모에 대한 봉양)은 대사(大事)에 해당할 수 없고, 오직 송사(送死 : 葬送으로 부모의 장례를 의미)라야 대사에 해당할 수 있다."

'송사送死를 중시한 맹자의 기본입장이 선명히 드러난 대목이 아닐 수 없다. 그러나 상례喪禮는 맹자뿐만 아니라 순자를 비롯한 모든 유가가 극히 중시한 전례典禮이다. 이로 인해 후대의 유가는 형식적인 절차를 중시하는 소위 후장厚葬으로 흐르고 말았다. 유가가 절장節葬을 강조한 묵가 등으로부터 비난을 받은 것은 바로 이 때문이었다. 원래 후장은 공자의 취지와 크게 어긋나는 것이다. 『논어』를 보면 공자는 형식적인 후장보다 실질적인 애도를 의미하는 심상心喪을 중시했음을 쉽게 확인할 수 있다.

8-14

孟子曰, "君子深造之以道, 欲其自得之也. 自得之, 則居之安. 居之安, 則資之深. 資之深, 則取之左右逢其原, 故君子欲其自得之也."

맹자가 말했다.

"군자가 도로써 심조(深造 : 사물을 깊이 탐구해 들어감)하는 것은 자득(自得 : 사물의 이치를 탐구하는 방도를 스스로 체득함)키 위한 것이다. '자득' 하면 거안(居安 : 사물을 대하는 것이 편안함)하고, '거안' 하면 자심(資深 : 사물을 활용하는 것이 깊어짐)하고, '자심' 하면 가까이 있는 좌우의 사물에서 이를 탐구해도 봉원(逢原 : 사물의 근원과 만남)하게 된다. 그래서 군자는 '자득' 을 바라는 것이다."

이 장의 핵심어는 '자득自得' 이다. 이를 두고 정이천은 풀이하기를, '반드시 잠심적려潛心積慮 : 마음 속으로 깊이 음미하고 생각을 쌓음하며 그 사이에 우유염어優游厭飫 : 시간적 여유를 갖고 음식을 배불리 먹는다는 뜻으로 충분한 학문연마를 의미한 뒤에야 자득할 수 있다' 고 했다. 타당한 분석이다.

8-15

孟子曰, "博學而詳說之, 將以反說約也."

맹자가 말했다.

"박학상설(博學詳說 : 널리 배우고 상세히 설명함)은 장차 설약(說約 : 融會貫通하여 요체를 설명함)으로 돌아오기 위한 것이다."

이 장은 앞장과 하나로 묶어 해석하는 것이 타당하다. 주희는 풀이하기를, '글을 널리 배우고 그 이치를 상세히 말하는 것은 과다투미誇多鬪靡 : 많은 지식을 자랑하고 화려함을 다툼하기 위한 것이 아니라, 융회관통融會貫通하여 지극히 요약한 것을 설명하기 위한 것이다. 학문은 다만 박학하고자 하거나 곧바로 요약하고자 해서도 안 된다' 고 했다. 문의에 부합한다.

8-16

孟子曰, "以善服人者, 未有能服人者也. 以善養人, 然後能服天下. 天下不心服而王者, 未之有也."

맹자가 말했다.

"선(善)으로써 복인(服人 : 남을 복종시킴)하려는 자가 능히 '복인' 한 적이 없다. 선으로써 양인(養人 : 남을 길러줌)한 뒤에야 비로소 능히 천하인을 복종시킬 수 있는 것이다. 천하가 심복(心服 : 마음으로 복종함)하지 않는데도 천하의 군왕이 된 경우는 없다."

주희는 '복인服人' 을 남을 제압해 승리를 거두는 '취승取勝' 으로 풀이했다. 문의에 부합하는 해석이다. 원래 맹자의 왕도는 난세에 적용키가 어렵다. 그럼에도 그 취지만큼은 숭고하다. 바로 이 장에 맹자가 역설한 왕도의 취지가 약여하게 드러나고 있다. 아무리 난세라 할지라도 천하인을 복종시키는 방안으로 '심복' 보다 나은 방안이 존재할 수 없다. 열국의 군주들이 천하인을 심복시키는 방안에 대한 이견에도 불구하고 맹자의 왕도 주장에 공개적인 반박을 삼간 이유가 바로 여기에 있다.

8-17

孟子曰, "言無實不祥. 不祥之實, 蔽賢者當之."

맹자가 말했다.

"말에 실상이 없는 것은 불상(不祥)하다. '불상'의 실제를 거론하면 폐현(蔽賢 : 남의 재능을 가림)이 바로 이에 해당한다."

이 장에 대한 해석은 크게 두 가지이다. '천하의 말에 실제로 불상不祥한 것은 없다. 오직 폐현蔽賢이 불상의 실제가 된다'라는 해석이 하나이고, '말에 실상이 없는 것이 불상이다. 그래서 폐현이 불상의 실제가 된다'가 다른 하나이다. 주희는 판단을 유보한 채 빠진 글자가 있을 것으로 추정했으나 문맥에 비춰 후자가 타당하다.

8-18

徐子曰, "仲尼亟稱於水曰, '水哉, 水哉.' 何取於水也." 孟子曰, "原泉混混, 不舍晝夜, 盈科而後進, 放乎四海. 有本者如是, 是之取爾. 苟爲無本, 七八月之閒雨集, 溝澮皆盈. 其涸也, 可立而待也. 故聲聞過情, 君子恥之."

제자 서자(徐子 : 徐辟)가 물었다.

"중니는 자주 물을 찬미해 이르기를, '물이여, 물이여'라고 했습니다. 이는 물의 어떤 점을 높이 산 것입니까."

맹자가 대답했다.

"원천(原泉 : 근원이 좋은 물)은 혼혼(混混 : 용솟음침)히 흘러 주야(晝夜)로 그치지 않으니 영과(盈科 : 여기서는 貯水용량을 채운다는 의미임)한 이후에 사해에 이른다. 학문에 근원이 있는 자는 이와 같다. 중니는 바로 이 점을 높이 산 것이다. 만일 근원이 없다면 7-8월 사이에 일시적으로 빗물이 모여 구회(溝澮 : 밭 사이의 도랑)를 가득 채우기는 하나 그 마르는 것이 서서도 기다릴 수 있을 정도로 빠르다.

그래서 군자는 성문과정(聲聞過情 : 명성이 실정보다 지나침)을 부끄러워하는 것이다."

이 장에서 맹자가 논파코자 한 것은 '성문과정聲聞過情'이다. 이는 소문과 실질의 상호관계에 해당한다. 『논어』 [안연]편에 유사한 내용을 다룬 일화가 실려 있다. 하루는 자장이 선비의 통달 방안을 묻자 공자는 이같이 대답했다.

"무릇 통달은 질박하고 정직하여 사물의 마땅함에 부합하고, 남의 말을 자세히 듣고 낯빛을 살핀 뒤 앞뒤를 깊이 생각해 몸을 낮추는 데서 비롯된다. 그래서 나라에 있어도 반드시 통달하고, 집안에 있어도 반드시 통달케 되는 것이다. 그러나 무릇 소문은 낯빛은 인을 취하나 행실은 이에 어긋나고, 거처하면서도 의심치 않는 데서 비롯된다. 그래서 나라에 있어도 반드시 소문이 나고, 집안에 있어도 반드시 소문이 나는 것이다."

맹자가 언급한 '성문과정'은 바로 공자가 말한 이 대목을 부연해 설명한 것으로 보아도 대과는 없다. 맹자도 바로 이 대목을 염두에 두고 '중니도 바로 이 점을 높이 산 것이다'라고 언급한 듯하다. 공자와 맹자 모두 근본도 없으면서 명성만 높은 것을 극히 타기한 점에서 일치하고 있다.

영과盈科의 '과科'를 두고 조기와 주희 모두 '웅덩이'로 해석했다. 이에 대해 다산은 용량단위를 뜻하는 '두斗 : 말'로 간주해 "물이 산곡에 흘러들어 가서 그 용량을 다 채우고 나면 다시 지세가 낮은 곳을 따라 터져서 흘러가는 것을 말한다"고 풀이했다. '과科'를 '감坎 : 웅덩이'의 뜻으로 풀이하는 것은 주희의 해석에서 비롯된 것이다. 그러나 본래 자원字源의 관점에서 보면 '과'는 볏짚을 세는 용량단위에서 나온 것이다. 다산의 해석이 타당하다.

8-19

孟子曰, "人之所以異於禽獸者幾希, 庶民去之, 君子存之. 舜明於庶物, 察於人倫, 由仁義行, 非行仁義也."

맹자가 말했다.

"사람이 금수와 다른 점은 기희(幾希 : 거의 희소함)하다. 서민들은 이를 버리고, 군자는 이를 보존한다. 순(舜)은 서물(庶物 : 여러 사물)에 밝아 인륜을 잘 살피면서 인의(仁義)를 좇아 행했을 뿐, 인의를 억지로 행한 것은 아니었다."

이 장에서 맹자는 인간이 금수와 다른 것은 인의가 있기 때문이고, 순舜과 같은 사람은 오직 인의를 좇아 행함으로써 성인이 되었다고 주장하고 있다. 맹자는 앞서 [이루 상]편 제2장에서 치도의 요체를 '법요순法堯舜'에서 찾은 바 있다. 이를 이 장과 종합해 해석하면 맹자는 '법요순'의 구체적인 해답을 '유인의행由仁義行 : 인의를 좇은 덕치의 시행'에서 찾은 셈이다. 맹자가 왜 '인의'를 그토록 강조하고 있는지를 극명하게 설명해 주는 대목이 아닐 수 없다. 맹자의 통치사상은 바로 '인의'에 집약되어 있다고 해도 과언이 아니다.

기희幾希의 구체적인 내용을 두고 조기는 '지의知義'로 보았다. 조기의 주석이 맹자가 말한 취의에 부합한다. 이에 대해 주희는 '존성存性'으로 간주했다. 이는 사실상 인성人性과 수성獸性의 '성'을 동일한 것으로 해석한 것이나 다름없다. 이를 두고 다산은

『순자』 [해폐]편의 구절을 인용해 비판하기를, "성리학자들은 매양 사람과 사물 모두 천리를 얻어 '성'을 이루었다고 말하니 이는 곧 털과 날개가 없는 것이 인간이라고 말하는 것과 같다. 맹자가 수성과 인성의 차이로써 고자와 '성'의 동이同異 문제를 놓고 힘껏 논쟁했는데 이제 다시 인성과 수성을 뭉뚱그려 한가지로 여기는 것이 과연 가하겠는가"라고 했다.

결과적으로 볼 때 다산은 조선조 후기에 빚어진 소위 '인물성동이논변人物性同異論辨'에서 동론同論 대신 이론異論을 취한 셈이다. 다산이 극히 소모적인 '인물성동이논변' 자체를 문제 삼지 않은 것은 커다란 아쉬움을 남긴다. 본래 '인물성동이논변'은 주희의 엇갈린 언급에서 비롯된 것으로 소모적인 사변논쟁에 불과하다. 이 논변이 치평과는 완전히 동떨어진 것임은 말할 것도 없다. 조선조가 세계의 변화에 눈을 감고 있다가 끝내 패망의 길로 접어든 것도 조선조 성리학자들의 이런 행태와 무관할 수 없다.

8-20

孟子曰, "禹惡旨酒而好善言. 湯執中, 立賢無方. 文王視民如傷, 望道而未之見. 武王不泄(=狎)邇, 不忘遠. 周公思兼三王, 以施4事. 其有不合者, 仰而思之, 夜以繼日. 幸而得之, 坐以待旦."

맹자가 말했다.

"우(禹)는 지주(旨酒 : 맛있는 술)를 싫어하고 선언(善言)을 좋아했다. 탕(湯)은 집중(執中 : 중도를 잃지 않음)하여 입현무방(立賢無方 : 현자를 기용하면서 그 부류를 따지지 않음)했다. 문왕은 시민여상(視民如傷 : 백성이 혹여 다칠세라 애틋하게 여김)하고, 망도미견(望道未見 :

도를 보고도 아직 보지 못한 듯이 했다는 뜻으로 도가 지극한데도 미진한 듯 여겼음을 의미)했다. 무왕은 설이망원(泄邇忘遠 : 가까운 자를 친하다는 이유로 함부로 대하고 관계가 먼 자를 잊음)하지 않았다. 주공은 3왕(三王 : 우, 탕, 문 · 무)의 덕을 두루 갖춰 4사(四事 : 우, 탕, 문 · 무가 행한 4가지 일)를 행하고자 했다. 만일 실정과 부합하지 않는 것이 있으면 하늘을 바라보며 생각하기를 야이계일(夜以繼日 : 밤으로써 낮을 이었다는 뜻으로 낮부터 밤까지 계속했음을 의미)했다. 다행히 터득하면 그대로 앉아 날이 새기를 기다렸다."

이 장은 순舜을 언급한 앞장에 이어 이후의 성왕들에 관한 얘기로 이뤄져 있다. 우禹가 지주旨酒를 멀리한 일화는 원래 『전국책』 [위책魏策]에 나온다. 이에 따르면 옛날 제녀帝女 : 요 또는 순임금의 딸 의적儀狄이 술을 빚자 그 맛이 매우 좋았다. 이에 우禹가 이를 마셔보고는 이내 의적을 멀리하며 지주旨酒를 끊은 뒤 경계하기를, '후세에 반드시 술에 빠져 나라를 망치는 자가 있을 것이다' 라고 했다. 이 일화는 술의 해악을 논할 때 자주 언급되는 것이기도 하다. 마지막 대목에 나오는 주공의 '야이계일夜以繼日'에 대해 주희는 풀이하기를, '앉아서 날이 새기를 기다린다는 것은 실행하기를 급히 여긴 것이다' 라고 했다. 문의에 부합하는 해석이다.

8-21

孟子曰, "王者之迹熄而詩亡, 詩亡, 然後『春秋』作. 晉之『乘』, 楚之『檮杌』, 魯之『春秋』, 一也. 其事則齊桓晉文, 其文則史. 孔子曰, '其義則丘竊取之矣.'"

맹자가 말했다.

"왕자(王者)의 유적(遺迹 : 남긴 자취)이 종식되자 시망(詩亡 : 시가 없어짐)했고, '시망' 하자 『춘추』가 지어졌다. 진(晉)나라의 『승(乘)』과 초나라의 『도올(檮杌)』, 노나라의 『춘추』는 다 같은 것이다. 『춘추』는 제환공과 진문공에 관한 일이고, 그것을 기록한 글은 사관의 문체이다. 공자가 이르기를, '그 속에 담긴 의리는 내가 절취(竊取 : 역사에 대해 포폄을 가하는 제왕의 업무를 私人인 자신이 사사로이 행했다는 의미임)했다' 고 했다."

예로부터 '시망詩亡' 의 배경과 관련해 여러 해석이 분분했다. 조기趙岐는 성왕의 인정이 사라짐으로써 그들의 덕을 찬양하는 '송頌' 이 더 이상 나오지 않은 것으로 풀이했다. 주희는 『시경』의 [서리黍離]편이 강등되어 [국풍]으로 떨어져 나가면서 '아雅' 의 시가 없어지게 된 것을 의미한다고 풀이했다. 이에 대해 청대의 초순焦循은 주왕실의 동천 이후 민간의 시를 채집해 백성들의 실정을 파악하는 일이 그치게 됨에 따라 정치를 풍자한 '풍風' 이 사라진 것을 의미한다고 주장했다. 문맥상 초순의 해석이 타당하다.

8-22

孟子曰, "君子之澤5世而斬. 小人之澤5世而斬. 予未得爲孔子徒也, 予私淑諸人也."

맹자가 말했다.

"군자의 유택(遺澤 : 流風)도 5세(世)면 끊기고, 소인의 유택도 5세면 끊긴다. 나는 공자의 문도(門徒)가 되지는 못했다. 그러나 나는 다행히도 5세가 지나기 전에 문도의 학통을 이어받은 사람으로부터 공자를 사숙(私淑 : 사적으로 앙모하며 배움)할 수 있었다."

1세世는 30년이니 5세면 150년에 해당한다. 맹자가 5세가 되면 '유택遺澤'이 끊긴다고 한 것은 당시 4세의 친척은 시마복緦麻服을 입고, 5세의 친척은 단면袒免의 상례를 행한 것에 근거한 것으로 보인다. '시마복'은 가는 베로 만든 상복으로 8촌 간의 상사喪事 때 입는다. '단면'은 8촌이 넘는 먼 친척의 상에 두루마기의 오른쪽 소매를 벗고 사각건四角巾을 쓰는 약식상례를 뜻하는 말로 친속親屬의 인연이 다했음을 의미한다. 원래 4세인 고조가 같으면 8촌 간이 되어 시마복을 입고, 5세가 지나 8촌을 넘으면 '단면'을 하여 애도의 뜻을 나타냈다.

흔히 맹자는 자사子思의 문인으로부터 공학을 전수받은 것으로 알려져 있으나 정확히 고증할 길이 없다. 다만 맹자가 이 장에서 공자를 사숙한 사실을 밝히고 있는 만큼 어떤 식으로든 공문孔門의 학풍을 접한 것만큼은 사실로 보는 게 타당하다.

8-23

孟子曰, "可以取, 可以無取, 取傷廉. 可以與, 可以無與, 與傷惠. 可以死, 可以無死, 死傷勇."

맹자가 말했다.

"가히 취해도 좋을 듯하나 실은 취하지 말아야 할 경우에 취하면 청렴을 상하게 된다. 가히 주어도 좋을 듯하나 실은 주지 말아야 할 경우에 주면 은혜를 상하게 된다. 가히 죽어도 좋을 듯하나 실은 죽지 말아야 할 경우에 죽으면 용맹을 상하게 된다."

맹자가 여기서 강조한 것은 중용의 청렴 · 은혜 · 용맹이다. 청렴과 은혜, 용맹은 모두 높이 칭송되는 덕성이나 중용을 잃어 과불급過不及이 될 경우 오히려 그 의미를 상실케 된다고 경계한 것이다. 남송대의 임소영林少穎은 『논어』에서 그 구체적인 실례를 찾았다.

"공서화公西華 : 公西赤가 5병秉 : '1병'은 16石의 곡식을 받은 것은 청렴을 손상한 것이고, 염자冉子 : 冉求가 곡식을 준 것은 은혜를 손상한 것이고, 자로子路가 위나라에서 죽은 것은 용맹을 손상한 것이다."

공서화가 공자를 위해 제나라에 사자로 가게 되었을 때 염구가 공서화의 모친을 위해 곡식을 줄 것을 청했다. 이에 공자가 조금만 줄 것을 명했으나 염구는 5병의 곡식을 주었다. 이에 관한 자세한 내용은 『논어』 [옹야]편에 나온다. 자로의 죽음에 대해서는 『춘추좌전』 [노애공 15년]조에 상세한 내용이 기술되어 있다.

8-24

逄蒙學射於羿, 盡羿之道, 思天下惟羿爲愈己, 於是殺羿. 孟子曰, "是亦羿有罪焉. 公明儀曰, '宜若無罪焉.' 曰, 薄乎云爾, 惡得無罪. 鄭人使子濯孺子侵衛, 衛使庾公之斯追之. 子濯孺子曰, '今日, 我疾作, 不可以執弓, 吾死矣夫.' 問其僕曰, '追我者, 誰也.' 其僕曰, '庾公之斯也.' 曰, '吾生矣.' 其僕曰, '庾公之斯, 衛之善射者也. 夫子曰吾生, 何謂也.' 曰, '庾公之斯學射於尹公之他, 尹公之他學射於我. 夫尹公之他, 端人也, 其取友必端矣.' 庾公之斯至, 曰, '夫子何爲不執弓.' 曰, '今日, 我疾作, 不可以執弓.' 曰, '小人學射於尹公之他, 尹公之他學射於夫子.

我不忍以夫子之道反害夫子. 雖然, 今日之事, 君事也, 我不敢廢.' 抽矢扣輪, 去其金, 發乘矢而後反."

먼 옛날 방몽(逄蒙)이 예(羿 : 전설적인 명궁)에게서 활쏘기를 배웠다. 예가 가진 기술을 모두 익힌 뒤 천하에 오직 예만이 자신보다 뛰어나다고 생각해 예를 죽여버렸다. 이를 두고 맹자가 이같이 평했다.

"그같이 된 데에는 예의 잘못도 있다. 공명의(公明儀)는 말하기를, '마땅히 예는 무죄인 듯하다' 고 했다. 그러나 그의 잘못이 크지 않다고 할 수는 있어도 어찌 무죄라고 할 수 있겠는가. 전에 정나라에서 자탁유자(子濯孺子)로 하여금 위(衛)나라를 치게 했다. 이때 위나라에서는 유공지사(庾公之斯)를 시켜 그를 추격케 했다. 자탁유자가 탄식하기를, '오늘 나는 병이 나 활을 잡을 수 없으니 죽게 되었다' 고 했다. 이에 마부에게 묻기를, '나를 뒤쫓는 자가 누구인가' 라고 했다. 마부가 대답하기를, '유공지사입니다' 라고 하자 자탁유자가 환호하기를, '나는 살았다' 고 했다. 마부가 의아해하며 묻기를, '유공지사는 위나라에서 활쏘기를 잘 하는 자인데 부자(夫子)가 살았다고 말하는 것은 무슨 까닭입니까' 라고 했다. 그러자 자탁유자가 대답하기를, '유공지사는 활쏘기를 윤공지타(尹公之他)에게서 배웠고, 윤공지타는 활쏘기를 나에게 배웠다. 윤공지타는 단정한 사람이니 그가 사귄 벗 또한 단정한 사람일 것이다' 라고 했다. 얼마 후 유공지사가 도착해 묻기를, '부자는 어찌하여 활을 잡지 않습니까' 라고 하자 자탁유자가 대답하기를, '오늘 나는 병이 나 활을 잡을 수가 없소' 라고 했다. 유공지사가 말하기를, '소인은 활쏘기를 윤공지타에게 배웠고, 윤공지타는 활쏘기를 부자에게 배웠으니 저는 차마 부자의 도(道 : 여기서는 활쏘기 기술을 의미)로써 도리어 부자를 해치는 일을 할 수는 없습니다. 비록 그렇기는 하나 오늘의 일은 군사(君事 : 군주의 명에 따른 일로 곧 국사를 지칭)이니 제가 감히 그만둘 수는 없습니다' 라고 했다. 이에 화살을 뽑아 수레바퀴에 두들겨 금(金 : 여기서는 금속제 살촉)을 빼낸 뒤 승시(乘矢 : 4개의 화살)를 쏘고는 이내 돌아갔다."

일부 신화에 따르면 '예羿'는 요堯 때의 인물로 등장하고 있다. '방몽逢蒙'과 '예'에 관한 일화는 전설적 왕조인 하나라 중기 때의 것으로 신화와 전설이 뒤섞여 있다. '방몽'은 '봉몽逢蒙'으로 칭해지기도 한다. '유공지사庾公之斯'와 '윤공지타尹公之他'에 관한 일화는 『춘추좌전』[노양공 14년]조에 나온다. 『춘추좌전』에는 그 이름이 유공차庾公差와 윤공타尹公佗로 나온다. 이것이 타당할 것이다. '유공지사'와 '윤공지타'의 '지之'는 원래 의미 없는 어조사語助辭이다. 주희는 맹자가 이들 일화를 든 것을 두고 '다만 벗을 취하는 것을 가지고 말했을 뿐이다'라고 풀이했다. 문의에 부합한다.

8-25

孟子曰, "西子蒙不潔, 則人皆掩鼻而過之. 雖有惡人, 齊戒沐浴, 則可以祀上帝."

맹자가 말했다.

"서자(西子 : 西施)일지라도 불결(不潔 : 오물을 의미)을 뒤집어 쓰면 사람들이 모두 코를 막고 지나갈 것이다. 비록 악인(惡人 : 여기서는 醜人을 의미)일지라도 목욕(沐浴)하면 가히 상제에게 제사지낼 수 있다."

서시西施는 춘추시대 말기에 월왕 구천句踐이 미인계의 일환으로 오왕 부차夫差에게 보낸 전설적인 미인이다. 서시와 불결不潔, 악인惡人과 목욕을 대비시킨 맹자의 비유가 절묘하다. 맹자가 이런 비유를 든 것은 대략 사람들에게 스스로 새로워질 것을 주문하기 위한 것으로 보인다. 여기의 악인惡人을 두고 조기와 주희는 '추인醜人'으로 해석했다. 이에 대해 다산은 '추인'의 반대 개념은 '미인'인 까닭에 글자 그대로 해석해 '호인好人'에 반대되는 개념으로 보는 것이 타당하다고 주장했다. 문맥에 비춰 조기와 주희의 해석이 타당하다.

8-26

孟子曰, "天下之言性也, 則故而已矣. 故者以利爲本. 所惡於智者, 爲其鑿也. 如智者若禹之行水也, 則無惡於智矣. 禹之行水也, 行其所無事也. 如智者亦行其所無事, 則智亦大矣. 天之高也, 星辰之遠也, 苟求其故, 千歲之日至, 可坐而致也."

맹자가 말했다.

"천하인이 사물의 성(性)에 대해 논하는 것은 단지 그 고(故 : 이미 드러난 자취)를 구하는 것일 뿐이다. '고'는 이(利 : 자연스런 흐름)를 근본으로 한다. 지자(智者 : 여기서는 小智를 의미)를 미워하는 것은 그가 천착(穿鑿 : 억지로 일삼음)하기 때문이다. 만일 '지자'가 우(禹)의 행수(行水 : 자연스럽게 물길을 틈)처럼 하면 그 지혜를 미워할 까닭이 없을 것이다. 우의 '행수'는 그 무사(無事 : 억지로 일삼지 않음)한 바를 행한 것이다. 만일 '지자'가 그 무사한 바를 행하면 그 지혜 또한 위대할 것이다. 비록 하늘이 높고 성신(星辰)이 멀기는 하나 실로 그 '고'를 구할 줄만 안다면 1천 세(歲)의 일지(日至 : 동지)일지라도 가만히 앉아서 계산할 수 있다."

이 장을 두고 주희는 풀이하기를, "성性은 인물人物 : 사람과 사물이 득생得生한 이理이고, 고故는 이미 드러난 자취이다. 이利는 순順과 같은 것으로 자연의 세勢를 말한다. '고'는 반드시 자연의 세에 기초하는 까닭에 마치 사람의 마음이 선하고 물이 아래로 흐르는 것과 같으니, 억지로 교정하고 조작한 바가 있어 그런 것이 아니다"라고 했다. 주희가 맹자의 '성性'을 '이理'로 해석해 소위 '성리학'을 만든 배경이 바로 여기에 있다.

그러나 성리학의 폐해는 막심했다. 맹자가 말한 '성'이 후대에 이르러 일반인들이 도무지 알 수 없는 기괴한 사변론으로 흐른 데에는 바로 '성'을 만고불변의 실체인 '이'로 간주한 데서 시작되었다고 해도 과언이 아니다.

8-27

公行子有子之喪, 右師往弔. 入門, 有進而與右師言者. 有就右師之位而與右師言者. 孟子不與右師言, 右師不悅曰, "諸君子皆與驩言, 孟子獨不與驩言, 是簡驩也." 孟子聞之, 曰, "禮, 朝廷不歷位而相與言, 不踰階而相揖也. 我欲行禮, 子敖以我爲簡, 不亦異乎."

제나라 대부 공행자(公行子)가 아들의 상을 당하자 우사(右師 : 王驩을 지칭)가 조문을 갔다. 우사가 문에 들어서자 우사 앞으로 나아가 말을 건네는 자가 있었고, 우사가 자리에 앉자 우사의 자리로 나아가 말을 건네는 자가 있었다. 이때 맹자만 우사에게 말을 건네지 않자 우사가 크게 불쾌해했다.

"여러 군자들은 모두 나에게 말을 건네는데 맹자만 유독 나에게 말을 건네지 않으니 이는 나를 소홀히 하는 것이다."

맹자가 이 말을 듣고 이같이 말했다.

"『주례(周禮)』에 따르면 조정에서는 남의 자리를 지나가 서로 말을 건네서는 안 되고, 등급을 뛰어넘어 서로 읍(揖)을 해서는 안 된다고 했다. 나는 그런 예를 지키려고 하는데 왕환(王驩)은 내가 자신을 소홀히 한다고 여기니 이상하지 않은가."

이 장에서는 맹자가 『주례』를 핑계로 왕환을 무시하는 모습이 적나라하게 묘사되어 있다. 주희는 이를 두고 풀이하기를, '『주례』에 따르면 모든 관작이 있는 자의 상례에는 조문하는 사람 모두 상례를 관장하는 사람의 명에 따라야만 한다. 그래서 조정朝廷이라고 한 것이다. 우사가 아직 자리에 나아가지 않았는데도 그와 더불어 말하면 우사가 자기 자리를 지나간 것이 되고, 우사가 이미 자리로 나아갔는데 찾아가서 그와 더불어 말하면 자신이 우사의 자리를 지나간 것이 된다' 고 했다. 주희의 해석이 맞는다면 당시 맹자는 『주례』를 인용해 자신의 태도를 합리화한 셈이 된다. 그러나 정반대의 해석도 가능하다. 『예기』 [곡례]편에는 다음과 같은 구절이 나온다.

"초상에 임해서는 웃지 않고, 반드시 자신의 자리를 벗어나 남에게 읍을 한다."

이는 주희와는 정반대의 해석을 가능케 한다. 조기趙岐는 이를 토대로 풀이하기를, "맹자가 '예' 를 말한 것은 마음 속으로 왕환을 미워하면서 겉으로는 그 말을 따른 것이다"라고 했다. 조기의 해석이 진실에 가깝다. 맹자는 제선왕의 총애를 받고 있는 왕환을 꺼린 나머지 이처럼 짐짓 무시하는 태도를 취한 것이다.

8-28

孟子曰, "君子所以異於人者, 以其存心也. 君子以仁存心, 以禮存心. 仁者愛人, 有禮者敬人. 愛人者人恒愛之, 敬人者人恒敬之. 有人於此, 其待我以橫逆, 則君子必自反也. '我必不仁也, 必無禮也, 此物奚宜至哉.' 其自反而仁矣, 自反而有禮矣, 其橫逆由是也, 君子必自反也. '我必不忠.' 自反而忠矣, 其橫逆由(=猶)是也, 君子曰, '此亦妄人也已矣. 如此則與禽獸奚擇哉. 於禽獸又何難焉.' 是故君子有終身之憂, 無一朝之患也. 乃若所憂則有之. '舜人也, 我亦人也. 舜爲法於天下, 可傳於後世, 我由未免爲鄉人也, 是則可憂也. 憂之如何. 如舜而已矣. 若夫君子所患則亡矣. 非仁無爲也, 非禮無行也. 如有一朝之患, 則君子不患矣."

맹자가 말했다.

"군자가 일반인과 다른 것은 존심(存心 : 마음에 간직함) 때문이다. 군자는 인(仁)으로써 '존심' 하고, 예(禮)로써 '존심' 한다. 인자(仁者)는 애인(愛人 : 남을 사랑함)하고, 유례자(有禮者 : 예가 있는 자)는 경인(敬人 : 남을 공경함)한다. 애인자(愛人者)는 남이 항상 사랑해 주고, 경인자(敬人者)는 남이 항상 공경해 준다. 여기에 어떤 사람이 있는데, 자신을 횡역(橫逆 : 도리에 어긋남)으로 대하면 군자는 반드시 자반(自反 : 스스로 돌이켜 반성함)하기를, '내가 반드시 불인(不仁)하고 무례(無禮)했나 보다. 이런 일이 어떻게 일어날 수 있는가' 라고 한다. 만일 자반하여 자신이 인(仁)하고 유례(有禮)했는데도 그 횡역이 전과 같으면 군자는 반드시 다시 자반하기를, '내가 반드시 불충(不忠 : 성실치 못함)했나 보다' 라고 한다. 만일 자반하여 충(忠)했는데도 그 횡역이 전과 같다면 군자는 말하기를, '이 사람은 망인(妄人 : 망령된 사람)일 뿐이다. 이와 같다면 금수와 어찌 구별되겠는가. 금수에게 또 무엇을 꾸짖을 것이 있겠는가' 라고 한다. 이런 까닭에 군자는 종신지우(終身之憂 : 평생을 두고 탐구해야 하는 근심)는 있어도 일조지환(一朝之患 : 급작스런 일시적 걱정)은 없다. 근심하는 바로 말하면 군자에게도 근심은 있다. 순(舜)도 사람이고 나 또한 사람이다. 순은 천하에 모범이 되어 후세에 전할 만하나 나는 아직 향인(鄕人 : 시골 사람)을 면치 못하고 있다. 이는 근심할 만한 일이다. 이를 근심하면 장차 어찌해야 할 것인가. 순처럼 해야 할 뿐이다. 그것 말고 군자가 근심하는 것은 없다. 인이 아니면 하지 않고, 예가 아니면 행하지 않는다. 비록 '일조지환'이 있을지라도 군자는 근심하지 않는다."

맹자는 이 장에서 종신지우終身之憂와 일조지환一朝之患을 극명하게 대비시키면서 자신이 내세운 '법요순法堯舜' 주장을 정당화하고 있다. 여기서 주목할 점은 '순인舜人, 아역인我亦人' 구절이다. 이 구절은 두 가지 뜻을 내포하고 있다. 하나는 성군인 순도 사람이고 맹자 자신도 사람인 까닭에 근원적인 차이가 없다는 점이다. 이는 성선설性善說에 기초한 입론立論이다. 다른 하나는 인성은 기본적으로 선한 까닭에 '법요순'을 열심히 행하기만 하면 치도의 극의極意를 이룰 수 있다는 점이다. 결국 맹자는 본성인 선성善性을 보존한 채 '법요순'을 행하기만 하면 개인 차원에서는 지덕至德을 이룰 수 있고, 통치 차원에서는 지치至治를 이룰 수 있다고 주장한 셈이다. 지극히 단순명쾌한 논리가 아닐 수 없다.

그러나 단순명쾌한 논리를 통해 절대 진리를 내세우는 모든 주장이 그렇듯이 맹자의 '법요순' 주장 또한 적잖은 모순을 내포하고 있다. 만일 맹자의 주장과 같이 '법요순'을 충실히 행하는 것만으로 '지치'를 이룰 수 있다면 위정자들은 굳이 애써 고민할 필요가 없을 것이다. 그러나 통치는 대립되는 여러 이해관계를 조정하는 와중에 궁극적으로는 공동체 전체의 차원에서 결단을 내려야만 한다. 이 경우 필연적으로 사안의 선후경중先後輕重에 따라 손해를 보는 쪽이 생기기 마련이다. '법요순' 만으로는 결코 '지치' 를 이룰 수 없는 것이다.

이는 맹자가 그토록 역설한 '왕도王道' 의 파탄을 의미한다. '법요순' 을 통한 '왕도' 의 추구는 개인 차원의 덕성 함양에는 도움이 될지 모르나 국가 차원의 통치는 전혀 다른 기준이 필요한 것이다. 맹자의 성선설과 '법요순' 주장 등을 토대로 성립된 후대의 성리학이 난세에 거의 기능을 발휘하지 못한 이유가 바로 여기에 있다. 19세기 중엽 이후 과학기술 문명을 내세운 서구 제국주의 세력의 동아시아 침탈이 가시화하면서 중국과 한국 등지에서 성리학이 일거에 폐기된 사실이 이를 뒷받침한다.

8-29

禹稷當平世, 3過其門而不入, 孔子賢之. 顏子當亂世, 居於陋巷, 一簞食一瓢飮, 人不堪其憂, 顏子不改其樂, 孔子賢之. 孟子曰, "禹稷顏回同道. 禹思天下有溺者, 由(=猶)己溺之也. 稷思天下有飢者, 由己飢之也, 是以如是其急也. 禹稷顏子易地則皆然. 今有同室之人鬪者, 救之, 雖被髮纓冠而救之, 可也. 鄕鄰有鬪者, 被髮纓冠而往救之, 則惑也. 雖閉戶可也."

우(禹)와 후직(后稷)은 평세(平世 : 치세)에 세 번이나 그 문 앞을 지나면서도 들어가지 못했다. 공자는 그들을 현명하다고 여겼다. 안자(顏子 : 顏淵)는 난세(亂世)에 누항(陋巷 : 누추한 골목)에 거처하면서 일단사(一簞食 : 한 그릇의 밥)와 일표음(一瓢飮 : 한 바가지의 물)으로 살았다. 사람들은 그 근심을 감당하지 못하는데도 안자는 변함없이 즐거워했다. 이에 공자는 그를 현명하다고 여겼다. 이를 두고 맹자가 이같이 평했다.

"우와 후직, 안회는 동도(同道 : 도가 같음)이다. 우는 천하인 중 물에 빠진 자가 있으면 마치 자신이 물에 빠뜨린 것처럼 여겼고, 후직은 천하인 중 굶주린 자가 있으면 마치 자신이 굶주리게 한 것처럼 여겼다. 그래서 이같이 급하게 사람들을 구제한 것이다. 우·후직이 안자와 서로 역지(易地 : 처지를 바꿈)했을지라도 모두 그러했을 것이다. 지금 한 집안의 사람들이 싸우는 것을 말릴 경우에는 비록 피발영관(被髮纓冠 : 머리를 풀어 헤치고 갓끈만 겨우 맴)한 채 말릴지라도 가하다. 그러나 향린(鄕鄰 : 마을의 이웃)이 싸우는 것을 말릴 경우에는 '피발영관' 한 채 가서 말리는 것은 미혹(迷惑)된 일이다. 이 경우에는 비록 문을 닫고 가만히 있을지라도 가하다."

여기의 '피발영관被髮纓冠'은 매우 급한 상황을 상징한 말로 우와 후직의 구인求人 행보를 비유한 것이다. 그렇다면 맹자는 왜 향린이 싸울 경우 '피발영관'의 모습으로 급히 가서 말리는 것은 미혹된 일이라고 한 것일까. 이를 두고 주희는 풀이하기를, '성현은 마음이 같지 않음이 없으나 다만 일은 만나는 상황에 따라 혹여 다를 수 있다. 그러나 이에 대한 대처는 각기 그 이치에 맞게 하니 이것이 바로 동도同道케 되는 이유이다'라고 했다. 성현은 비록 사안에 따라 상이한 모습으로 대처하나 결국 이치에 맞게 행하는 까닭에 동일한 행보일 뿐이라는 주장이다. 대략 문의에 부합한다.

8-30

公都子曰, "匡章, 通國皆稱不孝焉, 夫子與之遊, 又從而禮貌之,敢問何也." 孟子曰, "世俗所謂不孝者5, 惰其四支(=肢), 不顧父母之養, 一不孝也. 博奕好飮酒, 不顧父母之養, 2不孝也. 好貨財, 私妻子, 不顧父母之養, 3不孝也. 從耳目之欲, 以爲父母戮, 4不孝也. 好勇鬪狠, 以危父母, 5不孝也. 章子有一於是乎. 夫章子, 子父責善而不相遇也. 責善, 朋友之道也. 父子責善, 賊恩之大者. 夫章子, 豈不欲有夫妻子母之屬哉. 爲得罪於父, 不得近, 出妻屛子, 終身不養焉. 其設心以爲不若是, 是則罪之大者, 是則章子已矣."

공도자(公都子)가 물었다.

"광장(匡章 : 제나라 장수)을 두고 통국(通國 : 온 나라 사람)이 모두 불효한 자라고 하는데 대부(大夫)는 그와 교유하며 게다가 예까지 갖춰 그를 대하고 있습니다. 감히 묻건대 이는 어떤 까닭입니까."

맹자가 대답했다.

"세속에서 소위 불효라고 말하는 것은 5가지가 있다. 사지(四肢)를 게을리 하여 부모봉양을 돌보지 않는 것이 첫 번째 불효이다. 박혁(博奕 : 장기와 바둑)을 두며 음주를 좋아해 부모봉양을 돌보지 않는 것이 두 번째 불효이다. 재화(財貨)를 좋아해 사처자(私妻子 : 처자식만 편애함)하여 부모봉양을 돌보지 않는 것이 세 번째 불효이다. 이목(耳目)이 좋아하는 것을 좇아 부모가 수치스럽게 생각하는 것이 네 번째 불효이다. 호용투한(好勇鬪狠 : 만용을 부리고 싸움을 일삼음)하여 부모를 위험에 빠뜨리는 것이 다섯 번째 불효이다. 광장이 이 중 어느 하나라도 해당하는가. 장자(章子 : 광장)는 다만 자식으로서 부친에게 책선(責善 : 선행을 하도록 요구함)하다가 부친과 서로 뜻이 맞지 않게 된 것일 뿐이다. '책선'은 붕우지도(朋友之道 : 벗 사이의 도리)이다. 부자 간의 '책선'은 은혜를 해침이 매우 크다. 광장인들 어찌 부처(夫妻)와 자모(子母)의 가속(家屬)을 갖고자 했지 않았겠는가. 부친에게 죄를 지어 가까이 갈 수 없었기 때문에 아내를 내보내고 자식도 내쳐 죽을 때까지 그들의 봉양을 받지 않았던 것이다. 그의 생각으로는 이렇게 하지 않을 경우 오히려 죄를 더욱 크게 하는 것으로 여긴 것이다. 이것이 바로 장자의 사람됨이다."

맹자는 이 장에서 책선責善은 어디까지나 붕우지도朋友之道임을 분명히 하면서 광장의 예를 통해 부자 간의 '책선'을 경계하고 있다. 당초 광장의 부친은 부인이 잘못을 저지르자 죽여서 마구간 아래에 파묻은 바 있다. 광장이 여러 번 부친에게 모친의 죄를 용서해 이장해 줄 것을 요구했으나 부친이 이를 거절했다. 이후 부친과 사이가 멀어지게 된 광장은 부친에게 죄를 지은 몸으로 처자의 봉양을 받을 수 없다며 처를 내보낸 뒤 자식을 가까이 오지 못하게 했다. 광장의 이런 행보에 대한 맹자의 평가는 대략 긍정적이라고 볼 수 있다. 남송대의 양시楊時도 풀이하기를, '광장의 행실을 맹자가 취한 것은 아니다. 다만 그의 뜻을 가엾게 여겨 그와 더불어 절교하지 않았을 뿐이다'라고 했다. 맹자가 말한 취의에 부합한다.

8-31

曾子居武城, 有越寇. 或曰, "寇至, 盍(=何不)去諸(=之乎)." 曰, "無寓人於我室, 毁傷其薪木." 寇退, 則曰, "修我牆屋, 我將反." 寇退, 曾子反. 左右曰, "待先生, 如此其忠且敬也, 寇至則先去以爲民望. 寇退則反, 殆於不可." 沈猶行曰, "是非汝所知也. 石沈猶有負芻之禍, 從先生者70人, 未有與焉." 子思居於衛, 有齊寇. 或曰, "寇至, 盍去諸." 子思曰, "如伋去, 君誰與守." 孟子曰, "曾子子思同道. 曾子, 師也, 父兄也. 子思, 臣也, 微也. 曾子子思易地則皆然."

증자가 무성(武城)에 살고 있을 때 월나라 군사가 쳐들어 왔다. 종자가 재촉했다.

"적들이 쳐들어 오는데 어째서 떠나지 않습니까."

그러자 증자가 분부했다.

"내가 떠난 뒤 다른 사람이 내 집에 무단으로 들어와 살거나 마당의 나무를 손상시키는 일이 없도록 하라."

적들이 물러갔다고 하자 이같이 분부했다.

"집의 장옥(牆屋 : 담장과 지붕)을 수리토록 해라. 연후에 돌아가도록 할 것이다."

이후 적들이 물러간 뒤 증자가 돌아왔다. 좌우에서 힐난했다.

"무성의 대부들이 선생을 이토록 충경(忠敬)하게 대했는데 적들이 쳐들어 오자 앞장서 도망가 민망(民望 : 백성들이 바라보고 본받음)하게 만들고 이후 적들이 물러간 뒤 돌아왔습니다. 이는 거의 불가할 듯합니다."

그러자 제자 심유행(沈猶行)이 말했다.

"이는 너희들이 알 바가 아니다. 옛날 우리 심유씨(沈猶氏)는 부추(負芻)의 난으로 화를 당한 적이 있었다. 당시 선생을 따르는 자가 70명이었지만 이들 모두 선생을 따라 피했기에 한 사람도 난에 참여한 자가 없었다."

자사(子思)가 위나라에 있을 때 제나라 군사가 침공했다. 종자가 재촉했다.

"적이 쳐들어오는데 어째서 떠나지 않습니까."

자사가 반문했다.

"만일 나 급(伋)이 떠나버리면 군주는 누구와 더불어 지키겠는가."

맹자가 이를 두고 이같이 평했다.

"증자와 자사는 동도(同道)였다. 증자는 스승이고 부형(父兄 : 원로)이었으나 자사는 신하이고 관직이 낮았다. 증자와 자사는 역지(易

地)했을지라도 모두 그러했을 것이다.

월나라 군사의 침공 당시 증자의 태도는 심유행의 변명에도 불구하고 비인도적 태도를 보인 게 사실이다. 당시 증자는 살고 있는 읍이 이웃나라에 침공받았을 때 제일 먼저 도망간 까닭에 주변 사람들의 손가락질을 받았다. 그는 분명 비난받을 짓을 한 것이다. 그럼에도 맹자는 '당시 증자는 스승이며 원로인 처지에 있었기 때문이다'라며 증자를 변호하고 나선 것이다. 물론 증자의 입장에서 볼 때 일면 억울한 면이 있을 것이다. 그러나 적이 쳐들어오기 전에 읍을 떠나면서 집지기에게 사람들이 자신의 집에 머물지 못하도록 조치한 것은 비인도적인 처사임에 틀림없다. 평소 공자의 덕행을 숭상하며 이를 어김없이 실천에 옮길 것을 주장해 온 증자로서는 모순된 행동을 스스럼 없이 저지른 셈이다.

8-32

儲子曰, "王使人瞯夫子, 果有以異於人乎." 孟子曰, "何以異於人哉. 堯舜與人同耳."

제나라 사람 저자(儲子)가 맹자에게 물었다.

"군왕이 사람을 시켜 선생을 몰래 살펴보게 했는데 선생은 과연 남들과 다른 점이 있습니까."

맹자가 대답했다.

"어찌 남들과 다르겠소. 요 · 순도 다른 사람과 똑같을 뿐이오."

저자儲子를 제나라 재상으로 보는 견해도 있으나 확인할

길이 없다. 일부 판본에는 '과유이이어인호果有以異於人乎' 구절 중 '이以' 자가 빠져 있으나 뜻은 동일하다. '한瞯'은 몰래 훔쳐 본다는 뜻이다. 이 장의 핵심어는 '요순여인동堯舜與人同'이다. 앞서 언급한 바와 같이 이는 맹자의 성선설에 근거한 입론이다.

8-33

齊人有一妻一妾而處室者, 其良人出, 則必饜酒肉而後反. 其妻問所與飮食者, 則盡富貴也. 其妻告其妾曰, "良人出, 則必饜酒肉而後反. 問其與飮食者, 盡富貴也, 而未嘗有顯者來. 吾將瞯良人之所之也." 蚤起, 施(=斜)從良人之所之, 徧國中無與立談者. 卒之東郭墦閒之祭者, 乞其餘. 不足, 又顧而之他. 此其爲饜足之道也. 其妻歸, 告其妾曰, "良人者, 所仰望而終身也, 今若此." 與其妾訕其良人, 而相泣於中庭, 而良人未之知也, 施施從外來, 驕其妻妾. 由君子觀之, 則人之所以求富貴利達者, 其妻妾不羞也, 而不相泣者, 幾希矣.

제나라에 처 한 명과 첩 한 명을 데리고 한집에 사는 자가 있었다. 그 양인(良人 : 남편)은 외출하면 반드시 주육(酒肉)을 배불리 먹은 뒤 돌아오곤 했다. 그 아내가 누구와 더불어 음식을 먹었는지를 물으면 양인은 부귀한 사람들의 이름만 댔다. 그 아내가 첩에게 말했다.

"양인이 외출하면 반드시 주육을 배불리 먹은 뒤 돌아오는데 누구와 더불어 음식을 먹었는지를 물어보면 늘 부귀한 사람의 이름만 대고 있소. 그러나 그런 현귀(顯貴)한 사람은 우리 집에 온 적이 없소. 내가 장차 양인이 가는 곳을 몰래 알아볼 생각이오."

이에 다음날 아침 그 처가 일찍 일어나 양인이 가는 곳을 이종(施從 : 눈치채지 못하게 샛길로 가로질러 쫓아감)했다. 그러나 국중(國中 : 도성 안)을 두루 돌아다녀도 누구 하나 양인과 더불어 입담(立談 : 서서 얘기를 나눔)하는 자가 없었다. 끝내 양인은 동쪽 성곽의 번간(墦閒 : 공동묘지의 무덤들 사이)에서 제사지내는 사람에게 다가가 남은 음식을 빌어먹고, 거기서 부족하면 또 두리번거리며 딴 곳으로 갔다. 이것이 바로 주육을 배불리 얻어먹는 방법이었다. 그 처가 집으로 돌아와 첩에게 말했다.

"양인이란 앙망(仰望)하며 종신(終身 : 일생을 함께 살아감)할 사람인데 지금 그 모습이 고작 이렇소."

그 처가 첩과 더불어 양인을 원망하며 함께 뜰 가운데서 울었다. 양인은 아무 것도 모른 채 이이(施施 : 기뻐하여 자득함)하게 밖에서 돌아와 처첩에게 으스댔다. 군자가 볼 때 지금 사람들이 추구하는 부귀영달의 수단치고 이처럼 처첩들이 부끄럽게 여겨 서로 껴안고 울지 않을 만한 것은 거의 희귀할 것이다.

주희는 이 장의 머리에 '맹자왈孟子曰'이 생략된 것으로 보았다. 그러나 일종의 상황묘사에 해당하는 서두로 간주하면 반드시 그같이 볼 필요는 없다. '이종양인지소지施從良人之所之'의 '이施'는 '사斜'의 뜻으로 바른 길로 가지 않고 샛길로 질러간 것을 의미한다. 번간墦間에서 주육으로 배를 채우는 자를 통해 부귀영달을 꾀하는 세인들의 속태俗態를 비판한 맹자의 비유가 매우 통렬하다. 맹자는 당시 묵가와 법가 등으로부터 신랄한 비판을 당한 속유俗儒들과는 차원이 다른 인물이었다.

그러나 순자는 맹자 또한 속유와 다름없다고 비판했다. 맹자가 겉으로만 '아유雅儒'의 모습을 보였을 뿐 사실은 천하유세를 구실로 무리를 이끌고 열국을 순방하며 봉록을 구하는 등 속유와 하등 다를 바 없는 행보를 보였다는 것이다. 후대에 순자가 문묘에서 쫓겨난 것도 이와 무관치 않다.

제9절 [만장(萬章) 상]편

9-1

萬章問曰, "舜往于田, 號泣於旻天, 何爲其號泣也." 孟子曰, "怨慕也." 萬章曰, "父母愛之, 喜而不忘. 父母惡之, 勞而不怨. 然則舜怨乎." 曰, "長息問於公明高曰, '舜往于田, 則吾旣得聞命矣. 號泣于旻天, 于父母, 則吾不知也.' 公明高曰, '是非爾所知也.' 夫公明高以孝子之心, 爲不若是恝. 我竭力耕田, 共爲子職而已矣, 父母之不我愛, 於我何哉. 帝使其子9男2女, 百官牛羊倉廩備, 以事舜於畎畝之中, 天下之士多就之者, 帝將胥天下而遷之焉. 爲不順於父母, 如窮人無所歸. 天下之士悅之, 人之所欲也, 而不足以解憂. 好色, 人之所欲, 妻帝之2女, 而不足以解憂. 富, 人之所欲, 富有天下, 而不足以解憂. 貴, 人之所欲, 貴爲天子, 而不足以解憂. 人悅之 · 好色 · 富貴, 無足以解憂者, 惟順於父母, 可以解憂. 人少, 則慕父母. 知好色, 則慕少艾. 有妻子, 則慕妻子. 仕則慕君, 不得於君則熱中. 大孝終身慕父母. 50而慕者, 予於大舜見之矣."

제자인 만장(萬章)이 물었다.

"순(舜)은 보위에 오르기 전 밭으로 나가 민천(旻天 : 하늘)을 향해 호읍(號泣 : 울부짖음)했다는데 무슨 이유로 호읍한 것입니까."

맹자가 대답했다.

"부모에 대한 원모(怨慕 : 원망하며 사모함) 때문이다."

만장이 물었다.

"부모가 사랑하면 기뻐하며 은혜를 잊지 않고, 부모가 미워하면 괴로워도 원망해서는 안 된다고 했습니다. 그렇다면 순은 부모를 원망한 것입니까."

맹자가 대답했다.

"제자 장식(長息)이 스승인 공명고(公明高 : 증자의 제자)에게 묻기를, '순이 밭으로 간 것에 대해서는 이미 가르침을 들었습니다만 하늘과 부모를 향해 호읍한 까닭은 알지 못하겠습니다' 라고 했다. 공명고가 대답하기를, '이는 네가 알 바가 아니다' 라고 했다. 공명고는 생각하기를, '순과 같은 효자의 마음으로는 그처럼 하늘과 부모에 대해 괄시(恝視 : 무관심 함)할 리 없다. 순은 자신이 힘을 다해 밭을 갈아 공손히 자식된 직분을 다했을 뿐이니 부모가 자신을 사랑하지 않는 것이 자신에게 무슨 상관이 있겠는가라는 식으로 태연했을 리 없다' 고 한 것이다. 요(堯)는 자신의 9남 2녀로 하여금 백관(百官)과 우양(牛羊), 창름(倉廩 : 여기서는 창고에 가득 찬 곡식을 의미)을 갖춘 뒤 무견(畝畎 : 밭이랑) 한가운데로 가 순을 섬기게 했다. 이에 천하의 선비들 중 순에게 몰려가는 사람이 많았다. 요는 장차 서천하(胥天下 : 천하의 인심을 살핌)하여 순에게 천하를 물려주고자 했다. 그러나 순은 부모에게 받아들여지지 못했기에 마치 궁인(窮人 : 곤궁한 사람)이 돌아갈 곳이 없는 것처럼 여겼다. 천하의 선비가 좋아하는 것은 누구나 원하는 것으로 이것으로도 족히 해우(解憂 : 순의 근심을 풀어줌)치 못했다. 호색(好色 : 여기서는 美色)은 누구나 원하는 것으로 요의 두 딸을 아내로 삼았어도 족히 해우치 못했다. 부(富)는 누구나 원하는 것으로 천하를 소유하는 부를 가졌어도 족히 해우치 못했다. 귀(貴)는 누구나 원하는 것으로 천자가 될 만큼 귀해졌어도 족히 해우치 못했다. 사람들이 좋아하는 것과 호색, 부, 귀로도 족히 해우치 못하고 오직 부모에게 받아들여지는 것만이 해우할 수 있었다. 사람은 어렸을 때 부모를 사모하고, 호색을 알게 되면 소애(少艾 : 젊고 아름다운 여인)를 사모하고, 처자가 생기면 처자식을 사모하고, 출사하면 군주를 사모하여 군주에게 신임을 얻지 못하면 마음을 태운다. 그러나 대효(大孝)는 종신토록 부모를 사모하는 것이다. 50이 넘도록 부모를 사모하는 경우를 나는 순을 통해 보았다."

'어아하재於我何哉'를 두고 주희는 '나에게 무슨 죄가 있어서인가'로 풀이했다. 이에 대해 다산 정약용은 '나에게 무슨 관계가 있는가'로 보았다. 문맥상 다산의 해석이 자연스럽다. 소애少艾는 『초사楚辭』와 『전국책』 [조책趙策] 등에 나오는 '유애幼艾'와 동일한 의미로 '애艾'는 '미호美好'의 뜻을 지니고 있다. 맹자가 50세를 거론한 이유와 관련해 주희는 '순舜이 섭정할 때의 나이가 50세였기 때문이다. 50세까지 사모했으면 종신토록 사모했음을 알 수 있다'고 분석했다. 문의에 부합하기는 하나 이를 고증할 길이 없다.

9-2

萬章曰, "『詩』云, '娶妻如之何. 必告父母.' 信斯言也, 宜莫如舜. 舜之不告而娶, 何也." 孟子曰, "告則不得娶. 男女居室, 人之大倫也. 如告, 則廢人之大倫, 以懟父母, 是以不告也." 萬章曰, "舜之不告而娶, 則吾既得聞命矣. 帝之妻舜而不告, 何也." 曰, "帝亦知告焉, 則不得妻也." 萬章曰, "父母使舜完廩, 捐階, 瞽瞍焚廩. 使浚井, 出, 從而揜之. 象曰, '謨蓋都君陷我績, 牛羊父母, 倉廩父母, 干戈朕, 琴朕, 弤朕, 2嫂使治朕棲.' 象往入舜宮, 舜在牀琴. 象曰, '鬱陶思君爾.' 忸怩. 舜曰, '惟玆臣庶, 汝其于予治.' 不識舜不知象之將殺己與." 曰, "奚而不知也. 象憂亦憂, 象喜亦喜." 曰, "然則舜僞喜者與." 曰, "否. 昔者, 有饋生魚於鄭子産, 子産使校人畜之池. 校人烹之, 反命曰, '始舍之, 圉圉焉. 少則洋洋焉, 攸然而逝.' 子產曰, '得其所哉. 得其所哉.' 校人出, 曰, '孰謂子產智. 予既烹而食之, 曰, 得其所哉. 得其所哉.' 故君子可欺以其方, 難罔以非其道. 彼以愛兄之道來, 故誠信而喜之, 奚僞焉."

만장이 물었다.

"『시경』 [제풍 · 남산(南山)]에 이르기를, '아내를 얻을 때는 어찌해야 하나. 반드시 부모에게 고해야 하네' 라고 했습니다. 실로 이 말대로라면 순(舜)과 같이 하지 말아야 할 것입니다. 순이 부모에게 고하지 않고 아내를 얻은 것은 어찌된 것입니까."

맹자가 대답했다.

"부모에게 고했다면 아내를 얻을 수 없었을 것이다. 남녀가 혼인하는 것은 인간의 대륜(大倫)이다. 만일 부모에게 고하면 인간의 대륜을 폐지케 되어 부모를 원대(怨懟 : 원망)하게 될 것이다. 이로 인해 고하지 않은 것이다."

만장이 물었다.

"순이 부모에게 고하지 않고 아내를 얻은 것에 대해서는 이미 가르침을 들었습니다만, 요가 순에게 딸을 아내로 주면서도 순의 부모에게 알리지 않은 것은 무엇 때문입니까."

맹자가 대답했다.

"요 또한 고하면 딸을 시집보낼 수 없다는 것을 알았기 때문이다."

만장이 물었다.

"순의 부친과 계모는 순에게 창름을 손질하게 해놓고는 사다리를 치운 뒤 순이 미리 준비한 삿갓을 쥐고 뛰어내릴 것도 모르고 부친 고수(瞽瞍)는 창름에 불을 질렀습니다. 또한 순에게 우물을 치게 하고는 순이 미리 파둔 구멍을 통해 빠져나갈 것도 모르고 우물을 덮어 버렸습니다. 이복동생 상(象)은 순이 죽은 줄 알고 말하기를, '도군(都君 : 순이 한 곳에 머문 지 1년이면 취락, 2년이면 성읍, 3년이면 도성을 이룬다는 말로 순을 지칭)을 제거하는 계책을 세운 것은 나의 공이다. 우양(牛羊)은 부모에게 드리고, 창름도 부모에게 드려야겠다. 그러나 간과(干戈 : 창과 방패)는 짐(朕 : 당시에는 통상적인 1인칭임)이 갖고, 금(琴 : 오현금)도 내가 갖고, 저(弤 : 붉은 옻칠을 한 활)도 내가 가진 뒤 이수(二嫂 : 두 형수)를 시켜 짐의 침상을 돌보게 할 것이다' 라고 했습니다. 상이 달려가 순의 궁(宮)에 들어가 보니 순이 침상에 걸터앉아 금(琴)을 타고 있었습니다. 상이 급히 변명하기를, '울도(鬱陶 : 깊이 생각해 가슴이 답답함)하게 도군을 생각했습니다' 라고 하며 육니(忸怩 : 부끄러워하며 얼굴을 붉힘)했습니다. 그런데도 순은 말하기를, '너는 나를 도와 이들 신서(臣庶 : 臣民)들을 다스려라' 고 했습니다. 잘 모르겠습니다만 순은 상이 자신을 죽이려고 한 것을 몰랐던 것입니까."

맹자가 대답했다.

"어찌 몰랐겠는가. 다만 동생인 상이 근심하면 그도 근심하고, 상이 기뻐하면 그 또한 기뻐했던 것이다."

만장이 물었다.

"그렇다면 순은 거짓으로 기뻐한 것입니까."

맹자가 대답했다.

"아니다. 전에 정나라 자산(子產)에게 생어(生魚)를 선물한 자가 있었다. 자산이 교인(校人 : 연못 관리인)을 시켜 이들 생어를 연못에서 휵(畜 : 飼養)하게 했다. 그러자 교인이 이를 삶아 먹은 뒤 반명(反命 : 복명)하기를, '처음에 연못에 풀어놓자 어어(圉圉 : 지쳐서 어릿어릿함)하더니 조금 있다가 양양(洋洋 : 기운이 남)해져 이내 유유(攸攸 : 悠悠)히 사라졌습니다' 라고 했다. 자산이 그 말을 듣고 말하기를, '갈 곳을 찾았구나, 갈 곳을 찾았어' 라고 했다. 교인이 밖으로 나와 말하기를, '누가 자산을 지혜롭다고 하는가. 내가 이미 물고기를 삶아 먹었는데도 그는 물고기가 제 갈 곳을 찾았다고 말했다' 고 했다. 그래서 군자는 방도(方道 : 정당한 도리)로 속일 수는 있으나 비도(非道 : 이치에 맞지 않는 것)로 속이기는 어려운 것이다. 상(象)이 형인 순을 사랑한다는 방도를 내세워 찾아온 까닭에 순은 이를 진실로 믿고 기뻐한 것이지 어찌 거짓으로 기뻐할 리 있겠는가."

춘추전국시대 당시 '짐朕'은 '아我'의 뜻으로 쓰였다. 이 말이 황제를 자칭하는 전용어가 된 것은 진시황 이후의 일이다. 이 장에서는 통상 연칭連稱되어 사용되는 기망欺罔의 '기欺'와 '망罔'이 엄격히 구별되어 있다. '기'는 '군자가이기방君子可欺以其方'과 같이 이치가 있는 것으로 군자를 속이는 것을 말하고, '망'은 '난망이비기도難罔以非其道'에 사용되었듯이 이치에 맞지 않는 것으로 군자를 속이려 드는 것을 말한다. 이 장을 두고 주희는 풀이하기를, '순舜이 인륜의 변을 만났으되 천리지상天理之常을 잃지 않은 것을 말한 것이다'라고 했다. 문의에 부합한다.

9-3

萬章問曰, "象日以殺舜爲事, 立爲天子, 則放之, 何也." 孟子曰, "封之也. 或曰放焉." 萬章曰, "舜流共工于幽州, 放驩兜于崇山, 殺三苗于三危, 殛鯀于羽山, 4罪而天下咸服, 誅不仁也. 象至不仁, 封之有庳. 有庳之人奚罪焉. 仁人固如是乎. 在他人則誅之, 在弟則封之." 曰, "仁人之於弟也, 不藏怒焉, 不宿怨焉, 親愛之而已矣. 親之欲其貴也. 愛之欲其富也. 封之有庳, 富貴之也. 身爲天子, 弟爲匹夫, 可謂親愛之乎." "敢問或曰放者, 何謂也." 曰, "象不得有爲於其國, 天子使吏治其國, 而納其貢稅焉, 故謂之放. 豈得暴彼民哉. 雖然, 欲常常而見之, 故源源而來, '不及貢, 以政接于有庳.' 此之謂也."

만장이 물었다.

"상(象)이 날마다 순을 죽이는 것으로 일을 삼았지만 순은 즉위해 천자가 된 뒤 그를 죽이지 않고 단지 추방했을 뿐입니다. 이는 어찌 된 것입니까."

맹자가 대답했다.

"실은 그를 제후로 봉한 것인데 혹자가 이를 두고 '추방'이라고 말한 것이다."

만장이 물었다.

"순이 공공(共工 : 黃帝에 저항한 炎帝의 후손)을 유주(幽州)에 유배시키고, 환도(驩兜 : 요 · 순 때의 대신)를 숭산(崇山)으로 추방하고, 삼묘(三苗 : 하나라에 복종을 거부한 부족)를 삼위(三危)에서 죽이고, 곤(鯀 : 禹의 부친)을 우산(羽山)에서 극(殛 : 誅罰)했습니다. 이들 넷을 처벌하자 천하인이 모두 순에게 복종했으니 이는 바로 불인한 자들을 주벌했기 때문입니다. 상은 매우 불인했는데도 유비(有庳) 땅의 제후로 봉했습니다. 유비 땅의 백성들이 무슨 죄입니까. 인인(仁人)은 원래 그리하는 것입니까. 순은 다른 사람은 벌을 주면서도 동생은 오히려 제후로 봉했습니다."

맹자가 대답했다.

"인인은 동생에 대해 노여움을 감추지 않고, 원망을 묵혀두지 않고, 오직 친애(親愛)할 뿐이다. 친하게 대하는 것은 곧 그가 귀하게 되기를 바라는 것이고, 사랑하는 것은 곧 그가 부유해지기를 바라는 것이다. 그를 유비 땅에 봉한 것은 그를 부귀하게 만들고자 한 것이다. 자신은 천자인데도 동생은 필부로 남아 있다면 가히 동생을 친애했다고 말할 수 있겠는가."

만장이 물었다.

"감히 묻건대 혹자가 '순이 상을 추방했다'고 말하는 것은 무엇을 두고 한 말입니까."

맹자가 대답했다.

"상이 직접 그 땅에서 정사를 행할 수는 없었다. 천자인 순이 관리를 시켜 그 땅을 다스리면서 그 공세(貢稅)만 상에게 바치게 했다. 그래서 혹자는 순이 상을 추방했다고 한 것이다. 그러니 당시 상이 어찌 그 지역의 백성들에게 포학하게 굴 수 있었겠는가. 비록 그렇기는 했으나 순은 상상(常常 : 늘) 동생을 만나보고 싶어하여 원원(源源 : 물이 이어지듯 끊임없음)히 자신을 찾아오게 했다. '조공의 시기가 되지 않았는데도 정무를 이유로 유비 땅의 군주를 접견했다'는 기록이 있다. 이 기록은 바로 이를 말한 것이다."

맹자가 마지막 대목에서 인용한 내용은 그 전거를 찾을 수 없다. 주희도 '아마도 옛『서경』의 말인 듯하다'는 말로 얼버무려 놓았다. 맹자는 이 장에서 공의公義와 사은私恩의 상호관계를 논하고 있다. '공의'로써 '사은'을 폐하지 않고, '사은'으로써 '공의'를 해치지 않아야 한다는 게 그 요지이다.

9-4

咸丘蒙問曰, "語云, '盛德之士, 君不得而臣, 父不得而子.' 舜南面而立, 堯帥諸侯北面而朝之, 瞽瞍亦北面而朝之. 舜見瞽瞍, 其容有蹙. 孔子曰, '於斯時也, 天下殆哉, 岌岌乎.' 不識此語誠然乎哉." 孟子曰, "否, 此非君子之言, 齊東野人之語也. 堯老而舜攝也.『堯典』曰, '28載, 放勳乃徂落, 百姓如喪考妣, 3年, 四海遏密8音.' 孔子曰, '天無2日, 民無2王.' 舜旣爲天子矣, 又帥天下諸侯以爲堯3年喪, 是2天子矣." 咸丘蒙曰, "舜之不臣堯, 則吾旣得聞命矣.『詩』云, '普天之下, 莫非王土. 率天之濱, 莫非王臣.' 而舜旣爲天子矣, 敢問瞽瞍之非臣, 如何." 曰, "是詩也, 非是之謂也. 勞於王事而不得養父母也. 曰, '此莫非王事, 我獨賢勞也.' 故說詩者, 不以文害辭, 不以辭害志. 以意逆志, 是爲得之.

如以辭而已矣,『雲漢』之詩曰, '周餘黎民, 靡有孑遺.' 信斯言也, 是周無遺民也. 孝子之至, 莫大乎尊親. 尊親之至, 莫大乎以天下養. 爲天子父, 尊之至也. 以天下養, 養之至也.『詩』曰, '永言孝思, 孝思維則.' 此之謂也.『書』曰, '祗載見瞽瞍, 夔夔齊栗, 瞽瞍亦允若.' 是爲父不得而子也."

순이 요와 부친을 신하로 삼았다는 일에 관해 제자인 함구몽(咸丘蒙)이 물었다.

"옛날 말에 이르기를, '성덕지사(盛德之士 : 덕이 뛰어난 선비)는 군주일지라도 그를 신하로 삼을 수 없고, 아비일지라도 그를 자식으로 삼을 수 없다' 고 했습니다. 순이 남면(南面 : 군주의 자리가 북쪽을 등지고 있는데서 나온 말로 곧 군림을 의미)하여 천자가 되자 요가 제후들을 인솔해 북면(北面)하여 조회를 했고, 부친 고수 역시 북면하여 조회했습니다. 순은 부친 고수를 보자 얼굴에 불안한 기색을 띠었다고 합니다. 이를 두고 공자는 말하기를, '이때는 천하가 위태롭고 불안했다' 고 했습니다. 공자의 이 말이 사실인지 모르겠습니다."

맹자가 대답했다.

"아니다. 이는 군자의 말이 아니라 제나라 동쪽의 야인들이 하는 말이다. 요가 늙자 순이 섭정을 했다. 『상서』 [요전(堯典)]에 이르기를, '순이 섭정한 지 28년 만에 방훈(放勳 : 요의 호)이 이내 조락(徂落 : 죽은 뒤 魂은 올라가고 魄은 내려온 데서 나온 말로 사망을 의미)했다. 백성들은 고비(考妣 : 작고한 어버이)의 상을 치르듯 3년상을 행하고, 사해에서는 8음(八音 : 金 · 石 · 絲 · 竹 · 匏 · 土 · 革 · 木 등 8종류 악기의 연주를 의미)을 그쳤다' 고 했다. 공자가 말하기를, '하늘에는 두 개의 태양이 없고, 백성에게는 두 명의 군주가 없다' 고 했다. 만일 순이 이미 천자가 된 뒤 천하의 제후들을 이끌고 요를 위해 3년상을 치렀다면 이는 천자가 둘이 있었던 셈이 된다."

함구몽이 물었다.

"순이 요를 신하로 삼지 않았다는 사실에 대해서는 가르침을 들었습니다. 『시경』 [소아 · 북산(北山)]에 이르기를, '온 하늘 아래 왕의 땅이 아닌 것이 없고, 땅이 닿는 모든 곳의 사람치고 왕의 신하 아닌 자가 없네' 라고 했습니다. 순이 이미 천자가 되었는데 아비인 고수가 신하노릇을 하지 않은 것은 무슨 까닭입니까."

맹자가 대답했다.

"이 시는 그것을 말한 것이 아니다. 왕사(王事 : 국사)에 힘쓰느라 부모 봉양할 틈도 없었다는 것을 말한 것으로 '그 어느 것도 왕사 아닌 일이 없거늘 어찌하여 나만 홀로 이토록 많이 애쓰는가' 라고 한 것이다. 그래서 시를 해석하는 자는 문(文 : 글자)에 얽매여 사(辭 : 말)를 해치지 말고, '사' 에 얽매여 지(志 : 작자의 뜻)를 해치지 말아야 한다. 의(意 : 해석하는 자의 생각)로 '역지(逆志 : 작자의 뜻을 헤아린다는 뜻으로 逆은 迎과 통함)' 해야만 시를 제대로 이해할 수 있는 것이다. 단지 '사' 만 가지고 볼 뿐이라면 『시경』 [대아 · 운한(雲漢)]의 시에서 '주나라에 남은 백성들은 혈유(孑遺 : 남겨진 자)가 없네' 라고 한 뜻을 제대로 알기 어렵다. 이 구절을 그대로 믿는다면 주나라에는 한 사람도 살아남은 백성이 없었다는 뜻이 된다.

효자의 지극한 것으로 존친(尊親 : 어버이를 존경함)보다 더한 것이 없고, '존친' 의 지극한 것으로 이천하양(以天下養 : 천하로써 봉양함)보다 더한 것이 없다. 고수는 천자의 부친이 되었으니 존귀가 지극했고, 순이 '이천하양' 으로 봉양했으니 봉양 또한 지극했다. 『시경』 [대아 · 하무(下武)]에 이르기를, '영언효사(永言孝思 : 길이 효도하기를 생각함) · 효사유칙(孝思維則 : 효사가 세인의 본이 됨)' 이라고 했으니 바로 이를 말한 것이다. 『서경』 [우서 · 대우모]에 이르기를, '지재현고수(祗載見瞽瞍 : 순이 일을 공경히 처리하면서 고수를 대할 때를 말함) · 기기재율(夔夔齊栗 : 공경하고 삼가며 두려워함) · 고수역윤약(瞽瞍亦允若 : 순의 이런 행동에 고수 또한 믿고 따름)했다' 고 했다. 이

것이 바로 부친일지라도 함부로 '성덕지사'를 자식으로 삼을 수 없다는 것을 말한 것이다."

이 장의 핵심어는 '성덕지사盛德之士'이다. 맹자의 논리에 따르면 '성덕지사'는 군주일지라도 그를 신하로 삼을 수 없고, 아비일지라도 그를 자식으로 삼을 수 없게 된다. 신권臣權을 군권君權보다 중시한 맹자의 기본입장이 선명히 드러난 대목이 아닐 수 없다. 성리학이 지배하던 남송대와 조선조에서 실질적인 통치권력을 군왕이 아닌 신권세력이 보유한 이유가 바로 여기에 있었다.

9-5

萬章曰, "堯以天下與舜, 有諸." 孟子曰, "否, 天子不能以天下與人." "然則舜有天下也, 孰與之." 曰, "天與之." "天與之者, 諄諄然命之乎." 曰, "否, 天不言, 以行與事示之而已矣." 曰, "以行與事示之者, 如之何." 曰, "天子能薦人於天, 不能使天與之天下. 諸侯能薦人於天子, 不能使天子與之諸侯. 大夫能薦人於諸侯, 不能使諸侯與之大夫. 昔者, 堯薦舜於天而天受之. 暴之於民而民受之, 故曰'天不言'. 以行與事示之而已矣." 曰, "敢問薦之於天而天受之, 暴之於民而民受之, 如何." 曰, "使之主祭而百神享之, 是天受之. 使之主事而事治, 百姓安之, 是民受之也. 天與之, 人與之, 故曰'天子不能以天下與人'. 舜相堯28載, 非人之所能爲也, 天也. 堯崩, 3年之喪畢, 舜避堯之子於南河之南, 天下諸侯朝覲者, 不之堯之子而之舜. 訟獄者, 不之堯之子而之舜. 謳歌者, 不謳歌堯之子而謳歌舜, 故曰'天也'. 夫然後之中國, 踐天子位焉. 而(=若)居堯之宮, 逼堯之子, 是簒也, 非天與也. [太誓]曰, '天視自我民視, 天聽自我民聽.' 此之謂也."

만장이 물었다.

"요는 천하를 순에게 주었다고 하는데 과연 그런 일이 있었습니까."

맹자가 대답했다.

"아니다. 천자라도 천하를 다른 사람에게 줄 수는 없다."

"그렇다면 순은 천하를 가졌는데, 이는 누가 준 것입니까."

"하늘이 주었다."

"하늘이 주었다는 것은 하늘이 순순연(諄諄然 : 자세히 일러줌)히 명한 것입니까."

"아니다. 하늘은 말을 하지 않고 행사(行事 : 행적과 사실)로 보여줄 뿐이다."

"행사로 보여준다는 것은 어찌하는 것입니까."

그러자 맹자가 이같이 대답했다.

"천자는 어떤 사람을 하늘에 천거할 수는 있어도 하늘로 하여금 그에게 천하를 주게 할 수는 없다. 제후도 어떤 사람을 천자에게 천거할 수는 있어도 천자로 하여금 그에게 제후의 자리를 주게 할 수는 없다. 대부도 어떤 사람을 제후에게 천거할 수는 있어도 제후로 하여금 그에게 대부의 자리를 주게 할 수는 없다. 옛날에 요가 순을 하늘에 천거하자 하늘이 이를 받아들였고, 백성들에게 드러내 보여주자 백성들이 이를 받아들였다. 그래서 말하기를, '하늘은 말을 하지 않고 행사로 보여줄 뿐이다' 라고 하는 것이다."

만장이 물었다.

"하늘에 천거하자 하늘이 받아들였고, 백성에게 드러내 보여주자 백성들이 받아들였다는 것은 어떻게 한 것입니까."

맹자가 대답했다.

"순에게 제사를 주관하게 하자 모든 신령이 제사를 받아들였다. 이것이 곧 하늘이 받아들인 것이다. 또 순에게 정사를 맡기자 정사가 잘 되어 백성들이 편안하게 되었다. 이것이 곧 백성들이 받아들인 것이다. 하늘이 천하를 주고 백성들이 천하를 주는 까닭에 비록 천자일지라도 천하를 다른 사람에게 줄 수 없다고 한 것이다. 순이 요를 보좌한 것이 28년이었다. 이는 사람의 힘만으로 할 수 있는 것이 아니다. 하늘의 뜻이었다. 요가 붕(崩)하자 순은 3년상을 마치고 요의 아들을 피해 남하(南河)의 남쪽으로 갔다. 천하의 제후인 조근자(朝覲者 : 천자를 알현하고 정무를 보고하는 제후를 지칭)는 요의 아들 대신 순을 찾아갔다. 송옥자(訟獄者 : 소송하는 자)도 요의 아들 대신 순을 찾아갔다. 구가자(謳歌者 : 노래로 덕성을 찬양하는 자)도 요의 아들 대신 순을 구가했다. 그래서 말하기를, '하늘의 뜻이다' 라고 한 것이다. 그리된 연후에야 순은 도성으로 가 천자의 자리에 올랐다. 만일 그렇지 않고 요의 궁궐에 머물면서 요의 아들을 핍박했다면 이는 찬탈(簒奪)에 해당하는 것으로 결코 하늘이 준 것이 아니다. 『서경』 [주서 · 태서]에 이르기를, '하늘은 우리 백성들이 보는 것을 통해 보고, 우리 백성들이 듣는 것을 통해 듣는다' 고 했다. 이 구절은 바로 이를 말한 것이다."

이 장의 핵심어는 천명天命으로 보위는 천명을 대행하는 자리인 까닭에 인위적으로 전할 수 없다는 것이 그 요지이다. 이는 마지막 대목에 인용된 『서경』 [주서 · 태서]의 '천시자아민시天視自我民視 · 천청자아민청天聽自我民聽' 구절 속에 드러나 있다. 후대의 모든 왕조가 사실상의 찬탈왕조임에도 불구하고 겉으로는 예외 없이 천명을 받아 건국했다는 소위 '수명론受命論' 을 내세운 것도 이와 무관치 않다.

9–6

萬章問曰, "人有言, '至於禹而德衰, 不傳於賢而傳於子.' 有諸." 孟子曰, "否, 不然也. 天與賢, 則與賢. 天與子, 則與子. 昔者, 舜薦禹於天, 17年, 舜崩, 3年之喪畢, 禹避舜之子於陽城, 天下之民從之, 若堯崩之後, 不從堯之子而從舜也. 禹薦益於天, 7년, 禹崩, 3年之喪畢, 益避禹之子於箕山之陰, 朝覲訟獄者不之益而之啓, 曰, '吾君之子也.' 謳歌者不謳歌益而謳歌啓, 曰, '吾君之子也.' 丹朱之不肖, 舜之子亦不肖. 舜之相堯·禹之相舜也, 歷連多, 施澤於民久. 啓賢, 能敬承繼禹之道. 益之相禹也, 歷年少, 施澤於民未久. 舜禹益相去久遠, 其子之賢不肖, 皆天也, 非人之所能爲也. 莫之爲而爲者, 天也. 莫之致之至者, 命也. 匹夫而有天下者, 德必若舜禹, 而又有天子薦之者. 故仲尼不有天下. 繼世而有天下, 天之所廢, 必若桀紂者也, 故益·伊尹·周公不有天下. 伊尹相湯以王於天下, 湯崩, 太丁未立, 外丙2年, 仲壬4年, 太甲顚覆湯之典刑, 伊尹放之於桐, 3年, 太甲悔過, 自怨自艾, 於桐處仁遷義. 3年, 以聽伊尹之訓己也, 復歸于亳. 周公之不有天下, 猶益之於夏, 伊尹之於殷也. 孔子曰, '唐虞禪, 夏后殷周繼, 其義一也.'"

만장이 물었다.

"사람들이 말하기를, '우(禹)에 이르러 덕이 쇠해져 현자에게 천자의 자리를 물려주지 않고 자식에게 물려주게 되었다' 고 합니다. 과연 그런 일이 있었습니까."

맹자가 대답했다.

"아니, 그렇지 않다. 하늘이 현자에게 주려고 하면 그에게 주는 것이고, 하늘이 군주의 자식에게 주려고 하면 그에게 주는 것이다. 옛날 순이 우를 하늘에 천거하고 17년 후에 붕(崩)했다. 우가 3년상을 마치고 순의 아들을 피해 양성(陽城)으로 갔다. 그러자 천하의 백성들이 마치 요가 붕한 뒤 요의 아들 대신 순을 따랐던 것과 같이 그를 따랐다. 우가 재상 익(益)을 하늘에 천거하고 7년 뒤에 붕했다. 익도 3년상을 마친 뒤 기산(箕山)의 북쪽으로 피해갔다. 그러나 조근자와 송옥자는 익 대신 우의 아들인 계(啓)를 찾아가면서 말하기를, '우리 군주의 자식이다' 라고 했다. 구가자도 익 대신 계를 구가하면서 말하기를, '우리 군주의 아들이다' 라고 했다. 요의 아들 단주(丹朱)는 불초했고, 순의 아들 역시 불초했다. 순이 요를 보필한 기간과 요가 순을 보필한 기간이 길었기에 백성들에게 그만큼 오랫동안 은택(恩澤)을 베풀 수 있었다. 계는 현명했기에 부친인 우의 도를 공경스럽게 계승할 수 있었고, 익은 우를 보필한 기간이 짧아 그만큼 백성들에게 오래도록 은택을 베풀지 못했다. 순과 우, 익 사이에 서로 천자 보필 기간의 차이가 있고 그 아들들에게 현불초(賢不肖)의 차이가 있는 것은 모두 하늘의 뜻으로 사람이 능히 그리할 수 있는 게 아니다. 사람이 하지 않아도 그리되는 것을 천(天 : 천운), 이르게 하지 않아도 이르는 것을 명(命 : 천명)이라고 한다. 필부로서 천하를 소유하는 자는 덕이 반드시 순 · 우와 같아야 하고 또한 천자의 천거가 있어야 한다. 그래서 공자는 천하를 소유치 못했던 것이다. 대를 이어 천하를 소유할 때 하늘이 마침내 이를 폐하는 것은 반드시 걸(桀) · 주(紂)와 같은 자의 출현으로 인한 것이다. 그래서 익과 이윤(伊尹), 주공(周公)은 천하를 소유치 못했던 것이다. 이윤은 탕(湯)을 도와 천하의 군왕으로 군림케 했다. 탕이 붕하자 태정(太丁 : 탕의 태자)은 즉위하지 못한 채 죽었고, 외병(外丙)은 2년, 중임(仲壬)은 4년 동안 재위했다. 뒤이어 즉위한 태갑(太甲 : 태정의 아들)은 탕이 만든 법도를 모두 뒤집었다. 이에 이윤이 그를 동(桐) 땅에 3년 동안 추방했다. 태갑이 자신의 과오를 뉘우치고 자원자애(自怨自艾 : 스스로를 원망하며 다스림)하여 덕을 닦았다. 그는 동 땅에서 처인천의(處仁遷義 : 인에 머물며 의를 따름)한 지 3년 만에 이윤의 훈계를 다 받아들인 뒤 다시 도성인 박(亳)으로 돌아와 보위에 올랐다. 주공이 천하를 차지하지 못한 것은 하왕조의 익 및 은왕조의 이윤의 경우와 같다. 그래서 공자는 말하기를, '당(唐 : 요의 나라) · 우(虞 : 순의 나라)는 선위(禪位)했고, 하후(夏后)·은(殷)·주(周)는 계위(繼位)했다. 그러나 그 취지는 동일했다' 고 한 것이다."

맹자는 이 장에서도 앞장에 뒤이어 천명에 의한 선양론禪讓論의 의미를 상세히 설명하고 있다. 역사적으로 볼 때 전설상의 왕조인 하왕조는 사실 왕조국가 이전 단계인 추방사회酋邦社會에 불과했다. 이때에 들어와 각 부족별로 돌아가면서 보위를 잇는 전통이 끊어지고 우禹를 시조로 하는 부족에 의해 보위가 이어졌다. 이는 그만큼 사회가 분화되고 복잡해졌음을 반증하는 것이다. 후대에 들어와 요·순·우로 이어지는 보위계승의 전설은 '선양론', 하왕조의 보위계승 전설은 '계위론繼位論'으로 정립되었다. 만장이 스승인 맹자에게 물은 것은 바로 전설적인 왕조인 하나라의 '계위론' 전설이다. 그럼에도 맹자는 이에 대한 구체적인 언급을 피한 채 이 또한 선양론에 입각해 해석한 것이다. 이는 말할 것도 없이 자신의 왕도 주장을 강력 뒷받침하기 위한 것이다.

9-7

萬章問曰, "人有言, '伊尹以割烹要湯.' 有諸." 孟子曰, "否, 不然. 伊尹耕於有莘之野, 而樂堯舜之道焉. 非其義也, 非其道也, 祿之以天下, 弗顧也. 繫馬千駟, 弗視也. 非其義也, 非其道也, 一介不以與人, 一介不以取諸人. 湯使人以幣聘之, 囂囂然曰, '我何以湯之聘幣爲哉. 我豈若處畎畝之中, 由(=猶)是以樂堯舜之道哉.' 湯3使往聘之, 旣而幡然改, 曰, '與我處畎畝之中, 由是以樂堯舜之道, 吾豈若使是君爲堯舜之君哉. 吾豈若使是民爲堯舜之民哉. 吾豈若於吾身親見之哉. 天之生此民也, 使先知覺後知, 使先覺覺後覺也. 予, 天民之先覺者也. 予將以斯道覺斯民也. 非予覺之, 而誰也.' 思天下之民匹夫匹婦有不被堯舜之澤者, 若己推而內(=納)之溝中. 其自任以天下之重如此, 故就湯而說之以伐夏救民. 吾未聞枉己而正人者也, 況辱己以正天下者乎. 聖人之行不同也, 或遠或近. 或去或不去. 歸潔其身而已矣. 吾聞其以堯舜之道要湯, 未聞以割烹也. [伊訓]曰, '天誅造攻自牧宮, 朕載自亳.'"

만장이 물었다.

"사람들이 말하기를, '이윤이 할팽(割烹 : 요리)으로 탕(湯)의 신임을 얻고자 했다는데 과연 그런 일이 있었습니까."

맹자가 대답했다.

"아니, 그렇지 않다. 이윤은 신(莘) 땅의 들에서 밭을 갈면서 요순지도(堯舜之道)를 즐겼다. 그는 의(義)가 아니고 도(道)가 아니면 천하로써 녹을 준다 해도 이를 돌아보지 않았고, 말 1천 사(駟 : '1사'는 4필)를 선사해도 이를 쳐다보지도 않았다. 의가 아니고 도가 아니면 하찮은 지푸라기 하나도 남에게 주지 않고, 남에게서 받지도 않았다. 탕이 사람을 시켜 폐백을 전하면서 초빙했으나 효효연(囂囂然 : 무심함)히 말하기를, '탕이 초빙하는 폐백이 무슨 소용이 있겠는가. 그것이 어찌 내가 견무(畎畝 : 밭이랑)에 머물며 요순지도를 즐기는 것만 하겠는가' 라고 했다. 탕이 세 번씩이나 사람을 보내 초빙하자 얼마 안 돼 번연(幡然 : 뒤집음)히 마음을 고쳐 생각하기를, '내가 견무에 머물며 요순지도를 즐기는 것이 어찌 내가 이 군주를 요순과 같은 군주로 만드는 것만 하겠는가. 그것이 어찌 내가 이 백성으로 하여금 요순의 백성이 되게 하는 것만 하겠는가. 그것이 어찌 내가 직접 내 몸으로 목격하는 것만 하겠는가. 하늘은 이 백성을 내면서 선지자(先知者)로 하여금 후지자(後知者)를 깨우치고, 선각자(先覺者)로 하여금 후각자(後覺者)를 깨우치게 했다. 나는 하늘이 낸 백성 중 선각자이다. 내가 장차 이 도로써 백성들을 깨우칠 것이다. 내가 이들을 깨우치지 않고 누가 하겠는가' 라고 했다. 이윤은 천하의 백성들 중 필부필부일지라도 요순지도의 혜택을 입지 못한 사람이 있으면 마치 자신이 그를 밀어 도랑에 떨어뜨린 것처럼 생각했다. 그가 천하 안정의 중임을 자임한 것이 이와 같았다. 그래서 탕에게 나아가 그를 설득함으로써 하나라를 치고 백성을 구한 것이다. 나는 자신을 굽혀 남을 바르게 했다는 말을 들은 적이 없다. 그러니 하물며 자신을 욕되게 하여 천하를 바르게 할 수 있겠는가. 성인의 행실은 같지 않다. 혹은 멀리 있기도 하고, 혹은 가까이 있기도 하고, 혹은 떠나기도 하고, 혹은 떠나지 않기도 한다. 그러나 결국은 그 몸을 깨끗이 하는 것일 뿐이다. 나는 이윤이 요순지도를 가지고 탕에게 요구했다는 말은 들었으나 '할팽'으로 요구했다는 말은 듣지 못했다. 『서경』 [상서 · 이훈(伊訓)]에 이르기를, '천주조목궁(天誅造牧宮 : 하늘의 주벌이 桀의 궁전인 목궁에 처음 내려짐) · 짐재자박(朕載自亳 : 나 이윤이 亳邑을 친 데서 비롯됨)' 이라고 했다."

이 장에 나오는 '선각자'를 두고 정이천은 풀이하기를, '선각자는 하늘이 낸 백성 중에 사람의 도를 다 얻어 먼저 깨달은 자를 말한 것이다'라고 했다. 마지막 구절의 '천주조목궁天誅造牧宮의' 조造와 '짐재자박朕載自亳'의 '재載'는 모두 '시작하다'의 뜻이다. 현존 『서경』에는 걸桀이 명조鳴條에서 싸운 것으로 되어 있고, 『사기』 [하본기]에는 걸이 명조로 달아난 것으로 되어 있다. 이는 은나라 건국과 관련한 동일한 전설이 시간이 지나면서 점차 다양하게 분화된 데 따른 것으로 짐작된다.

9-8

萬章問曰, "或謂, '孔子於衛主癰疽, 於齊主侍人瘠環, 有諸乎." 孟子曰, "否, 不然也. 好事者爲之也. 於衛主顔讎由. 彌子之妻與子路之妻, 兄弟也. 彌子謂子路曰, '孔子主我, 衛卿可得也.' 子路以告. 孔子曰, '有命.' 孔子進以禮, 退以義, 得之不得曰'有命'. 而主癰疽與侍人瘠環, 是無義無命也. 孔子不悅於魯衛, 遭宋桓司馬將要而殺之, 微服而過宋. 是時孔子當阨, 主司城貞子, 爲陳侯周臣. 吾聞觀近臣, 以其所爲主. 觀遠臣, 以其所主. 若孔子主癰疽與侍人瘠環, 何以爲孔子."

만장이 물었다.

"혹자가 이르기를, '공자가 위(衛)나라에서는 옹저(癰疽 : 종기를 치료하는 의원)의 집에 머물렀고, 제나라에서는 시인(侍人 : 환관) 척환(瘠環 : 성이 '척' 임)의 집에 머물렀다' 고 하는데 과연 그런 일이 있었습니까."

맹자가 대답했다.

"아니, 그렇지 않다. 그것은 호사자(好事者 : 일을 꾸며내기를 좋아하는 好事家)들이 꾸며낸 것이다. 공자가 위나라에서는 안수유(顔讎由 : 위나라의 현대부)의 집에 머물렀다. 미자(彌子 : 위영공의 총애를 입은 彌子瑕)의 처와 공자 제자 자로의 아내는 자매 간이었다. 미자가 자로에게 말하기를, '공자가 내 집에 머물면 위나라 경(卿)의 벼슬을 얻을 수 있다' 고 했다. 자로가 공자에게 이를 고하자 공자가 말하기를, '명(命)에 달려 있다' 고 했다. 공자는 관직에 나아갈 때 예로써 하고, 물러날 때 의로써 했다. 관직을 얻고 못 얻는 것은 '명에 달려 있다' 고 한 것이다. 옹저와 시인 척환의 집에 머무는 것은 '의' 도 '명' 도 없는 것이다. 공자가 노나라와 위나라에서 머물기를 좋아하지 않아 다른 나라로 가던 중 송나라를 지나게 되었다. 마침 송나라 사마(司馬) 환퇴(桓魋)가 길목을 지키고 있다가 공자 일행을 죽이려고 하자 공자는 미복(微服) 차림으로 송나라를 빠져나갔다. 이때 공자는 곤액(困厄)을 당한 나머지 진후(陳侯 : 陳閔公)의 주신(周臣 : 충신)인 사성정자(司城貞子)의 집에 머물렀다. 내가 듣기로는 '근신(近臣 : 조정대신)을 관찰할 때에는 그의 집에 머무는 사람을 보고, 원신

(遠臣 : 타국출신의 羈旅之臣)을 관찰할 때에는 그가 머무는 집 주인을 본다' 고 했다. 만일 공자가 옹저와 시인 척환의 집에 머물렀다면 어찌 공자일 수 있겠는가."

『사기』 [공자세가]에는 안수유顔讎由의 이름이 안탁추顔濁鄒로 되어 있다. 미자彌子는 남색男色을 즐긴 암군暗君 위영공衛靈公의 총신 미자하彌子瑕를 말한다. 공자는 천하유세 도중 위영공의 지우知遇를 입어 오랫동안 위나라에 머물렀다. 『논어』에는 당시의 일화가 제법 많이 실려 있다. 뒷부분에 나오는 '주사성정자主司城貞子 · 위진후주신爲陳侯周臣' 구절을 두고 주희는 진후陳侯의 이름을 주周로 착각하여 풀이하기를, '진후 주의 신하인 사성정자를 주인으로 삼았다' 라고 했으나 이는 잘못이다. 당시 진陳나라 군주는 진민공陳閔公으로 그의 이름은 '주周' 가 아니었다. 주신周臣은 총신이라는 뜻이다. 이 구절은 '공자가 사성정자의 집에 머물렀는데 그는 진후의 총신이었다' 로 새기는 것이 타당하다.

9-9

萬章問曰, "或曰, '百里奚自鬻於秦養牲者, 5羊之皮, 食牛, 以要秦穆公, 信乎." 孟子曰, "否, 不然. 好事者爲之也. 百里奚, 虞人也. 晉人以垂棘之璧與屈産之乘, 假道於虞以伐虢. 宮之奇諫, 百里奚不諫. 知虞公之不可諫而去. 之秦, 年已70矣, 曾不知以食牛干秦穆公之爲汙也, 可謂智乎. 不可諫而不諫, 可謂不智乎. 知虞公之將亡而先去之, 不可謂不智也. 時擧於秦, 知穆公之可與有行也而相之, 可謂不智乎. 相秦而顯其君於天下, 可傳於後世, 不賢而能之乎. 自鬻以成其君, 鄕黨自好者不爲, 而謂賢者爲之乎."

만장이 물었다.

"혹자가 말하기를, '백리해(百里奚 : 진목공 때의 명신)는 진(秦)나라에서 희생에 쓸 소를 기르는 사람에게 양가죽 5장에 자신을 팔아 넘긴 뒤 그곳에서 소치는 일을 하며 진목공(秦穆公)의 신임을 얻으려고 했다' 고 합니다. 이게 사실입니까."

맹자가 대답했다.

"아니, 그렇지 않다. 호사자들이 꾸며낸 것이다. 백리해는 원래 우(虞)나라 사람이다. 당시 진(晉)나라는 수극(垂棘) 땅에서 나는 벽(璧 : 둥근 옥)과 굴(屈) 땅에서 나는 좋은 말로 우나라에 선물로 줘 가도(假道)한 뒤 괵(虢)나라를 치려고 했다. 우나라의 현대부 궁지기(宮之奇)는 진나라의 속셈을 알고 길을 빌려주지 말 것을 간했으나 백리해는 간하지 않았다. 백리해는 우공(虞公)이 간언을 들어줄 인물이 아닌 것을 알고 진(秦)나라로 가버렸다. 당시 그의 나이는 이미 70세였다. 그가 일찍이 소치는 일로 진목공에게 신임을 얻고자 하는 것이 추잡한 짓임을 알지 못했다면 그를 지혜롭다고 말할 수 있겠는가. 그는 우공이 간할 대상이 아닌 것을 알고 간하지 않았으니 과연 그를 두고 지혜롭지 않다고 말할 수 있겠는가. 그는 우공이 장차 패망할 것을 미리 알고 떠났으니 지혜롭지 않다고 말할 수는 없는 일이다. 당시 그는 진(秦)나라에 기용되었다. 진목공이야말로 가히 함께 도를 행할 만한 인물임을 단번에 알아보고 그를 도왔으니 지혜롭지 않다고 말할 수 있겠는가. 진나라를 도와 그 군주의 이름을 천하에 널리 떨치게 하여 후세까지 전하게 했으니, 만일 그가 현자가 아니었다면 과연 이런 일이 가능했겠는가. 자신을 팔아 군주를 명군으로 만드는 짓은 향당(鄕黨)의 자호자(自好者 : 자신을 아끼는 자)조차 하는 않는 짓인데 하물며 현자인 백리해가 그런 일을 했을 리 있겠는가."

'백리해자육百里奚自鬻'의 '자육自鬻'을 두고 청대의 모기령은 백리해가 다섯 마리의 양가죽을 판 것으로 해석했으나 이는 잘못이다. 조기와 주희, 다산 모두 백리해가 다섯 마리의 양가죽에 자신을 판 것으로 해석했다. 이것이 사서의 기록에 부합합다.

원래 춘추시대 중엽에 활약한 백리해는 진목공秦穆公의 패업에 결정적인 공헌을 한 현대부로 그가 진목공에게 발탁된 배경과 관련해서는 여러 전설이 전해져 오고 있다. 만장은 백리해와 관련된 전설 중 하나를 예로 들어 백리해가 간지奸智로 발탁된 것인지 여부를 물은 것이다. 이에 대해 맹자는 또 다른 전설을 거론하며 백리해와 진목공 모두 현자였음을 주장하고 있다. 역사적 사실에 비춰 맹자의 주장이 타당하다.

제10절 [만장(萬章) 하]편

10-1

孟子曰, "伯夷, 目不視惡色, 耳不聽惡聲. 非其君不事, 非其民不使. 治則進, 亂則退. 橫政之所出, 橫民之所止, 不忍居也. 思與鄉人處, 如以朝衣朝冠坐於塗炭也. 當紂之時, 居北海之濱, 以待天下之清也. 故聞伯夷之風者, 頑夫廉, 懦夫有立志. 伊尹曰, '何事非君. 何使非民.' 治亦進, 亂亦進, 曰, '天之生斯民也, 使先知覺後知, 使先覺覺後覺. 予天民之先覺者也. 予將以此道覺此民也.' 思天下之民匹夫匹婦有不與被堯舜之澤者, 若己推而內之溝中. 其自任以天下之重也. 柳下惠, 不羞汙君, 不辭小官. 進不隱賢, 必以其道. 遺佚而不怨, 阨窮而不憫. 與鄉人處, 由由然不忍去也. '爾爲爾, 我爲我, 雖袒裼裸裎於我側, 爾焉能浼我哉.' 故聞柳下惠之風者, 鄙夫寬, 薄夫敦. 孔子之去齊, 接淅而行. 去魯曰, '遲遲吾行也, 去父母國之道也.' 可以速而速, 可以久而久, 可以處而處, 可以仕而仕, 孔子也." 孟子曰, "伯夷, 聖之清者也. 伊尹, 聖之任者也. 柳下惠, 聖之和者也. 孔子, 聖之時者也. 孔子之謂集大成. 集大成也者, 金聲而玉振之也. 金聲也者, 始條理也. 玉振之也者, 終條理也. 始條理者, 智之事也. 終條理者, 聖之事也. 智, 譬則巧也. 聖, 譬則力也. 由射於百步之外也, 其至, 爾力也. 其中, 非爾力也."

맹자가 말했다.

"백이(伯夷)는 눈으로는 악색(惡色)을 보지도 않고 귀로는 악성(惡

聲)을 듣지도 않았다. 자신이 섬길 만한 군주가 아니면 섬기지 않고, 자신이 다스릴 만한 백성이 아니면 부리지도 않았다. 세상이 다스려지면 나아가고, 혼란하면 물러났다. 횡정(橫政)이 나오는 곳과 횡민(橫民)이 거주하는 곳에는 차마 머물려고 하지 않았다. 향인(鄕人 : 조야한 사람을 지칭)들과 함께 있는 것을 마치 조의조관(朝衣朝冠 : 관복)을 입은 채 도탄(塗炭 : 진흙땅과 숯덩이)에 앉아 있는 것처럼 생각했다. 은왕 주(紂)의 난세를 맞아 북해의 바닷가에 살면서 천하가 맑아지기를 기다렸다. 그래서 백이의 풍도(風度)를 들은 자들 중 완부(頑夫 : 탐욕스런 자)는 염직(廉直 : 청렴하고 곧음)해졌고, 나부(懦夫 : 나약한 자)는 입지(立志 : 뜻을 세움)하게 되었다.

이윤(伊尹)은 '누구를 섬긴들 내 군주가 아니고, 누구를 부린들 내 백성이 아니겠는가' 라고 했다. 그래서 세상이 다스려져도 나아가고 어지러워져도 나아갔다. 그는 말하기를, '하늘이 이 백성을 내면서 선지자(先知者)로 하여금 후지자(後知者)를 깨우치게 하고, 선각자(先覺者)로 하여금 후각자(後覺者)를 깨우치게 했다. 나는 백성 중의 선각자이다. 나는 장차 이 도를 가지고 이 백성들을 깨우치도록 하겠다' 라고 했다. 이에 그는 천하의 백성들 중 필부필부일지라도 요순지도의 혜택을 입지 못한 사람이 있으면 마치 자신이 그를 밀어 도랑에 떨어뜨린 것처럼 생각했다. 그는 천하 안정의 중임을 자임했던 것이다.

유하혜(柳下惠)는 오군(汙君)을 섬기는 것을 부끄럽게 여기지 않았고, 맡은 관직이 소관(小官)일지라도 사양하지 않았다. 관직에 나아가서는 자신의 현능(賢能)을 숨기지 않은 채 반드시 자신의 도에 따라 일을 처리했다. 유일(遺佚 : 발탁되지 않음)될지라도 원망하지 않고, 액궁(阨窮 : 곤궁한 상황)에 처해도 근심하지 않았다. 향인(鄕人)과 같이 있으면서도 유유연(由由然 : 태연자약함)히 지내며 차마 그곳을 떠나지 못했다. 이에 스스로 말하기를, '너는 너이고 나는 나이다. 네가 아무리 내 옆에서 단석나정(袒裼裸裎 : 옷을 벗고 알몸을 드러냄)하며 유혹한들 네 어찌 매아(浼我 : 나를 더럽힘)할 수 있겠는가' 라고 했다. 그래서 유하혜의 풍도를 들은 자들 중 비부(鄙夫 : 비루한 자)는 관대(寬大 : 너그러움)해지고 박부(薄夫 : 야박한 자)는 돈후(敦厚 : 돈독하고 후함)해졌다.

공자는 제나라를 떠날 때 접석(接淅 : 밥을 지으려고 물에 담근 쌀을 건짐)해 가지고 갈 정도로 급히 떠났다. 그러나 노나라를 떠날 때에는 탄식하기를, '지지(遲遲 : 매우 더딤)하구나, 나의 발걸음이여' 라고 했다. 이것이 부모의 나라를 떠나는 도리이다. 속히 떠날 만하면 떠나고, 오래 머물 만하면 오래 머물고, 은둔할 만하면 은둔하고, 벼슬할 만하면 벼슬한 사람은 바로 공자였다."

맹자가 또 말했다.

"백이는 성인 중의 청자(清者 : 청렴한 사람)이고, 이윤은 성인 중의 임자(任者 : 책임을 스스로 떠맡은 사람)이고, 유하혜는 성인 중의 화자(和者 : 온화한 사람)이고, 공자는 성인 중의 시자(時者 : 시의에 따라 자연스럽게 행하는 사람)이다. 공자와 같은 사람을 두고 집대성(集大成 : 모든 것을 모아 크게 이룸)이라고 한다. 집대성은 금성(金聲 : 금속 악기 소리)으로 시작해 옥진(玉振 : 옥제 악기 소리)으로 끝내는 것과 같다. '금성' 은 시조리(始條理 : 조리 있는 음악연주의 개시를 의미)를 말하고, '옥진' 은 종조리(終條理 : 조리 있는 음악연주의 종료)를 말한다. '시조리' 는 '지(智)' 에 속하고, '종조리' 는 '성(聖)' 에 속한다. '지' 는 비유하면 기교이고 '성' 은 비유하면 힘이니, 이는 1백 보 밖에서 활을 쏘는 것과 같다. 화살이 표적에 도달하는 것은 그 힘에 의한 것이나 명중하는 것은 그 힘으로 인한 것이 아니다."

맹자는 이 장에서 백이와 이윤, 유하혜의 장점을 거론하며 모두 현자로 규정한 뒤 공자야말로 이들의 장점을 모두 모아

놓은 성지시자聖之時者에 해당한다고 주장했다. 맹자는 그 근거로 떠날 만하면 떠나고 머물 만하면 머무는 공자의 도에 입각한 자유자재한 행보를 들었다. '성지시자'는 곧 상황에 따라 이치에 맞게 자유자재로 처신하는 '시중時中'의 인물을 의미하는 셈이다. 조선조의 율곡은 천리에 이르는 방법론으로 '시중'을 거론한 바 있다.

그러나 공자가 제나라를 떠날 때 접석接淅해 가지고 갈 정도로 급히 떠났다는 맹자의 주장은 문제가 있다. 원래 접석의 석淅은 '밥을 짓기 위해 인 쌀'을 말한다. 만일 맹자의 '접석' 주장이 사실이라면 공자는 제나라를 갑자기 떠나면서 밥을 짓기 위해 인 쌀이 아까운 나머지 젖은 쌀을 버리지 못하고 도중에 이를 먹을 심산으로 갖고 간 셈이 된다. 이것이 공자의 평소 모습과 동떨어진 것임은 말할 것도 없다. 나아가 도에 입각한 자유자재한 모습을 보였다는 맹자의 주장과도 모순된다. 역사적 사실과 배치되는 주장이 아닐 수 없다.

10-2

北宮錡問曰, "周室班爵祿也, 如之何." 孟子曰, "其詳不可得聞也, 諸侯惡其害己也, 而皆去其籍. 然而軻也, 嘗聞其略也. 天子一位, 公一位, 侯一位, 伯一位, 子男同一位, 凡5等也. 君一位, 卿一位, 大夫一位, 上士一位, 中士一位, 下士一位, 凡6等. 天子之制, 地方千里, 公侯皆方百里, 伯70里, 子男50里, 凡4等. 不能50里, 不達於天子, 附於諸侯, 曰附庸. 天子之卿受地視侯, 大夫受地視伯, 元士受地視子男. 大國地方百里, 君10卿祿, 卿祿4大夫, 大夫倍上士, 上士倍中士, 中士倍下士, 下士與庶人在官者同祿, 祿足以代其耕也. 次國地方70里, 君10卿祿, 卿祿3大夫, 大夫倍上士, 上士倍中士, 中士倍下士, 下士與庶人在官者同祿, 祿足以代其耕也. 小國地方50里, 君10卿祿, 卿祿2大夫, 大夫倍上士, 上士倍中士, 中士倍下士, 下士與庶人在官者同祿, 祿足以代其耕也. 耕者之所獲, 一夫百畝, 百畝之糞, 上農夫食9人, 上次食8人, 中食7人, 中次食6人, 下食5人, 庶人在官者, 其祿以是爲差."

위나라 대부 북궁기(北宮錡)가 물었다.

"주왕실 작록(爵祿 : 작위와 녹봉)의 반열(班列 : 위계대로 배분함)은 어떻게 이뤄져 있습니까."

맹자가 대답했다.

"그 상세한 내용은 얻어듣지 못했소. 제후들이 자신들에게 해가 되는 것을 싫어해 모두 그 문서를 없애버렸기 때문이오. 그러나 나가(軻)는 그 대략(大略)에 대해서는 일찍이 들은 바가 있소. 천자국에서는 천자가 일위(一位 : 단 한 자리), 공(公)이 일위, 후(侯)가 일위, 백(伯)이 일위, 자(子)와 남(男)은 같은 등급에서 공히 일위로 모두 5등급이 있었소. 제후국에서는 군(君)이 일위, 경(卿)이 일위, 대부(大夫)가 일위, 상사(上士)가 일위, 중사(中士)가 일위, 하사(下士) 일위로 모두 6등급이 있었소.

땅의 경우 천자지제(天子之制 : 천자가 다스리는 영역)는 사방 1천 리, '공'과 '후'는 1백 리, '백'은 70리, '자'와 '남'은 각기 50리로 모두 4등급이 있었소. 사방 50리가 되지 않아 천자와 직접 관계를 맺지 못하고 다른 제후에게 부속되어 있는 것을 부용(附庸)이라고 했소. 천자의 '경'이 땅을 받을 때는 '후', 천자의 '대부'는 '백', 천자의 원사(元士)는 '자' 및 '남'과 같았소.

대국(大國)은 땅이 사방 1백 리였소. '군'의 녹봉은 '경'의 10배, '경'은 '대부'의 4배, '대부'는 '상사'의 2배, '상사'는 '중사'의 2배, '중사'는 '하사'의 2배, '하사'는 서인(庶人)으로 관직에 있는 자와 같았소. 이들 녹봉은 직접 경작해 얻는 수입을 대신할 만했소.

차국(次國)은 사방 70리였소. '군'의 녹봉은 '경'의 10배, '경'은

'대부'의 3배, '대부'는 '상사'의 2배, '상사'는 '중사'의 2배, '중사'는 '하사'의 2배, '하사'는 서인으로 관직에 있는 자와 같았소. 이들 녹봉은 직접 경작해 얻는 수입을 대신할 만했소.

소국(小國)은 사방 50리였소. '군'의 복록은 '경'의 10배, '경'은 '대부'의 2배, '대부'는 '상사'의 2배, '상사'는 '중사'의 2배, '중사'는 '하사'의 2배, '하사'는 서인으로 관직에 있는 자와 같았소. 이들 녹봉은 직접 경작해 얻는 수입을 대신할 만했소.

경자(耕者)의 소획(所獲 : 소득)은 일부(一夫)에게 지급된 1백 무(畝)를 기준으로 산출되었소. 1백 무를 경작할 경우 상농(上農)은 9인, 상차농(上次農)은 8인, 중농(中農)은 7인, 중차(中次農)은 6인, 하농(下農)은 5인을 먹여살릴 수 있었소. 서인으로 관직에 있는 자는 그들이 농사를 지을 경우에 얻을 수 있는 5등급의 소획 기준에 따라 녹봉을 차등적으로 지급받았소."

맹자는 이 장에서 특이하게도 주왕실의 작록爵祿과 반열班列 등에 관한 상세한 설명을 늘어놓고 있다. 맹자의 이런 설명이 『주례』와 『의례』 등의 내용과 일치하는 것도 아니다. 주희는 아예 이 장을 빼는 것이 가하다는 주석을 달기도 했다. 맹자는 왜 문득 주왕실의 관제에 대해 정확치도 않은 내용을 굳이 설명을 하고 나선 것일까. 이를 두고 정이천은 풀이하기를, '후대의 예서禮書들은 모두 진시황 때의 분서焚書로 불탄 뒤 주워 모은 것이다. 어찌 이를 모두 믿어 구절마다 해석을 하고자 한단 말인가'라고 했다. 맹자를 옹호코자 하는 마음이 앞선 강변이 아닐 수 없다. 오히려 『맹자』의 편찬 과정에서 잘못 삽입되었을 공산이 크다는 견해가 설득력이 있다.

10-3

萬章問曰, "敢問友." 孟子曰, "不挾長, 不挾貴, 不挾兄弟而友. 友也者, 友其德也, 不可以有挾也. 孟獻子, 百乘之家也, 有友5人焉. 樂正裘·牧仲, 其3人, 則予忘之矣. 獻子之與此5人者友也, 無獻子之家者也. 此5人者, 亦有獻子之家, 則不與之友矣. 非惟百乘之家爲然也, 雖小國之君亦有之. 費惠公曰, '吾於子思, 則師之矣. 吾於顔般, 則友之矣. 王順長息, 則事我者也.' 非惟小國之君爲然也, 雖大國之君亦有之. 晉平公之於亥唐也, 入云則入, 坐云則坐, 食云則食. 雖疏食菜羹, 未嘗不飽, 蓋不敢不飽也. 然終於此而已矣. 弗與共天位也, 弗與治天職也, 弗與食天祿也. 士之尊賢者也, 非王公之尊賢也. 舜尙見帝, 帝館甥于貳室, 亦饗舜, 迭爲賓主, 是天子而友匹夫也. 用下敬上, 謂之貴貴. 用上敬下, 謂之尊賢. 貴貴尊賢, 其義一也."

만장이 물었다.

"감히 교우에 관해 묻고자 합니다."

맹자가 대답했다.

"나이가 많은 것을 내세우지 않고, 지위가 높은 것을 내세우지 않고, 형제 중에 부귀한 자가 있음을 내세우지 않는다. 교우는 그 사람의 덕을 벗하는 것인 까닭에 내세우는 것이 있어서는 안 되는 것이다. 맹헌자(孟獻子 : 춘추시대 말기 노나라 3桓 세력의 일원인 仲孫蔑)는 백승지가(百乘之家 : 경대부 가문)였다. 그에게는 5인의 벗이 있었다. 악정구(樂正裘)와 목중(牧仲)이 바로 그들이다. 나머지 3인은 생각이 나지 않는다. 맹헌자는 이들 5인과 교우하면서 자신의 가문을 내세우지 않았다. 이 5인 역시 맹헌자의 가문을 생각했다면 그와 교우치 않았을 것이다. 비단 '백승지가' 만이 그런 것이 아니었다. 소국의 군주 또한 그런 적이 있었다. 비혜공(費惠公 : 費 땅의 영주)은 말하기를, '나는 자사(子思)에 대해서는 스승으로 대하고, 안반(顔般)에 대해서는 벗으로 대한다. 왕순(王順)과 장식(長息)은 나를 섬기는 자들이다' 라고 했다. 소국의 군주만 그러했던 것은 아니다. 대국의 군주 또한 그런 적이 있었다. 진평공(晉平公)은 현자인 해당(亥唐)을 대하면서 그가 들어오라고 하면 들어가고, 앉으라고 하면 앉고, 음식을 먹으라고 하면 먹었다. 그러나 비록 소사채갱(疏食菜羹 : 거친 밥과 야채 국)이었으나 배불리 먹지 않은 적이 없었으니, 이는 벗이 권하는 마당에 감히 배불리 먹지 않을 수 없었기 때문이다. 그러나 진평공은 여기에 그쳤을 뿐이다. '해당' 과 함께 천직(天職 : 하늘이 내린 직책으로 官職을 의미)을 함께 하지도 않았고, 천록(天祿 : 하늘이 내린 녹봉으로 官祿을 의미)을 함께 누리지도 않았다. 그것은 한낱 사인(士人) 수준의 존현(尊賢)으로 왕공(王公) 수준의 존현은 아니었다. 순(舜)이 요(堯)를 알현했을 때 요는 사위인 순을 이실(貳室 : 별궁)에 묵게 하고 순에게 향응을 베푸는 동시에 향응을 받았다. 이에 두 사람은 번갈아 빈주(賓主)가 되었다. 이것이 바로 천자가 필부와 벗하는 도이다. 아랫사람으로 윗사람을 공경하는 것을 '귀귀(貴貴)', 윗사람으로서 아랫사람을 공경하는 것을 '존현' 이라고 한다. '귀귀' 와 '존현' 은 그 의(義)가 하나이다."

예로부터 비혜공費惠公의 실체를 놓고 많은 논란이 있었다. 주희는 비읍費邑의 군주로 본 데 반해 남송대의 왕응린은 노나라 계씨季氏가 '비국費國' 을 참칭한 것으로 보았고, 청대의 고염무顧炎武도 계씨의 후손으로 보았다. 이에 대해 모기령은 비혜공 이전부터 '군君' 을 칭한 소국으로 보았다. 다산은 이에 대한 규명을 유보했다. 대략 고염무의 견해가 타당한 듯하다.

이 장의 핵심어는 '귀귀貴貴' 와 '존현尊賢' 이다. 맹자는 '귀귀' 와 '존현' 의 기본취지가 동일하다고 본 것이다. 이는 맹자가 '천자가 필부와 벗하는 도리' 를 언급하며 '귀귀' 와 '존현' 을 구체적인 실현방안으로 제시한 사실을 통해 쉽게 짐작할 수 있다. 이를 두고 주희는 풀이하기를, "당시에는 단지 '귀귀' 만을 알고 '존현' 을 알지 못했다. 그래서 맹자가 그 의義가 하나라고 말한 것이다" 라고 했다.

그러나 원래 '귀민경군貴民輕君' 사상을 지닌 맹자에게는 '존군尊君' 사상이 부재했다. 그렇다면 그가 말한 '귀귀' 개념에는 '존군' 개념이 빠져 있다고 보는 것이 옳다. 후술하는 바와 같이 그가 [진심 상]편에서 소위 '군자 3락君子三樂' 을 언급하며 '왕천하王天下' 는 '3락' 에 끼지 못한다고 언명한 사실이 이를 뒷받침한다.

10-4

萬章問曰, "敢問交際何心也." 孟子曰, "恭也." 曰, "'卻之卻之爲不恭.' 何哉." 曰, "尊者賜之, 曰, '其所取之者, 義乎, 不義乎.' 而後受之, 以是爲不恭, 故弗卻也." 曰, "請無以辭却之, 以心卻之, 曰, '其取諸民之不義也.' 而以他辭無受, 不可乎." 曰, "其交也以道, 其接也以禮, 斯孔子受之矣." 萬章曰, "今有禦人於國門之外者, 其交也以道, 其餽也以禮, 斯可受禦與." 曰, "不可, [康誥] 曰, '殺越人于貨, 閔(=暋)不畏死, 凡民罔不譈.' 是不待敎而誅者也. 殷受夏, 周受殷, 所不辭也. 於今爲烈, 如之何其受之." 曰, "今之諸侯取之於民也, 有禦也. 苟善其禮際矣, 斯君子受之, 敢問何說也." 曰, "子以爲有王者作, 將比今之諸侯而誅之乎. 其敎之不改而後誅之乎. 夫謂非其有而取之者盜也, 充類至義之盡也. 孔子之仕於魯也, 魯人獵較, 孔子亦獵較. 獵較猶可, 而況受其賜乎." 曰, "然則孔子之仕也, 非事道與." 曰, "事道也." "事道奚獵較也." 曰, "孔子先簿正祭器, 不以四方之食供簿正." 曰, "奚不去也." 曰, "爲之兆也. 兆足以行矣, 而不行, 而後去, 是以未嘗有所終3年淹也. 孔子有見行可之仕, 有際가之仕, 有公養之仕. 於季桓子, 見行可之仕也. 於衛靈公, 際可之仕也. 於衛孝公, 公養之仕也."

만장이 물었다.

"감히 묻건대 교제(交際 : 예를 좇은 교제)는 어떤 마음으로 하는 것입니까."

맹자가 대답했다.

"공경하기 때문이다."

"예물을 각퇴(卻退 : 사절해 돌려보냄)하는 것을 불공(不恭)으로 보는 것은 무슨 까닭입니까."

"존자(尊者 : 높은 사람)가 물건을 내릴 때 이를 받는 것이 의에 합당한지, 아니면 부당한지 여부를 생각한 이후에 받는 것이 바로 '불공' 이다. 그래서 '각퇴' 하지 않는 것이다."

만장이 물었다.

"드러내 놓고 말로 '각퇴' 하지 않고 내심 생각하기를, '이는 그가 백성들에게서 빼앗은 의롭지 못한 물건이다' 라고 하여 다른 구실을 내세워 받지 않는 것은 불가합니까."

"도로써 교제하고 예로써 접대하면 이는 공자도 받았을 것이다."

만장이 물었다.

"만일 지금 성문 밖에서 사람을 가로막고 물건을 빼앗은 자가 도로써 교제하고 예로써 접대한다면 과연 이 강도질한 물건을 받을 수 있는 것입니까."

"받아서는 안 된다. 『서경』 [주서 · 강고]에 이르기를, '사람을 살월(殺越 : 죽여 넘어뜨림)하여 재물을 빼앗고 완고하게도 죽음을 두려워하지 않는 자를 두고 백성들 중 부대(不譈 : 비난하지 않음)하지 않을 사람이 없다' 고 했다. 이런 자는 군주의 허락을 받지 않고 그 자리에서 죽여도 되는 자이다. 이런 관습은 은나라가 하나라로부터 물려받고 주나라가 은나라로부터 물려받은 것으로 그 시행이 그친 적이 없었다. 이는 오늘날 더욱 엄하게 지켜지고 있는데 어찌 그런 자가 주는 물건을 받을 수 있겠는가."

만장이 물었다.

"오늘날 제후들이 백성들로부터 재물을 취하는 것은 강도질한 것과 같습니다. 그런데도 예제(禮際 : 예를 갖춰 교제함)를 잘하기만 하면 공자와 같은 군자도 그런 물건을 받을 것이라고 하니 감히 묻건대 이는 무슨 말입니까."

"자네가 생각하기에 왕자(王者)가 나오면 지금의 제후들을 모조리 몰아서 죽일 것 같은가, 아니면 먼저 그들을 교화시키고 그래도 고치지 않으면 그때 죽일 것 같은가. 자신의 것이 아닌 것을 취하는 것을 두고 '도둑질' 이라고 하는 것은 지나친 충류지의(充類至義 : 비슷한 사례를 예로 들어 그 뜻을 극단화시킴)이다. 공자가 노나라에서 벼슬할 때 노나라 사람들이 엽각(獵較 : 사냥시합)을 하자 공자 역시 '엽각' 을 했다. '엽각' 도 오히려 가한데 하물며 제후가 내리는 물건을 받는 것이야 더 말할 게 있겠는가."

만장이 물었다.

"그렇다면 공자가 벼슬한 것도 사도(事道 : 도를 실행하여 일을 삼음)하기 위한 것이 아닙니까."

"'사도' 하기 위한 것이었다."

"'사도' 하고자 하면서 어찌하여 '엽각' 을 한 것입니까."

"공자는 먼저 장부를 이용해 제기(祭器)의 숫자를 바르게 함으로써 사방에서 가져온 음식물이 함부로 제기를 채우는 일이 없게 했다."

만장이 다시 물었다.

"공자는 왜 '사도' 가 이뤄지지 않는데도 쉽사리 떠나지 않은 것입니까."

그러자 맹자가 이같이 대답했다.

"'사도' 의 가능성 때문이었다. 공자는 약간의 가능성이라도 있으면 이를 실현시키고자 했다. 그것이 불가능하다는 것이 확인된 이후에 부득이 그곳을 떠났다. 그래서 공자는 일찍이 3년이 넘도록 한 나라에 엄체(淹滯 : 떠나는 것을 지체함)한 적이 없었던 것이다. 공자는 '사도'의 가능성을 보고 벼슬한 적도 있고, '교제'의 가능성을 보고 벼슬한 적도 있고, '공양(公養 : 군주의 존현)'의 가능성을 보고 벼슬한 적도 있다. 계환자(季桓子)의 경우는 '사도'의 가능성 때문에 벼슬했고, 위영공(衛靈公)의 경우는 '교제'의 가능성 때문에 벼슬했고, 위효공(衛孝公 : 衛出公을 위효공으로 오인한 듯함)의 경우는 '공양'의 가능성 때문에 벼슬했던 것이다."

주희는 중간대목에 나오는 '은수하殷受夏'에서 '어금위렬於今爲烈'에 이르는 14자에 대해 연문衍文 내지 궐문闕文으로 보아 해석하지 않았다. 이에 대해 다산은 『서경』과 『주례』 등에 나오는 구절을 근거로 14자를 원문으로 간주한 조기의 주석에 지지를 표시했다.

예로부터 엽각獵較의 '각較'을 두고 '각축角逐'으로 해석하는 견해와 '비교比較'로 해석하는 견해가 시종 대립해 왔다. 조기는 '사냥할 때 서로 각축하여 금수를 잡은 뒤 제사를 지내는 것'으로 풀이하며 '각축설'을 주장했다. 이에 대해 당제국 때의 장일張鎰은 '사냥한 짐승의 다소多少를 비교하는 것'으로 풀이하며 '비교설'을 주장했다. 주희는 판단을 유보했다. 다산은 '비교설'이 틀린 것은 아니나 여기서는 공자가 고례古禮를 회복하여 제전祭典을 바로잡고자 하는 취지에서 이를 언급한 것이므로 '각축설'로 보는 것이 타당하다고 주장했다. 통상 '교較'자가 '렵獵'과 함께 사용될 때는 '각'으로 읽는 만큼 '각축설'로 보는 것이 타당할 듯하다.

맹자는 이 장에서 공자의 천하유세 행보를 적극 옹호하면서 이를 '사도事道'의 일환으로 간주하고 있다. 사실 공자는 자신이 그리는 이상국을 실현시키기 위해 온갖 어려움 속에서도 장장 14년간에 걸친 천하유세를 간단없이 행했다. 이는 맹자의 주장과 같이 '사도'의 일환이었다고 보아야 한다. 맹자의 분석은 역사적 사실에 부합한다. 그러나 공자가 위영공 및 위효공 밑에서 벼슬했다는 주장은 사실과 어긋난다. 역사상 위효공은 존재하지도 않았다. 나아가 당시 공자는 위나라에서 벼슬에 나아가지 않은 채 빈사賓師의 대우를 받았다는 게 일반적 견해이다.

10-5

孟子曰, "仕非爲貧也, 而有時乎爲貧. 娶妻非爲養也, 而有時乎爲養. 爲貧者, 辭尊居卑, 辭富居貧. 辭尊居卑, 辭富居貧, 惡好宜乎. 抱關擊柝. 孔子嘗爲委吏矣. 曰, '會計當而已矣.' 嘗爲乘田矣, 曰, '牛羊茁壯長而已矣.' 位卑而言高, 罪也. 立乎人之本朝, 而道不行, 恥也."

맹자가 말했다.

"출사(出仕)가 위빈(爲貧 : '가난으로 인한 것'이라는 뜻으로 여기의 '爲'는 '緣'의 뜻임)은 아니지만 때로는 '위빈'인 경우도 있고, 취처(娶妻 : 아내를 얻음)가 위양(爲養 : '부모봉양을 위한 것'이라는 뜻으로 여기의 '爲'는 '護'의 뜻임)은 아니지만 때로는 '위양'인 경우도 있다. 위빈자(爲貧者)는 사존거비(辭尊居卑 : 높은 지위를 사양하고 낮은 지위에 처함)하고, 사부거빈(辭富居貧 : 높은 녹봉을 사양하고 적은 녹봉에 처함)해야 한다. '사존거비'와 '사부거빈'을 실천하려면 어떻게 하는 것이 마땅할까. 포관격탁(抱關擊柝 : 성문의 문지기와 목탁을 두들기는 야경꾼)이 되는 것이 옳다. 공자는 일찍이 '위빈'으로 인해 위리(委吏 : 창고 담당 관원)가 된 적이 있었다. 당시 말하기를, '회계를 정당하게 할 뿐이다' 라고 했다. 또한 일찍이 승전(乘田 : 園囿와 목축 담당 관원)이 된 적이 있었다. 이때 말하기를, '소와 양을 촬장(茁壯 : 살찜)하게 기를 뿐이다' 라고 했다. 위비언고(位卑言高 : 지위가 낮은데도 국가대사를 논함)는 죄이다. 남의 조정에 서서 정사를 맡았는데도 도가 행해지지 않는 것 또한 부끄러운 일이다."

'촬장茁壯'의 '촬茁'은 살찐 모습을 가리킨다. 이 장에서는 공자가 행했던 사존거비辭尊居卑와 사부거빈辭富居貧의 취지가 잘 나타나 있다. 이를 두고 주희는 풀이하기를, '공자가 천한 직책을 욕되지 않게 생각한 것은 관직이 낮고 녹봉이 적어 직책을 수행키가 쉬웠기 때문이다' 라고 했다. 이는 역사적 사실과 동떨어진 것이다. 공자가 젊은 시절에 하급관원의 자리에 머물러 있었던 것은 기본적으로 집안이 매우 빈궁한 데다 공씨 가문의 가장으로서 부양해야 할 식구가 많았기 때문이었다.

10-6

萬章曰, "士之不託諸侯, 何也." 孟子曰, "不敢也. 諸侯失國, 而後託於諸侯, 禮也. 士之託於諸侯, 非禮也." 萬章曰, "君餽之粟, 則受之乎." 曰, "受之." "受之何義也." 曰, "君之於氓也, 固周之." 曰, "周之則受, 賜之則不受, 何也." 曰, "不敢也." 曰, "敢問其不敢何也." 曰, "抱關擊柝者, 皆有常職以食於上. 無常職而賜於上者, 以爲不恭也." 曰, "君餽之, 則受之, 不識可常繼乎." 曰, "繆公至於子思也, 亟問, 亟餽鼎肉. 子思不悅. 於卒也, 摽使者出諸大門之外, 北面稽首再拜而不受, 曰, '今而後知君之犬馬畜伋.' 蓋自是臺無餽也. 悅賢不能擧, 又不能養也, 可謂悅賢乎." 曰, "敢問國君欲養君子, 如何斯可謂養矣." 曰, "以君命將之, 再拜稽首而受. 其後廩人繼粟, 庖人繼肉, 不以君命將之. 子思以爲鼎肉, 使己僕僕爾亟拜也, 非養君子之道也. 堯之於舜也, 使其子9男事之, 2女女焉, 百官牛羊倉廩備, 以養舜於畎畝之中, 後擧而加諸上位, 故曰王公之尊賢者也."

만장이 물었다.

"선비가 제후에게 의탁하지 않는 것은 무슨 까닭입니까."

맹자가 대답했다.

"감히 하지 못하는 것이다. 제후가 나라를 잃은 후에 다른 제후에게 의탁하는 것은 예에 맞지만 선비가 제후에게 의탁하는 것은 예에 맞지 않는다."

만장이 물었다.

"군주가 곡식을 보내주면 받아야 합니까."

"받는다."

"받는 것은 무슨 의(義)입니까."

"군주는 본래 유맹(流氓 : 난을 피해 찾아온 이주민)을 구휼(救恤)해 주는 것이다."

"군주가 구휼해 주는 경우는 받고 하사해 주는 경우는 받지 않는 것은 무슨 까닭입니까."

"감히 하지 못하는 것이다."

만장이 물었다.

"감히 묻건대 감히 하지 못한다는 것은 무슨 뜻입니까."

맹자가 대답했다.

"포관격탁(抱關擊柝 : 성문의 문지기와 목탁을 두들기는 야경꾼)조차 모두 상직(常職 : 일정한 직책)이 있어 위로부터 녹을 먹는다. 그래서 '상직'이 없으면서 위로부터 하사받는 것을 불공(不恭)하다고 여기는 것이다."

만장이 물었다.

"군주가 구휼해 주기 위해 주는 경우는 받아도 된다고 했습니다만 과연 계속해서 받아도 되는 것인지 모르겠습니다."

맹자가 대답했다.

"노목공(魯繆公)은 자사(子思)를 대하면서 자주 문안하고 정육(鼎肉 : 세발솥에 삶은 고기)을 선사했으나 자사는 이를 불쾌히 여겼다. 나중에는 사자(使者)를 손짓해 대문 밖으로 내보내고 북면(北面)하여 계수재배(稽首再拜 : 머리를 조아려 재배함)하고 사양하면서 탄식하기를, '이제야 군주가 나 급(伋)을 견마(犬馬)처럼 키운다는 것을 알겠다' 고 했다. 이 일이 있은 이후로는 군주의 명을 행하는 대인(臺人 : 하인)들이 물건을 보내는 일이 없게 되었다. 현자를 좋아한다고 하지만 제대로 기용하지 못하고 봉양 또한 제대로 하지 못한다면서 과연 현자를 좋아한다고 말할 수 있겠는가."

만장이 물었다.

"감히 묻건대 국군(國君)이 군자를 봉양할 경우 어찌해야 가히 봉양한다고 말할 수 있습니까."

맹자가 대답했다.

"처음에는 군명(君命)으로 물건을 보내오면 재배계수(再拜稽首)한 뒤 받는다. 이후 늠인(廩人 : 고지기)이 계속 곡식을 보내오고 포인(庖人 : 푸줏간지기)이 계속 고기를 보내오지만 결코 군명이라며 가져오지는 않는다. 그러나 자사(子思)의 경우는 계속 군명이라며 정육(鼎肉)을 보내왔다. 이는 그로 하여금 복복이(僕僕爾 : 번거롭고 외람되게) 극배(亟拜 : 자주 절함)하게 만들었다. 그래서 군자를 봉양하는 도리가 아니라고 여긴 것이다. 요(堯)는 순(舜)을 대하면서 자신의 자식인 9형제로 하여금 순을 섬기게 하고 두 딸을 아내로 삼게 했다. 또 백관(百官)·우양(牛羊)·창름(倉廩 : 창고에 가득 찬 곡식을 의미)을 모두 갖춰 견무(畎畝 : 밭이랑으로 순이 경작 중이었음을 의미)에서 순을 봉양하게 한 뒤 마침내 순을 발탁해 상위(上位 : 보위)에 오르게 했다. 그래서 이를 두고 '왕공(王公)의 존현(尊賢)' 이라고 하는 것이다."

맹자는 이 장에서 요·순의 선양설화를 예로 들어 '왕공의 존현'을 강조하고 있다. 이는 신도臣道를 중시하는 맹자의 기본입장이 반영된 것이다. 원래 '존현'은 사실 군도君道의 요체이다. 그러나 맹자는 이를 두고 군도가 아닌 신도를 강조하는 차원에서 해석한 것이다. 주희는 '왕공의 존현'을 두고 풀이하기를, '능히 봉양하고 능히 발탁하는 것은 현자를 좋아하기를 지극히 한 것이다'라고 했다. 맹자가 말한 취의에 부합하는 해석이다.

10-7

萬章曰, "敢問不見諸侯, 何義也." 孟子曰, "在國曰市井之臣, 在野曰草莽之臣, 皆謂庶人. 庶人不傳質(=贄)爲臣, 不敢見於諸侯, 禮也." 萬章曰, "庶人, 召之役, 則往役. 君欲見之, 召之, 則不往見之, 何也." 曰, "往役, 義也. 往見, 不義也. 且君之欲見之也, 何爲也哉." 曰, "爲其多聞也, 爲其賢也." 曰, "爲其多聞也, 則天子不召師, 而況諸侯乎. 爲其賢也, 則吾未聞欲見賢而召之也. 繆公亟見於子思, 曰, '古千乘之國以友士, 何如.' 子思不悅, 曰, '古之人有言曰, 事之云好, 豈曰友之云乎.' 子思之不悅也, 豈不曰, '以位, 則子君也. 我, 臣也, 何敢與君友也. 以德, 則子事我者也, 奚可以與我友.' 千乘之君, 求與之友而不可得也, 而況可召與. 齊景公田, 招虞人以旌, 不至, 將殺之. '志士不忘在溝壑, 勇士不忘喪其元.' 孔子奚取焉. 取非其招不往也." 曰, "敢問招虞人何以." 曰, "以皮冠. 庶人以旃, 士以旂, 大夫以旌. 以大夫之招招虞人, 虞人死不敢往. 以士之招招庶人, 庶人豈敢往哉. 況乎以不賢人之招招賢人乎. 欲見賢人而不以其道, 猶欲其入而閉之門也. 夫義, 路也. 禮, 門也. 惟君子能由是路, 出入是門也. 『詩』云, '周道如底, 其直如矢. 君子所履, 小人所視.'" 萬章曰, "孔子, 君命召, 不俟駕而行. 然則孔子非與." 曰, "孔子當仕有官職, 而以其官召之也."

만장이 물었다.

"감히 묻건대 선비는 제후를 알현하지 않는다고 하는데 이는 무슨 까닭입니까."

맹자가 대답했다.

"재국(在國 : 도성에 사는 사람을 지칭)을 시정지신(市井之臣 : 저자의 신하), 재야(在野 : 도성 밖에 사는 사람을 지칭)를 초망지신(草莽之臣 : 풀밭의 신하)이라고 한다. 이는 모두 서인(庶人)을 말한 것이다. 서인은 전지(傳贄 : 선비는 꿩, 서인은 집오리를 폐백으로 올려 상통하는 것을 의미)하여 신하가 되지 않는 한 감히 제후를 알현하지 않는 것이 예이다."

만장이 물었다.

"서인은 군주가 불러 일을 시키면 가서 일을 해야 하는데 군주가 만나려고 불러도 가서 알현하지 않는 것은 무슨 까닭입니까."

맹자가 반문했다.

"가서 일을 하는 것은 옳지만 가서 알현하는 것은 옳지 않다. 군주가 만나보려고 하는 것은 무엇 때문이겠는가."

"그가 다문(多聞 : 견문이 많음)이고 현능(賢能)하기 때문일 것입니다."

그러자 맹자가 이같이 말했다.

"다문 때문이라고 하나 천자도 스승을 함부로 부르지 못하는 법인데 하물며 제후야 더 말할 게 있겠는가. 현능 때문이라고 하나 나는 아직 왕후(王侯)가 현능한 이를 만나보기 위해 징소(徵召)했다는 얘기를 들어본 적이 없다. 노목공이 자주 자사를 찾아보면서 문득 묻기를, '옛날에 천승지국(千乘之國)이 선비와 벗했다는 말이 있는데 이를 어찌 생각하시오' 라고 했다. 자사가 불쾌하게 생각해 말하기를, '옛 사람의 말은 스승으로 섬겼다는 뜻이지 어찌 벗으로 사귀었다는 뜻이겠습니까' 라고 했다. 자사가 불쾌하게 여긴 것은 내심 '지위로 따지면 그대는 군주이고 나는 신하인데 어찌 감히 내가 그대와 벗이 될 수 있겠는가. 그러나 덕으로 따진다면 그대는 나를 섬겨야 할 사람인데 어찌 그대가 나와 벗이 될 수 있겠는가' 라고 생각했기 때문이다. 천승지군(千乘之君)이 그와 벗하기를 구해도 될 수 없는데 하물며 함부로 그를 부를 수 있겠는가. 옛날 제경공(齊景公)이 사냥하면서 우인(虞人 : 사냥터 관리인)을 정(旌 : 대부를 부를 때 쓰는 깃털 장식의 깃발)을 사용해 불렀으나 우인이 오지 않자 장차 그를 죽이려 한 일이 있었습니다. 이를 두고 공자가 칭찬하기를, '지사(志士)는 죽어서 구학(溝壑)에 던져질 수 있음을 잊지 않고, 용사(勇士)는 전사해 머리가 베어질 수 있음을 잊지 않는다' 고 했다. 공자가 우인의 어떤 점을 취했겠는가. 옳은 방법으로 부르지 않으면 가지 않은 것을 취한 것이다."

만장이 물었다.

"감히 묻건대 우인을 부를 때는 무엇을 사용합니까."

"피관(皮冠 : 무관용 가죽모자)을 사용해야 한다. 서인을 부를 때는 전(旃 : 붉은 천으로 만든 깃발), 선비를 부를 때는 기(旂 : 날아오르는 용과 내려오는 용을 그린 붉은 기), 대부를 부를 때는 정(旌 : 오색의 깃털을 깃대 끝에 드리워 꾸민 기)을 사용한다. 대부를 부를 때 사용하는 깃발로 우인을 부른 까닭에 그는 죽을 각오로 가지 않았던 것이다. 선비를 부를 때 사용하는 깃발로 서인을 부른다면 서인이 어찌 감히 갈 수 있겠는가. 하물며 현능하지 못한 자를 부르는 방법으로 현인(賢人)을 부르는 경우야 더 말할 게 있겠는가. 현인을 만나보고자 하면서 올바른 방법으로 하지 않는 것은 마치 사람이 집으로 들어오기를 바라면서 문을 닫는 것과 같다. 무릇 의(義)는 사람이 다니는 길이고, 예(禮)는 사람이 출입하는 문이다. 오직 군자만이 이 길을 따라 걸을 수 있고, 이 문을 드나들 수 있다. 『시경』[소아 · 대동(大東)]에 이르기를, '주도(周道 : 큰 길)는 평탄함이 숫돌과 같고 곧기가 화살과 같으니, 이는 군자가 걸어가고 소인이 우러러 보는 길이라네' 라고 했다."

만장이 물었다.

"공자는 군주가 부르면 불사가(不俟駕 : 수레에 멍에하기를 기다리지 않음)하여 달려갔다고 했으니, 그렇다면 공자가 잘못한 것입니까."

맹자가 대답했다.

"공자가 그리한 것은 당시 이미 벼슬을 하여 맡은 관직이 있었고 군주가 그 관직에 맞는 방법으로 불렀기 때문이다."

맹자는 앞장에 이어 이 장에서도 우인虞人의 전설을 예로 들어 '왕공의 존현'에 대한 자신의 기본입장을 거듭 피력하고 있다. '존현'은 예의禮義가 전제되지 않는 한 진정한 의미를 찾을 수 없다는 게 그 요지이다. 『맹자』에서 군도君道는 신도臣道를 강조하기 위한 보조 개념으로 사용되고 있음을 이를 통해 확인할 수 있다.

10-8

孟子謂萬章曰, "一鄕之善士, 斯友一鄕之善士. 一國之善士, 斯友一國之善士. 天下之善士, 斯友天下之善士. 以友天下之善士爲未足, 又尙論古之人, 頌其詩, 讀其書, 不知其人, 可乎. 是以論其世也, 是尙友也."

맹자가 만장에게 말했다.

"일향(一鄕 : 한 고을)의 선사(善士 : 良士)는 일향의 선사와 벗하고, 일국(一國)의 선사는 일국의 선사와 벗하고, 천하의 선사는 천하의 선사와 벗한다. 천하의 선사와 벗하는 것만으로도 만족할 수 없어

위로 올라가 옛 사람을 논한다. 옛 사람의 시를 외우고 옛 사람의 책을 읽으면서도 옛 사람을 알지 못한다면 이것이 가한 일인가. 그런 까닭에 그들의 당세(當世)를 논하는 것이니, 이것이 바로 위로 올라가 벗하는 것이다."

전국시대 당시 전설적인 요·순을 가장 이상적인 성군으로 거론하고 나선 맹자의 회고주의懷古主義 입장이 잘 드러난 대목이 아닐 수 없다. 그의 '회고'는 온고지신溫故知新에 입각한 공자의 호고好古와 질적으로 다르다. 공자의 '호고'는 결코 알지도 못하는 고대 성왕을 들먹이며 무조건적인 '법요순法堯舜'을 강조한 맹자의 '회고'와 달리 스스로의 노력에 의한 학지學知를 바탕으로 전통에 입각한 과감한 개혁을 요구하고 있다. 지난 세기에 곽말약郭沫若 등이 공자의 '호고'를 '혁명'으로까지 평가한 이유가 바로 여기에 있다.

10-9

齊宣王問卿. 孟子曰, "王何卿之問也." 王曰, "卿不同乎." 曰, "不同. 有貴戚之卿, 有異姓之卿." 王曰, "請問貴戚之卿." 曰, "君有大過則諫. 反覆之而不聽, 則易位." 王勃然變乎色. 曰, "王勿異也. 王問臣, 臣不敢不以正對." 王色定, 然後請問異姓之卿. 曰, "君有過則諫, 反覆之而不聽, 則去."

제선왕이 경(卿)에 관해 묻자 맹자가 반문했다.

"대왕은 어떤 경에 대해 묻는 것입니까."

"경은 다 같은 것이 아니오."

"같지 않습니다. 군주와 동성(同姓)인 귀척(貴戚)의 경도 있고, 이

성(異姓)의 경도 있습니다."

"귀척의 경에 대해 청문(請問)한 것이오."

그러자 맹자가 이같이 대답했다.

"군주에게 대과(大過)가 있으면 간하되, 거듭 간해도 듣지 않으면 역위(易位 : 보위를 갈아치움)합니다."

제선왕이 발연(勃然 : 발끈함)히 변색(變色 : 안색이 변함)했다. 맹자가 말했다.

"대왕은 이상하게 여기지 마십시오. 대왕이 신에게 물었기에 신은 불감불(不敢不 : 감히 하지 않을 수 없음) 정직하게 대답한 것입니다."

제선왕은 안색이 안정된 후 다시 이성의 경에 대해 물었다. 맹자가 대답했다.

"이성의 경은 군주에게 과실이 있으면 간하되, 거듭 간해도 듣지 않으면 곧바로 곁을 떠납니다."

맹자는 [양혜왕 하]편에서 소위 '일부가주론一夫可誅論'에 입각한 '역성혁명易姓革命'을 언급한 것과 달리 이 장에서는 동성同姓에 의한 '역위론易位論'을 전개하고 있다. 그는 '역위'를 크게 동성同姓과 이성異姓의 2가지 경우로 나눈 뒤 이성의 경우는 단지 간하기만 할 수 있는 데 반해 동성의 경우는 역위도 가능하다고 주장하고 있다. 일종의 궁정 쿠데타에 대한 해석에 해당한다.

'역성혁명'을 '역위'의 일종으로 간주할 경우 결국 맹자는 '역위'의 종류를 크게 '동성에 의한 궁정 쿠데타'와 '이성에 의한 역성혁명'으로 나눈 셈이 된다. 이를 정리하면 먼저 '역위'의 가능성을 시사하는 단계로 군주가 '통상적인 과실'을 범할 경우

이성의 신하가 간쟁諫爭을 거듭하다가 떠나는 경우를 들 수 있다. 이는 혁명의 전前 단계에 해당한다.

다음 단계로 군주가 '대과大過'를 범할 경우 동성의 신하가 궁정 쿠데타를 통해 역위하는 경우가 있다. 이는 일종의 동성혁명同姓革命에 해당한다. '동성혁명'에는 대부분 '왕자의 난' 등을 통한 '역위'가 주종을 이루고 있으나 신하들이 주동이 된 반정反正도 포함된다. 이밖에도 희귀한 경우로 왕조가 바뀌는 경우가 있을 수 있다. 북송대의 사마광司馬光은 맹자의 '역위론' 주장에 강력한 이의를 제기했다. 그는 [의맹疑孟]이라는 글을 통해 이같이 비판했다.

"신하라는 것은 동성同姓의 귀척貴戚이나 이성異姓의 신하를 막론하고 모두 같은 신하이다. 신하로서 군주에게 간언해도 듣지 않을 때는 사직하면 그만이고, 그렇지 않으면 군주를 위해 죽으면 되는 것이다. 귀척이라고 해서 왕위를 찬탈해 대신 들어선다면 이는 터무니없는 짓이다. 맹자의 말은 잘못된 것이다. 후세에 귀척의 신하로서 왕위를 빼앗은 자가 '나는 맹자의 말을 실행한 것이다. 빼앗은 것이 아니고 정의의 실행이다'라고 말한다면 과연 그것으로 용서받을 수 있겠는가."

통렬한 지적이 아닐 수 없다. 그럼에도 성리학이 만연하면서 맹자의 '역위론' 주장은 오랫동안 불변의 진리로 통용되었다. 이로 인해 이성의 신하에 의한 역성혁명易姓革命이 빈발케 되었다고 해도 과언이 아니다. 역성혁명은 마지막 단계의 혁명으로 천명이 바뀔 경우에 나타나는 이성혁명異姓革命의 전형에 해당한다. 이성혁명은 거의 예외 없이 이전 왕조에 대한 철저한 부정否

定과 청산을 기반으로 하고 있다.

따지고 보면 현대의 쿠데타와 혁명도 전前 정권에 대한 부정과 청산을 기치로 내걸고 있다는 점에서 볼 때 제왕정 시대의 이성혁명에 의한 역성혁명과 그 취지를 같이 하고 있다. 역성혁명의 경우도 혁명 직후 일시적으로 전 왕조의 명칭을 그대로 사용하는 경우가 있다. 이성계가 역성혁명을 일으킨 후 한동안 고려高麗 국호를 사용한 사례가 이에 해당한다. 박정희가 5 · 16쿠데타에 성공한 후 군정을 실시하면서 윤보선 대통령을 국가원수로 한 제2공화국 체제를 일시적으로 유지한 것도 같은 맥락에서 해석할 수 있을 것이다. 맹자의 '역위론'은 결과적으로 힘을 토대로 한 정권교체 및 왕조교체를 이론적으로 뒷받침한 가장 유력한 이론적 근거로 활용된 셈이다.

제11절 [고자(告子) 상]편

11-1

告子曰, "性, 猶杞柳也. 義, 猶桮棬也. 以人性爲仁義, 猶以杞柳爲桮棬." 孟子曰, "子能順杞柳之性而已爲桮棬乎. 將戕賊杞柳而後以爲桮棬也. 如將戕賊杞柳而以爲桮棬, 則亦將戕賊人以爲仁義與. 率天下之人而禍仁義者, 必子之言夫."

고자(告子)가 말했다.

"인성(人性)은 기류(杞柳 : 갯버들)와 같고, 의(義)는 배권(桮棬 : 갯버들로 만든 그릇)과 같다. 인성을 가지고 인의(仁義)를 행하는 것은 '기류' 로 '배권' 을 만드는 것과 같다."

그러자 맹자가 질책했다.

"그대는 '기류' 의 본성을 좇아 '배권' 을 만드는가, 아니면 '기류' 를 장적(戕賊 : 여기서는 본성을 해친다는 뜻으로 억지로 구부리고 꺾는 것을 의미)하여 '배권' 을 만드는가. 만일 '기류' 를 장적하여 '배권' 을 만든다면 또한 사람을 장적하여 인의를 행한단 말인가. 천하인을 오도하여 인의를 해치는 것은 반드시 그대의 말일 것이다."

'이인성위인의以人性爲仁義' 의 '위爲' 를 두고 주희는 '되다' 의 뜻으로 해석한 데 반해 다산은 '행하다' 로 풀이했다. 다산은 주장하기를, "사람의 성품 가운에 본래 인의가 있다면 무엇 때문에 맹자가 '위인의爲仁義'라고 했겠는가. '위爲'는 '행한다'는 뜻이므로 사람이 행위를 행한 뒤에 비로소 인의라는 이름의 덕목이 성립된다는 취지로 말한 것이다"라고 했다. 다산의 해석이 맹자가 말한 취지에 부합한다.

당초 인성 문제는 맹자가 살았던 기원전 4세기 말에 이르러 최대 논쟁거리가 되었다. [고자]편의 가장 큰 특징은 바로 맹자 형이상학의 요체인 인성론人性論이 집중 거론되고 있다는 점에 있다. 맹자와 고자는 인성의 근원을 둘러싸고 각각 성선설性善說과 무선무악설無善無惡說을 주장하며 한치의 양보도 없는 치열한 논쟁을 전개했다. 이후 순자와 한비자가 가세해 성악설性惡說을 전개하면서 인성논쟁은 전국시대 말기의 최대 논쟁으로 비화했다. 이는 중국에서 나타난 첫 번째 사상논쟁에 해당하는 것이기도 하다.

여기서 주목할 점은 고자의 '무선무악설'이다. 고자는 인성을 기류杞柳에 비유해 인간의 본성은 기초적인 재료이고 도덕성은 이런 기초 재료에 더해진 작업의 결과라는 주장을 펼치고 있다. 인성은 선과 악 중 어느 하나에 고정되어 있는 게 아니라 상황에 따라 선과 악으로 흐를 뿐이라는 게 그의 주장이다. 이는 후대의 이기론理氣論의 관점에서 볼 때, 만물은 모두 선악을 동시에 포함하고 있는 기氣에 의해 이뤄져 있다고 주장한 소위 '기일원론氣一元論'에 해당한다.

이에 대해 송대의 정이천은 맹자의 성선설을 바탕으로 하여 순선純善으로 이뤄진 '이理' 개념을 도입해 '기일원론'에 대비되는 소위 '이기이원론理氣二元論'을 만들어냈다. 주희는 이를 바탕으로 순선으로 이뤄진 '이'에 선악을 동시에 포함한 '기'가 올라탐으로써 선악이 구별된다는 소위 '이기일원론理氣一元論'을 전개했다. 줄리앙은 인성논쟁 이후 중국사상은 철학적인 체계를 갖추게 된 것으로 평가했다. 이를 통해 알 수 있듯이 '이기론'의 뿌리가 바로 [고자]편에 나오는 맹자와 고자의 인성논쟁에 있었던 것이다.

흔히 고자를 순자가 주장한 성악설의 효시로 생각하고 있으나 이는 잘못이다. 순자는 결코 성악설을 주장한 적이 없다. 인성은 본질적으로 악하다는 식의 성악설은 한비자가 주장한 것으로 맹자의 성선설에 대비되고 있다. 주의를 요하는 대목이 아닐 수 없다. 순자의 성악설은 사실 고자의 '무선무악설'과 유사한 '유선유악설有善有惡說'에 가깝다. 맹자가 선성善性의 발현을 위한 인의仁義의 함양을 강조한 데 반해 순자가 악성惡性의 교정을 위한 예치禮治를 강조한 이유가 바로 여기에 있다.

11-2

告子曰, "性, 猶湍水也, 決諸東方則東流, 決諸西方則西流. 人性之無分於善不善也, 猶水之無分於東西也." 孟子曰, "水信無分於東西, 無分於上下乎. 人性之善也, 猶水之就下也. 人無有不善, 水無有不下. 今夫水, 搏而躍之, 可使過顙. 激而行之, 可使在山. 是豈水之性哉. 其勢則然也. 人之可使爲不善, 其性亦猶是也."

고자가 말했다.

"인성은 단수(湍水 : 소용돌이치는 여울물)와 같다. 동쪽으로 터주면 동쪽으로 흐르고, 서쪽으로 터주면 서쪽으로 흐른다. 인성에 선불선(善不善)의 구분이 없는 것은 마치 물에 동서(東西)의 구분이 없는 것과 같다."

맹자가 말했다.

"물이 실로 동서의 구별은 없기는 하나 상하의 구별조차 없는 것인가. 인성이 선한 것은 물이 취하(就下 : 아래로 흘러내려 감)하는 것과 같다. 사람은 불선(不善)한 사람이 없고, 물은 '취하' 하지 않는 것이 없다. 지금 물을 쳐서 튀어오르게 하면 사람이 이마를 지나게 할 수 있고, 물을 막아 격하게 거슬러 올라가게 하면 산 위에 이르게 할 수도 있다. 그러나 이것이 어찌 물의 본성이겠는가. 밖으로부터의 세(勢)가 그렇게 만든 것이다. 사람이 불선을 하게 되는 것도 본성이 밖으로부터의 세에 의해 영향을 받았기 때문이다."

고자는 앞장에서 전개된 자신의 '무선무악설' 을 뒷받침하기 위해 이 장에서는 인성을 소용돌이치며 흐르는 단수湍水에 비유하고 있다. 사람의 본성도 마치 '단수' 가 동서의 방향과 무관한 것처럼 선악과 하등 상관없다고 주장한 것이다. 인성 자체를 선과 악의 어느 하나로 고정시키는 맹자식의 결정론을 반박한 셈이다. 이에 대해 맹자는 '단수' 일지라도 '동서' 의 방향은 없으나 '상하' 의 본질은 있다는 반론을 제기하고 있다. 그러나 이는 물의 동류서류東流西流 운동만을 언급한 고자의 말꼬리를 잡아 물의 또 하나의 현상인 취하就下운동으로 반론을 제기한 것에 불과하다.

과학적으로 볼 때 물의 '동류서류' 와 '취하' 는 모두 지구의 인력引力에 따른 운동현상에 불과한 것이다. 이것이 물의 본성과는 하등 상관없는 것임은 말할 것도 없다. '동류서류' 와 '취하' 는 물의 고유한 운동도 아니다. 모든 액체는 말할 것도 없고 고체형태의 물체도 지구의 인력에 의해 유사한 운동을 한다. 특히 물의 경우는 액상液狀으로만 존재하는 것이 아니라 온도와 압력의 변화에 따라 기체와 고체형체로도 변형되는 까닭에 천변만화의 변화상을 보인다. '강우降雨'와 '결빙結氷', '증발蒸發', '응결凝結' 등의 현상이 그것이다. 두 사람 모두 물의 다양한 현상 중 그 일부만을 취해 물의 본성으로 파악하는 잘못을 범한 셈이다.

만일 인성이 물과 같은 것이라면 인력引力에 해당하는 생生 자체에 의거해 물의 운동과 유사한 다양한 심상心象을 노정하는 것에 불과할 뿐이다. 지구에 인력이 존재하지 않는다면 물의 '동류서류'와 '취하' 운동이 존재할 수 없는 것과 마찬가지로 인간에게 생로병사生老病死로 이어지는 삶 자체가 존재하지 않는다면 소위 '사단칠정四端七情'이 존재할 리 없다. 인仁·의義·예禮·지智로 표현되는 '사단'은 공동체적 정서를 말한다. 희喜·노怒·애愛·락樂·애哀·오惡·욕欲으로 표현되는 '칠정'은 개인적 정서를 말한다. 이러한 '사단칠정'의 정서가 생 자체에 연유한 심상의 다양한 표현인 것은 말할 것도 없다.

나아가 극히 형이상적이면서도 주관적인 선악善惡 개념은 시공에 따라 각기 상이한 결론이 도출될 수밖에 없다. 국가통치 차원에서는 선악에 절대적 가치를 부여하는 종교 차원과 달리 상대적 가치를 지닐 수밖에 없다. 부모를 살해한 자에 대한 보복이 개인 차원의 정의임에도 불구하고 공동체적 관점에서 살인죄로 단죄되고, 일국의 애국자가 타국에서는 침략자로 비판받는 것 등이 그 실례이다. 진시황의 천하통일 행보는 통일의 주체인 진秦나라 이외의 입장에서 볼 때는 침략에 불과하고, 진나라 내에서도 전쟁에 동원되는 백성 개개인의 입장에서 볼 때는 폭압으로 비춰질 수밖에 없다.

이를 통해 알 수 있듯이 선악 개념은 동일한 시공일지라도 공동체의 이해관계에 따라 상이할 수밖에 없고, 같은 공동체 내에서도 개인과 공동체의 이해관계에 따라 다양한 충돌을 야기할 수밖에 없다. 인간이 무리지어 사회와 국가단위의 공동체적 삶을 영위하는 한 개개인의 다양한 심상을 두고 하나의 절대적 기준을 상정하여 선악을 논하는 것 자체가 형이상의 사변론에 불과하다.

이러한 기준을 무리하게 공동체의 궁극적인 목표인 지치至治에 적용할 경우 이에 따른 혼란과 충돌은 필연지사이다. 이는 절대적 존재 및 가치에 대한 맹신을 초래하고 끝내 맹신의 충돌에 의한 피의 보복을 유발할 수밖에 없다. 절대자에 대한 신념체계의 충돌로 인해 서양의 기독교권이 1천여 년이 넘는 내분을 계속하고 이교문화권과의 끊임없는 종교전쟁을 벌이고 있는 이유가 바로 여기에 있다. 21세기 벽두에 벌어진 9 · 11테러와 이라크전쟁 등이 그 실례이다.

동양의 경우도 인성론 및 이기론 등에 기초한 형이상의 사변론이 비록 서양의 종교전쟁과 같은 극단적인 경우로 흐르지는 않았으나 이에 못지않은 피해를 초래하고 말았다. 중국의 명청대와 조선조가 주자학의 공허한 사변논쟁을 일삼으며 천인감응설天人感應說과 같은 미신적인 주술呪術에 얽매여 과학기술을 등한히 하다가 끝내 서구 제국주의의 침탈 대상이 되어 패망한 것이 그 좋은 예이다.

서양의 경우는 홉스 이래 로크와 루소, 마르크스에 이르기까지 여러 인물이 나타나 다양한 인성론을 전개했으나 동양과 같이 1천여 년 넘게 실증이 불가능한 형이상의 인성론에 얽매여 시간과 정력을 소진하지는 않았다. 동양이 과학기술 문명에서 서양에 결정적으로 뒤떨어지게 된 계기가 바로 공허한 인성론에 기초한 성리학의 출현에 있다고 해도 과언이 아니다.

이와 관련해 최근 하버드대학의 옌칭연구소燕京硏究所 소장으로 있는 두웨이밍杜維明의 주장에 주목할 필요가 있다. 그는 최근에 펴낸 『문명들의 대화』에서 현대 미국이 노정하고 있는 제반 문제를 정밀히 검토하면서 공학孔學이론을 새로운 대안으로 제시했다. 그에 따르면 '서구화'는 시장경제와 민주정치, 시민사회, 개인의 존엄성 개념을 배태한 유럽이라는 특정 공간에 대한 모방을 의미한다. '현대화'는 유럽과 미국의 차원을 뛰어넘어 제3세계로까지 확산돼야 할 운명을 지닌 역사적 보편성을 의미한다. 서구화가 공간적 개념이라면 현대화는 시간적 개념이라는 것이다. 이에 대해 강력한 원심력을 지닌 '지방화'에 대한 반대 개념으로 등장한 '세계화'는 동질화라는 강력한 구심력을 지닌 개념이다. 냉전 이후 미국은 이런 차이를 간과한 채 <현대화=미국화(서구화)=세계화>의 도식으로 세계상을 상정함으로써 여러 가지 문제를 야기하게 되었다는 게 그의 지적이다.

그는 현대 미국의 문제를 해결하기 위한 방안으로 『성경』의 가르침 대신 『논어』의 가르침을 내세우고 있다. 문명 간의 대화를 강조한 그는 대화의 제1원칙으로 '내가 원하는 것을 상대에게도 베풀어라'라고 강조한 예수의 가르침 대신 『논어』 [안편]편에 나오는 '기소불욕己所不欲 · 물시어인勿施於人' 구절을 들고 있다. '자신이 원하지 않는 바를 남에게 강요하지 말라'는 이 구절은 공자 예학禮學의 핵심어에 해당한다.

일찍이 프랑스혁명 당시 계몽철학자 보르되Bordeu도 두웨이밍과 유사한 말을 한 바 있다. 보르되는 공자사상과 기독교사상을 비교하면서 기독교 문화권에서는 '기소불욕 · 물시어인'과 같은 뛰어난 금언을 전혀 들어본 바가 없다며 놀라움을 표시했다. 기독교는 단지 사람들에게 악을 행하지 말라고 말하는 데 그쳤으나 공자는 그 단계를 뛰어넘어 자신의 원치 않는 바를 남에게 강요하지 않는 인덕仁德을 베풀도록 권한 사실에 놀라움을 표시한 것이다. 공자에 열광한 그는 이미 2천여 년에 걸쳐 유교라는 뛰어난 종교를 지니고 있는 중국에 기독교를 전교하려는 것은 잘못이라며 '인류의 지혜는 중국보다 더 나은 정치제도를 생각해낼 수 없다'고 단언하기도 했다. 이는 당시 중국이 관청과 어전회의의 결재를 거치지 않고는 비록 천민일지라도 사형에 처하지 않는 것 등에 대한 찬탄에서 비롯된 것이었다.

두웨이밍의 제언은 중국의 통치사상 및 제도에 관한 보르되의 놀라움을 근 2세기 만에 학문적 이론으로 정립한 것이라고 할 수 있다. 두웨이밍의 '문명대화론'은 프랜시스 후쿠야마의 '역사종언론'과 새뮤얼 헌팅턴의 '문명충돌론'에 대한 반박의 성격을 띠고 있다. 두웨이밍의 이런 제언은 현재 중국 당국이 전래의 공학 전통에서 21세기의 새로운 통치이념을 모색하고 있는 움직임과 맥을 같이 하고 있다는 점에서 장차 후쿠야마와 헌팅턴의 이론을 뛰어넘는 새로운 문명이론으로 자리잡을 공산이 크다.

사실 동양이 일찍이 서양과 같이 성리학을 수제修齊 차원의 사변철학으로 치부하고 공학孔學 본연의 치평治平 문제에 전념했다면 세계사는 완전히 다른 방향으로 전개되었을 것이다. 그러나 동양에서는 불행하게도 개인의 수제 차원에 불과한 사변적인 인성론과 이기론 등을 무리하게 치평의 차원까지 연장시켜 왕도를 불변의 통치이념으로 화석화시키는 우를 범한 것이다. 서구 민주주의의 여러 문제점이 분명히 드러난 현재 두웨이밍의 제언과 때맞춰 중국 당국이 공학 자체에서 마르크스-레닌이즘의 대안을 찾고 있는 움직임에 깊은 관심을 기울일 필요가 있다. 이는 인성론 및 이기론 등의 공허한 사변철학과 수제론으로 구성돼 있는 맹학孟學 및 성리학과는 질적으로 차원이 다른 것이다.

11-3

告子曰, "生之謂性." 孟子曰, "生之謂性也, 猶白之謂白與." 曰, "然." "白羽之白也, 猶白雪之白, 白雪之白, 猶白玉之白與." 曰, "然." "然則犬之性, 猶牛之性, 牛之性, 猶人之性與."

고자가 말했다.

"생(生)의 본능을 성(性)이라고 한다."

맹자가 물었다.

"생의 본능을 성이라고 하는 것은 흰색을 희다고 하는 것과 같은가."

"그렇다."

"그렇다면 흰 깃털의 흰색이 흰 눈의 흰색과 같고, 흰 눈의 흰색이 흰 옥의 흰색과 같다는 말인가."

"그렇다."

그러자 맹자가 이같이 물었다.

"그렇다면 개의 본성은 소의 본성과 같고, 소의 본성은 사람의 본성과 같다는 말인가."

이 장에서 주목할 점은 고자가 생生의 본성을 '성性'으로 파악한 점이다. '성'은 심心과 생生의 결합으로 이뤄진 글자이다. 생로병사로 이어지는 삶 자체에서 연유하는 심상心象을 '성'으로 파악한 셈이다. 이는 궁극적으로 '무선무악설'에 입각한 입론立論이 아닐 수 없다.

그러나 고자는 앞서 분석한 바와 같이 이런 심상을 무리하게 인간의 본성으로 간주한 까닭에 곧바로 자가당착에 빠지고 말았다. 그는 마지못해 백우白羽와 백설白雪, 백옥白玉의 '백白'이 같은 것인지를 묻는 질문에 '그렇다'고 수긍할 수밖에 없었다. 심상을 인간의 본성으로 본 까닭에 사물의 경우에도 하나의 통일된 상象으로 드러난 것 자체를 물성物性으로 간주하고 만 것이다. 그러자 맹자는 이를 놓치지 않고 곧바로 '견우犬牛'의 본성이 인성과 같은 것인지를 반문함으로써 고자의 입을 다물게 만들고 말았다.

이를 두고 줄리앙은 '맹자는 이 장에서 인간에게는 본래 도덕의식이 존재하고 있다는 점을 암시하고 있다'고 파악했다. 그러나 맹자는 이 장에서 암시 차원이 아니라 인성과 물성物性을 확연히 구별하고 있는 점에 주목할 필요가 있다. 맹자가 성선설을 주장하면서 인·의·예·지의 사덕四德의 발단인 측은惻隱·수오羞惡·사양辭讓·시비是非의 마음인 사단四端을 인간만이 지닌 본성으로 파악한 이유가 바로 여기에 있다. 사실 맹자의 주장과 같이 '사단'은 인간만이 지닌 것으로 인간이 인간일 수 있는 기본특징이라고 할 수 있다.

그러나 과연 맹자가 말한 '사단'이 인간의 본성인 것일까. 맹자 역시 고자와 마찬가지로 심상의 한 현상을 본성으로 파악한 까닭에 논리적 파탄을 면할 수 없다. 맹자가 말한 '사단'은 인간의 본성이라기보다는 공동체적 삶을 영위할 수밖에 없는 인간의 윤리적 정서에 불과한 것이다. 그럼에도 이를 두고 주희는 이기설理氣說에 입각해 이같이 풀이했다.

"성性은 이理이고, 생生은 기氣이다. '성'은 형이상이고, '기'는 형이하이다. 사람과 사물이 생겨남에 '성'이 없을 수도 없고, '기'가 없을 수도 없다. '기'로써 말하면 지각知覺에서는 인간과 사물에 차이가 없는 것 같으나 '이'로써 말하면 사물이 어찌 인·의·예·지를 온전히 받았겠는가. 이것이 인간의 성이 선하고 만물의 영장이 된 까닭이다. 고자는 '성'이 곧 '이'임을 알지 못하고 이른바 '기'를 '성'에 해당시켰다."

'성즉리性卽理'에 입각한 풀이이다. 주희의 이러한 해석은 후대에 매우 소모적인 논쟁을 야기하는 단초를 열었다. 이에 입각한 소모적인 논쟁이 가장 극렬하게 전개된 것은 바로 조선조였다. 원래 조선조의 사대부들은 선조宣祖 때 이미 주자학의 이기론에서 기원한 소위 '사단칠정논변四端七情論辨'으로 인해 퇴계를 추종하는 동인東人의 영남학파嶺南學派와 율곡을 추종하는 서인의 기호학파畿湖學派로 분열된 바 있다. 이후 정변과 정국현안이 있을 때마다 분열을 거듭하다가 인조반정을 계기로 서인이 집권하게 되었다. 그러나 집권세력인 서인 역시 이기론에 입각한 사변논쟁을 일삼으며 분화를 거듭했다.

이후 18세기에 들어와 서인의 노론老論세력은 이 장에 나오는 인성과 물성의 이동異同논쟁에 기초한 소위 '인물성동이논변人物性同異論辨'을 전개했다. 이 논쟁은 인성과 물성의 이동에 관한 입장 차이가 공교롭게도 서울과 충청의 지역기반과 맞아떨어진 관계로 흔히 '호락논쟁湖洛論爭'으로 불리고 있다. 공허한 사변논쟁이 권력투쟁과 맞물려 수많은 당파를 만들어내는 부작용을 빚어낸 대표적 실례가 아닐 수 없다. '인물성동이논변'은 지역을 토대로 한 집단적 논쟁의 성격을 띤 채 19세기 말기까지 이항로李恒老와 기정진奇正鎭, 이진상李震相 등에 의한 '대동소이논변大同小異論辨'과 '분이합동논변分異合同論辨', '심설논변心說論辨'으로 이어졌다는 점에서 적잖은 문제가 있었다.

성리학에서 말하는 '성性'은 인간 내지 사물 안에 내재된 '이理'를 가리킨다. 이는 관점에 따라 크게 두 가지 견해로 나뉜다. 하나는 인성과 물성의 동일을 주장하는 동론同論이다. '동론'을 주장하는 이들은 『중용』에 나오는 '사람과 사물 모두 각기 부여된 이理를 갖고 태어나니 이것이 바로 성性이다'라는 주희의 주석을 논거로 삼았다. 다른 하나는 인성과 물성의 차이를 주장하는 이론異論이다. '이론'을 주장하는 이들은 『맹자집주』에 나오는 이 장에 대한 주희의 주석을 논거로 삼았다. 주희의 엇갈린 해석이 7백여 년 뒤 조선조에서 쓸모없는 논쟁을 촉발하는 단초가 된 셈이다. 주희는 나아가 『대학혹문大學或問』에서 인간을 포함한 만물은 동일한 이理를 부여받았으나 기氣의 차이에 따라 귀천의 차이가 생기게 되었다고 주장했다.

결과적으로 동일한 주희의 말일지라도 『중용』의 주석에 따르면 인성과 물성에 차이가 있을 수 없게 되고, 『맹자집주』에 따르면 애초부터 부여받은 이理가 다른 까닭에 구별이 있게 되고, 『대학혹문』에 따르면 이理가 아닌 기氣의 차이에 따라 구별이 있게 된다. 주희의 공허하고도 일관성 없는 이기론으로 인해 마침내 조선조에서 '인물성동이'를 둘러싼 논쟁이 치열하게 전개된 것이다. 주희에 대해 비판적이었던 다산조차 『맹자요의』에서 '인물성동이' 논쟁에서 '이론'에 찬동하는 모습을 보임으로써 이기논쟁의 덫에서 벗어나지 못했다.

조선조 사대부들의 이런 논쟁은 주희가 사용한 '성' 개념의 혼란을 최종적으로 정리했다는 점에서는 나름대로 의미를 찾을 수 있으나 결국 치평治平의 논리와 하등 관계없는 공론空論으로 치달을 수밖에 없었다. 이는 조선조의 사대부들로 하여금 자신들이 이룬 이론적 성과에 크게 자만한 나머지 '소중화小中華'를 자처하며 외부의 변화를 애써 무시하는 망국적인 태도를 낳는 근원이 되었다. 조선조는 바로 이런 '공론'을 일삼다가 메이지유신을 통해 서구화에 성공해 제국주의 대열에 합류한 일제에 의해 식민지로 전락했다고 해도 과언이 아니다.

11-4

告子曰, "食色, 性也. 仁, 內也, 非外也. 義, 外也, 非內也." 孟子曰, "何以謂仁內義外也." 曰, "彼長而我長之, 非有長於我也. 猶彼白而我白之, 從其白於外也, 故謂之外也." 曰, "異於白馬之白也, 無以異於白人之白也. 不識長馬之長也, 無以異於長人之長與. 且謂長者義乎. 長之子義乎." 曰, "吾弟則愛之, 秦人之弟則不愛也, 是以我爲悅者也, 故謂之內. 長楚人之長, 亦長吾之長, 是以長爲悅者也, 故謂之外也." 曰, "耆秦人之炙, 無以異於耆吾炙, 夫物則亦有然者也, 然則耆炙亦有外與."

고자가 말했다.

"식색(食色 : 음식을 먹고 이성을 그리워함)이 성이다. 인(仁)은 내면에 있는 것이지 외면에 있는 것이 아니다. 의(義)는 외면에 있는 것이지 내면에 있는 것이 아니다."

맹자가 물었다.

"무슨 근거로 인은 내면에 있고 의는 외면에 있다고 하는 것인가."

고자가 대답했다.

"저들이 어른이라고 하여 내가 그를 어른으로 여기는 것은 당초 나에게 그를 어른으로 섬기려는 존경심이 있었기 때문은 아니다. 저들이 희다고 했을 때 내가 그것을 희다고 하며 그 외면을 따르는 것과 같다. 그래서 이를 외면에 있다고 말한 것이다."

맹자가 물었다.

"백마(白馬)를 희다고 하는 것과 백인(白人)을 희다고 하는 것은 다를 것이 없다. 모르긴 하나 장마(長馬 : 나이 든 말)를 가엽게 여기는 것과 장인(長人 : 나이 많은 사람)을 공경하는 것은 서로 차이가 없단 말인가. 또한 그대는 장자(長者 : 나이 많음)를 의라고 하는 것인가, 아니면 장지자(長之者 : 나이 많은 사람을 공경함)를 의라고 하는 것인가."

고자가 대답했다.

"내 아우이면 사랑하고, 진(秦)나라 사람의 아우이면 사랑하지 않는다. 이는 나를 기준으로 하여 기쁨을 찾은 것이다. 그래서 인은 내면에 있는 것이다. 또한 초나라 사람 중 나이 많은 사람도 공경하고, 또 나의 어른도 공경한다. 이는 어른을 기준으로 하여 기쁨을 찾은 것이다. 그래서 의는 외면에 있는 것이다."

그러자 맹자가 이같이 말했다.

"내가 진나라 사람이 만든 불고기를 좋아하는 것은 내 자신이 만든 불고기를 좋아하는 것과 다를 것이 없다. 무릇 모든 사물에 그러한 점이 있다. 그렇다면 불고기를 좋아하는 것도 외면에 있단 말인가."

고자는 이 장에서 '인仁'과 '의義'를 나누어 '인'은 내면에서 나오는 것인 데 반해 '의'는 그 기준이 사람의 외부에 있기 때문에 밖에서 오는 것이라고 주장하고 있다. 소위 '인내의외仁內義外'의 주장을 펼친 것이다. 고자의 기본입장에서 볼 때 '인'과 '의' 모두 외부에서 오는 것에 불과하다. 그런데도 고자가 여기서 '인내의외'의 주장을 펼친 것은 불인지심不忍之心의 내재성을 주장하는 맹자의 주장에 한 발 양보한 데 따른 것으로 보인다.

이에 대해 맹자는 진인秦人의 기적耆炙 등을 예로 들어 '인'은 말할 것도 없고 '의' 또한 마음 속에 존재하는 것이라는 주장을 펼치고 있다. 맹자는 '불인지심'의 내재성이 '의'와 '예'에도 예외없이 작용된다고 본 것이다. 이를 두고 주희는 평하기를, '[고자]편의 머리부터 이 장에 이르기까지 고자의 변론이 여러 번 굽혀졌다. 그럼에도 그는 논변에서 이기려고 노망鹵莽 : 거칠고 소략함에 그친 까닭에 올바름을 얻지 못했다'고 했다. 맹자를 일방적으로 높이기 위한 억설臆說이 아닐 수 없다.

원래 공자의 '인' 개념은 매우 다의적이다. 맹자가 강조한 '의' 또한 여러 개념으로 사용되고 있다. 고자가 '인'과 '의'를 구분해 설명코자 한 시도는 좋으나 이를 내면과 외면으로 나눈 것 자체가 잘못이다. '인'과 '의' 모두 공동체적 삶에서 비롯된

윤리적 정서에 불과한 것으로 근원적인 차이가 있는 것이 아니다. 고자가 맹자의 즉각적인 반박에 직면한 것은 당연지사였다. 대략 고자는 공자의 '인'에 '의'를 덧붙여 '인의' 개념을 만들어 낸 맹자를 비판하기 위해 이런 주장을 펼친 것으로 짐작된다.

11-5

孟季子問公都子曰, "何以謂義內也." 曰, "行吾敬, 故謂之內也." "鄕人長於伯兄一歲, 則誰敬." 曰, "敬兄." "酌則誰先." 曰, "先酌鄕人." "所敬在此, 所長在彼, 果在外, 非由內也." 公都子不能答, 以告孟子. 孟子曰, "敬叔父乎. 敬弟乎. 彼將曰, '敬叔父.' 曰, '弟爲尸, 則誰敬.' 彼將曰, '敬弟.' 子曰, '惡在其敬叔父也.' 彼將曰, '在位故也.' 子亦曰, '在位故也. 庸敬在兄, 斯須之敬在鄕人.'" 季子聞之曰, "敬叔父則敬, 敬弟則敬, 果在外, 非由內也." 公都子曰, "冬日則飮湯, 夏日則飮水, 然則飮食亦在外也."

맹계자(孟季子 : 孟仲子의 아우)가 맹자의 제자 공도자(公都子)에게 물었다.

"어찌하여 의가 내면에 있다고 하는 것이오."

공도자가 대답했다.

"내가 공경을 행하기 때문에 내면에 있다고 한 것이오."

맹계자가 물었다.

"향인(鄕人)이 그대의 백형(伯兄 : 맏형)보다 나이가 한 살 더 많다면 누구를 공경하겠소."

"백형을 공경할 것이오."

"술을 따를 경우 누구에게 먼저 따르겠소."

"향인에게 먼저 따를 것이오."

그러자 맹계자가 말했다.

"그것은 곧 공경하는 것은 백형에게 있고, 어른으로 높이는 것은 향인에게 있는 것이오. 그렇다면 의는 과연 외면에 있는 것으로 내면에서 나오는 것이 아닌 셈이 되오."

공도자가 대답을 못하고 맹자에게 이를 고하자 맹자가 이같이 말했다.

"그에게 묻기를, '그대는 숙부를 공경하는가, 동생을 공경하는가' 라고 하면 그는 대답하기를, '숙부를 공경한다' 고 할 것이다. 다시 묻기를, '아우가 시동(尸童 : 제사 때 神位를 대신한 어린 아이)으로 있다면 누구를 공경하겠는가' 라고 하면 그는 대답하기를, '동생을 공경할 것이다' 라고 할 것이다. 그때 다시 묻기를, '숙부를 공경한다는 말은 어찌된 것인가' 라고 하면 그는 대답하기를, '아우가 시동으로 있기 때문이다' 라고 할 것이다. 그러면 자네 또한 말하기를, '내가 향인(鄕人)을 앞세운 것은 그가 먼저 술을 따라주어야 할 손님의 자리에 있기 때문이다. 평상시의 공경은 형에게 있고, 일시의 공경은 향인에게 있다' 라고 하면 될 것이다."

맹계자가 공도자로부터 맹자의 말을 전해듣고 이같이 말했다.

"숙부를 공경해야 할 경우에는 숙부를 공경하고, 아우를 공경해야 할 경우에는 아우를 공경한다면 과연 의는 외면에 있는 것으로 내면에서 비롯된 것이 아닌 셈이오."

그러자 공도자가 이같이 반박했다.

"겨울날에는 음탕(飮湯 : 끓는 물을 마심)하고 여름날에는 음수(飮水 : 찬 물을 마심)하오. 그렇다면 음식(飮食 : 마시고 먹음) 또한 외면에 있게 되오."

맹자는 이 대목에서 '인' 및 '의'와 같은 도덕성은 결코 외부에서 오는 것이 아니라 내부에 존재하는 천부적인 것이라고 주장하고 있다. 이는 그의 성선설에서 비롯한 당연한 결론이기도 하다. 그러나 이 장을 통해 알 수 있듯이 이러한 주장은 논리적 파탄을 면할 수 없다. 형을 공경하거나 향인을 공경하는 것은 기본적으로 공동체의 질서유지와 밀접한 관련이 있다. 순자 및 법가가 주장했듯이 본성이라기보다는 공동체의 예제에서 유래한 것으로 보는 게 오히려 타당하다. 이는 공자가 말한 '인'을 무리하게 '인의'로 확대해석한 사실과 무관할 수 없다. 다만 수제 차원에서 볼 때 맹자의 이런 주장은 줄리앙이 높이 평가한 데서 알 수 있듯이 매우 뛰어난 면이 있다. 맹자가 서양의 도덕철학자들과 달리 나moi라는 범주도 이용하지 않고 본성에 대한 신학적 존재론의 기준도 설정하지 않은 채 '인의' 개념을 통해 도덕의 보편성 문제를 제기한 점은 매우 특기할 만하다.

11-6

公都子曰, "告子曰, '性, 無善無不善也.' 或曰, '性, 可以爲善, 可以爲不善, 是故文武興, 則民好善. 幽厲興, 則民好暴.' 或曰, '有性善, 有性不善, 是故以堯爲君而有象, 以瞽瞍爲父而有舜, 以紂爲兄之子且以爲君, 而有微子啓 · 王子比干.' 今曰性善, 然則彼皆非與." 孟子曰, "乃若其情, 則可以爲善矣, 乃所謂善也. 若夫爲不善, 非才之罪也. 惻隱之心, 人皆有之. 羞惡之心, 人皆有之. 恭敬之心, 人皆有之. 是非之心, 人皆有之. 惻隱之心, 仁也. 羞惡之心, 義也. 恭敬之心, 禮也. 是非之心, 智也. 仁義禮智, 非由外鑠我也, 我固有之也, 弗思耳矣. 故曰, '求則得之, 舍則失之.' 或相倍蓰而無算者, 不能盡其才者也. 『詩』曰, '天生蒸民, 有物有則. 民之秉夷(=彝), 好是懿德.' 孔子曰, '爲此詩者, 其知道乎. 故有物必有則. 民之秉夷也, 故好是懿德.'"

공도자가 물었다.

"고자는 말하기를, '성은 무선무불선(無善無不善 : 선도 불선도 없음)이다' 라고 했습니다. 혹자는 말하기를, '성은 위선(爲善 : 선을 행함)일 수도 있고, 위불선(爲不善 : 불선을 행함)일 수도 있다. 그래서 문왕 및 무왕과 같은 사람이 흥하면 백성들은 선을 좋아하고, 유왕(幽王) 및 여왕(厲王)과 같은 사람이 흥하면 백성들은 포학을 좋아한다' 고 했습니다. 또 혹자는 말하기를, '성선(性善 : 본성이 선한 사람)도 있고, 성불선(性不善 : 본성이 불선한 사람)도 있다. 그래서 요(堯)가 군주로 있는데도 상(象 : 순의 이복동생)과 같은 사람이 있었고, 고수(瞽瞍 : 순의 부친)가 아비인데도 순(舜)과 같은 자식이 있었고, 주(紂)가 조카이자 군주인데도 미자(微子) 계(啓 : 『서경』에는 은왕 주의 형으로 나옴)와 왕자 비간(比干)과 같은 어진 숙부가 있었다' 고 했습니다. 지금 선생님은 말씀하시기를, '본성은 선하다' 고 했으니 그렇다면 저들은 모두 틀린 것입니까."

맹자가 대답했다.

"그 정(情 : 기본 자질)으로 말하면 선하다고 할 수 있다. 이것이 내가 말하는 '선' 이다. '불선' 을 하는 것으로 말하면 타고난 재질의 죄가 아니다. 측은지심(惻隱之心)을 사람마다 모두 갖고 있고, 수오지심(羞惡之心)을 사람마다 모두 갖고 있고, 공경지심(恭敬之心 : 辭讓之心)을 사람마다 모두 갖고 있고, 시비지심(是非之心)을 사람마다 모두 갖고 있다. '측은지심' 은 인(仁), '수오지심' 은 의(義), '공경지심' 은 예(禮), '시비지심' 은 지(智)이다. 이러한 인·의·예·지는 밖으로부터 내 안으로 들어오는 것이 아니라 내가 본래 갖고 있는 것이다. 다만 사람들이 이를 생각지 않을 뿐이다. 그래서 공자는 말하기를, '찾으면 얻게 되고, 버리면 잃게 된다' 고 한 것이다. 때로 사람들 간의 차이가 서로 2배 혹은 5배가 되어 계산할 수 없는 것은 타고난 재질을 남김없이 실현치 못했기 때문이다. 『시경』[대아·증민(蒸民)]에 이르기를, '하늘이 증민(蒸民 : 뭇 백성)을 내니 사물이 있으면 그 법칙이 있다네. 백성들이 병이(秉夷 : 떳떳한 마음을 갖고 있음)하니 의덕(懿德 : 미덕)을 좋아한다네' 라고 했다."

고자가 이 장에서 소개한 인성에 관한 당시의 견해는 크게 '무선무악설無善無惡說'과 '가선가악설可善可惡說', '유선유악설有善有惡說' 등 3가지이다. 이들 3가지 견해는 표현의 차이에도 불구하고 인성을 선악의 어느 한쪽으로 규정하지 않았다는 점에서 대동소이하다고 할 수 있다. 고자 역시 이들 견해를 추종하고 있다. 이는 순자의 '성악설'과 맥을 같이 하는 것이기도 하다.

이에 대해 맹자는 고자의 '무선무악설'과 대비되는 '성선설'을 역설하고 있다. 고자는 심상心象의 다양한 현상에 주목한 데 반해 맹자는 인·의·예·지와 같은 공동체적 미덕이 발현되는 심상에 초점을 맞추고 있는 셈이다. 본래 다양한 현상에 주목하는 한 인성은 선과 악의 어느 하나로 규정할 수 없게 되고, 공동체적 미덕의 발현에 관심을 기울이면 인성을 본질적으로 선성善性으로 간주할 소지가 크다. 맹자와 고자 모두 공동체적 삶을 영위하는 생生 자체에서 연유하는 다양한 심상을 두고 그 일부분만을 인성의 근원으로 여기는 우를 범했다.

11-7

孟子曰, "富歲, 子弟多賴(=懶). 凶歲, 子弟多暴. 非天之降才爾殊也, 其所以陷溺其心者然也. 今夫麰麥, 播種而耰之, 其地同, 樹之時又同, 浡然而生, 至於日至之時, 皆熟矣. 雖有不同, 則地有肥磽, 雨露之養·人事之不齊也. 故凡同類者, 擧相似也, 何獨至於人而疑之. 聖人與我同類者. 故龍子曰, '不知足而爲屨, 我知其不爲蕢也.' 屨之相似, 天下之足同也. 口之於味, 有同耆(=嗜)也. 易牙先得我口之所耆者也. 如使口之於味也, 其性與人殊, 若犬馬之於我不同類也, 則天下何耆皆從易牙之於味也. 至於味, 天下期於易牙, 是天下之口相似也. 惟耳亦然. 至於聲, 天下期於師曠, 是天下之耳相似也. 惟目亦然, 至於子都, 天下莫不知其姣也. 不知子都之姣者, 無目者也. 故曰, 口之於味也, 有同耆焉. 耳之於聲也, 有同聽焉. 目之於色也, 有同美焉. 至於心, 獨無所同然乎. 心之所同然者, 何也. 謂理也, 義也. 聖人善得我心之所同然耳. 故理義之悅我心, 猶芻豢之悅我口."

맹자가 말했다.

"부세(富歲 : 풍년)에는 자제들이 크게 나태하고, 흉세(凶歲 : 흉년)에는 자제들이 크게 흉포하다. 이는 하늘이 내린 재질이 그처럼 다른 게 아니라 그 마음을 함닉(陷溺 : 빠져들게 함)한 것이 그리 만든 것이다. 지금 모맥(麰麥 : 밀)을 파종하여 흙을 덮어주고 있다. 만일 토양이 동일하고 심은 시기가 같으면 발연(浡然 : 우쩍 일어남)히 자라나 하지 때에 이르러 모두 여물게 될 것이다. 비록 수확량이 다를 수 있으나 이는 토질의 비교(肥磽 : 비옥하고 척박함으로 곧 肥瘠)와 우로(雨露)의 배양조건, 사람의 노력이 달랐기 때문이다. 그래서 무릇 동류(同類 : 같은 종류)는 모두 상사(相似 : 서로 닮음)하기 마련이다. 어찌 홀로 인간만 그렇지 않다고 의심할 수 있겠는가. 성인도 나와 동류이다. 그런 까닭에 용자(龍子)는 말하기를, '발의 모습을 모르고 신발을 만들지라도 나는 그것이 삼태기 같이 되지 않으리라는 것을 안다' 고 했다. 신발이 '상사' 인 것은 천하의 발이 '동류' 이기 때문이다. 사람의 입은 맛에 대해 동기(同耆 : 기호가 같음)이다. 역아(易牙 : 제환공 때의 庖人)는 우리 입이 즐기는 것을 먼저 체득한 자이다. 만일 입맛의 차이가 마치 본성에서 견마(犬馬)가 사람인 나와 다른 것만큼이나 다르다면 어찌 천하인이 맛을 즐기면서 하나같이 역아의 맛을 좇을 수 있겠는가. 맛의 경우 천하인이 모두 역아와 같이 되기를 바라니 이는 천하인의 입이 '상사' 이기 때문이다. 귀 또한 그러하다. 소리의 경우 천하인이 모두 사광(師曠 : 전설적인 晉나라의 악사)과 같이 되기를 바라니 이는 천하인의 귀가 '상사' 이기 때문이다. 눈 또한 그러하다. 자도(子都 : 전설적인 미인)의 경우 천하인 중 그 아름다움을 알지 못하는 자가 없었다. 자도의 아름다움을 모르는 자는 눈이 없는 자이다. 그래서 말하기를, '입은 맛에서 동기(同耆 : 같은 미각)이고, 귀는 소리에서 동청(同聽 : 같은 청각)이고, 눈은 색에서 동미(同美 : 같은 시각)이다' 라고 하는 것이다. 그러니 마음에 이르러서만 유독 동일한 바가 없겠는가. 사람들의 마음에 동일한 바는 무엇인가. 그것은 이(理)와 의(義)이다. 성인은 우리들의 마음에 동일한 바를 먼저 체득한 사람이다. 그래서 '이' 와 '의' 가 우리의 마음을 기쁘게 하는 것은 마치 추환(芻豢 : '추' 는 풀을 먹는 소와 양, '환' 은 곡식을 먹는 개와 돼지를 지칭)의 고기가 우리의 입을 즐겁게 해주는 것과 같은 것이다."

맹자는 이 장에서 '의義' 를 '이理' 로 규정하고 있다. 성리학에서 말하는 '성즉리性卽理' 논리는 바로 인 · 의 · 예 · 지의 사덕四德은 이理에 해당한다는 맹자의 이런 주장에 근거한 것이다. 맹자가 이 장에서 말한 '이' 는 구체적으로 무엇을 말하는 것일까. 정이천은 '이' 와 '의' 의 관계에 대해 "사물에 있는 것을 '이' 라고 하고, 사물에 대처하는 것을 '의' 라고 한다. 이는 체體와 용用을 말한 것이다"라고 풀이했다. 이를 통해 '성즉리' 의 논리가 바로 이 장에서 나왔음을 짐작할 수 있다.

이 장을 두고 줄리앙은 '맹자에게는 인간의 도덕의식을 동정심이나 수치심의 반응을 통해 밝혀내는 것과 인간의 본성을 도덕성의 유일한 기초로 삼는 일이 더욱 중요했다' 고 분석하며 놀라움을 표시했다. 줄리앙은 맹자가 '동정심과 수치심의 반응' 인 '인의' 를 인간의 본성으로 간주해 이를 도덕성의 유일한 근거로 삼은 사실에 놀라움을 표시한 것이다. 사실 맹자의 주장은 초월적인 신 개념 등을 동원해 인간의 도덕성을 유추한 서양의 전통과 근원적인 차이가 있는 것이기도 하다.

11-8

孟子曰, "牛山之木嘗美矣, 以其郊於大國也, 斧斤伐之, 可以爲美乎. 是其日夜之所息, 雨露之所潤, 非無萌蘗之生焉, 牛羊又從而牧之, 是以若彼濯濯也. 人見其濯濯也, 以爲未嘗有材焉, 此豈山之性也哉. 雖存乎人者, 豈無仁義之心哉. 其所以放其良心者, 亦猶斧斤之於木也, 旦旦而伐之, 可以爲美乎. 其日夜之所息, 平旦之氣, 其好惡與人相近也者幾希, 則其旦晝之所爲, 有梏亡之矣. 梏之反覆, 則其夜氣不足以存. 夜氣不足以存, 則其違禽獸不遠矣. 人見其禽獸也, 而以爲未嘗有才焉者, 是豈人之情也哉. 故苟得其養, 無物不長. 苟失其養, 無物不消. 孔子曰, '操則存, 舍則亡. 出入無時, 莫知其鄕.' 惟心之謂與."

맹자가 말했다.

"우산(牛山)의 나무가 일찍이 아름다웠으나 대국의 교외에 있었던 까닭에 사람들이 부근(斧斤 : 도끼와 자귀)으로 베어갔다. 이리하고도 가히 아름다울 수 있겠는가. 일야(日夜 : 晝夜)로 자라나고, 우로(雨露)가 적셔주어 새싹이 움터 나오지 않는 것이 아니었으나 소와 양들을 그곳에 풀어먹이자 이내 저토록 탁탁(濯濯 : 반짝이고 깨끗함)해지고 말았다. 사람들이 그 탁탁한 모습을 보고 그곳에는 전부터 아예 나무가 없었던 것으로 생각한다. 그러나 그것이 어찌 산의 성(性)이겠는가. 비록 사람이라고 한들 어찌 애초부터 인의(仁義)의 마음이 없었겠는가. 사람들이 그 양심(良心)을 놓쳐버린 것 역시 도끼질로 매일 나무를 베어낸 것과 같다. 이리하고도 가히 아름다울 수 있겠는가. 양심은 일야로 자라나고 평단지기(平旦之氣 : 새벽의 맑은 기운)로 육성된다. 그러나 당초 남들과 거의 비슷하던 호오(好惡)가 서로 점차 멀어지고 만다. 이는 단주(旦晝 : 낮)에 하는 소행이 양심을 곡망

(梏亡 : 사라지게 함)하도록 만들기 때문이다. 이러한 곡망이 반복되면 야기(夜氣)가 보존될 수 없고, 야기가 보존되지 못하면 끝내 금수와 멀지 않게 된다. 사람들은 그 금수 같은 행실만 보고 그 사람에게 일찍이 훌륭한 재질이 있었다는 것을 생각지 못한다. 그러나 이것이 어찌 사람의 정(情)이겠는가. 그래서 잘 길러주면 자라지 않는 사물이 없고, 길러주지 않는데도 사라지지 않는 사물은 없는 것이다. 공자는 말하기를, '붙잡으면 보존되고 놓아버리면 없어진다. 출입무시(出入無時 : 드나듦에 정해진 때가 없음)하여 그것이 어디로 향했는지 알 길이 없다' 고 했다. 이는 바로 사람의 마음을 말한 것이다."

맹자는 이 장에서 소위 '우산牛山의 비유' 를 통해 사람들은 모두 인의지심仁義之心을 지니고 있으나 마치 도끼질로 우산의 나무를 베어내 민둥산을 만든 것처럼 양심良心을 곡망梏亡케 되었다는 논리를 전개하고 있다. 주희는 '양심' 을 본연의 선심善心으로 간주해 '인의지심' 과 동일한 개념으로 파악했다.

맹자는 '양심의 곡망' 을 방지하기 위한 방안으로 야기夜氣의 존양存養을 내세웠다. 이를 두고 주희는 풀이하기를, '평단平旦에 사물과 접하지 않아서 그 기운이 청명할 때에는 양심이 발현되는 바가 있다. 다만 그 발현됨이 극히 미약하나 이는 마치 산의 나무를 베어가도 오히려 싹이 돋아나는 것과 같다' 고 했다. '야기의 존양' 이 초목의 발아發芽에서 유추된 개념임을 시사하는 대목이 아닐 수 없다.

마지막 대목에 나오는 '막지기향莫知其鄕' 구절의 '향鄕' 을 두고 조기와 주희 모두 자신이 사는 '향리' 로 보았다. 이에 대해 다산은 『예기』 [곡례]의 용례를 예로 들어 방향을 뜻하는 '향嚮' 으로 보아야 옳다고 주장했다. '향리'로 해석할 경우 문맥상 자연스럽지 못하다. 다산의 해석이 타당하다.

11-9

孟子曰, "無或乎王之不智也. 雖有天下易生之物也, 一日暴之, 10日寒之, 未有能生者也. 吾見亦罕矣, 吾退而寒之者至矣, 吾如有萌焉何哉. 今夫弈之爲數, 小數也. 不專心致志, 則不得也. 弈秋, 通國之善弈者也. 使弈秋誨2人弈, 其一人專心致志, 惟弈秋之爲聽. 一人雖聽之, 一心以爲有鴻鵠將至, 思援弓繳而射之, 雖與之俱學, 弗若之矣. 爲是其智弗若與. 曰, 非然也."

맹자가 말했다.

"군왕의 부지(不智)는 이상할 게 없다. 설령 천하에서 가장 쉽게 자라는 것일지라도 하루 동안만 햇볕을 쪼이고 10일 동안 춥게 하면 능히 생장할 수 없다. 내가 군왕을 배견하는 일이 드물고, 내가 물러나오면 군왕의 마음을 차갑게 만드는 자가 이른다. 그러니 싹이 있은들 내가 어찌할 수 있겠는가. 지금 바둑의 수(數 : 기술)는 소수(小數 : 작은 기술)이나 전심치지(專心致志 : 마음을 오로지하고 뜻을 다함)하지 않으면 터득할 수 없다. 혁추(弈秋)는 통국(通國 : 전국)의 최고수이다. 혁추가 두 사람에게 바둑을 가르치는데, 그 중 한 사람은 '전심치지' 하여 오직 혁추의 말만 들었다. 그러나 다른 한 사람은 비록 듣고는 있어도 내심 오로지 홍곡(鴻鵠 : 기러기)이 장차 날아오면 궁격(弓繳 : 활과 주살)을 당겨 이를 쏠 생각만 했다. 그는 비록 함께 공부할지라도 그만 못할 것이니 이는 그 지혜가 그만 못하기 때문인가. 그렇지 않다."

맹자는 이 장에서 바둑의 고수인 혁추弈秋를 예로 들어 덕성 함양을 위한 군주의 전심치지專心致志를 강조하고 있다. 그 요체는 자신과 같은 현자들을 가까이 하고 환관宦官 및 궁첩宮妾 등을 멀리하는 데 있다는 것이 맹자의 주장이다. 이 장에서 거론된 군주가 구체적으로 누구를 가리키는 것인지 확실치는 않다. 맹자는 자신의 건의가 받아들여지지 않자 이런 얘기를 했을 공산이 크다.

11-10

孟子曰, "魚, 我所欲也, 熊掌, 亦我所欲也. 2者不可得兼, 舍魚而取熊掌者也. 生, 亦我所欲也, 義, 亦我所欲也. 2者不可得兼, 舍生而取義者也. 生亦我所欲, 所欲有甚於生者, 故不爲苟得也. 死亦我所惡, 所惡有甚於死者, 故患有所不辟也. 如使人之所欲莫甚於生, 則凡可以得生者, 何不用也. 使人之所惡莫甚於死者, 則凡可以辟患者, 何不爲也. 由是則生而有不用也, 由是則可以辟患而有不爲也, 是故所欲有甚於生者, 所惡有甚於死者. 非獨賢者有是心也, 人皆有之, 賢者能勿喪耳. 一簞食一豆羹, 得之則生, 弗得則死, 嘑爾而與之, 行道之人弗受. 蹴爾而與之, 乞人不屑也. 萬鍾則不辨禮義而受之. 萬鍾於我何加焉. 爲宮室之美, 妻妾之奉, 所識窮乏者得我與. 鄕爲身死而不受, 今爲宮室之美爲之. 鄕爲身死而不受, 今爲妻妾之奉爲之. 鄕爲身死而不受, 今爲所識窮乏者得我而爲之, 是亦不可以已乎. 此之謂失其本心."

맹자가 말했다.

"어물(魚物)도 내가 원하는 것이고, 웅장(熊掌)도 내가 원하는 것이나 두 가지를 모두 취할 수 없다면 나는 어물을 버리고 웅장을 택할 것이다. 생(生)도 내가 원하는 것이고, 의(義)도 내가 원하는 것이나 두 가지를 모두 취할 수 없다면 나는 '생'을 버리고 '의'를 택할 것이다. '생' 역시 내가 원하는 것이기는 하나 '생' 보다 더 간절히 원하는 것이 있기에 구차하게 '생'을 얻으려 하지 않는 것이다. 사(死) 역시 내가 싫어하는 것이기는 하나 '사' 보다 더 싫어하는 것이 있기에 환난(患難)을 피하지 않는 것이다. 만일 사람들이 원하는 것 중 '생' 보다 더한 것이 없다면 '생'을 얻을 수 있는 방안이 있을진대 그 무엇인들 사용치 않겠는가. 만일 사람들이 싫어하는 것 중 '사' 보다 더한 것이 없다면 환난을 피할 수 있는 방안이 있을진대 그 무엇인들 사용치 않겠는가. 그러나 '생' 보다 더 간절히 원하는 것이 있기에 '생'을 얻을 수 있는 방안이 있는데도 이를 사용치 않는 경우가 있고, '사' 보다 더 싫어하는 것이 있기에 환난을 피할 수 있는 방안이 있는데도 이를 사용치 않는 경우가 있다. 그래서 사람에게는 '생' 보다 더욱 간절히 원하는 것이 있고, '사' 보다 더욱 싫어하는 것이 있는 것이다. 오직 현자만이 이런 마음을 갖고 있는 것이 아니라 사람마다 모두 이런 마음을 갖고 있다. 다만 현자는 그것을 잃지 않는 것이 다를 뿐이다. 일단사(一簞食 : 밥 한 그릇) · 일두갱(一豆羹 : 국 한 사발)을 얻으면 살 수 있고 얻지 못하면 죽는 경우일지라도 호여(嘑與 : 꾸짖으며 줌)하면 행도인(行道人 : 길 가는 사람)조차 이를 받지 않고, 축여(蹴與 : 발로 차서 줌)하면 이를 달가워하지 않을 것이다. 사람들은 만종록(萬鍾祿 : 1만 종의 녹봉으로 고관의 녹봉을 의미)이 생기게 되면 예의를 따지지 않고 받는다. 그러나 만종록이 자신에게 무슨 보탬이 되겠는가. 만종록을 받는 것은 궁실지미(宮室之美 : 집의 호화스러움)와 처첩지봉(妻妾之奉 : 처첩의 시봉), 소식궁핍자(所識窮乏者 : 자신이 알고 있는 궁핍한 자)의 득아(得我 : 은혜를 입어 자신을 고맙게 여김) 때문일 것이다. 전에 자신을 위해서는 비록 죽을지언정 받지 않다가 지금은 '궁실지미'를 위해 받고, 전에 자신을 위해서는 비록 죽을지언정 받지 않다가 지금은 '처첩지봉'을 위해 받고, 전에 자신을 위해서는 죽을지언정 받지 않다가 지금은 '소식궁핍자의 득아'를 위해 받고 있다. 이것이 과연 그만둘 수 없는 일인가. 이를 일러 '실기본심(失其本心 : 그 본심을 잃음)'이라고 한다."

맹자는 이 장에서 생사生死와 의義를 대비시키면서 '생

사' 보다 '의' 를 더 높여야 한다고 강조하고 있다. 절체절명의 상황에서조차 호여嘑與와 축여蹴與로 내주는 일단사一簞食 · 일두갱一豆羹으로 목숨을 부지하느니 차라리 죽음을 선택하는 것이 낫다는 게 그의 주장이다. 명분을 앞세운 맹자의 강고한 기개를 읽을 수 있는 대목이 아닐 수 없다. 성리학을 추종한 유자들이 나라가 누란지위累卵之危에 빠졌을 때 방문을 박차고 나가 의병을 일으킨 이유가 여기에 있다.

그러나 이는 자칫 지나친 명분주의에 함몰돼 임기응변의 권도權道와 대의大義 차원의 굴신屈身을 용인치 않음으로써 대사를 그르칠 소지가 크다. 춘추시대 초기의 관중管仲이 변절變節의 비난을 무릅쓴 채 제환공을 섬기고, 춘추시대 말기의 구천句踐이 몸을 굽히며 와신상담臥薪嘗膽하고, 초한전 당시 유방劉邦이 일시 항우項羽에게 몸을 굽힌 것은 대의 차원의 대업大業을 이루기 위해 명분을 버리고 실리를 취한 결과이다. 맹자의 사생취의捨生取義 정신은 일면 높이 평가할 만한 것이기는 하나 자칫 지나친 명분주의로 흘러 대사를 그르칠 소지가 크다는 점에서 주의를 요한다. 유자들이 국가패망의 위기에 분연히 떨쳐 일어나는 의기를 보여주었음에도 불구하고 국가패망의 위기를 미연에 방지하지 못하는 한계를 보인 것도 바로 이 때문이다. 대의를 망각한 소의小義 차원의 처신은 부인지인婦人之仁과 필부지용匹夫之勇에 불과한 것이다.

11-11

孟子曰, "仁, 人心也. 義, 人路也. 舍其路而不由, 放其心而不知求, 哀哉. 人有雞犬放, 則知求之, 有放心而不知求. 學問之道無他, 求其放心而已矣."

맹자가 말했다.

"인(仁)은 인심(人心)이고, 의(義)는 인로(人路)이다. 그 길을 버린 채 따르지 않고, 방심(放心 : 마음을 잃음)한 채 찾을 줄 모르니 애처롭다. 사람들은 닭과 개를 잃어버리면 곧 찾을 줄 알면서도 방심하고도 찾을 줄 모른다. 학문하는 길은 다른 게 아니다. 그 방심을 찾는 것일 뿐이다."

맹자는 이 장에서 '인의'를 인간이 반드시 걸어야 할 길에 비유하고 있다. 줄리앙도 풀이하기를, '우리가 배워야 하고 실천해야 하는 도는 다른 것이 아니라 잃어버린 본심을 찾아나서는 것이라고 말한 것이다'라고 했다. 주희는 이를 형이상적으로 해석해 '심心은 곡식의 씨와 같고 인仁은 거기서 나오는 성性이다. 의義는 행사行事의 마땅함으로 출입하고 왕래할 때 반드시 행해야 할 길이다'라고 풀이했다. 이는 맹자가 방심放心을 존심存心 및 양심養心의 반대 개념으로 사용한 취의에 부합한다.

맹자는 성선설에 입각해 우리의 내부에 있는 선성善性을 '존심'과 '양심'의 입장에서 존양存養해야만 그 본연의 선善을 드러낼 수 있다고 보았다. 맹자가 외부의 유혹 및 변화에 동요되지 않는 확고한 마음가짐인 '부동심不動心'을 강조한 것도 바로 '존양'을 실현키 위한 것이었다. 그렇다면 '부동심'을 얻기 위한 구체적인 방안은 무엇일까. '호연지기浩然之氣'의 배양이 그 해답이다. 이는 천지에 충만한 기운이 인간의 마음까지도 지배한다는 고대인들의 사고에 뿌리를 둔 것이기도 하다. 『관자』 [내업內業]

편에 나오는 기氣가 '호연지기'와 유사한 개념으로 사용된 것이 이를 뒷받침한다. 맹자는 결국 고대사상에 뿌리를 두고 있는 '호연지기'를 통해 인간이 성현으로 나아가는 길을 제시한 셈이다.

11-12

孟子曰, "今有無名之指, 屈而不信, 非疾痛害事也, 如有能信之者, 則不遠秦楚之路, 爲指之不若人也. 指不若人, 則知惡之. 心不若人, 則不知惡, 此之謂不知類也."

맹자가 말했다.

"지금 무명지(無名指 : 네 번째 손가락)가 굽혀져 펴지지 않는 것이 아프거나 일에 해가 되는 것은 아니지만 이를 펴줄 사람이 있다면 진(秦)·초(楚)의 먼 길도 마다않고 찾아간다. 이는 자기 손가락이 남과 다르기 때문이다. 손가락이 남들과 같지 않으면 이를 싫어할 줄 안다. 그럼에도 마음이 남과 다른 것을 싫어할 줄 모른다면 이를 일러 '부지류(不知類 : 일의 경중을 알지 못함)'라고 한다.

맹자는 이 장에서 눈앞의 작은 이익에 연연해한 나머지 정작 중요한 본체를 망각하는 잘못을 경계하고 있다. 일종의 등하불명燈下不明에 대한 경계인 셈이다. 고금을 막론하고 대부분의 사람들이 등하불명의 행태를 보이고 있는 점을 감안할 때 맹자의 이 경계는 위정자를 대상으로 한 것으로 보아야 한다.

11-13

孟子曰, "拱把之桐梓, 人苟欲生之, 皆知所以養之者. 至於身, 而不知所以養之者, 豈愛身不若桐梓哉. 弗思甚也."

맹자가 말했다.

"공(拱 : 두 손으로 에워쌈) · 파(把 : 한 손으로 잡음) 크기의 동재(桐梓 : 오동나무와 가래나무)를 기르려고 할 때 누구나 그것을 기르는 방법을 안다. 그러나 자신에 이르러서는 자신을 기르는 방법을 너무 모른다. 어떻게 자신을 사랑하는 것이 '동재' 만도 못한가. 생각지 않는 것이 너무 심하다."

맹자는 이 장에서 눈에 보이는 외부 사물에 대한 양육에 힘쓰면서도 정작 중요한 수신修身을 소홀히 하고 있는 위정자의 소탐대실小貪大失 행태를 꼬집고 있다. '소탐대실' 은 눈앞에 있는 현실적인 이익에 대한 욕심에서 비롯되는 것이다. 왕도를 통한 천하통일을 역설한 맹자에게는 덕성 함양을 소홀히 하는 열국 군주의 행태가 '소탐대실' 의 우행愚行으로밖에 보이지 않았을 것이다.

11-14

孟子曰, "人之於身也, 兼所愛. 兼所愛, 則兼所養也. 無尺寸之膚不愛焉, 則無尺寸之膚不養也. 所以考其善不善者, 豈有他哉. 於己取之而已矣. 體有歸天, 有小大. 無以小害大, 無以賤害貴. 養其小者爲小人, 養其大者爲大人. 今有場師, 師其梧檟, 養其樲棘, 則爲賤場師焉. 養其一指而失其肩背而不知也, 則爲狼疾人也. 飮食之人, 則人賤之矣, 爲其養小以失大也. 飮食之人無有失也, 則口腹豈適爲尺寸之膚哉."

맹자가 말했다.

"사람은 자신의 몸에 대해 겸소애(兼所愛 : 사랑하는 바를 겸한다는 뜻으로 모든 부분을 사랑한다는 의미임)한다. '겸소애' 하기에 겸소양(兼所養 : 기르는 바를 겸한다는 뜻으로 모든 부분을 구별 없이 기른다는 뜻임)한다. 척촌지부(尺寸之膚 : 한 자 한 치의 살로 신체의 작은 부분을 의미)까지 사랑하지 않는 것이 없다면 기르지 않는 '척촌지부' 가 없을 것이다. 자신의 몸을 기르는 것이 좋은지 나쁜지를 살펴보는 데에 어찌 별다른 방법이 있겠는가. 단지 자신의 몸에서 취할 뿐이다. 몸에도 귀천(貴賤)과 소대(小大)가 있다. 작은 것으로 큰 것을 해치거나 천한 것으로 귀한 것을 해치는 일이 있어서는 안 된다. 작은 것을 기르는 자는 소인(小人), 큰 것을 기르는 자는 대인(大人)이 된다. 지금 장사(場師 : 원예사)가 비싼 오가(梧檟 : 오동나무와 가래나무)를 버리고 값싼 이극(樲棘 : 작은 대추나무)을 기른다면 값어치 없는 '장사' 일 것이다. 한 손가락을 기르는 자가 견배(肩背 : 어깨와 등)를 잃고도 알지 못한다면 이는 낭질인(狼疾人 : 돌아보기를 잘하는 승냥이가 급히 달아날 때 그리하지 못한 데서 소탐대실하는 사람을 비유)이다. 음식지인(飮食之人 : 음식을 밝히는 사람)을 사람들은 천하게 여긴다. 이는 작은 것을 기르고 큰 것을 잃기 때문이다. 그러나 만일 '음식지인' 이 구복(口腹 : 입과 배)보다 더 중요한 것이 있다는 사실을 잊지 않아 큰 것을 잃지 않는다면 구복이 어찌 한낱 '척촌지부' 에 그치겠는가."

이 장에서는 앞장에서 언급한 위정자의 '소탐대실' 행태가 천하고 작은 것을 기르는 소인小人과 귀하고 큰 것을 기르는 대인大人의 비유 등을 통해 비교적 소상히 언급되어 있다. '소탐대실' 에 대한 맹자의 경계는 이소해대以小害大와 이천해귀以賤害貴의 폐해를 언급한 데서 극명하게 드러나고 있다. 생사生死보다 의義를 더욱 중시한 맹자의 명분주의 입장이 선명히 드러난 대목이 아닐 수 없다.

11-15

公都子問曰, "鈞是人也, 或爲大人, 或爲小人, 何也." 孟子曰, "從其大體爲大人, 從其小體爲小人." 曰, "鈞是人也, 或從其大體, 或從其小體, 何也." 曰, "耳目之官不思, 而蔽於物. 物交物, 則引之而已矣. 心之官則思, 思則得之, 不思則不得也. 此天之所與我者, 先立乎其大者, 則其小者不能奪也. 此爲大人而已矣."

공도자가 물었다.

"다 같은 사람인데 혹자는 대인이 되고 혹자는 소인이 됩니다. 이는 어찌된 것입니까."

맹자가 대답했다.

"몸의 대체(大體 : 중요 부분)를 좇으면 대인, 소체(小體)를 좇으면 소인이 된다."

공도자가 물었다.

"다 같은 사람인데 혹자는 대체를 좇고 혹자는 소체를 좇습니다. 이는 어찌된 것입니까."

맹자가 대답했다.

"이목(耳目)은 사고하는 기능이 없어 늘 사물에 가려진다. 외물(外物)이 이목과 접촉하면 이목은 그것에 이끌릴 뿐이다. 그러나 마음의 기능은 생각하는 것이다. 생각하면 얻고, 생각지 못하면 얻지 못한다. 이는 하늘이 우리 인간에게 부여해 준 것이다. 그래서 먼저 대체에 기반을 확고히 세우면 소체가 이를 빼앗는 일이 없게 된다. 이것이 대인이 되는 까닭이다."

맹자는 이 장에서 대인과 소인의 구별이 종대체從大體와 종소체從小體의 행보 차이에서 비롯되고 있음을 말하고 있다. '대체'는 심心, '소체'는 이목耳目으로 상징되는 신身을 말한다. 심신心身을 대체와 소체를 구분한 것은 덕성 함양을 제일의第一義로 내세운 맹자의 입장에서 볼 때 당연한 논리적 귀결로 볼 수 있다. 그의 이런 입장은 천하조차 자신의 터럭 하나와도 바꿀 수 없다고 주장한 양주楊朱의 '위아사상爲我思想'과 극명한 대조를 이루는 것이기도 하다.

11-16

孟子曰, "有天爵者, 有人爵者. 仁義忠信, 樂善不倦, 此天爵也. 公卿大夫, 此人爵也. 古之人修其天爵, 而人爵從之. 今之人修其天爵, 以要人爵. 旣得人爵, 而棄其天爵, 則惑之甚者也, 終亦必亡而已矣."

맹자가 말했다.

"천작(天爵)과 인작(人爵)이 있다. 인의(仁義)와 충신(忠信)을 행하면서 낙선불권(樂善不倦 : 선을 즐겨 행하며 게을리 하지 않음)하면 이것이 바로 천작이다. 공경대부(公卿大夫)는 인작에 불과하다. 옛 사람들은 천작을 닦았기에 자연히 인작도 따라왔다. 그러나 지금 사람은 천작을 닦아 인작을 구하고, 일단 인작을 얻고 난 뒤에는 천작을 버리고 만다. 이는 의혹됨이 심한 것이다. 그리하면 끝내 인작조차 잃어버리고 말 것이다."

맹자는 이 장에서 인의仁義와 충신忠信 등의 공동체적 삶의 덕목을 천작天爵, 공경대부의 관작官爵을 인작人爵으로 구분한 뒤 '천작'이 '인작'의 근원이라는 특이한 주장을 펼치고 있다. 그러나 맹자의 이런 주장은 논리적으로 모순이다. 기본적으로 인의와 충신은 고위 관직을 뜻하는 '인작'에 대비되는 '천작' 개념이 될 수 없다. 대비되는 내용이 동질성을 결여하고 있기 때문이다. 인의와 충신을 '천작'이라고 규정할 경우 이에 대비되는 개념은

'불인불의' 와 '불충불신' 이 되어야 한다. '불인불의' 와 '불충불신' 이 '천작' 에 대비되는 '인작' 개념이 될 수 없는 것은 말할 것도 없다.

맹자는 왜 이런 억지논리로 '인작' 을 추구하는 세태를 질타하고 나선 것일까. 그는 시종 왕후王侯의 위엄을 가볍게 여기며 자신의 '왕도' 방략을 역설했다. 당시 그의 내심을 헤아리기가 쉽지 않으나 최소한 그는 표면상 왕후가 내리는 '인작' 자체를 무시하는 태도를 취했다. 이런 상황에서 자신의 '왕도' 방략이 채택되지 않았을 때 맹자의 심경은 어떠했을까. 대략 이에 따른 울분이 이런 식의 억지논리로 표출되었을 것으로 짐작된다.

11-17

孟子曰, "欲貴者, 人之同心也. 人人有貴於己者, 弗思耳矣. 人之所貴者, 非良貴也. 趙孟之所貴, 趙孟能賤之. 『詩』云, '既醉以酒, 既飽以德.' 言飽乎仁義也, 所以不願人之膏粱之味也. 令聞廣譽施於身, 所以不願人之文繡也."

맹자가 말했다.

"귀하고자 하는 것은 사람의 동심(同心 : 공통된 마음)이다. 사람마다 몸에 귀한 것을 지니고 있는데도 이를 생각지 못할 뿐이다. 남이 귀하게 해준 것은 양귀(良貴 : 진실로 귀한 것)가 아니다. 조맹(趙孟 : 춘추시대 晉나라의 권신)이 귀하게 해준 것은 다시 조맹이 능히 천하게 만들 수 있기 때문이다. 『시경』 [대아 · 기취(既醉)]에 이르기를, '기취이주(既醉以酒 : 이미 술로 취함) · 기포이덕(既飽以德 : 이미 덕으로 배부름)' 이라고 했다. 이는 인의의 덕으로 배가 불렀음을 말한 것이다. 이에 남의 고량지미(膏粱之味 : 살진 고기와 풍성한 곡식의 맛)를 원치 않는 것이다. 또한 영문광예(令聞廣譽 : 좋은 명성과 크게 떨친 명예)가 이미 몸에 베풀어져 있다. 이에 남의 문수(文繡 : 아름다운 무늬와 자수의 옷)를 원치 않는 것이다."

여기에 나오는 조맹趙孟이 구체적으로 누구를 가리키는지 판단하기가 쉽지 않다. '조맹'은 조씨 문중의 장자라는 의미로 『춘추좌전』에 따르면 조돈趙盾 : 趙宣子과 조무趙武 : 趙文子, 조앙趙鞅 : 趙襄子 등이 모두 '조맹'으로 불렸다. 대략 이들을 모두 지칭한 것으로 짐작된다. 이 장은 앞장의 부연설명에 해당한다. 맹자는 이 장에서 소위 '인작'으로 표현되는 현실적인 귀천이 중요한 것이 아니라 '천작'으로 표현되는 인의의 함양 여부가 진정한 귀천의 잣대가 된다고 역설하고 있다.

11-18

孟子曰, "仁之勝不仁也, 猶水勝火. 今之爲仁者, 猶以一杯水, 求一車薪之火也. 不熄, 則謂之水不勝火, 此又與於不仁之甚者也, 亦終必亡而已矣."

맹자가 말했다.

"인(仁)이 불인(不仁)을 이기는 것은 물이 불을 이기는 것과 같다. 지금 인을 행하는 자들은 일배수(一杯水 : 한 잔의 물)로 일거신지화(一車薪之火 : 한 수레에 가득 실린 섶에 난 불)를 끄는 것과 같다. 불이 꺼지지 않으면 물이 불을 이기지 못한다고 말한다. 그러나 이런 행실은 불인에 크게 동조하는 것이다. 이리하면 결국 그가 지닌 얼마 되지 않는 인심(仁心)마저 잃고 말 것이다."

맹자는 이 장에서 소인小仁과 대인大仁을 나눠서 설명하고 있다. 인仁에 해당하는 물은 불인不仁에 해당하는 불을 이기나 큰 불을 작을 물로 끌 수 없듯이 '소인'으로는 '대불인大不仁'을 이길 수 없다는 게 맹자의 주장이다. '대인'의 함양이 바로 그 요지인 셈이다.

11-19

孟子曰, "五穀者, 種之美者也. 苟爲不熟, 不如荑稗. 夫仁亦在乎熟之而已矣."

맹자가 말했다.

"오곡(五穀)은 곡식 중 좋은 것이다. 그러나 만일 익지 않으면 이패(荑稗 : 비름이나 피)만도 못하다. 무릇 인(仁) 역시 이를 익게 만드는 데 있을 뿐이다."

이 장은 앞장의 부연설명이다. 맹자는 이 장에서 '소인小仁'을 익지 않은 오곡에 비유하면서 '소인'은 비록 좋은 것이기는 하나 '대인大仁'의 경지에 이르지 못한 까닭에 이패荑稗만도 못하다고 주장하고 있다. 여기의 '이패'는 앞장의 '일거신지화一車薪之火'와 같은 부류이기는 하나 규모가 작은 '소불인小不仁'을 상징한다.

11-20

孟子曰, "羿之敎人射, 必志於彀. 學者亦必志於彀. 大匠誨人, 必以規矩, 學者亦必以規矩."

맹자가 말했다.

"예(羿)가 사람에게 활쏘기를 가르칠 적에 반드시 구(彀 : 활을 힘껏 당김)에 뜻을 두게 했다. 이에 배우는 자 역시 반드시 '구'에 뜻을 두었다. 대장(大匠 : 큰 목수)이 사람을 가르칠 적에 반드시 규구(規矩)를 기준으로 삼는다. 이에 배우는 자 역시 반드시 '규구'를 기준으로 삼는다."

이 장에서는 덕성의 함양과 관련한 방법론이 활쏘기와 목공의 비유를 통해 제시되고 있다. 덕성의 함양은 무턱대고 이뤄지는 것이 아니라 일정한 기준을 정해놓고 이를 추종하는 데서 출발한다는 게 맹자의 주장이다. 이 장은 '법요순法堯舜' 주장의 구체적인 풀이에 해당한다.

제12절 [고자(告子) 하]편

12-1

任人有問屋廬子曰, "禮與食孰重." 曰, "禮重." "色與禮孰重." 曰, "禮重." 曰, "以禮食, 則飢而死. 不以禮食, 則得食, 必以禮乎. 親迎, 則不得妻. 不親迎, 則得妻, 必親迎乎." 屋廬子不能對. 明日之鄒, 以告孟子. 孟子曰, "於答是也何有. 不揣其本而齊其末, 方寸之木可使高於岑樓. 金重於羽者, 豈謂一鉤金與一輿羽之謂哉. 取食之重者, 與禮之輕者而比之, 奚翅食重. 取色之重者, 與禮之輕者而比之, 奚翅色重. 往應之曰, '紾兄之臂而奪之食, 則得食. 不紾, 則不得食, 則將紾之乎. 踰東家牆而摟其處子, 則得妻. 不摟, 則不得妻, 則將摟之乎.' "

임(任)나라 사람이 맹자의 제자인 옥려자(屋廬子 : 이름은 連)에게 물었다.

"예(禮)와 식(食)은 어느 것이 중요합니까."

옥려자가 대답했다.

"예가 더 중요합니다."

"색(色)과 예는 어느 것이 중요합니까."

"예가 중요합니다."

그러자 임나라 사람이 이같이 반박했다.

"예를 지켜서 먹을 것을 구하면 굶어죽고, 예를 지키지 않고 먹을 것을 구하면 얻어먹을 수 있는 경우라도 반드시 예를 지켜야 합니까. 또 친영(親迎 : 혼인식에서 부인을 맞이하는 마지막 의식)의 예를 갖추면 아내를 얻을 수 없고, 친영의 예를 갖추지 않으면 아내를 얻을 수 있는 경우라도 반드시 친영의 예를 갖춰야 합니까."

옥려자가 대답하지 못하고 다음날 추(鄒)나라로 가 맹자에게 이를 말하자 맹자가 이같이 말했다.

"이에 답하는 게 뭐 그리 어려운가. 그 근본을 헤아리지 않고 그 끝만을 가지런히 하면 방촌(方寸 : 한 치)의 나무조차 잠루(岑樓 : 산처럼 높고 뾰족한 누각)보다 더 높게 할 수 있다. 쇠가 깃털보다 무겁다고 한 것이 어찌 한 개의 갈고리 쇠와 수레에 가득 실린 깃털을 비교해 말한 것이겠는가. 취식(取食)의 중한 것과 예(禮)의 가벼운 것을 취해 비교하면 해시(奚翅 : '어찌 단지'의 부사어로 何但과 동일) 취식이 중한 것에만 그치겠는가. 또한 '색'의 중한 것과 '예'의 가벼운 것을 취해 비교하면 해시(奚翅) '색'이 중한 것에만 그치겠는가. 가서 묻기를, '형의 팔을 비틀고 밥을 빼앗아 먹으면 밥을 먹을 수 있고, 형의 팔을 비틀지 않으면 밥을 먹지 못할 경우 장차 형의 팔을 비틀겠는가. 동쪽 집의 담장을 뛰어넘어 그 집의 처자(處子 : 처녀)를 끌어오면 아내를 얻고, 끌어오지 못하면 아내를 얻지 못할 경우 장차 그 처자를 끌어 오겠는가'라고 하라."

이 장은 생사生死보다 의義를 중시한 맹자의 '사생취의捨生取義' 주장에 대한 보충설명의 성격을 띠고 있다. 맹자는 이 장에서 식색食色과 예禮의 경중輕重을 예로 들어 자신의 '사생취의' 주장은 결코 작은 예의禮義에 얽매여 굶어죽거나 아내를 얻지 못해 인륜을 폐하는 식의 극단론이 아님을 강조하고 있다. 아무리 '예의'가 중요할지라도 무후無後의 불효를 저지르는 식의 잘못을 범해서는 안 된다는 점을 분명히 한 것이다.

그러나 맹자가 언급한 마지막 대목의 비유는 논리상 앞 대목의 비유와 수미일관首尾一貫하지 못하고 있다. 형의 팔을 비틀어 밥을 빼앗아 먹는 '진비탈식紾臂奪食'과 담장을 뛰어넘어 이웃집 처녀를 탈취하는 '유장누녀踰牆摟女'는 기아선상에서 구걸하고 친영의 예를 갖추지 못한 채 취처娶妻하는 것과는 차원이 다르다. 이는 개인의 이욕利慾을 충족시키기 위해 공동체적 삶의 기본덕목을 해치는 범죄행위로 처단될 수밖에 없다. '예의'의 문제가 아닌 것이다.

그렇다면 맹자는 왜 문득 논리적으로 전후가 조응照應치 못하는 '진비탈식'과 '유장누녀'의 예를 든 것일까. 그는 자신의 '사생취의' 주장을 뒷받침하기 위해 무리한 예를 끌어들인 것이다. 작은 '예의'에 얽매어 걸식을 거부해 죽음을 선택하거나 아내를 얻지 못해 인륜을 폐할까 염려해 이런 행동을 용인했으나 못내 자신의 '사생취의' 취지가 퇴색될까 우려한 나머지 문득 전후가 조응치 못하는 '진비탈식' 등의 예를 든 것이다. 사족에 해당하는 비유가 아닐 수 없다.

12-2

曹交問曰, "人皆可以爲堯舜, 有諸." 孟子曰, "然." "交聞文王10尺, 湯9尺, 今交9尺4寸以長, 食粟而已, 如何則可." 曰, "奚有於是. 亦爲之而已矣. 有人於此, 力不能勝一匹(=鶩)雛, 則爲無力人矣. 今曰擧百鈞, 則爲有力人矣. 然則擧烏獲之任, 是亦爲烏獲而已矣. 夫人豈以不勝爲患哉. 弗爲耳. 徐行後長者謂之弟, 疾行先長者謂之不弟. 夫徐行者, 豈人所不能哉. 所不爲也. 堯舜之道, 孝悌而已矣. 子服堯之服, 誦堯之言, 行堯之行, 是堯而已矣. 子服桀之服, 誦桀之言, 行桀之行, 是桀而已矣." 曰, "交得見於鄒君, 可以假館, 願留而受業於門." 曰, "夫道, 若大路然, 豈難知哉. 人病不求耳. 子歸而求之, 有餘師."

조교(曹交 : 전력 미상)가 물었다.

"사람은 다 요순이 될 수 있다고 하는데 과연 그게 사실입니까."

맹자가 대답했다.

"그렇소."

조교가 물었다.

"제가 듣기로 문왕은 키가 10척(尺 : 당시의 1척은 16cm)이고 탕은 9척이라고 하는데, 지금 저는 9척 4촌(寸)이 되지만 곡식만 축내고 있을 뿐이니 어찌하면 좋습니까."

맹자가 대답했다.

"그게 무슨 상관이 있겠소. 단지 실천코자 하면 되는 것이오. 여기 어떤 사람이 목추(匹雛 : 집오리 새끼) 한 마리도 들 수 없다면 그는 무력인(無力人 : 힘 없는 사람)이 될 것이오. 그러나 만일 1백 균(鈞 : '1균'은 30근)의 무게를 들 수 있다면 그는 역인(力人 : 장사)이 될 것이오. 오확(烏獲 : 秦나라의 용사)이 들던 1천 균의 무게를 든다면 이 또한 오확과 같은 사람이 될 뿐이오. 사람들은 어찌하여 감당하지 못할까 미리 걱정하는 것이오. 스스로 그리하지 않으려는 것에 불과할 뿐이오. 서행(徐行 : 천천히 걸음)하여 장자(長者)보다 뒤에 가는 것을 제(弟 : 공경함), 질행(疾行 : 빨리 걸음)하여 장자보다 앞서 가는 것을 부제(不第 : 불공함)라고 하오. 무릇 '서행'이 어찌 사람이 할 수 없는 것이겠소. 단지 하지 않는 것일 뿐이오. 요순지도(堯舜之道)는 효제(孝弟)일 뿐이오. 그대가 요와 같은 옷을 입고, 요의 말을 하고, 요의 행실을 행하면 바로 요가 되오. 그러나 걸(桀)의 옷을 입고, 걸의 말을 하고, 걸의 행실을 행하면 바로 걸이 되는 것이오."

조교가 말했다.

"저 교(交)가 추군(鄒君)을 배견하면 관사를 빌릴 수 있을 것입니다. 관사에 머물면서 선생의 문하에서 수업하고자 합니다."

맹자가 말했다.

"무릇 도는 대로(大路)와 같으니 어찌 이해하기 어려울 게 있겠소. 사람들이 도를 구하지 않는 것이 문제일 뿐이오. 그대가 돌아가 구하려고만 하면 스승은 얼마든지 있을 것이오."

조교曹交를 두고 조기趙岐와 주희를 비롯한 많은 주석가들은 조曹나라 군주의 아우로 간주했으나 무슨 근거가 있는 것은 아니다. 전국시대에 조曹나라는 존재하지 않았을 뿐만 아니라 조나라 군주의 혈통이 전국시대 말기까지 그대로 이어졌다고 보기도 어렵다. 남송대의 왕응린王應麟은 『곤학기문困學紀聞』에서 대략 맹자 당시의 전력미상 인물로 보았다. 왕응린의 견해가 옳을 듯하다. 그렇다면 맹자는 왜 조교를 정중히 거절한 것일까. 청대 초순의 『맹자정의』에 인용된 조우趙佑의 『온고론溫故錄』은 조교의 소극적인 태도에서 그 원인을 찾았다.

"조교가 추나라 군주에게 숙소를 빌리겠다고 한 것도 사정상 있을 수 있는 일이다. 그래서 맹자 역시 돌아가 스승을 구해보라고 한 것이다. 그러나 끝내 조교가 신분이 귀한 것을 믿고 맹자에게 질문을 한 까닭에 맹자가 거절한 것으로 생각된다."

대략 문의에 부합한다. 이 장에서 주목할 점은 수제치평修齊治平의 핵심은 '법요순法堯舜'에 있고, 그 구체적인 방안은 요순의 언행을 그대로 모방하는 데 있다고 한 맹자의 언급이다. 맹자가 '요순의 옷'을 거론한 것은 사소한 외양조차 철저히 요순을 모방하라고 주문한 것이다. 맹자가 '법요순'으로 상징되는 소위 '법선왕法先王' 사상에 얼마나 깊이 침잠해 있었는지를 짐작케 해주는 대목이 아닐 수 없다. 이는 그 행적을 자세히 알 수 있는 근고近古의 선왕 행적에서 귀감을 찾고자 했던 순자의 '법후왕法後王' 사상과 극명한 대조를 이루는 것이기도 하다. 오직 덕정으로 일관한 전설적 성군인 요·순을 철저히 모방할 것을 주문한 맹자의 '법요순' 주장이 온고지신에 입각한 공자의 호고주의好古主義와 동떨어진 회고주의懷古主義로 간주되는 이유가 바로 여기에 있다.

12-3

公孫丑問曰, "告子曰, '[小弁], 小人之詩也.'" 孟子曰, "何以言之." 曰, "怨." 曰, "固哉, 高叟之爲詩也. 有人於此, 越人關弓而射之, 則己談笑而道之. 無他, 疏之也. 其兄關弓而射之, 則己垂涕泣而道之. 無他, 戚之也. [小弁]之怨, 親親也. 親親, 仁也. 固矣夫, 高叟之爲詩也." 曰, "[凱風], 何以不怨." 曰, "[凱風], 親之過小者也, [小弁], 親之過大者也. 親之過大而不怨, 是愈疏也. 親之過小而怨, 是不可磯也. 愈疏, 不孝也. 不可磯, 亦不孝也. 孔子曰, '舜其至孝矣, 50而慕.'"

공손추가 말했다.

"고자(高子 : 제나라 사람)가 말하기를, '『시경』 [소아·소반(小弁 : 주유왕이 태자 의구를 폐한 것을 애통해한 내용)]의 시는 소인의 시이다' 라고 했습니다."

맹자가 물었다.

"무엇을 가지고 그렇다는 것인가."

"어버이를 원망하는 마음을 담고 있기 때문이라고 합니다."

맹자가 말했다.

"고루하구나, 고수(高叟 : 고자)의 시평이. 여기 어떤 사람에게 월나라 사람이 완궁(關弓 : 활에 화살을 먹임)하여 쏘려고 하면 그는 담소(談笑 : 태연히 웃음)하며 타이를 것이다. 이는 다름 아니라 월나라 사람을 소원하게 여기기 때문이다. 그러나 자신의 형이 '완궁' 하여 쏘려고 하면 눈물을 흘리며 애원할 것이다. 이는 다름 아니라 친척으로 여기기 때문이다. [소반]의 원망은 어버이를 친애하는 마음에서 나온 것이다. 어버이를 친애하는 것은 인(仁)이다. 고루하구나, 고수의 시평이."

공손추가 물었다.

"그렇다면 『시경』 [패풍(邶風) · 개풍(凱風 : 위나라의 淫風에 홀어머니가 미혹되자 자식들이 자책한 내용)]은 어찌하여 원망하는 내용이 없습니까."

맹자가 대답했다.

"[개풍]은 어버이의 과실이 작고, [소반]은 어버이의 과실이 큰 경우이다. 어버이의 과실이 큰데도 원망하지 않는다면 이는 유소(愈疏 : 부모와 더욱 소원해짐)이다. 어버이의 과실이 작은 데도 원망하면 이는 불가기(不可磯 : '기' 는 파도에 부딪치는 갯바위로 부모의 과실에 자식이 쉽게 격노해 부모가 건드릴 수 없게 됨을 의미)이다. '유소' 도 불효이고, '불가기' 도 불효이다. 공자가 말하기를, '순(舜)은 지극한 효자이다. 나이 50세가 되어서도 여전히 부모를 사모했다' 고 했다."

이 장에서는 효孝의 다양한 양태가 『시경』의 시를 중심으로 논의되고 있다. 맹자는 어버이의 과실이 큰데도 원망하지 않는 유소愈疏와 어버이의 과실이 작은데도 원망하는 불가기不可磯의 상태 모두 불효에 해당한다고 지적하고 있다. 효행을 극도로 중시한 증자와 자사의 학통을 이어받은 맹자의 '효' 에 관한 기본 입장이 선명히 드러난 대목이 아닐 수 없다. 그러나 마지막 대목에 인용된 공자의 말은 그 전거典據가 의심스럽다. 전설상의 요 ·

순을 역사상의 실존인물로 상정해 전대미문의 성군으로 칭송하기 시작한 사람은 맹자였다.

12-4

宋牼將之楚, 孟子遇於石丘, 曰, "先生將何之." 曰, "吾聞秦楚構兵, 我將見楚王說而罷之. 楚王不悅, 我將見秦王說而罷之. 2王我將有所遇焉." 曰, "軻也請無問其詳, 願聞其指. 說之將何如." 曰, "我將言其不利也." 曰, "先生之志則大矣, 先生之號則不可. 先生以利說秦楚之王, 秦楚之王悅於利, 以罷3軍之師. 是3軍之士樂罷而悅於利也. 爲人臣者懷利以事其君, 爲人子者懷利以事其父, 爲人弟者懷利以事其兄, 是君臣父子兄弟終去仁義, 懷利以相接, 然而不亡者, 未之有也. 先生以仁義說秦楚之王, 秦楚之王悅於仁義, 而罷3軍之師, 是3軍之士樂罷而悅於仁義也. 爲人臣者懷仁義以事其君, 爲人子者懷仁義以事其父, 爲人弟者懷仁義以事其兄, 是君臣父子兄弟去利, 懷仁義以相接也, 然而不王者, 未之有也. 何必曰利."

송경(宋牼 : 송나라 출신의 묵가로 『장자』와 『한비자』에는 각각 宋鈃과 宋榮으로 나옴)이 초나라로 가는 길에 맹자와 석구(石丘) 땅에서 만났다. 맹자가 물었다.

"선생은 장차 어디로 가려는 것이오."

송경이 대답했다.

"내가 들으니 진(秦) · 초(楚)가 구병(構兵 : 전쟁을 일으킴)한다고 하여 초왕을 만나 파병(罷兵 : 전쟁중지)을 설득하려는 것이오. 초왕이 내 말을 기꺼이 받아들이지 않으면 진왕을 만나 '파병'을 설득할 것이오. 두 군왕 중 나와 뜻이 맞는 사람이 있을 것이오."

맹자가 물었다.

"청컨대 상세한 내용은 묻지 않겠으나 그 취지를 듣고자 하오. 장차 어찌 설득하려는 것이오."

송경이 대답했다.

"나는 장차 이익이 되지 않는 점을 말하려고 하오."

그러자 맹자가 이같이 말했다.

"선생의 뜻은 훌륭하나 그 방법은 불가하오. 선생이 이익을 가지고 진·초의 군왕을 설득하면 진·초의 군왕은 이익을 좋아하여 3군의 동원을 파할 것이오. 이는 3군의 군사들로 하여금 파병을 반기며 이익을 추구하게 만들 것이오. 신하 된 자가 이익을 생각해 그 군주를 섬기고, 자식 된 자가 이익을 생각해 그 아비를 섬기고, 아우 된 자가 이익을 생각해 그 형을 섬기면 어찌되겠소. 이는 군신(君臣)과 부자(父子), 형제(兄弟)로 하여금 결국 인의를 버리고 이익을 생각해 서로를 대하도록 만들 것이오. 그리하고도 망자(亡者)가 되지 않은 자는 없었소. 그러나 선생이 인의를 내세워 진·초의 군왕을 설득하면 진·초의 군왕은 인의를 좋아하여 3군의 동원을 파할 것이오. 이는 3군의 군사들로 하여금 파병을 반기며 인의를 추구하도록 만들 것이오. 신하 된 자가 인의를 생각해 그 군주를 섬기고, 자식 된 자가 인의를 생각해 그 아비를 섬기고, 동생 된 자가 인의를 생각해 그 형을 섬기면 어찌되겠소. 이는 군신과 부자, 형제로 하여금 이익을 버리고 인의를 생각해 서로를 대하도록 만들 것이오. 그리하고도 왕자(王者)가 되지 못한 자는 없었소. 그런데도 하필 이익을 말하려는 것이오."

맹자는 이 장에서 송경으로 대표된 묵가의 비전론非戰論을 공박하고 있다. 맹자 또한 묵가와 마찬가지로 '비전'을 주장했으나 기본논리는 달랐다. 주로 장인匠人집단으로 구성된 묵가는 물건제작에 뛰어났던 관계로 공성攻城에 대비한 수성守城도구를 만들어 보임으로써 자신들의 '비전론' 주장을 뒷받침했다. 최후의 순간까지 성을 지킨다는 의미로 전용된 소위 '묵수墨守'의 성어는 바로 여기서 나온 것이다.

맹자는 묵가의 이러한 '묵수' 논리를 공성과 수성의 이익교량利益較量에 의거한 천박한 논리로 간주했다. 그는 인의의 함양을 통해서만 진정한 '비전'을 이룰 수 있다고 확신했다. 맹자가 송경에게 장황하게 자신의 '비전론'을 전개한 것은 바로 이 때문이다. 이 장은 내용상 『맹자』의 첫 장인 『양혜왕 상』편 제1장의 '하필왈리何必曰利' 대목과 조응하고 있다.

12-5

孟子居鄒, 季任爲任處守, 以幣交, 受之而不報. 處於平陸, 儲子爲相, 以幣交, 受之而不報. 他日, 由鄒之任, 見季子. 由平陸之齊, 不見儲子. 屋廬子喜曰, "連得間矣." 問曰, "夫子之任見季子. 之齊不見儲子, 爲其爲相與." 曰, "非也. 『書』曰, '享多儀, 儀不及物曰不享, 惟不役志于享.' 爲其不成享也." 屋廬子悅. 或問之, 屋廬子曰, "季子不得之鄒, 儲子得之平陸."

맹자가 추(鄒)나라에 머물 때 계임(季任 : 任나라 군주의 동생)이 임나라의 처수(處守 : 군주를 대리한 留守)가 되었다. 계임이 맹자에게 예물을 보내 교제를 청하자 맹자는 예물만 받고 답례하지 않았다. 맹자가 제나라의 평륙(平陸) 땅에 머물 때 저자(儲子)가 제나라의 재상이 되었다. 저자가 맹자에게 예물을 보내 교제를 청하자 맹자는 예물만 받고 답례하지 않았다. 훗날 맹자는 추나라에서 임나라로 갔을 때는 계임을 만나보았다. 그러나 평륙에서 제나라로 갔을 때에는 저자를 만나보지 않았다. 그러자 제자인 옥려자(屋廬子)가 좋아하며 말했다.

"내가 부자(夫子)의 빈틈을 찾아냈다."

이에 옥려자가 맹자에게 물었다.

"부자는 임나라로 갔을 때는 계임을 만나보았으나 제나라로 갔을 때는 저자를 만나보지 않았습니다. 이는 저자가 군주의 역할을 대행한 계임과 달리 재상에 불과했기 때문입니까."

맹자가 대답했다.

"그렇지 않다. 『서경』[주서 · 낙고(洛誥)]에 이르기를, '향(享 : 윗사람을 받드는 것을 의미)은 예의(禮儀 : 접대의식)가 많다. 예의가 예물(禮物)에 미치지 못하면 이를 불향(不享)이라고 한다. 이는 향(享)에 마음을 쓰지 않았기 때문이다' 라고 했다. 내가 저자를 만나지 않은 것은 그가 '향' 의 예의를 갖추지 못했기 때문이다."

옥려자가 이 말을 듣고 기뻐했다. 혹자가 그 이유를 묻자 옥려자가 이같이 설명했다.

"계임은 '처수' 의 직책에 있었던 까닭에 추나라에 갈 수 없었다. 그러나 저자는 평륙에 갈 수 있었는데도 가지 않았다."

맹자는 자신에게 예물을 보낸 '계임' 과 '저자' 에 대해 상이한 태도로 대처했다. 그것은 바로 향享과 불향不享의 차이에서 기인한 것이었다. '계임' 은 군주의 역할을 대행하고 있었던 까닭에 이웃해 있는 추鄒나라로 맹자를 찾아갈 수는 없었다. 폐백만 보냈을지라도 예의禮儀와 예물禮物이 예의 기본취지에 부합했다. 그러나 '저자' 의 경우는 능히 제나라 경내에 있는 평륙 땅으로 맹자를 찾아갈 수 있는데도 불구하고 이를 행하지 않은 채 폐백만 보낸 것이다. 훗날 맹자가 제나라로 갔을 때 '저자' 를 만나지 않은 이유가 여기에 있었다. 맹자가 얼마나 자존自尊했는지를 짐작케 해주는 대목이 아닐 수 없다.

12-6

淳于髡曰, "先名實者, 爲人也. 後名實者, 自爲也. 夫子在3卿之中, 名實未加於上下而去之, 仁者固如此乎." 孟子曰, "居下位, 不以賢事不肖者, 伯夷也. 5就湯5就桀者, 伊尹也. 不惡汙君, 不辭小官者, 柳下惠也. 3子者不同道, 其趨一也. 一者何也. 曰仁也. 君子亦仁而已矣, 何必同." 曰, "魯繆公之時, 公儀子爲政, 子柳子思爲臣, 魯之削也滋甚. 若是乎賢者之無益於國也." 曰, "虞不用百里奚而亡, 秦穆公用之而覇. 不用賢則亡, 削何可得與." 曰, "昔者, 王豹處於淇, 而河西善謳. 綿駒處於高唐, 而齊右善歌. 華周杞梁之妻善哭其夫, 而變國俗. 有諸內必形諸外. 爲其事而無其功者, 髡未嘗覩之也. 是故無賢者也. 有則髡必識之." 曰, "孔子爲魯司寇, 不用, 從而祭, 燔肉不至, 不稅(=脫)冕而行. 不知者以爲爲肉也, 其知者以爲爲無禮也. 乃孔子則欲以微罪行, 不欲爲苟去. 君子之所爲, 衆人固不識也."

순우곤(淳于髡 : 제나라 출신의 변설가)이 맹자에게 물었다.

"명(名 : 명성)과 실(實 : 事功)을 앞세우는 것은 인민을 위하는 것이고, 이를 뒤로 하는 것은 자신을 위하는 것이오. 선생은 3경(三卿 : 上卿 · 中卿 · 下卿) 중 한 자리에 있으면서도 '명'과 '실'이 상하에 더해지지 못하고 떠나버렸으니 인자(仁者)는 실로 이런 것이오."

맹자가 대답했다.

"낮은 지위에 있으면서 자신의 현능함으로 불초한 자를 섬기지 않은 사람은 백이(伯夷)였고, 5번 탕(湯)을 찾아가고 5번 걸(桀)을 찾아간 사람은 이윤(伊尹)이었고, 오군(汙君)일지라도 싫어하지 않고 소관(小官)일지라도 마다하지 않은 사람은 유하혜(柳下惠)였소. 이들 세 사람은 길은 같지 않았으나 지향은 하나였소. 그 하나가 무엇이었겠소. 바로 인(仁)이오. 군자는 다만 인을 행할 뿐이니 굳이 길을 같이 할 필요가 어디 있겠소."

순우곤이 말했다.

"노목공 때 공의자(公儀子 : 당시의 재상으로 이름은 休)가 정사를 맡고, 자류(子柳 : 泄柳)와 자사(子思)가 신하로 있었지만 노나라의 삭지(削地 : 영토의 侵削)가 자심(滋甚 : 매우 심함)했소. 이렇듯 현자들은 나라에 유익한 게 없었소."

맹자가 반박했다.

"우(虞)나라는 백리해(百里奚)를 쓰지 않아 망했고, 진목공은 그를 등용해 패업(霸業)을 이뤘소. 현자를 쓰지 않으면 나라가 망하오. 어찌 '삭지'에 그치겠소."

순우곤이 말했다.

"옛날 왕표(王豹 : 衛나라의 명창)가 기수(淇水) 가에 살자 하서(河西) 사람들이 노래를 잘 불렀고, 면구(綿駒 : 제나라의 명창)가 고당(高唐)에 살자 제우(齊右 : 제나라 동쪽) 사람들이 노래를 잘 불렀고, 화주(華周)와 기량(杞梁 : 莒 땅에서 전사한 제나라의 병사)의 아내가 곡을 잘하자 국속(國俗)이 변했소. 안에 있는 것은 반드시 밖으로 드러나기 마련이오. 어떤 업적을 세웠는데도 그 공효(功效)가 드러나지 않은 경우를 나는 일찍이 본 적이 없소. 그래서 지금은 현자가 없다고 한 것이오. 있다면 내가 틀림없이 알아보았을 것이오."

맹자가 반박했다.

"공자가 노나라의 사구(司寇)가 되었을 때 중용되지 않았고, 이어 교제(郊祭)에 참여했는데도 번육(燔肉 : 제사용 고기인 胙)이 이르지 않았소. 이에 공자는 탈면(稅冕 : 쓰고 있던 관을 벗음)도 하지 않은 채 떠나갔소. 공자를 알지 못하는 자들은 '번육' 때문이라고 생각했고, 공자를 아는 사람들은 조정이 무례했기 때문이라고 생각했소. 그러나 사실 공자는 미죄(微罪 : 사소한 잘못)를 구실삼아 떠나려고 했던 것이지 구차하게 아무 이유도 없이 문득 떠나려고 했던 게 아니오. 원래 군자가 하는 바를 중인(衆人)들은 실로 알지 못하는 법이오."

맹자는 이 장에서 순우곤과 논쟁을 벌이면서 현자 등용의 공효를 역설하고 있다. 맹자가 자신의 주장을 뒷받침하기 위해 언급한 공자의 행보는 공자가 노나라를 떠나게 된 배경에 관한 설명으로는 나름대로 의미가 있다. 그러나 공자가 언제 사구司寇가 되었고 왜 중용되지 못했는지 등에 관해서는 아무런 얘기도 전해주지 않고 있다. 주희는 『사기』를 인용해 공자가 노나라의 '사구'가 되어 소정묘少正卯를 주살했다고 주장했으나 이는 역사적 사실과 거리가 멀다. 『사기』 [공자세가]는 공자에 관한 항간의 설화를 그대로 수록한 것으로 인용에 신중을 기할 필요가 있다.

'사구'의 자리는 유력한 귀족의 씨족장만이 정상적으로 가질 수 있는 중요한 자리이다. 노나라의 사구는 오랫동안 공실의 인척인 장씨臧氏 세족의 종주가 맡았다. 『춘추좌전』「노양공 21년」조에 노나라의 사구 자리에 있던 장무중臧武仲에 관한 얘기가 단 한번 나온다. 『춘추좌전』의 기록 등에 비춰 장씨 집안의 종주가 계속 사구를 지냈다고 보는 것이 옳다.

12-7

孟子曰, "五霸者, 三王之罪人也. 今之諸侯, 五霸之罪人也. 今之大夫, 今之諸侯之罪人也. 天子適諸侯曰巡狩, 諸侯朝於天子曰述職. 春省耕而補不足, 秋省斂而助不給. 入其疆, 土地辟, 田野治, 養老尊賢, 俊傑在位, 則有慶. 慶以地. 入其疆, 土地荒蕪, 遺老失賢, 掊克在位, 則有讓. 一不朝, 則貶其爵. 再不朝, 則削其地. 3不朝, 則6師移之. 是故天子討而不伐, 諸侯伐而不討. 五霸者, 摟諸侯以伐諸侯者也. 故曰, '五霸者, 三王之罪人也.' 五霸, 桓公爲盛. 葵丘之會諸侯, 束牲載書而不歃血. 初命曰, '誅不孝, 無易樹子, 無以妾爲妻.' 再命曰, '尊賢育才, 以彰有德.' 三命曰, '敬老慈幼, 無忘賓旅.' 四命曰, '士無世官, 官事無攝, 取士必得, 無專殺大夫.' 五命曰, '無曲防, 無遏糴, 無有封而不告.' 曰, '凡我同盟之人, 既盟之後, 言歸于好.' 今之諸侯, 皆犯此5禁, 故曰, '今之諸侯, 五霸之罪人也.' 長君之惡其罪小, 逢君之惡其罪大. 今之大夫, 皆逢君之惡, 故曰, '今之大夫, 今之諸侯之罪人也.'"

맹자가 말했다.

"오패(五霸)는 삼왕(三王 : 禹, 湯, 文 · 武)의 죄인이고, 지금의 제후는 오패의 죄인이고, 지금의 대부는 제후의 죄인이다. 천자가 제후국에 가는 것을 순수(巡狩), 제후가 천자를 조근(朝覲)하는 것을 술직(述職)이라고 한다. 봄에는 교외에 나가 경작 상태를 살펴 부족한 것을 보충하고, 가을에는 수확 상태를 살펴 모자라는 것을 도와준다. 천자가 제후의 영토에 들어가 살펴보았을 때 토지가 잘 개간되어 있고, 전야(田野 : 농지)가 잘 정비되어 있고, 양로(養老)와 존현(尊賢)이 잘 돼 있고, 준걸(俊傑 : 인재)이 관직에 있으면 상을 내린다. 상은 땅으로 준다. 그러나 제후의 영토에 들어가 살펴보았을 때 토지가 황무(荒蕪)해 있고, 유로(遺老 : 노인을 방치함)와 실현(失賢 : 현자를 기용치 않음)이 나타나 있고, 부극(掊克 : 수탈을 일삼는 자)하는 자가 관직에 있으면 책임을 묻는다.

제후가 한 번 조근하지 않으면 폄작(貶爵 : 관작을 깎음)하고, 두 번 조근하지 않으면 삭지(削地 : 영토를 삭감함)하고, 세 번 조근하지 않으면 6사(六師 : 천자의 군사)를 동원해 제후를 교체한다. 그래서 천자는 토이불벌(討而不伐 : 명을 내려 토벌토록 하되 직접 정벌에 참여치는 않는다는 뜻임)하고, 제후는 벌이불토(伐而不討 : 군사를 이끌고 가치되 직접 토벌의 명을 내리지는 않는다는 뜻임)하는 것이다. 그런데 오패는 멋대로 제후들을 이끌고 가 제후를 친 자들이다. 그래서 오패는 삼왕의 죄인이라고 한 것이다.

오패 중에는 제환공이 제일 강성했다. 규구(葵丘)의 회맹에서 제후들은 희생을 묶어놓은 뒤 그 위에 재서(載書 : 맹서문)를 올려놓았다. 삽혈(歃血)하기 전에 첫 번째 명하기를, '불효한 자를 주벌하고, 세자를 바꾸지 말고, 첩을 정실로 삼지 말라' 고 했다. 두 번째 명하기를, '존현육재(尊賢育才 : 현자를 높이고 인재를 육성함)하여 유덕한 자를 표창하라' 고 했다. 세 번째 명하기를, '경로자유(敬老慈幼 : 노인을 공경하고 어린이를 보살핌)와 무망빈려(無忘賓旅 : 손님과 나그네 대접을 소홀히 하지 않음)를 행하라' 고 했다. 네 번째 명하기를, '선비는 세관(世官 : 관직을 세습함)하지 말고, 관직은 겸직이 없게 하고, 취사(取士 : 선비의 등용)에는 필히 현자를 얻도록 하고, 대부를 전살(專殺 : 멋대로 처형함)하지 말라' 고 했다. 다섯 번째 명하기를, '곡방(曲防 : 제방을 자신에게 유리하도록 굽게 쌓음)하지 말고, 인국의 곡물수입을 막지 말고, 대부를 봉한 뒤 보고하지 않는 일이 없도록 하라' 고 했다. 이어 맹서하기를, '무릇 우리 동맹한 자들은 맹약이 이뤄진 이후에는 우호관계로 귀일되어야 한다' 고 했다. 그런데 지금의 제후들은 모두 이 5가지 금지를 위반하고 있다. 그래서 지금의 제후들은 오패의 죄인이라고 한 것이다.

군주의 악을 돕는 것은 그 죄가 작고, 군주의 악을 앞장서 이끄는 것은 그 죄가 크다. 지금의 대부들은 모두 군주의 악을 앞장서 이끌고 있다. 그래서 지금의 대부들은 제후들의 죄인이라고 한 것이다."

맹자는 이 장에서 여러 비유를 들어 자신의 왕도 주장을 논증하고 있다. 왕도는 '오패五霸는 삼왕三王의 죄인이고, 지금의 제후는 오패의 죄인이고, 지금의 대부는 제후의 죄인이다' 라는 주장에 요약돼 있다. 오패는 천자의 전토권專討權 : 제후토벌에 관한 전일적인 명령권을 침범했고, 지금의 제후들은 규구회맹葵丘會盟의 명을 어겼고, 지금의 대부들은 군악君惡을 조장하고 있다는 게 그 이유이다. 맹자의 지적이 날카롭다.

그러나 오패의 등장은 주왕조의 봉건질서가 동천東遷 이래 점차 무너져내린 데 따른 필연이었다. 오패의 등장 자체가 천자의 전토권에 대한 침범이 전제된 것이었다. 천자의 전토권을 고집할 경우 이는 봉건질서에 대한 옹호론으로 비춰질 소지가 크다는 점에서 볼 때 맹자의 주장은 역사적 흐름에 대한 통찰이 결여되어 있다는 지적을 면키 어렵다.

지금의 제후들과 대부들 또한 오패 및 제후들의 죄인이라는 맹자의 주장 역시 천하통일의 기운이 무르익은 전국시대 말기의 시대적 상황을 제대로 파악치 못했다는 지적을 면키 어렵다. 전국시대의 군왕들은 모두 자신을 중심으로 한 천하통일을 염두에 두고 있었다. 당시 주왕실은 이미 존재하지 않는 것이나 다름없었다. 결코 춘추시대의 오패와 같이 '존왕양이尊王攘夷'를 내세울 수 있는 상황이 아니었던 것이다. 이들 군왕들의 행보를 두고 춘추시대에 만들어진 규구회맹葵丘會盟의 명을 어겼다고 주장하고 군왕들의 천하통일 행보를 돕는 대부들을 두고 군악君惡을 조장하고 있다고 지적한 것은 시대적 흐름과 동떨어진 발상이다. 맹자가 봉건질서를 옹호한 '회고주의자'로 비판받는 것도 그의 이런 주장과 무관할 수 없다.

12-8

魯欲使愼子爲將軍. 孟子曰, "不敎民而用之, 謂之殃民. 殃民者, 不容於堯舜之世. 一戰勝齊, 遂有南陽, 然且不可." 愼子勃然不悅曰, "此則滑釐所不識也." 曰, "吾明告子. 天子之地方千里. 不千里, 不足以待諸侯. 諸侯之地方百里. 不百里, 不足以守宗廟之典籍. 周公之封於魯, 爲放百里也. 地非不足, 而儉於百里. 太公之封於齊也, 亦爲方百里也. 地非不足也, 而儉於百里. 今魯方百里者5, 子以爲有王者作, 則魯在所損乎, 在所益乎. 徒取諸彼以與此, 然且仁者不爲, 況於殺人以求之乎. 君子之事君也, 務引其君以當道, 志於仁而已."

노나라에서 대부 신자(愼子 : 청대의 초순은 『맹자정의』에서 법가인

愼到로 보았으나 이는 잘못임)를 장군으로 삼으려고 했다. 맹자가 반대했다.

"백성을 교화시키지 않고 전쟁에 내모는 것을 일러 '앙민(殃民)'이라고 하오. '앙민'을 하는 자는 요·순 시대에는 용납되지 못했소. 설령 일전(一戰)으로 제나라에 전승(戰勝)해 빼앗긴 남양(南陽) 땅을 되찾을 수 있다고 해도 이는 불가하오."

신자가 발연(勃然)히 불쾌해하며 말했다.

"이는 저 활리(滑釐 : 신자의 이름으로 '골리'라고도 함)가 이해하지 못할 얘기입니다."

맹자가 말했다.

"내가 분명히 그대에게 일러주겠소. 천자의 땅은 사방 1천 리이니, 1천 리가 안 되면 제후를 대접할 수 없기 때문이오. 제후의 땅은 사방 1백 리이니, 1백 리가 안 되면 종묘의 전적(典籍)을 지킬 수 없기 때문이오. 주공이 노나라 제후로 봉해졌을 때 영토는 사방 1백 리였소. 당시 땅이 부족한 것이 아니었으나 1백 리 정도로 제한했던 것이오. 강태공(姜太公)이 제나라 제후로 봉해졌을 때 역시 사방 1백 리였소. 땅이 부족한 것은 아니었으나 1백 리 정도로 제한했던 것이오. 지금 노나라는 사방 1백 리인 지역이 5곳이나 되오. 그대가 생각하기에 만일 왕자(王者)가 나온다면 노나라의 땅을 덜어낼 것 같소, 아니면 보태줄 것 같소. 그저 저기에서 취해 여기에 준다 할지라도 인자(仁者)는 그리하지 않소. 하물며 어찌 사람을 죽여가면서 땅을 구할 수 있단 말이오. 군자가 군주를 섬기는 기본취지는 인군당도(引君當道 : 군주를 이끌어 도에 합치하게 함)와 지어인(志於仁 : 뜻을 인에 둠)에 있을 뿐이오."

왕자王者의 논리를 동원한 맹자의 신자에 대한 반박은 나름대로 설득력이 있다. 원래 약소국 노나라는 이웃 대국인 제나라의 위협을 받으면서도 주변의 소국을 병탄해 국세를 신장시켰다. 그러나 전국시대 말기의 상황에서 노나라가 군사를 동원해 실지失地를 회복코자 할 경우 곧바로 보복을 받을 소지가 컸다. 맹자의 왕도 주장이 당시의 상황에 타당한지 여부와 상관없이 결과적으로 맹자의 주장은 제나라와의 일전으로 인한 노나라의 병화兵禍를 막았다는 점에서 그 의미를 찾을 수 있다.

12-9

孟子曰, "今之事君者皆曰, '我能爲君辟土地, 充府庫.' 今之所謂良臣, 古之所謂民賊也. 君不鄕道, 不志於仁, 而求富之, 是富桀也. '我能爲君約與國, 戰必克.' 今之所謂良臣, 古之所謂民賊也. 君不鄕道, 不志於仁, 而求爲之强戰, 是輔桀也. 由今之道, 無變今之俗, 雖與之天下, 不能一朝居也."

맹자가 말했다.

"지금 군주를 섬기는 자들은 모두 말하기를, '나는 능히 군주를 위해 토지를 개간하고 부고(府庫)를 가득 채울 수 있다' 고 한다. 지금의 소위 양신(良臣 : 훌륭한 신하)은 옛날의 이른바 민적(民賊 : 백성들의 도적)에 해당한다. 군주가 올바른 도(道)로 향하지 않아 인(仁)을 추구하지 않는데도 그를 부유하게 해주는 자는 걸(桀)을 부유하게 해주는 것과 같다. 또 이들은 말하기를, '나는 능히 군주를 위해 여국(與國 : 동맹국)과 맹약하고, 전쟁을 하면 반드시 이길 수 있다' 고 한다. 지금 소위 '양신' 은 옛날의 소위 '민적' 이다. 군주가 올바른 '도' 로 향하지 않아 '인' 을 추구하지 않는데도 그를 위해 강전(强戰 : 무리하게 전쟁을 함)하는 것은 '걸' 을 도와주는 것과 같다. 지금의 도를 좇아 '강전' 등을 일삼는 지금의 풍속을 바꾸지 않는 한 비록 천하를 다 주어 도와줄지라도 일조(一朝)에 위망(危亡)에 이를 것이다."

맹자는 이 장에서 부국강병을 내세운 법가와 합종연횡合縱連衡을 추구한 종횡가들을 강력 비판하고 있다. 당시 법가는 토지 개간에 기초한 농업생산력의 증대를 통한 부국과 세수확보를 통한 강병을 추구했고, 종횡가는 합종연횡을 통한 약육강식의 현실을 주도했다. 왕도를 통한 천하통일을 주장한 맹자가 볼 때 이들 모두 민적民賊에 불과했다.

12-10

白圭曰, "吾欲20而取一, 何如." 孟子曰, "子之道, 貉道也. 萬室之國, 一人陶, 則可乎." 曰, "不可, 器不足用也." 曰, "夫貉, 五穀不生, 惟黍生之. 無城郭 · 宮室 · 宗廟祭祀之禮, 無諸侯幣帛饔飧, 無百官有司, 故20取一而足也. 今居中國, 去人倫, 無君子, 如之何其可也. 陶以寡, 且不可以爲國, 況無君子乎. 欲輕之於堯舜之道者, 大貉小貉也. 欲重之於堯舜之道者, 大桀小桀也."

주(周)나라 사람 백규(白圭 : 이름은 丹)가 물었다.

"저는 세금으로 20분의 1을 취하고자 하는데 어떻겠습니까."

맹자가 대답했다.

"그대의 방법은 맥국(貉國 : 北狄의 일종)의 방법이오. 만실지국(萬室之國 : 1만 호 규모의 나라)에서 오직 한 사람만이 질그릇을 굽는다면 그것이 과연 가하겠소."

백규가 말했다.

"불가합니다. 그릇이 쓰기에 부족할 것입니다."

그러자 맹자가 이같이 말했다.

"맥국에는 오곡이 자라지 않고 오직 기장만이 자라오. 또 성곽 · 궁실 · 종묘제사의 예법이 없고, 제후들 간의 폐백옹손(幣帛饔飧 : 예물을 보내고 음식을 접대함)이 없고, 백관(百官) · 유사(有司)도 없소.

그래서 20분의 1만 취해도 족하오. 그러나 지금 중국에 살면서 인륜을 버리고 군자(君子 : 여기서는 관원을 지칭)가 없다면 어찌 그것이 가능하겠소. 질그릇이 적어도 나라를 다스릴 수 없는데 하물며 '군자'가 없는 경우야 더 이상 말할 것이 있겠소. 요 · 순이 행한 10분의 1 세제보다 적게 하는 자는 대맥(大貊)이나 소맥(小貊)이고, 요 · 순이 시행한 것보다 무겁게 하는 자는 대걸(大桀)이나 소걸(小桀)이오."

조기는 이 장에 나오는 '맥貊'을 북적北狄의 일종으로 보았다. 그러나 조선조의 성리학자들은 '맥국貊國'을 '예맥濊貊'으로 간주해 지금의 춘천春川에 있는 고대국가로 보았다. 이러한 추정이 터무니없는 것임은 말할 것도 없다. 다산은 『아방강역고我邦疆域考』에서 이를 통박하면서 '예맥'은 만주의 선양瀋陽에 해당한다고 주장했다. 매우 주목할 만한 견해가 아닐 수 없다.

맹자는 이 장에서 단언적으로 요 · 순이 행한 10분의 1 세제보다 적게 하거나 무겁게 하는 자는 이적夷狄의 맥국貉國이나 폭군인 걸桀 · 주紂와 다름없다는 주장을 펼치고 있다. 그의 '법요순' 주장이 얼마나 원칙주의적인 입장에 서 있는지를 극명하게 보여주는 사례가 아닐 수 없다. 그의 '법요순' 주장에는 상황에 따른 변통의 여지가 거의 없다. 그가 열국 군주들의 외면에도 불구하고 시종 왕도를 통한 천하통일을 주장한 것도 바로 그의 강고한 원칙주의 입장에서 비롯된 것이었다.

12-11

白圭曰, "丹之治水也愈於禹." 孟子曰, "子過矣. 禹之治水, 水之道也. 是故禹以四海爲壑. 今吾子以鄰國爲壑. 水逆行, 謂之洚水. 洚水者, 洪水也. 仁人之所惡也. 吾子過矣."

백규(白圭)가 자찬했다.

"나 단(丹 : 백규)의 치수(治水)가 우(禹)의 그것보다 낫습니다."

맹자가 힐난했다.

"그대가 지나치오. 우의 치수는 자연스런 물길을 따른 것이오. 이에 우는 사해(四海 : 여기서는 사방의 바다를 지칭)를 학(壑 : 저수지)으로 삼을 수 있었소. 그런데 지금 그대는 인국(鄰國)을 '학' 으로 삼고 있소. 물이 역행(逆行)하는 것을 홍수(洚水)라고 하오. '홍수(洚水)'는 곧 홍수(洪水)이니 이는 인인(仁人)이 미워하는 바이오. 그대가 지나치오."

'이인국위학以鄰國爲壑' 구절을 두고 '이웃 나라에 물을 방류하고 있다' 로 새기는 견해가 있으나 이는 지나친 것이다. 당시 이름뿐인 주周나라가 무리하게 이웃 나라에 물을 방류했다는 것은 있을 수 없는 일이다. 농산農産 증진과 방어 차원에서 제언堤堰을 수축한 것으로 보는 것이 합리적이다. 다만 물이 역행逆行하는 홍수洚水가 언급된 점에 비춰 주변국에 위협을 가할 수도 있는 제법 큰 제언이 수축된 것으로 짐작된다. 그러나 이는 자칫 이웃 대국들을 자극할 소지가 컸다. 물론 문맥에 비춰 맹자가 이런 관점에서 백규를 힐난한 것은 아니다. 맹자가 자신의 지론인 인의仁義의 입장에서 방대한 저수지의 수축이 불러올 후과後果를 경고한 것으로 보는 게 타당할 것이다.

12-12

孟子曰, "君子不亮, 惡乎執."

맹자가 말했다.

"군자가 불량(不亮 : 성실치 못하다는 뜻으로 '亮'은 '信'의 뜻임)하면 어떻게 집(執 : 여기서는 구차하지 않은 확고한 태도를 의미)할 수 있는가."

일종의 경구警句에 해당한다. 주희는 '집執'을 '구차하지 않은 집지執持'로 풀이했다. 대략 확고한 집무자세를 의미하는 것으로 풀이하는 것이 좋을 듯하다.

12-13

魯欲使樂正子爲政. 孟子曰, "吾聞之, 喜而不寐." 公孫丑曰, "樂正子强乎." 曰, "否." "有知慮乎." 曰, "否." "多聞識乎." 曰, "否." "然則奚爲喜而不寐." 曰, "其爲人也好善." "好善足乎." 曰, "好善優於天下, 而況魯國乎. 夫苟好善, 則四海之內, 皆將輕千里而來告之以善, 夫苟不好善, 則人將曰, '訑訑, 予旣已知之矣.' 訑訑之聲音顏色, 距人於千里之外. 士止於千里之外, 則讒諂面諛之人至矣. 與讒諂面諛之人居, 國欲治, 可得乎."

노나라가 맹자의 제자인 악정자(樂正子)에게 정사를 맡기고자 했다. 맹자가 기뻐하며 말했다.

"나는 이 말을 듣고 기뻐서 잠을 이루지 못했다."

공손추가 물었다.

"악정자는 강(强 : 여기서는 결단력이 있음을 의미)합니까."

"아니다."

"지려(知慮 : 지식과 사려)가 있습니까."

"아니다."

"문식(聞識 : 견문과 식견)이 많습니까."

"아니다."

"그렇다면 어찌하여 기뻐서 잠을 이루지 못한 것입니까."

"그는 위인(爲人 : 사람됨)이 호선(好善 : 선을 좋아함)한다."

"그렇다면 '호선' 으로 족하다는 것입니까."

그러자 맹자가 이같이 대답했다.

"'호선' 이면 오히려 천하를 다스리는 데에도 충분하거늘 하물며 노나라야 더 이상 말해 뭐하겠는가. 만일 '호선' 이면 사해 안에서 장차 천리(千里)를 가벼이 여기고 찾아와 선을 일러줄 것이다. 그러나 만일 '불호선(不好善)' 이면 사람들이 말하기를, '이이(訑訑 : 잘난 체함)할 것임을 내가 안다' 고 할 것이다. '이이' 의 성음(聲音)과 안색(顔色)은 사람들을 천리 밖에서 막아버린다. 선비가 천리 밖에서 발걸음을 멈추면 참첨면유(讒諂面諛 : 헐뜯고 아첨하며 면전에서 알랑댐)하는 자들만 이르게 된다. '참첨면유' 하는 자들과 더불어 거처하면 설령 나라가 다스려지기를 바란들 과연 그것이 가능하겠는가."

맹자는 이 장에서 집정의 요체로 결단決斷과 지려知慮, 문식聞識 대신 호선好善을 들고 있다. 개인적 덕성의 함양인 수제修齊를 중시하는 그의 통치관이 약여하게 드러난 대목이 아닐 수 없다. 원래 공문孔門은 박람博覽의 학지學知를 중시했다. 충忠 · 신信 등의 '수제' 는 학지의 실천을 위한 방법론으로 중시되었을 뿐이다. 이는 공학이 본래 '수제학修齊學' 이 아닌 '치평학治平學' 으로 출발했음을 의미한다. 그럼에도 맹자는 '학지' 대신 '수제' 를 강조함으로써 공학의 성격을 '치평학' 에서 '수제학' 으로 전환시키는 데 결정적인 역할을 수행했다.

후대의 주희가 '지知' 를 덕성지德性知와 견문지見聞知로 나눠 '덕성지' 는 덕성의 영역인 '인' 에 편입시킨 뒤 덕성의 배양에 유해하다는 이유로 '견문지' 를 억누른 것이 그 실례이다. 그러나 당초 공학에서 말한 '학지'는 '견문지'에 해당했다. 동양이 성리학의 성립 이후 과학기술 면에서 서양에 결정적으로 뒤지게 된 것도 바로 이 때문이었다. 주희가 말한 '덕성지'는 덕성 함양을 위한 방법론에 관한 지식에 불과한 것으로 결코 '지'가 될 수 없다. '견문지'가 억압 내지 무시된 상황에서 과학기술의 발전을 기하는 것 자체가 연목구어에 지나지 않았다. 맹자와 주희는 결과적으로 '학지'에 기초한 공학을 왜곡하는 결정적인 역할을 수행한 셈이다.

12-14

陳子曰, "古之君子何如則仕." 孟子曰, "所就3, 所去3. 迎之致敬以有禮. 言將行其言也, 則就之. 禮貌未衰, 言弗行也, 則去之. 其次, 雖未行其言也, 迎之致敬以有禮, 則就之. 禮貌衰, 則去之. 其下, 朝不食, 夕不食, 飢餓不能出門戶, 君聞之曰, '吾大者不能行其道, 又不能從其言也, 使飢餓於我土地, 吾恥之.' 周之, 亦可受也, 免死而已矣."

제자인 진자(陳子)가 맹자에게 물었다.

"옛날 군자들은 어떤 경우에 출사(出仕)했습니까."

맹자가 대답했다.

"나아간 것이 3가지 경우이고, 떠난 것이 3가지 경우였다. 첫째 군주가 그를 맞이할 때 치경(致敬 : 공경을 다함)하여 유례(有禮 : 예를 갖춤)하고, 자신의 말을 실행할 것 같으면 나아갔다. 그러나 대하는 예모(禮貌)가 쇠하지 않을지라도 자신의 말을 실행하지 않으면 떠나갔다. 둘째 비록 자신의 말을 실행하지는 않아도 맞이할 때 '치경'하여 '유례'하면 나아갔다. 그러나 '예모'가 쇠하면 떠나갔다. 셋째 아침도 먹지 못하고 저녁도 먹지 못해 크게 굶주린 나머지 문호(門戶)조차 나갈 수 없을 때 군주가 이 말을 듣고 말하기를, '내가 크게는 그 도를 실행할 수 없고 또 그 말을 따르지 못하지만 내 토지에서의 기아(飢餓)는 나의 수치이다' 라며 구원해 준다면 나아갔다. 그러나 이때는 단지 죽음을 면하는 수준에서 그치고 이내 떠나갔다."

이 장에서는 군자의 출사진퇴出仕進退에 관한 3가지 경우가 언급되어 있으나 그 요체는 군주의 '치경유례致敬有禮' 에 달려 있다고 할 수 있다. 맹자의 확고한 자존自尊의식이 선명히 드러나는 대목이 아닐 수 없다.

12-15

孟子曰, "舜發於畎畝之中, 傅說擧於版築之閒, 膠鬲擧於魚鹽之中, 管夷吾擧於士, 孫叔敖擧於海, 百里奚擧於市. 故天將降大任於是人也, 必先苦其心志, 勞其筋骨, 餓其體膚, 空乏其身, 行拂亂其所爲, 所以動心忍性, 曾益其所不能. 人恒過, 然後能改. 困於心, 衡於慮, 而後作. 徵於色, 發於聲, 而後喩. 入則無法家拂(=弼)士, 出則無敵國外患者, 國恒亡. 然後知生於憂患而死於安樂也."

맹자가 말했다.

"순(舜)은 견무(畎畝 : 밭두둑으로 경작을 의미)의 가운데에서 발신(發身 : 떨쳐 일어남)했고, 부열(傅說 : 은나라 고종 때의 명신)은 판축(版築 : 성벽 쌓는 일을 의미)의 사이에서 등용되었고, 교력(膠鬲 : 주문왕 때의 명신)은 어염(魚鹽 : 어물과 소금장사를 의미)의 가운데에서 기용되었고, 관이오(管夷吾 : 제환공 때의 명재상 관중)는 사관(士官 : 옥리를 지칭)에게 잡혀 있다가 기용되었고, 손숙오(孫叔敖)는 바닷가에 살다가 기용되었고, 백리해(百里奚)는 시장에서 살다가 기용되었다. 그래서 하늘은 장차 큰 임무를 어떤 사람에게 내리려고 할 때는 반드시 먼저 그 심지(心志)를 괴롭게 하고, 그 근골(筋骨)을 힘들게 하고,

그의 체부(體膚 : 몸을 지칭)를 굶주리게 하고, 그 신(身 : 신분을 지칭)을 공핍(空乏 : 빈궁)하게 하고, 어떤 일을 행함에 그 소위(所爲 : 행하고자 하는 바)를 불란(拂亂 : 어지럽힘)시킨다. 이는 동심인성(動心忍性 : 마음을 분발시키고 성질을 참게 함)을 통해 그가 할 수 없었던 일을 마침내 해낼 수 있도록 도와주기 위한 것이다. 사람은 늘 잘못을 저지른 연후에야 고친다. 마음 속으로 번민하고 이리저리 생각한 이후에야 분발한다. 얼굴에 드러나고 목소리로 나온 이후에야 깨닫는다. 안으로 법가(法家 : 법도 있는 가문)와 필사(拂士 : 보필하는 선비)가 없고, 밖으로 적국(敵國)과 외환(外患)이 없게 되면 그 나라는 늘 패망하게 된다. 그런 연후에 사람은 비로소 우환(憂患)으로 인해 살아나고 안락(安樂)으로 인해 죽게 됨을 알 수 있다."

모기령은 '백리해거어시百里奚擧於市'를 두고 '백리해가 시정市井에서 발탁되었다'로 풀이하는 전래의 주석에 반대하면서도 '시市'에 대해서는 구체적인 해석을 유보했다. 이에 대해 다산은 [만장 상]편 제9장에 나오는 '백리해자육百里奚自鬻' 구절 등을 근거로 '자육自鬻 : 스스로를 팔다'으로 풀이했다. 다산의 주석이 타당하다.

맹자가 이 장에서 말하고자 하는 바는 마지막에 나오는 '생어우환生於憂患 · 사어안락死於安樂'이라는 구절에 집약되어 있다. 역설적인 내용의 이 구절은 그 의미하는 바가 간단치 않다. 사실 동서고금의 역사가 증명하듯이 개인과 국가 모두 안락에 안주하면 쇠락의 길을 걷다가 이내 패망할 수밖에 없다. 이와 정반대로 대업의 성취는 온갖 역경과 우환을 견디고 일어서는 데서 비롯된다. 21세기인 현재까지도 『맹자』의 전편을 통해 가장 깊은 공명을 불러일으키는 대목이 아닐 수 없다.

12-16

孟子曰, "敎亦多術矣. 予不屑之敎誨也者, 是亦敎誨之而已矣."

맹자가 말했다.

"교회(敎誨 : 가르쳐 깨우치게 함)에는 여러 방법이 있다. 내가 탐탁지 않게 여겨 거절하는 '교회' 방안 역시 일종의 '교회' 일 뿐이다."

주희는 '부설지교회不屑之敎誨' 를 '그 사람을 깨끗하게 여기지 않아 거절하는 것' 으로 풀이했다. 그렇다면 맹자는 왜 '부설지교회' 를 교회의 한 방안으로 간주한 것일까. 주희는 풀이하기를, '그 사람이 만일 능히 이에 감동되어 물러가 스스로 수성修省 : 닦고 반성함하면 이 또한 내가 그를 가르치는 것이다' 라고 했다. 문의에 부합한다.

제13절 [진심(盡心) 상]편

13-1

孟子曰, "盡其心者, 知其性也. 知其性, 則知天矣. 存其心, 養其性, 所以事天也. 殀壽不貳, 修身以俟之, 所以立命也."

맹자가 말했다.

"진심(盡心 : 마음을 다함)하는 것은 지성(知性 : 성을 이해함)하는 것이고, '지성' 하는 것은 지천(知天 : 하늘을 이해함)하는 것이다. 존심양성(存心養性 : 마음을 보존하여 성을 기름)하는 것은 사천(事天 : 하늘을 섬김)하는 것이다. 요수불이(殀壽不貳 : 요절과 장수의 수명을 의심치 않음)하여 수신사명(修身俟命 : 몸을 닦고 죽음을 기다림)하는 것이 바로 입명(立命 : 명을 온전히 하여 바로 세움)하는 것이다."

이 장에서는 성리학의 기본이론인 심성론心性論의 여러 개념이 언급되어 있다. 맹자의 주장에 따르면 < 진심盡心 = 지성知性 = 지천知天> 의 등식이 성립된다. 이는 곧 < 성性 = 천天> 을 의미한다. 정이천은 '천天' 을 '이理' 로 간주해 < 성性 = 천리天理> 라는 등식을 만들어냈다. 정이천은 풀이하기를, "심心과 성性은 천天과 똑같은 이理이다. '이' 의 입장에서 말하면 '천', 품수禀受

한 입장에서 말하면 '성', 사람에게 보존된 입장에서 말하면 '심'이라고 이른다"라고 했다. 여기서 '성즉리性卽理'라는 성리학의 기본명제가 도출되었다.

그러나 장재張載는 기氣를 중심으로 삼아 풀이하기를, "태허太虛로 말미암아 '천'이라는 명칭이 있고, 기화氣化 : 음양2기의 조화로 말미암아 '도道'라는 명칭이 있고, 허虛와 기氣를 합쳐 '성'이라는 명칭이 있고, '성'과 지각知覺을 합해 '심'이라는 명칭이 있게 된 것이다"라고 했다. 장재는 정이천이 이理를 중심으로 '심성'을 해석한 것과 달리 기氣를 중심으로 해석했음을 쉽게 알 수 있다.

주희는 정이천의 입장을 받아들여 풀이하기를, "심心은 사람의 신명神明으로 모든 이理를 갖추고 있고, 만사에 응하는 것이다. 성性은 심心에 갖춰져 있는 이理이다. 지성知性은 격물格物을 말하고, 진심盡心은 지지至知를 말한다. '진심'과 '지성'으로 '지천知天'하는 것은 그 이理로 나아가는 것이고, '존심存心'과 '양성養性'으로 사천事天하는 것은 그 일을 실천하는 것이다"라고 했다. 이를 통해 [진심 상]편 제1장이 성리학의 기본이론인 심성론의 토대가 되었음을 쉽게 확인할 수 있다.

이에 대해 다산은 '이理'로써 모든 것을 설명하려는 정주의 설과 '기氣'로써 모든 것을 해석코자 한 장재의 설을 모두 반대하며 자신만의 독특한 이론인 소위 '성기호설性嗜好說'을 전개했다. 다산은 『맹자요의』에서 주장하기를, "심心은 우리 인간의 대체大體를 빌려 명명한 것이고, 성性은 마음이 기호嗜好하는 바이다"라고 했다. 내용상 희 · 노 · 애 · 락 등의 정욕情欲을 본성으로 간주한 순학荀學과 맥을 같이 하는 주장이 아닐 수 없다. 다산의 '성기호설'은 재화와 안일 등을 좋아하는 인간의 기본심성에 주목한 견해이다. 다산이 인간의 무한한 '기호'에 따른 혼란을 방지하기 위한 방안으로 '강서强恕 : 역지사지하여 남을 너그러이 용서함'를 제시한 이유가 여기에 있다.

13-2

孟子曰, "莫非命也, 順受其正. 是故知命者, 不立乎巖牆之下. 盡其道而死者, 正命也. 桎梏死者, 非正命也."

맹자가 말했다.

"어느 것이나 명(命)이 아닌 것이 없으나 그 중 정명(正命 : 올바른 명)에 순응해 받아들여야 한다. 그래서 지명자(知命者 : 정명을 이해하는 자)는 위태로운 담장 아래 서 있지 않는다. 도를 실천하는 데 진력하다가 죽는 것이 바로 '정명'이다. 질곡(桎梏 : 여기서는 죄를 지어 형틀에 끼어 벌을 받는 것을 의미)으로 죽는 것은 '정명'이 아니다.

이 장의 핵심어는 정명正命이다. 이는 '정명定命'과 다르다. 정명正命은 수양하면서 명을 기다리는 과정에서 얻어지는 입명立命 내지 안명安命에 가까운 개념이나 정명定命은 미신적인 숙명宿命에 가까운 개념이다. 그러나 이를 두고 주희는 풀이하기를, '사람과 사물이 살아갈 때 길흉화복은 모두 하늘이 명한 것이다. 그러나 오직 그것이 이르게 함이 없이 저절로 이른 것이 정명이다'라고 했다. 이는 정명定命에 가까운 해석이다.

이를 통해 성리학에서 말하는 천명론天命論에 미신적인 요소가 섞여 있음을 짐작할 수 있다. 사실 주희는 생전에 미신적인 운명 개념에 상당히 집착하는 모습을 보여주었다. 성리학의 미신적인 운명 개념은 비록 맹자의 '천인감응설天人合一說' 내지 동중서董仲舒의 '천인감응설天人感應說'에서 비롯된 것이기는 하나 맹자가 말한 정명正命의 취지와는 동떨어진 것이다.

13-3

孟子曰, "求則得之, 舍則失之, 是求有益於得也, 求在我者也. 求之有道, 得之有命, 是求無益於得也, 求在外者也."

맹자가 말했다.

"구하면 얻고 버려두면 잃는 경우, 이러한 구함은 얻음에 유익함이 있다. 이는 구하려는 것이 나 자신에게 있기 때문이다. 구하는 데 도가 있고 얻는 데 명이 작용할 경우, 이러한 구함은 얻음에 유익함이 없다. 이는 구하려는 것이 밖에 있기 때문이다."

주희는 두 번째 대목의 '구지유도求之有道·득지유명得之有命' 구절을 두고 풀이하기를, '망령되이 구해서는 안 되고, 반드시 얻을 수도 없는 것을 말한다'고 했다. 또 구재외자求在外者의 '외자外者'를 '부귀'로 풀이했다. 문의에 부합한다. '외자'와 대비된 '아자我者'는 인의 등의 덕목을 발현하는 자신을 지칭한다.

13-4

孟子曰, "萬物皆備於我矣. 反身而誠, 樂莫大焉. 强恕而行, 求仁莫近焉."

맹자가 말했다.

"만물이 모두 나에게 갖춰져 있다. 반신이성(反身而誠 : 자신을 돌이켜 보며 내면을 진실되게 함)하면 이보다 더 큰 낙(樂)은 없다. 강서이행(强恕而行 : 자신의 마음을 미루어 남을 생각하며 힘써 행함)하면 이보다 더 구인(求仁)에 가까운 것은 없다."

주희는 풀이하기를, '만물의 이理가 내 몸에 갖춰져 있으니 이를 체행體行해 성실히 하면 도가 내 몸에 있어 즐거움이 유여有餘하고, 서恕로써 행하면 사私가 용납되지 않아 인仁을 얻을 수 있음을 말한다' 고 했다. 문의에 부합한다.

13-5

孟子曰, "行之而不著焉, 習矣而不察焉, 終身由之而不知其道者, 衆也."

맹자가 말했다.

"행하면서도 밝게 알지 못하고, 익히면서도 살피지 못하고, 종신토록 행하면서도 그 도를 모르는 자가 매우 많다."

주희는 풀이하기를, '종신토록 행하면서 그 도를 알지 못하는 자가 많음을 말한 것이다' 라고 했다. 이에 대해 줄리앙은 풀이하기를, '우리 주변에 있으며 우리에게 익숙한 것을 의식을 가지고 실천하는 것만큼 어려운 것은 없다고 말한 것이다' 라고 했다. 줄리앙의 풀이가 훨씬 자연스럽다.

13-6

孟子曰, "人不可以無恥. 無恥之恥, 無恥矣."

맹자가 말했다.

"사람이 염치가 없어서는 안 된다. 그러나 염치가 없는 것을 부끄러워할 줄 알면 진정 치욕스런 일이 없을 것이다."

이 장에 나오는 4개의 '치恥'는 순서에 따라 '염치'와 '수오', '치욕' 등의 의미로 사용되고 있다. '무치지치無恥之恥'에 이 장의 핵심이 담겨 있다. 뛰어난 경구가 아닐 수 없다.

13-7

孟子曰, "恥之於人大矣. 爲機變之巧者, 無所用恥焉. 不恥不若人, 何若人有."

맹자가 말했다.

"부끄러움은 사람에게 매우 중요한 것이다. 기변(機變 : 교활하고 변화무쌍함)의 계교를 부리는 자는 부끄럽게 여기는 바가 없다. 불치(不恥 : 여기서는 남과 같지 못한 것을 부끄러워하지 않음을 의미)가 남과 같지 못하다면 과연 남과 같은 게 무엇이 있겠는가."

앞장에 대한 부연설명이다. 주희는 여기의 '치恥'를 수오지심羞惡之心, '기변機變'을 '기계변사機械變詐 : 교활하고 변화무쌍함'로 풀이했다. 문의에 부합한다.

13-8

孟子曰, "古之賢王好善而忘勢. 古之賢士何獨不然. 樂其道而忘人之勢, 故王公不致敬盡禮, 則不得亟見之. 見且由不得亟, 而況得而臣之乎."

맹자가 말했다.

"옛날의 현왕(賢王)은 호선망세(好善忘勢 : 선을 좋아하고 권세를 염두에 두지 않음)했다. 옛날의 현사(賢士)라고 하여 어찌 홀로 그러하지 않았겠는가. 옛날의 현사는 자신이 지닌 도를 즐겁게 여기고 남들의 권세를 염두에 두지 않았다. 그래서 왕공(王公)일지라도 치경진례(致敬盡禮 : 공경을 극진히 하여 예를 다함)하지 않으면 그를 자주 만나볼 수 없었다. 만나는 것도 오히려 자주 할 수 없었거늘 하물며 그를 신하로 삼는 것이야 더 말할 게 있겠는가."

이 장에서는 현사賢士에 대한 군주의 도리가 논의되고 있다. 그 요체는 '치경진례致敬盡禮'에 있다. [고자 하]편 제14장에서 언급된 '치경유례致敬有禮'의 취지와 동일하다.

13-9

孟子謂宋句踐曰, "子好遊乎. 吾語子遊. 人知之, 亦囂囂. 人不知, 亦囂囂." 曰, "何如斯可以囂囂矣." 曰, "尊德樂義, 則可以囂囂矣. 故士窮不失義, 達不離道. 窮不失義, 故士得己焉. 達不離道, 故民不失望焉. 古之人, 得志, 澤加於民. 不得志, 修身見於世. 窮則獨善其身, 達則兼善天下."

맹자가 송구천(宋句踐 : 전력 미상)에게 말했다.

"그대는 호유(好遊 : 유세하기를 좋아함)하오. 내가 그대에게 유예(遊豫 : 유세하며 즐김)의 요체에 관해 말해주겠소. 남이 알아주어도 효효(囂囂 : 초연히 자족함)하고, 남이 알아주지 않아도 '효효' 하는 것이 그것이오."

송구천이 물었다.

"어떻게 해야 가히 '효효' 할 수 있습니까."

맹자가 대답했다.

"존덕낙의(尊德樂義 : 덕을 높이고 의를 즐김)하면 가히 '효효' 할 수 있소. 그래서 선비는 궁(窮)해도 의를 잃지 않고, 영달(榮達)해도 도를 떠나지 않는 것이오. 궁해도 의를 잃지 않기 때문에 지조를 지키고, 영달해도 도를 떠나지 않기 때문에 백성들이 실망치 않는 것이오. 옛 사람들은 득지(得志)하면 택가어민(澤加於民 : 은택을 백성들에게 베풂)했고, 득지하지 못하면 수신현세(修身見世 : 몸을 닦아 세상에 드러냄)했소. 궁하면 독선기신(獨善其身 : 자신을 홀로 선하게 함)하고, 영달하면 겸선천하(兼善天下 : 천하인을 자신과 더불어 선하게 함)했소."

주희는 호유好遊를 '유세遊說를 좋아하다'로 풀이했다. 문의에 부합한다. 맹자는 이 장에서 유세의 요체를 '존덕낙의尊德樂義'로 보았다. 맹자의 주장에 따르면 '존덕낙의'는 구체적으로 득지得志 여부에 따라 택가어민澤加於民·겸선천하兼善天下와 수신현세修身見世·독선기신獨善其身의 두 가지 형태로 나타나는 셈이다.

13-10

孟子曰, "待文王而後興者, 凡民也. 若夫豪傑之士, 雖無文王猶興."

맹자가 말했다.

"문왕과 같은 성군이 나타난 뒤 분발해 일어나는 자는 범민(凡民 : 일반 백성)이다. 호걸지사(豪傑之士 : 호걸 풍도의 선비)는 비록 문왕과 같은 성군이 나타나지 않을지라도 오히려 스스로 분발해 일어난다."

여기서는 범민凡民과 호걸지사豪傑之士가 대비되어 있다. 양자의 차이는 스스로 분발해 일어나는지 여부에 달려 있다. 주희는 호걸지사를 '상지上智'의 자품資稟을 지닌 자로 보았다. 맹자가 말한 취의에 부합한다.

13-11
孟子曰, "附之以韓魏之家, 如其自視欿然, 則過人遠矣."

맹자가 말했다.

"한(韓) · 위(魏)의 큰 집안을 덧붙여 줄지라도 스스로 감연(欿然 : 하찮게 여김)히 여긴다면 월등히 과인(過人 : 남보다 뛰어남)한 사람이다."

한韓 · 위魏는 전국시대 3진三晉의 모체가 된 진晉나라의 권문세가를 지칭한다. 여기의 과인過人은 부귀영달을 하찮게 여기는 자세를 지칭하는 것으로 맹자의 기본입장을 표현한 것이기도 하다.

13-12
孟子曰, "以佚道使民, 雖勞不怨. 以生道殺民, 雖死不怨殺者."

맹자가 말했다.

"일도(佚道 : 백성의 생업을 보장하여 백성을 편안케 하는 방법)로 사민(使民 : 백성을 부림)하면 비록 수고스러울지라도 부리는 자를 원망치 않는다. 생도(生道 : 해악을 끼치는 자를 제거하여 백성을 살리는 방법)로 살민(殺民 : 백성에게 해악을 끼친 자를 죽임)하면 비록 죽을지라도 죽인 자를 원망치 않는다."

맹자는 이 장에서 바람직한 생민生民 : 백성을 살림의 방안으로 일도佚道와 생도生道의 두 가지 방안을 제시하고 있다. '일도'를 통한 사민使民방안이 적극적인 생민의 방안이라면, '생도'를 통한 살민殺民방안은 소극적인 생민방안이라고 할 수 있다.

13-13

孟子曰, "霸者之民, 驩虞如也, 王者之民, 皞皞如也. 殺之而不怨, 利之而不庸, 民日遷善而不知爲之者. 夫君子所過者化, 所存者神, 上下與天地同流, 豈曰小補之哉."

맹자가 말했다.

"패자(覇者)의 백성은 환우(驩虞 : 크게 기뻐함)하고, 왕자(王者)의 백성은 호호(皞皞 : 여유 있게 자족함)한다. 죽여도 원망치 않고, 이롭게 해주어도 용(庸 : 功)으로 여기지 않는다. 그래서 백성들은 스스로 날마다 개과천선(改過遷善)하면서도 누가 그리 만드는 줄 모른다. 무릇 군자가 지나는 곳은 스스로 교화(敎化)되니, 군자가 마음에 두고 있는 것은 신묘(神妙)하기 짝이 없다. 그래서 군민(君民)이 여천지동류(與天地同流 : 천지와 더불어 같이 흐름)하는 것이다. 그러니 어찌 군자를 두고 약간 보탬이 된다고 말할 수 있겠는가."

여기서는 패자覇者와 왕자王者의 차이가 백성들의 태도

차이를 통해 극명하게 대비되고 있다. 왕자의 통치는 '여천지동류與天地同流'로 요약되어 있다. 『도덕경』의 색채가 짙은 표현이 아닐 수 없다. 『도덕경』은 맹자가 최상의 통치로 여긴 덕치德治의 왕도王道 위에 무위통치無爲統治의 제도帝道를 상정하고 있다.

13-14

孟子曰, "仁言, 不如仁聲之入人深也. 善政, 不如善教之得民也. 善政, 民畏之. 善教, 民愛之. 善政, 得民財. 善教, 得民心."

맹자가 말했다.

"인언(仁言 : 여기서는 훈계용 어진 말)은 인성(仁聲 : 어진 음악)으로 민심을 깊이 파고드느니만 못하다. 선정(善政 : 여기서는 좋은 政令을 의미)은 선교(善教 : 좋은 교화)로 민심을 얻느니만 못하다. '선정'은 백성들이 두려워하고, '선교'는 백성들이 아낀다. '선정'은 득민재(得民財 : 백성의 재물을 얻음)하나 '선교'는 득민심(得民心)한다."

이 장은 앞장에 대한 부연설명의 성격을 띠고 있다. 맹자는 이 장에서 득민得民의 요체가 득민심得民心에 있음을 역설하고 있다. 이 장의 '득민재得民財'는 백성이 풍족해져 군주 또한 풍족케 된다는 뜻이다.

13-15

孟子曰, "人之所不學而能者, 其良能也. 所不慮而知者, 其良知也. 孩提之童, 無不知愛其親者, 及其長也, 無不知敬其兄也. 親親, 仁也. 敬長, 義也. 無他, 達之天下也."

맹자가 말했다.

"사람들이 배우지 않고도 능한 것은 양능(良能 : 타고난 능력)이고, 생각지 않아도 아는 것은 양지(良知)이다. 해제지동(孩提之童 : 2-3세의 갓난아이)으로 애친(愛親 : 어버이를 사랑함)할 줄 모르는 자가 없고, 장성해서는 경형(敬兄 : 형을 공경함)할 줄 모르는 자가 없다. 친친(親親 : 어버이를 친애함)은 인(仁)이고, 경장(敬長 : 어른을 공경함)은 의(義)이다. '친친경장'이 이뤄지는 것은 다름 아니라 '인'과 '의'가 천하인에게 공히 존재하기 때문이다."

송대 성리학과 쌍벽을 이룬 명대 양명학陽明學의 이론적 근거가 바로 이 장의 양지양능良知良能에 있다. 맹자는 이 장에서 '친친親親'을 인덕仁德, '경장敬長'을 의덕義德의 요체로 보면서 '친친'과 '경장'을 널리 확충할 경우 마침내 치평의 대덕大德을 이룰 수 있다고 주장하고 있다. 그 근거가 바로 인간이 배우거나 생각지 않고도 생래적으로 지니고 있는 '양지양능'에 있다는 것이다. 양명학은 이에 착안해 '양지양능'을 발휘하기만 하면 누구든지 치평의 대덕을 실현하는 성현이 될 수 있다고 주장했다.

이와 달리 주희를 비롯한 송대의 성리학자들은 '양지양능'을 본연지성本然之性의 구체적인 표현인 소위 '본연지선本然之善'으로 간주해 그다지 큰 의미를 부여하지 않았다. 이들이 『대학』을 토대로 '치평'의 출발이 개인의 수양에 있다고 보아 '치지격물致知格物'을 강조한 것은 바로 이 때문이다. 이는 양명학이 강조하는 '치량지致良知 : 양지양능의 극치를 구현함 · 정사사正事事 : 사물을 올바르게 함'와 대조를 이루고 있다. 그러나 성리학과 양명학 모두 인간의 선성善性을 바탕으로 수제치평修齊治平을 이루고자 한 점에서는 하등의 차이가 없다. 단지 방법론상의 차이에 불과할 뿐이다.

13-16
孟子曰, "舜之居深山之中, 與木石居, 與鹿豕遊, 其所以異於深山之野人者幾希. 及其聞一善言, 見一善行, 若決江河, 沛然莫之能禦也."

맹자가 말했다.

"순(舜)이 깊은 산중에 거처할 때 목석(木石 : 나무와 암석)과 함께 거처하고 녹시(鹿豕 : 사슴과 멧돼지)와 함께 놀았으니, 산중의 야인(野人)과 다를 게 없었다. 그러나 한마디 선언(善言)을 듣고 한 가지 선행(先行)을 보면 곧바로 실천했으니, 마치 강하(江河)를 터놓은 듯 패연(沛然 : 거셈)하여 그 무엇도 능히 이를 막을 수 없었다."

순舜이 깊은 산중에 거처하며 목석木石과 함께 거처하고 녹시鹿豕와 더불어 놀았다는 것은 순이 역산歷山에서 경작했을 때의 전설을 말한 것으로 역사적 사실과는 무관하다. 맹자가 이 전설을 인용한 것은 말할 것도 없이 자신의 '법요순' 주장을 뒷받침하기 위한 것이다.

13-17
孟子曰, "無爲其所不爲, 無欲其所不欲, 如此而已矣."

맹자가 말했다.

"사람은 소불위(所不爲 : 하지 말아야 할 것)를 하지 않고, 소불욕(所不欲 : 욕심내지 말아야 할 것)을 욕심내지 않아야 한다. 오직 이와 같이 할 뿐이다."

남송대의 이광조李光祖는 '소불위'와 '소불욕'을 수오지심의 확충을 저해하는 것으로 보았다. 맹자가 말한 취의에 부합한다.

13-18

孟子曰, "人之有德慧術知者, 恒存乎疢疾. 獨孤臣孽子, 其操心也危, 其慮患也深, 故達."

맹자가 말했다.

"사람 중에 덕혜술지(德慧術知 : 덕과 지혜, 기술, 지식)를 지닌 자는 항상 진질(疢疾 : 우환과 재난) 속에 있다. 오직 고신얼자(孤臣孽子 : 군주의 총애를 받지 못하는 신하와 어버이의 사랑을 얻지 못한 자식)만이 조심(操心 : 마음을 다잡음)이 위태롭고 여환(慮患 : 환난을 걱정함)이 깊은 까닭에 사리에 통달하는 것이다."

여기의 얼자孽子를 두고 북송대의 손석孫奭은 '어버이의 사랑을 얻지 못한 자'로 해석했으나 주희는 '서자庶子'로 보았다. 다산은 『사기』에서 '서얼庶孽'이 '서옥庶獄 : 여러 가지 獄訟'의 뜻으로 사용된 점에 주목해 손석의 주장을 지지했다. 다산의 주석이 타당하다.

여기의 '달達 : 통달'은 곧 '덕혜술지德慧術知', '덕혜술지'를 지닌 자는 곧 '고신얼자孤臣孽子', '진질疢疾'은 '여환慮患'을 말한다. 일종의 동어반복을 통해 오직 고난과 역경을 딛고 일어선 자만이 사리에 통달할 수 있음을 강조하고 있는 것이다. 고난과 역경을 딛고 일어선 자만이 대업을 이룰 수 있다고 한 [고자 하]편 제15장과 동일한 취지이다.

13-19

孟子曰, "有事君人者, 事是君則爲容悅者也. 有安社稷臣者, 以安社稷爲悅者也. 有天民者, 達可行於天下而後行之者也. 有大人者, 正己而物正者也."

맹자가 말했다.

"사군인(事君人 : 여기서는 군주의 비위를 맞춤)하는 자가 있으니 그는 군주를 섬기면서 용열(容悅 : 거스르지 않아 용납되고 비위에 영합해 기쁘게 함)하는 자이다. 안사직신(安社稷臣 : 사직을 편안히 만드는 신하)인 자가 있으니 그는 '안사직' 을 자신의 기쁨으로 삼는 자이다. 천민(天民 : 하늘이 낸 선비)인 자가 있으니 그는 높은 자리에 올라 자신의 도가 천하에 행해질 만할 때에야 비로소 도를 행하는 자이다. 대인(大人 : 至德을 갖춘 자)인 자가 있으니 그는 자신을 바르게 함으로써 남도 절로 감응해 바르게 되도록 만드는 자이다."

여기서는 신하의 종류가 단계별로 제시되어 있다. <사군인事君人-안사직신安社稷臣-천민天民-대인大人> 이 그것이다. 최상의 경지에 있는 '대인자' 는 곧 성현의 경지에 오른 인물을 말한다.

13-20

孟子曰, "君子有三樂, 而王天下不與存焉. 父母俱存, 兄弟無故, 一樂也. 仰不愧於天, 俯不怍於人, 二樂也. 得天下英才而教育之, 三樂也. 君子有三樂, 而王天下不與存焉."

맹자가 말했다.

"군자에게는 3가지 낙(樂)이 있다. 왕천하(王天下 : 천하의 왕자로 군림함)는 여기에 끼지 못한다. 부모가 구존(俱存 : 양친 모두 생존해 있음)하고, 형제가 무고(無故 : 아무 탈이 없음)한 것이 일락(一樂)이다. 하늘을 우러러 부끄럽지 않고, 하늘 아래 굽어보아도 사람들에게 부끄럽지 않은 것이 이락(二樂)이다. 천하의 영재(英才)를 얻어 교육하는 것이 삼락(三樂)이다. 군자에게는 이 세 가지 '낙'이 있으니, '왕천하'는 여기에 끼지 못한다."

이 장에서 주목할 점은 군자삼락君子三樂 중 왕천하王天下가 끼지 못한 점이다. 맹자는 시종 왕도를 통한 천하통일을 역설했다. 그렇다면 여기의 '왕천하'는 왕도 이외의 방법으로 천하에 군림하는 경우를 지칭한다고 보아야 한다. 그러나 후대에 사용된 '왕천하'는 왕도를 통해 천하에 군림하는 것을 의미한다. 이 기준에 따를 경우 이 장의 '왕천하'는 사실 '패천하霸天下'를 의미한다고 보아야 한다. 맹자가 비록 수제修齊를 강조하기는 했으나 왕도를 통한 천하통일의 치평治平을 소홀히 한 것은 아닌 만큼 진정한 의미의 '왕천하'를 군자의 일락에 포함시킬 경우 군자에게는 '3락'이 아니라 '4락'이 있게 되는 셈이다. 맹자가 진정한 의미의 '왕천하'를 군자의 일락에 포함시키지 않은 데에는 자신의 왕도설이 채택되지 않은 데 따른 커다란 실망감이 적잖이 작용했을 것으로 짐작된다. 맹자의 '군자삼락' 발언은 대략 천하유세를 마친 뒤 고향으로 돌아와 제자들을 육성할 때 나온 것으로 보인다. 맹자 또한 공자와 마찬가지로 천하유세가 실패로 돌아가자 나머지 여생을 제자육성에 바쳐 자신의 도를 전하고자 했다. 이때의 심경은 열국을 순회하며 진정한 의미의 '왕천하'를 역설했을 때와는 사뭇 달랐을 것이다. 맹자가 '4락' 대신 '3락'을 주장한 이유가 바로 여기에 있다고 보인다.

13-21

孟子曰, "廣土衆民, 君子欲之, 所樂不存焉. 中天下而立, 定四海之民, 君子樂之, 所性不存焉. 君子所性, 雖大行不加焉, 雖窮居不損焉, 分定故也. 君子所性, 仁義禮智根於心, 其生色也, 睟然見於面, 盎於背, 施於4體, 4體不言而喩."

맹자가 말했다.

"광토중민(廣土衆民 : 넓은 영토와 많은 백성)은 군자가 바라는 것이다. 그러나 그가 즐겁게 여기는 것은 여기에 있지 않다. 천하의 중심에 서서 사해지민(四海之民 : 천하인)을 편안하게 하는 것은 군자가 즐겁게 여기는 것이다. 그러나 그가 본성으로 여기는 것은 여기에 있지 않다. 군자가 본성으로 여기는 것은 비록 대행(大行 : 자신의 도가 천하에 크게 행해짐)할지라도 더 보태지지 않고, 비록 궁거(窮居 : 곤궁하게 지냄)할지라도 더 줄어지지 않는 것이다. 이는 타고난 분수가 이미 정해진 데 따른 것이다. 군자가 본성으로 여기는 것은 바로 인(仁)·의(義)·예(禮)·지(智)로 마음 속에 뿌리를 박고 있는 것이다. 그 생색(生色 : 인의예지에서 나오는 빛)은 수연(睟然 : 넉넉하고 맑음)히 얼굴에 드러나고, 등에 가득 차고, 사체(四體 : 몸)에 두루 베풀어진다. 이로 인해 '사체'는 굳이 말하지 않아도 저절로 그 뜻을 깨닫게 된다."

이 장은 앞장의 부연설명에 해당한다. 맹자는 이 장에서 광토중민廣土衆民은 군자가 즐거워하는 바이기는 하나 인·의·예·지의 덕성은 이와 무관하다고 강조하고 있다. 인·의·예·지의 덕성이야말로 군자가 진정으로 추구해야 할 대상이라는 게 맹자의 주장이다. 이는 말할 것도 없이 그의 지론인 '왕도설' 에서 나온 것이다.

13-22

孟子曰, "伯夷辟(=避)紂, 居北海之濱, 聞文王作興, 曰, '盍歸乎來. 吾聞西伯善養老者.' 大公辟紂, 居東海之濱, 聞文王作興, 曰, '盍歸乎來. 吾聞西伯善養老者.' 天下有善養老, 則仁人以爲己歸矣. 5畝之宅, 樹牆下以桑, 匹婦蠶之, 則老者足以衣帛矣. 5母雞, 2母彘, 無失其時, 老者足以無失肉矣. 百畝之田, 匹夫耕之, 8口之家足以無飢矣. 所謂西伯善養老者, 制其田里, 敎之樹畜, 導其妻子, 使養其老. 50非帛不煖, 70非肉不飽. 不煖不飽, 謂之凍餒. 文王之民, 無凍餒之老者, 此之謂也."

맹자가 말했다.

"백이(伯夷)는 주(紂)를 피해 북해(北海)의 바닷가에 살았다. 그는 문왕이 떨쳐 일어났다는 말을 듣고 고무되어 말하기를, '내 어찌 그에게 돌아가지 않겠는가. 나는 서백(西伯)이 양로(養老)를 잘 한다고 들었다' 고 했다. 태공(大公)도 은왕 주를 피해 동해의 해빈에 살았다. 그 또한 문왕이 떨쳐 일어났다는 얘기를 듣고 고무되어 말하기를, '내 어찌 그에게 돌아가지 않겠는가. 나는 서백이 양로를 잘 한다고 들었다' 고 했다. 만일 천하에 양로를 잘하는 사람이 있다면 인인(仁人)은 그를 기귀(己歸 : 자신이 귀의할 곳)로 여길 것이다. 5무(畝) 넓이의 집터 담장 아래 뽕나무를 심어 필부(匹婦)가 누에를 치면 노인이 족히 의백(衣帛 : 비단옷을 입음)할 수 있고, 5마리의 암탉과 2마리의 암돼지가 실시(失時 : 새끼 낳는 시기를 놓침)하지 않도록 돌보면 노인들이 실육(失肉 : 고기를 먹지 못함)하는 일이 없을 것이다. 1백무의 토지를 장정이 경작하면 8구지가(八口之家 : 8식구의 집안)가 굶주리는 일이 없을 것이다. 소위 서백이 양로를 잘 한 것은 전리(田里 :

토지와 집터)를 제정해 주고, 수축(樹畜 : 심고 기름)을 가르치고, 처자(妻子 : 여기서는 아내와 자식)로 하여금 양로를 잘 하도록 이끈 데 있다. 사람은 나이 50세가 되면 비백불난(非帛不煖 : 비단옷이 아니면 따뜻하지 않음)하고, 70세가 되면 비육불포(非肉不飽 : 고기가 아니면 배부르지 않음)하기 마련이다. 불난불포(不煖不飽)를 일러 '동뇌(凍餒 : 추위에 떨며 굶주림)' 라고 한다. 문왕의 백성들 중 '동뇌' 에 처한 노인이 없었다고 한 것은 바로 이를 말한 것이다."

앞 대목의 '문문왕작흥聞文王作興' 구절의 해석과 관련해 주희는 구두점을 '작作' 과 '흥興' 사이에 두고 '흥' 을 뒤에 나오는 '왈曰' 과 합쳐 해석했다. 이에 대해 다산은 모기령의 설을 인용해 '작흥' 을 붙여 읽는 것이 자연스럽다고 주장했다. 다산의 견해가 타당하다.

맹자는 이 장에서 문왕의 덕정을 예로 들어 양로養老의 중요성을 역설하고 있다. 이 장은 내용상 문왕의 양로를 언급한 [이루상]편 제13장과 거의 유사하다. 동일한 내용의 이전異傳이 『맹자』의 편집과정에서 각기 다른 시기에 삽입된 것으로 짐작된다. 이와 관련해 다산은 이 장의 핵심어는 '양로' 가 아니라 '전정田政의 제도화' 라고 보았다. '양로' 문제는 '전정의 제도화' 에 포함된다는 것이 그의 주장이다. 토지제도의 개선에 커다란 비중을 둔 다산의 기본입장이 극명히 드러나는 대목이 아닐 수 없다.

13-23

孟子曰, "易其田疇, 薄其稅斂, 民可使富也. 食之以時, 用之以禮, 財不可勝用也. 民非水火不生活, 昏暮叩人之門戶, 求水火, 無弗與者,至足矣. 聖人治天下, 使有菽粟如水火. 菽粟如水火, 而民焉有不仁者乎."

맹자가 말했다.

"전주(田疇 : 농지)를 잘 다스리고 세렴(稅斂 : 세금징수)을 가벼이 하면 가히 백성들을 부유하게 할 수 있다. 제때에 먹고 예에 맞게 쓰면 재물은 이루 다 쓰지 못할 정도가 될 것이다. 백성들은 수화(水火 : 물과 불)가 없으면 살 수 없다. 혼모(昏暮 : 늦은 저녁)에 남의 집 문호(門戶)를 두드리며 '수화'를 구할지라도 주지 않는 자가 없는 것은 '수화'가 지극히 풍족하기 때문이다. 성인은 천하를 다스리면서 숙조(菽粟 : 콩과 조로 곡식을 의미)를 '수화'처럼 풍족하게 만든다. '숙조'가 '수화'처럼 풍족하니 어찌 백성 중에 불인(不仁)한 자가 있을 수 있겠는가."

이 장은 앞장에 대한 부연설명의 성격을 띠고 있다. 맹자는 이 장에서 백성을 부유하게 만드는 부민富民이야말로 불인不仁한 백성을 없게 하는 최상의 방안임을 역설하고 있다. 맹자는 비록 관자 및 공자, 순자 등에 비해 '부민'을 크게 강조하지는 않았으나 그 또한 결코 '부민'을 소홀히 여기지는 않았다. 이 장은 맹자가 생각하는 '부민' 개념의 골자가 무엇인지를 잘 보여주고 있다.

13-24

孟子曰, "孔子登東山而小魯, 登太山而小天下, 故觀於海者難爲水, 遊於聖人之門者難爲言. 觀水有術, 必觀其瀾. 日月有明, 容光必照焉. 流水之爲物也, 不盈科不行. 君子之志於道也, 不成章不達."

맹자가 말했다.

"공자는 동산(東山)에 올라 소로(小魯 : 노나라를 작게 여김)하고, 태산(太山)에 올라 소천하(小天下 : 천하를 작게 여김)했다. 그래서 이미 바다를 본 사람에게는 대수(大水)를 언급하기가 어렵고, 성인의 문하(門下)에서 유학(遊學)한 자에게는 선언(善言)을 언급하기가 어려운 것이다. 물을 구경하는 데에는 방법이 있다. 반드시 그 난(瀾 : 여울목)을 보아야 한다. 일월(日月)은 빛이 있어 용광(容光 : 빛이 새어 들어오는 창문 등의 작은 틈을 지칭)을 가리지 않고 반드시 비춘다. 유수(流水) 또한 위물(爲物 : 물건 됨)이 영과(盈科 : 저수용량을 채움)하지 않는 한 앞으로 나아가지 않는다. 군자의 지도(志道 : 도의 추구) 또한 일월 및 유수와 같아 성장(成章 : 문장을 이룸)하지 않는 한 통달의 경지에 이르지 못한다."

용광容光을 두고 조기는 '작은 틈'으로 해석했다. 다산은 『시경』[위풍·하광河廣]의 '용도容刀 : 조그마한 칼을 집어넣는 칼집'와 『예기』의 '용취容臭 : 사향 등을 담은 주머니' 등을 근거로 '일광과 월광을 스며드는 작은 창문 틈'으로 해석했다. 다산은 또 성장成章에 대해서도 군왕이 착용하는 곤복袞服의 문양인 소위 구장九章에 비유해 표현한 것으로 해석했다. 다산의 고증학적 접근이 돋보이는 대목이 아닐 수 없다.

소로小魯와 소천하小天下의 '소小'는 '작게 여기다'의 동사로 사용된 것이다. 맹자는 이 장에서 군자의 지도성장志道成章을 통한 통달을 강조하고 있다. 이 장은 내용상 학문의 근원을 언급한 [이루 하]편 제18장과 대동소이하다. 동일한 내용의 이전異傳으로 보인다.

13-25

孟子曰, "雞鳴而起, 孶孶爲善者, 舜之徒也. 雞鳴而起, 孶孶爲利者, 蹠之徒也. 欲知舜與蹠之分, 無他, 利與善之間也."

맹자가 말했다.

"계명(雞鳴 : 닭이 우는 새벽을 의미)에 일어나 자자(孶孶 : 부지런함)히 위선(爲善 : 선을 행함)하는 자는 순(舜)의 무리이다. 계명에 일어나 자자히 위리(爲利 : 이익을 추구함)하는 자는 도척(盜蹠 : 전설적인 大盜로 盜跖으로도 씀)의 무리이다. 순과 도척의 무리를 구별하는 방법을 알고자 하면 다른 게 없다. 이(利)와 선(善) 사이에서 무엇을 추구하는지를 보면 된다."

도척盜蹠에 대해 『사기』 [백이열전]은 매일 죄 없는 사람을 죽여 인육人肉을 회쳐 먹은 흉한으로 기록해 놓았다. 당제국 때의 장수절張守節은 『사기정의史記正義』에서 "황제黃帝 때의 대도이다. 훗날 유하혜柳下惠의 아우가 천하의 대도가 되자 그의 이름을 가져다 '도척'이라고 했다"고 풀이했다. 대부분의 주석가들이 이를 좇았다.

맹자는 이 장에서 순과 도척을 예로 들어 이利와 선善을 극명하게 대비시키고 있다. 정이천은 '이'와 '선'을 '사私'와 '공公'에 비유하면서 위선爲善을 주경主敬 : 공경을 위주로 함으로 해석했다. 주희와 조선조의 퇴계도 정이천의 견해를 좇았다. 『논어』에서 '이'는 '의義'에 대칭되는 개념으로 사용되고 있다. 인의仁義를 강조한 맹자가 '의'를 '선' 자체로 간주한 것은 당연지사였다.

13-26

孟子曰, "楊子取爲我, 拔一毛而利天下, 不爲也. 墨子兼愛, 摩頂放踵利天下, 爲之. 子莫執中. 執中爲近之. 執中無權, 猶執一也. 所惡執一者, 爲其賊道也, 擧一而廢百也."

맹자가 말했다.

"양자(楊子)는 위아(爲我 : 자신만을 위함)의 입장을 취해, 발일모(拔一毛 : 자신의 털 하나를 뽑음)로 이천하(利天下 : 천하를 이롭게 함)할 수 있는데도 이를 행하지 않았다. 묵자(墨子)는 겸애(兼愛 : 친소의 구별이 없는 汎愛)를 주장해, 마정방종(摩頂放踵 : 정수리가 닳고 발뒤꿈치가 없어짐)할지라도 '이천하' 할 수 있다면 이를 행했다. 자막(子莫 : 노나라의 현자)은 집중(執中 : '위아' 와 '겸애' 의 중간을 취함)했다. 자막의 '집중' 은 도에 가깝기는 했으나 권도(權道 : 시의에 따른 應變)를 행하지 못한 까닭에 집일(執一 : 저울의 한쪽 끝을 잡는 것과 같이 한쪽으로 치우침)과 같았다. '집일' 을 나쁘게 여기는 것은 그것이 도를 해치기 때문이다. '집일' 은 거일폐백(擧一廢百 : 단 하나로 1백 가지를 폐함)과 다름없다."

맹자는 이 장에서 양주楊朱의 '위아爲我' 사상과 묵자의 '겸애兼愛' 사상을 싸잡아 비난하면서 노나라 자막子莫의 집중執中 또한 진정한 의미의 '집중' 을 이루지 못하고 집일執一로 치우쳤다고 비판하고 있다. 여기의 권도權道는 시의에 따른 임기응변을 지칭하는 통상적인 '권도' 개념과 달리 물건의 경중을 달아 균형을 취하듯이 '중간을 잡고 저울질하다' 는 뜻으로 사용된 것이다.

이 장의 권도와 관련해 정이천은 풀이하기를, "중中 자가 가장 알기 어려우니 모름지기 묵묵히 알고 마음으로 통달해야 한다.

사물에는 모두 자연의 '중'이 있으니 안배按排하기를 기다리지 않는다. '안배'하면 '중'이 되지 못한다"고 했다. 추상적이기는 하나 대략 문의에 부합한다. 통상적인 의미의 '권도'의 '권權'이 권의權宜 : 임시변통의 뜻으로 사용된 데 반해 이 장에 사용된 '권도'의 '권'은 권형權衡 : 경중의 측량의 의미로 사용된 것이다.

맹자는 양주 및 묵자와 달리 친친親親의 별애別愛를 강조했다. 그의 왕도는 '별애'에 기초한 가족애를 확대해 인류애까지 확대하는 내용으로 이뤄져 있다고 해도 과언이 아니다. 가족애를 기반으로 했다는 점에서는 보수적이지만 이를 인류애로 확대코자 한 점에서는 진보적이었다. 맹자의 '별애'는 부자 · 군신 · 부부 · 장유 · 붕우의 5가지 인간관계에서 발현된다. 통상 이를 '오륜五倫'이라고 한다.

청대 말기에 이르러 서구 열강의 침략이 노골화되자 신사층紳士層 내에서 '오륜'을 봉건 유제遺制로 간주하는 주장이 강력히 제기되었다. 이는 성리학이 난세에 별다른 효용을 발휘하지 못한 데 따른 반성에서 비롯된 것이었다. 20세기 초반에 일어난 소위 '신문화운동'과 '5 · 4운동' 과정에서 공자에 대한 비판이 요원의 불길처럼 일어난 것은 바로 이 때문이었다. 그러나 정작 '오륜'을 억압적인 통치윤리로 강조한 당사자는 명 · 청대의 성리학자들이었다. 공자는 말할 것도 없고 맹자 또한 '오륜'이라는 말을 사용한 적이 없다. 원래 '오륜'이라는 명칭이 나온 것은 명대 이후의 일이다. 『중용』에는 '오륜'과 유사한 '오달도五達道'라는 말이 나온다. 이는 '오륜'이 예로부터 매우 중시되어 왔음을 시사한다. 당시 맹자는 전통적인 인간관계를 토대로 '별애'를 강조한 데 불과했다. 맹학孟學에 기초한 성리학이 '오륜'을 얼마나 경직된 통치윤리로 변용시켰는지를 짐작케 해주는 대목이 아닐 수 없다. 소위 '신유학파'로 분류되고 있는 두웨이밍이 '삼강三綱'은 폐기하되 '오륜'은 되살릴 필요가 있다고 주장하는 것도 이와 무관치 않다.

13-27

孟子曰, "飢者甘食, 渴者甘飮. 是未得飮食之正也, 飢渴害之也. 豈惟口腹有飢渴之害. 人心亦皆有害. 人能無以飢渴之害爲心害, 則不及人不爲憂矣."

맹자가 말했다.

"기자(飢者)는 감식(甘食 : 어떤 것도 달게 먹음)하고, 갈자(渴者)는 감음(甘飮 : 어떤 것도 달게 마심)한다. 이는 음식의 정미(正味 : 정상적인 맛)를 알지 못하는 것으로 기갈(飢渴)이 구복(口腹 : 입과 배)을 해친 데 따른 것이다. 어찌 '구복'에만 '기갈'의 해(害)가 있겠는가. 인심(人心) 또한 '기갈'의 해가 있다. 만일 사람들이 능히 '기갈'의 해에도 불구하고 마음의 해를 입지 않을 수 있다면 불급인(不及人 : 부귀가 남만 못함)으로 인해 근심하지는 않을 것이다."

맹자는 이 장에서 기갈飢渴이 구복口腹을 해쳐 정미正味를 모르게 하는 것은 물론 마음에도 해를 끼치고 있다는 주장을 펼치고 있다. 그렇다면 보다 구체적으로 인심을 해치는 기갈의 정체는 무엇일까. 주희는 '빈천貧賤'으로 보았다. 문의에 부합하는 해석이 아닐 수 없다.

13-28

孟子曰, "柳下惠, 不以三公易其介."

맹자가 말했다.

"유하혜(柳下惠)는 삼공(三公)의 자리를 얻기 위해 그 개(介 : 지조)를 바꾸지 않았다."

유하혜는 [공손추 상]편 제9장과 [만장 하]편 제1장에 자세히 나와 있듯이 주어진 상황에 최선을 다한 현자였다. 주희는 풀이하기를, "맹자는 유하혜가 화합하면서도 옆으로 흐르지 않은 것을 말했으니 이는 공자가 백이와 숙제를 논하면서 '구악舊惡을 생각하지 않는다' 고 한 뜻과 유사하다"고 했다. 문의에 부합한다.

13-29

孟子曰, "有爲者辟若掘井, 掘井9軔(=仞)而不及泉, 猶爲棄井也."

맹자가 말했다.

"유위자(有爲者 : 인의를 실천하는 것)는 굴정(掘井 : 우물 파기)과 같다. '굴정' 하면서 9인(軔 : '1인' 은 한 길로 8척)이나 팠을지라도 천원(泉原 : 물이 솟아나는 곳)에 이르지 못하면 우물을 포기한 것과 같다."

맹자는 이 장에서 [고자 상]편 제18-19장에서 각각 일배수一杯水와 불숙오곡不熟五穀으로 비유된 소인小仁의 문제점을 다시 거론하고 있다. 이 장에서 '소인' 은 '굴정구인불급천掘井九仞不及泉' 으로 비유되고 있다. 이는 아홉 길 높이의 산을 쌓는

데 한 삼태기 흙이 모자라 쌓지 못한 것을 비유한 '구인지공휴일궤九仞之功虧一簣' 속담과 상통한다

13-30

孟子曰, "堯舜, 性之也. 湯武, 身之也. 五覇, 假之也. 久假而不歸, 惡知其非有也."

맹자가 말했다.

"요(堯)·순(舜)은 본성대로 인(仁)을 행했고, 탕(湯)·무(武)는 몸을 닦아 '인'을 실현했다. 그러나 오패(五覇)는 가인(假仁 : 겉으로만 인을 내세움)했을 뿐이다. 오래도록 '가인' 하고도 끝내 귀인(歸仁)하지 않았으니 어찌 오패가 그 자신에게 '인'이 없다는 사실을 알았겠는가."

맹자는 이 장에서 패자와 왕자의 차이는 행인行仁의 실질적인 내용에 따라 판별되고 있음을 역설하고 있다. 요·순이 실현한 최상의 '행인'은 본성대로 한 것이고, 탕·무가 보여준 차상의 '행인'은 노력하여 실천한 것이다. 그러나 오패의 '행인'은 어디까지나 겉으로만 '행인'을 내세운 가인假仁에 지나지 않는다는 게 맹자의 주장이다. 맹자가 패자를 폄하하고 왕자를 높인 이유가 바로 여기에 있다.

13-31

公孫丑曰, "伊尹曰, '予不狎于不順.' 放太甲于桐, 民大悅. 太甲賢, 又反之, 民大悅. 賢者之爲人臣也, 其君不賢, 則固可放與." 孟子曰, "有伊尹之志, 則可. 無伊尹之志, 則簒也."

공손추가 물었다.

"이윤(伊尹)은 '나는 불순(不順)에 익숙지 않다' 고 말하면서 군주인 태갑(太甲)을 동(桐) 땅으로 방축(放逐)했습니다. 이때 백성들이 크게 기뻐했습니다. 훗날 태갑이 현자가 되어 다시 돌아오자 백성들이 다시 크게 기뻐했습니다. 그러나 아무리 현자라 할지라도 인신(人臣 : 남의 신하)이 된 마당에 군주가 어질지 못하다고 하여 실로 그 군주를 방축할 수 있는 것입니까."

맹자가 대답했다.

"이윤지지(伊尹之志 : 이윤과 같은 뜻)가 있다면 그리할 수 있다. 그러나 '이윤지지' 가 없다면 이는 찬탈(簒奪)이다."

사실 이윤의 행보는 공손추가 의문을 제기한 바와 같이 적잖은 문제가 있다. 아무리 우군愚君 내지 용군庸君이라 할지라도 신하된 자가 군주를 내쫓은 것은 자식이 어버이가 미욱하다는 이유로 내쫓는 것과 같이 불충한 짓이다. 그럼에도 맹자는 이윤의 행보를 수긍했다. 소위 '이윤지지伊尹之志' 가 그 논거이다. 그렇다면 '이윤지지' 는 구체적으로 무엇을 말하는 것일까. 이를 두고 주희는 풀이하기를, "천하위공天下爲公 : 천하를 만인의 것으로 삼음의 마음으로 일호지사一毫之私 : 추호의 사욕가 없는 것을 말한" 다고 했다. 맹자가 말한 취의에 부합한다.

그러나 과연 누가 '천하위공' 의 마음을 어떤 기준에 의해 판정할 것인지가 문제이다. 권신權臣이 군주를 멋대로 내쫓고 '천하위공' 의 마음을 내세울 경우 이를 제어할 방법이 없다. 역대 왕조의 창건과정을 보면 거의 예외 없이 이 과정을 밟았다. 맹자의 '일부가주론一夫可誅論' 과 마찬가지로 '이윤지지' 역시 찬위簒位

의 구실로 악용될 소지가 큰 것이다. 한비자를 비롯한 법가가 여하한 명목으로도 신하가 군주를 내쫓는 행위를 인정치 않은 이유가 여기에 있었다.

13-32

公孫丑曰, "『詩』曰, '不素餐兮.' 君子之不耕而食, 何也." 孟子曰, "君子居是國也, 其君用之, 則安富尊榮. 其子弟從之, 則孝弟忠信. '不素餐兮', 孰大於是."

공손추가 물었다.

"『시경』 [위풍 · 벌단(伐檀)]에 이르기를, '불소찬혜(不素餐兮 : 하는 일 없이 밥을 축내지 않네)' 라고 했습니다. 군자가 농사를 짓지도 않고 밥을 먹는 것은 무슨 까닭입니까."

맹자가 대답했다.

"군자가 어느 나라에 머물 때 그 군주가 그를 기용하면 나라의 안부존영(安富尊榮 : 평안 · 부유 · 존귀 · 번영)이 이뤄지고, 자제들이 그를 따르면 효제충신(孝弟忠信)의 기풍이 확립된다. '불소찬혜' 로 말하면 그 어느 것이 이보다 더 크겠는가."

맹자는 군자의 '불소찬不素餐' 을 수긍하는 근거를 군자 기용을 통한 국가의 안부존영安富尊榮에서 찾고 있다. 이는 금권정치金權政治와 파벌정치派閥政治의 파행이 만연해 현재의 정치 상황에 비춰볼 때 시사하는 바가 매우 크다. 정치는 근본적으로 공맹은 말할 것도 없고 서양의 플라톤 등이 주장한 바와 같이 탁월한 경륜과 식견을 지닌 정치전문가에 의해 전담될 필요가 있다.

13-33

王子墊問曰, "士何事." 孟子曰, "尙志." 曰, "何謂尙志." 曰, "仁義而已矣. 殺一無罪, 非仁也, 非其有而取之, 非義也. 居惡在, 仁是也. 路惡在, 義是也. 居仁由義, 大人之事備矣."

제나라 왕자 점(墊)이 맹자에게 물었다.

"선비는 어떤 일을 합니까."

"상지(尙志 : 뜻을 고상히 함)합니다."

"무엇을 '상지' 라고 이르는 것이오."

그러자 맹자가 이같이 대답했다.

"인의(仁義)일 뿐입니다. 한 사람이라도 죄 없는 사람을 죽이는 것은 인(仁)이 아니고, 자기 것이 아닌데 취하는 것은 의(義)가 아닙니다. 선비의 거처는 과연 어느 곳이겠습니까. 바로 '인' 입니다. 선비의 행로는 과연 어디에 있겠습니까. 바로 '의' 입니다. 거인유의(居仁由義 : 인에 머물고 의를 따름)가 이뤄지면 바로 대인(大人)의 할 일이 갖춰지는 셈입니다."

전국시대는 사인士人의 시대였다. '사인' 은 유자뿐만 아니라 법가와 병가, 종횡가 등을 모두 포함한다. 춘추시대만 하더라도 하급 무사계층에 불과했던 '사인' 들이 전국시대의 주역이 될 수 있었던 데에는 능력 위주의 시대적 특징과 더불어 당대 최고의 인문교양학이라고 할 수 있는 공문孔門의 '군자학君子學' 이 널리 유포된 데 따른 것이었다. 제나라 왕자가 맹자에게 '사인' 의 정체를 물은 것은 바로 이런 시대적 조류의 실체를 파악하려는 의도에서 나온 것으로 짐작된다. 거인유의居仁由義로 표현된 맹자의 답변은 인의를 강조한 그의 입장에서 볼 때 당연한 것이기도 했다.

13-34

孟子曰, "仲子, 不義與之齊國而弗受, 人皆信之, 是舍簞食豆羹之義也. 人莫大焉亡(=無)親戚君臣上下. 以其小者信其大者, 奚可哉."

맹자가 말했다.

"중자(仲子)는 불의(不義)한 것이라면 설령 제나라를 줄지라도 결코 받지 않을 것으로 사람들은 모두 믿고 있다. 그러나 그가 행한 의(義)는 불의한 단사두갱(簞食豆羹 : 한 그릇의 밥과 한 사발의 국으로 하찮은 것을 의미)을 거절한 것에 불과하다. 사람에게 친척 · 군신 · 상하가 없는 것보다 더 큰 죄는 없다. 진중자의 사소한 의행(義行)을 두고 불의한 것이라면 제나라조차 받지 않을 것으로 여긴다면 그것이 어찌 가한 일이겠는가."

중자는 제나라 대부 진중자陳仲子를 말한다. 그에 관한 일화는 [등문공 하]편 제10장에 이미 나온 바 있다. 주희의 주석에 따르면 그는 자신의 형이 제나라 경으로 있는 것을 꺼린 나머지 형을 피하고 모친을 떠나 홀로 살면서 군주의 녹을 먹지 않은 염사廉士였다. 이것이 사실이라면 그는 비판을 받을 만했다. 진중자를 명성이 실체에 부합치 못한 소인으로 폄하한 맹자의 비판은 통렬하다.

13-35

桃應問曰, "舜爲天子, 皐陶爲士. 瞽瞍殺人, 則如之何." 孟子曰, "執之而已矣." "然則舜不禁與." 曰, "夫舜惡得而禁之, 夫有所受之也." "然則舜如之何." 曰, "舜視棄天下, 猶棄敝蹝也. 竊負而逃, 遵海濱而處, 終身訢然, 樂而忘天下."

제자인 도응(桃應)이 맹자에게 물었다.

"순(舜)이 천자로 있을 때 고요(皐陶)는 사(士 : 여기서는 사법관을 의미)로 있었습니다. 만일 순의 부친 고수(瞽瞍)가 살인을 저질렀다면 어찌되었겠습니까."

"법을 집행할 뿐이다."

"순이 이를 막지 않았겠습니까."

맹자가 대답했다.

"순이 어떻게 그것을 막을 수 있겠는가. 고요에게는 직책상 시행키 위해 물려받은 법이 있었다."

"그렇다면 순은 어떻게 했겠습니까."

그러자 맹자가 이같이 대답했다.

"순은 마치 기폐사(棄敝蹝 : 헌신짝을 내던짐)하듯 천하를 버린 뒤 몰래 부친을 업고 도망쳐 해빈(海濱)에 거처하면서 종신토록 흔연(訢然 : 흔쾌함)히 즐기면서 천하를 잊었을 것이다."

이 장에서 거론된 사안은 '효'와 '충'의 가치충돌 문제이다. 맹자의 답변은 기본적으로 『논어』 [자로]편에 나오는 공자의 '부위자은父爲子隱 · 자위부은子爲父隱' 답변과 취지를 같이 하고 있다. 공자는 양을 훔친 부친을 둔 자식의 행보를 묻는 섭공葉公의 질문에 '부위자은 · 자위부은'으로 답변했다. 이는 외견상 '효孝'를 '충忠'에 앞세운 듯한 느낌을 주고 있다. 실제로 주희는 풀이하기를, '부자상은父子相隱은 천리와 인정의 극치이다'라고 했다.

그러나 이는 구체적인 상황을 고려치 않은 획일적인 해석이다. 이 일화에서 문제가 된 것은 양 한 마리이다. 양 한 마리의 횡령에 대한 고발은 국가에 대한 '충'의 차원과 전혀 상관이 없는 것은 아니나 직접적인 관련이 있는 것이 아니다. 양 한 마리를 훔친 부친에 대한 자식의 고발은 '소충小忠'에 불과하나 부친을 고발하는 것은 '지효至孝'에 관련된 문제이다. 국가가 이를 권장할 경우 가정의 파탄을 통한 국가혼란을 야기할 수밖에 없다. '지효'와 '소충'이 충돌할 경우 그 선택은 자명한 것이다. 공자가 '자위부은'을 언급한 진정한 취지가 바로 여기에 있다. 후대의 성리학자들이 '충'과 '효'로 대비되는 양대 덕목의 양적인 크기를 무시한 채 '소충'과 '지효'를 대비시켜 놓고 '효'가 '충'보다 앞선다고 주장한 것은 잘못이다.

그러나 살인을 저지른 부친에 대한 자식의 처신을 묻는 이 장의 질문은『논어』[자로]편의 일화와는 비교가 안 될 정도로 심각한 것이다. 만일 '부자상은父子相隱'의 처신으로 대처할 경우 국가의 기강이 무너질 소지가 크다. 실제로 법가는 이를 크게 우려한 나머지 살인의 경우는 말할 것도 없고 양을 훔친 부친에 대해서도 가차 없이 고발해야 한다고 주장했다. 그럼에도 이 장에 나온 맹자의 답변은 근본적으로 '부자상은'과 기본취지를 같이하고 있다. 다만 천하를 헌신짝처럼 버린 뒤 몰래 부친을 업고 도망쳐 해빈海濱에 거처하는 것이 부친이 양을 훔친 경우의 처신과 다를 뿐이다. 맹자의 답변에는 그 나름대로 '지효至孝'와 '지충至忠'이 정면충돌할 경우의 적정한 해답을 찾기 위해 고심한 흔적이 역력하다. 막상 이런 경우를 당한 당사자의 입장에서 볼 때는 참으로 풀기 어려운 난문難問이 아닐 수 없다. 역사적 사례를 살펴보면 당사자의 자진自盡으로 끝난 경우가 매우 많다.

13-36

孟子自范之齊, 望見齊王之子, 喟然歎曰, "居移氣, 養移體, 大哉, 居乎. 夫非盡人之子與." 孟子曰, "王子宮室 · 車馬 · 衣服多與人同, 而王子若彼者, 其居使之然也. 況居天下之廣居者乎. 魯君之宋, 呼於垤澤之門, 守者曰, '此非吾君也, 何其聲之似我君也.' 此無他, 居相似也."

맹자가 범(范) 땅에서 제나라로 갈 때 제선왕 아들의 체기(體氣)가 뛰어난 것을 바라보고는 위연(喟然 : 한숨을 내쉼)히 탄식했다.

"거처가 사람의 기운을 옮기고 봉양이 사람의 몸을 바꿔놓는다고 하더니 참으로 중요하기도 하구나, 거처하는 환경이. 본래 그 또한 다 같은 사람의 자식이 아닌가."

그러고는 또 이같이 말했다.

"왕자의 궁실(宮室) · 거마(車馬) · 의복(衣服)은 대체로 남과 같다. 그러나 왕자의 저 남다른 '체기'는 거처하는 환경이 그리 만든 것이다. 그러니 하물며 천하의 광거(廣居 : 넓은 집으로 仁을 의미)에 거처하는 자야 더 말할 것이 있겠는가. 노군(魯君)이 송나라로 갈 때 질택(垤澤 : 송나라의 성문 이름)의 문에서 고함을 치자 수자(守者 : 문지기)가 말하기를, '이는 우리 군주가 아닌데 어쩌면 그 음성이 우리 군주와 같은가' 라고 했다. 이는 다름 아니라 바로 거처하는 환경이 닮았기 때문이다."

'맹자왈孟子曰' 구절과 관련해 연문衍文이라는 주장이 있으나 설득력이 약하다. 맹자는 이 장에서 거처하는 환경 차이에 따라 사람의 체기體氣가 현저히 달라진다는 사실에 놀라움을 표시하고 있다. '자리가 사람을 만든다'는 우리나라 속담도 같은 취지에서 나왔을 것이다.

13-37

孟子曰, "食(=飼)而弗愛, 豕交之也. 愛而不敬, 獸畜之也. 恭敬者, 幣之未將者也. 恭敬而無實, 君子不可虛拘."

맹자가 말했다.

"먹이기만 하고 사랑하지 않으면 이는 사람을 시교(豕交 : 돼지로 사귐)하는 것이고, 사랑하기만 하고 공경하지 않으면 이는 사람을 수축(獸畜 : 짐승으로 키움)하는 것이다. 공경(恭敬)은 폐백(幣帛 : 교유할 때 보내는 예물)을 보내기 전에 이미 갖춰져 있어야 하는 것이다. 다만 폐백으로 공경을 표시하면서 그 실질이 없을 경우 군자는 결코 거기에 허구(虛拘 : 헛되이 얽매임)되어서는 안 된다."

맹자는 이 장에서 치경致敬이 결여된 형식적인 유례有禮를 질타하고 있다. 무릇 군자는 무실無實한 폐백에 허구虛拘되어서는 안 된다고 강조한 것도 같은 맥락에서 이해할 수 있다.

13-38

孟子曰, "形色, 天性也. 惟聖人, 然後可以踐形."

맹자가 말했다.

"형색(形色 : 형체와 용모)은 천성(天性 : 타고난 이치)이다. 오직 성인과 같은 사람이 된 연후에야 형색을 온전히 실현해낼 수 있다."

정이천은 이 장을 두고 풀이하기를, '사람은 천지의 정기를 얻고 태어나 만물과 같지 않다. 이미 사람이 되었다면 모름지기 사람의 도리를 얻은 연후에 그 명칭에 부합할 수 있는 것이다. 중인衆人은 이것을 가지고 있으되 알지 못하고, 현인賢人은 실천하되 다하지 못한다. 능히 그 형색을 온전히 채우는 사람은 오직 성인聖人뿐이다'라고 했다. 문의에 부합한다.

13-39

齊宣王欲短喪, 公孫丑曰, "爲朞之喪, 猶愈於已乎." 孟子曰, "是猶或紾其兄之臂, 子謂之姑徐徐云爾, 亦敎之孝弟(=悌)而已矣." 王子有其母死者, 其傅爲之請數月之喪. 公孫丑曰, "若此者, 何如也." 曰, "是欲終之而不可得也. 雖加一日愈於已, 謂夫莫之禁而弗爲者也."

제선왕이 단상(短喪 : 상기를 줄임)하려고 했다. 공손추가 맹자에게 물었다.

"기년상(朞年喪 : 1년상)이 그만두는 것보다는 오히려 낫지 않겠습니까."

맹자가 대답했다.

"이는 혹자가 그 형의 팔을 비틀 경우 자네가 그에게 이르기를, '좀 천천히 하라'고 하는 것과 같다. 역시 그에게 효제(孝悌 : 효도와 공경)를 가르칠 뿐이다."

당시 제선왕의 여러 왕자 중 그의 생모가 죽은 자가 있었다. 그의 스승이 그를 위해 수개월의 상(喪)을 청했다. 이에 공손추가 맹자에게 물었다.

"이 경우는 어떻습니까."

맹자가 대답했다.

"이는 왕자가 서자인 까닭에 3년상을 행하고자 해도 불가한 경우에 해당한다. 그러니 설령 단 하루를 더할지라도 안 하느니보다는 낫다. 앞서는 누가 3년상을 금하지도 않았는데 이를 지킬 생각은 하지도 않고 '단상' 하려 했기에 그같이 말한 것이다."

당시 서자는 적모嫡母에 압존壓尊되어 생모의 친상親喪에

도 상기喪期를 마칠 수 없었다. 이에 생모의 친상을 당한 해당 왕자의 사부가 제선왕에게 수개월의 상기를 행할 수 있도록 허락해 달라고 청한 것이다. 주희는 이 장을 두고 풀이하기를, '3년의 통상通喪은 천경지의天經地義 : 하늘의 법과 땅의 의인 까닭에 사사로이 늘이거나 줄여서는 안 된다' 고 했다. 문의에 부합한다.

13-40

孟子曰, "君子之所以教者5. 有如時雨化之者, 有成德者, 有達財(=材)者, 有答問者, 有私淑艾者. 此5者, 君子之所以教也."

맹자가 말했다.

"군자가 사람을 가르치는 방식은 5가지이다. 시우화(時雨化 : 단비처럼 시의적절하게 교화함)와 성덕(成德 : 덕을 이루게 함), 달재(達財 : 재질을 통탈케 함), 답문(答問 : 물음에 답해줌), 사숙애(私淑艾 : 스스로 사숙하여 간접적으로 감화를 받게 함)가 그것이다. 이 5가지가 바로 군자가 사람을 가르치는 방식이다."

사숙애私淑艾의 '사私' 는 '절竊', '숙淑' 은 선善, '애艾' 는 치治의 뜻이다. 이를 두고 주희는 풀이하기를, '사람이 혹 문하門下에 미쳐 수업하지 못하고 다만 군자의 도를 남에게 들어 적이 선善으로써 그 몸을 다스리기도 하니 이 또한 군자의 가르침이 미친 것이다' 라고 했다.

맹자가 제시한 시우화時雨化와 성덕成德, 달재達財, 답문答問, 사숙애私淑艾 등의 5가지 교육방안은 피교육자의 품격 고하와 공간적 원근, 시간적 선후 등의 구분에 따른 것이다. 주희는 5가지 방안에 대한 구체적인 예로 '시우하' 는 안연顔淵 및 증삼曾參,

'성덕'은 염백우冉伯牛, '달재'는 자로子路와 자공子貢에 대한 공자의 교육에서 찾았다. 또 '답문'은 공자와 맹자의 번지樊遲 및 만장萬章에 대한 교육에서 찾았다. 마지막으로 '사숙애'는 공자와 맹자의 진항陳亢 및 이지夷之에 대한 교육에서 찾았다. 그러나 사실 '사숙애'의 대표적인 경우로는 공자와 맹자의 경우를 들 수 있을 것이다.

13-41

公孫丑曰, "道則高矣美矣, 宜若登天然, 似不可及也. 何不使彼爲可幾及而日孶孶也." 孟子曰, "大匠不爲拙工改廢繩墨, 羿不爲拙射變其彀率. 君子引而不發, 躍如也. 中道而立, 能者從之."

공손추가 말했다.

"도(道)는 고미(高美 : 높고 아름다움)하기는 하나 마치 등천(登天)하는 것과 같아 따라갈 수 없을 듯합니다. 어찌하여 저들로 하여금 거의 미칠 수 있다고 여기게 해 날마다 거듭 부지런히 힘쓰게 하지 않는 것입니까."

맹자가 대답했다.

"대장(大匠 : 큰 목수)은 졸공(拙工 : 서툰 목수)을 위해 승묵(繩墨)을 개폐(改廢)하지 않고, 예(羿 : 전설적인 명궁)는 졸사(拙射 : 서툰 弓手)를 위해 그 구율(彀率 : 활을 당기는 비율)을 바꾸지 않는다. 군자는 사람을 가르칠 때 마치 명궁(名弓)이 시위를 당긴 채 쏘지는 않으나 실제로 쏜 것과 같이 약여(躍如 : 생동감이 넘침)하게 한다. 중도이립(中道而立 : 자연스럽게 중도를 지키고 서 있음)하면 능자(能者 : 능력 있는 자)는 그대로 따라 한다."

맹자는 이 장에서 도에 이르는 방안을 제시하고 있다. 그 요체는 '중도이립中道而立'이다. 주희는 풀이하기를, '도에는 정체定體가 있고, 가르침에는 성법成法이 있다. 낮은 것을 높여서도 안 되고 높은 것을 낮춰서도 안 된다. 이는 말해도 능히 드러날 수 없고, 침묵을 지켜도 감출 수 없음을 말한 것이다'라고 했다. 문의에 부합한다.

13-42

孟子曰, "天下有道, 以道殉身. 天下無道, 以身殉道. 未聞以道殉乎人者也."

맹자가 말했다.

"천하가 유도(有道)하면 이도순신(以道殉身 : 도가 자신을 따르게 하여 세상에 나아가 도를 행함)하고, 천하가 무도(無道)하면 이신순도(以身殉道 : 도에 내 몸을 따르게 하여 물러나 자신을 지킴)해야 한다. 나는 아직 이도순인(以道殉人 : 도가 남을 따르게 하여 세상에 나아가 도를 행함)했다는 얘기를 들은 적이 없다."

앞장에 대한 부연설명이다. 주희는 '순殉'을 '순장殉葬'의 '순'과 같은 것으로 보아 이도순신以道殉身과 이신순도以身殉道를 '몸이 나아가면 도가 반드시 행해지고, 도가 굽혀지면 몸이 반드시 물러나는 것을 말한다'고 풀이했다. 이에 대해 조기와 다산은 '순종順從'으로 보았다. 다산의 해석이 타당하다. 주희는 이도순인以道殉人을 '첩부지도妾婦之道'로 간주했다. 왜곡된 남존여비男尊女卑 사상에서 비롯된 풀이가 아닐 수 없다. '이도순인'은 다른 사물의 기준을 좇아 도를 굽히면서 앞으로 나아가는 것으로 해석하는 것이 옳다.

13-43

公都子曰, "滕更之在門也, 若在所禮, 而不答, 何也." 孟子曰, "挾貴而問, 挾賢而問, 挾長而問, 挾有勳勞而問, 挾故而問, 皆所不答也. 滕更有2焉."

공도자가 물었다.

"등경(滕更 : 등나라 군주의 아우)이 문하(門下)에 들어와 있으니 예우해 주어야 할 듯합니다. 그가 묻는데 대답하지 않은 것은 무슨 까닭입니까."

맹자가 대답했다.

"귀인(貴人)을 내세워 묻고, 현능(賢能)을 내세워 묻고, 연장(年長)을 내세워 묻고, 훈로(勳勞 : 공로)를 내세워 묻고, 연고(緣故)를 내세워 묻는 데에는 모두 대답치 않는 것이다. 등경은 이 중 2가지를 갖고 있었다."

이 장에서는 맹자의 제자에 대한 엄격한 입장이 선명히 드러나 있다. 맹자는 왕후王侯 뿐만 아니라 자신의 제자로 와 있는 왕후의 일족에 대해서도 치경유례致敬有禮를 행하는지 여부에 따라 무시하는 태도를 보인 것이다. 나름대로 일관성이 있는 태도이기는 하나 자신의 제자로 와 있는 왕후의 일족에게까지 이토록 원칙적인 입장을 고수한 것은 지나치다는 지적을 면키 어렵다. 당시 등경이 맹자가 적시한 오만한 모습을 보였다면 이를 분명히 지적해 줘 시정토록 만드는 것이 보다 타당한 조치였다.

13-44

孟子曰, "於不可已而已者, 無所不已. 於所厚者薄, 無所不薄也.

其進銳者, 其退速."

맹자가 말했다.

"그만두어서는 안 되는 경우에 그만두는 자는 매사에 그만두지 않는 경우가 없고, 두터이 대해야 하는 경우에 야박하게 대하는 자는 매사에 야박하게 대하지 않는 경우가 없다. 진예(進銳 : 나아가기를 성급히 함)를 즐기는 자는 퇴속(退速 : 후퇴를 빨리 함)키 마련이다."

맹자는 이 장에서 중도포기를 일삼는 자와 남을 야박하게 대하는 자, 지나치게 빨리 나아가려는 자를 경계하고 있다. 마지막의 '진예퇴속進銳退速' 구절은 지나치게 빨리 나아가려다가 오히려 기운이 쇠진해 뒤쳐지게 되는 이치를 말한 것이다. 당연한 애기임에도 촌철살인寸鐵殺人의 경계를 담고 있다. 세 가지 모두 과불급過不及의 폐해가 아닐 수 없다.

13-45

孟子曰, "君子之於物也, 愛之而弗仁. 於民也, 仁之而弗親. 親親而仁民, 仁民而愛物."

맹자가 말했다.

"군자는 사물에 대해 애물불인(愛物弗仁 : 사물을 아끼되 인으로 대하지는 않음)하고, 백성에 대해 인민불친(仁民弗親 : 백성을 인으로 대하되 친하지는 않음)한다. 그래서 군자는 친친인민(親親仁民 : 친척을 친하게 대하고 백성을 인으로 대함)하고, 인민애물(仁民愛物 : 백성을 인으로 대하고 사물을 아낌)하는 것이다."

여기의 '물物'은 금수와 초목을 말한다. 이 장에서 말하고 있는 군자의 사물 및 백성, 친척에 대한 태도는 크게 애물愛物과 인민仁民, 친친親親으로 정리할 수 있다. 여기서 '애물'은 '불인弗仁', '인민'은 '불친弗親'과 불가분의 관계를 맺고 있다. 그렇다면 '친친'은 무엇과 불가분의 관계를 맺고 있는 것일까. 구체적으로 언급되어 있지는 않지만 대략 '불애弗愛'인 것으로 짐작된다. 만일 '친친'이 '불애'와 연결되지 않을 경우 사의私意가 개입돼 공의公義를 해칠 우려가 크다. 위정자가 처자식을 지나치게 친애한 나머지 물의를 빚는 것도 따지고 보면 바로 '친親'과 '애愛'를 구별하지 않은 데 따른 것이다.

13-46

孟子曰, "知者無不知也, 當務之爲急. 仁者無不愛也, 急親賢之爲務. 堯舜之知而不徧物, 急先務也. 堯舜之仁不徧愛人, 急親賢也. 不能3年之喪, 而緦小功之察. 放飯流歠, 而問無齒決, 是之謂不知務."

맹자가 말했다.

"지자(知者)는 알지 못하는 사물이 없으나 당무(當務 : 먼저 해야 할 일로 先務와 같은 뜻임)를 급하게 여긴다. 인자(仁者)는 사랑하지 않는 사람이 없으나 급친현(急親賢 : 현자를 가까이 하는 것을 급하게 함)을 먼저 해야 할 일로 여긴다. 요·순과 같은 '지자' 조차 만물을 두루 알지 못한 것은 급선무(急先務 : 먼저 해야 할 일을 급하게 함) 때문이다. 요·순과 같은 '인자' 조차 불편애인(不徧愛人 : 사람을 두루 사랑하지 못함)을 하게 된 것은 급친현(急親賢) 때문이다. 3년상을 제대로 못하면서 시마소공(緦麻小功 : 3월상과 5월상)을 세밀히 살피고, 방반유철(放飯流歠 : 밥을 크게 떠먹고, 국을 훌쩍거리며 길게 마시는 큰 不敬)하면서 치결(齒決 : 마른 고기를 이빨로 끊는 작은 不敬)이 있논지를 세밀히 캐묻는 것을 일러 '부지무(不知務 : 급선무를 모름)' 라고 한다."

이 장은 앞장에 대한 부연설명이다. 맹자는 비록 '인자' 가 애물愛物과 인민仁民을 행할지라도 급친현急親賢을 하지 않으면 소인들이 높은 지위에 앉게 되어 덕치의 공효가 아래로 도달할 수 없게 된다고 지적하고 있다. 맹자는 또한 '급친현' 으로 인한 '인자' 의 불편애인不徧愛人을 당연한 것으로 수긍하면서 '지자' 의 급선무急先務를 도외시한 부지무不知務를 크게 경계하고 있다. '부지무' 는 작은 예절에 얽매어 대체大體를 망각하는 데서 비롯된다. '급친현' 과 '급선무' 야말로 '인자' 와 '지자' 의 기본임무에 해당하는 셈이다. 매우 설득력 있는 지적이 아닐 수 없다.

제14절 [진심(盡心) 하]편

14-1

孟子曰, "不仁哉, 梁惠王也. 仁者以其所愛及其所不愛, 不仁者以其所不愛及其所愛." 公孫丑問曰, "何謂也." "梁惠王以土地之故, 糜爛其民而戰之. 大敗, 將復之, 恐不能勝, 故驅其所愛子弟以殉之, 是之謂以其所不愛及其所愛也."

맹자가 말했다.

"어질지 못하구나, 양혜왕은. 인자(仁者)는 그 사랑하는 것으로 사랑하지 않는 것까지 미치게 하고, 불인자(不仁者)는 그 사랑하지 않는 것으로 사랑하는 것까지 미치게 한다."

공손추가 물었다.

"그게 무슨 얘기입니까."

맹자가 대답했다.

"양혜왕은 토지 때문에 자신의 백성들을 미란(糜爛 : 깨지고 터지게 함)에 빠뜨려 전쟁을 일으켰다가 크게 패했다. 그런데 또 다시 전쟁을 일으키면서 혹여 이기지 못할까 두려워한 나머지 사랑하는 자식까지 전쟁에 내몰았다가 이내 희생시키고 말았다. 이에 말하기를, '그 사랑하지 않는 것으로 사랑하는 것까지 미치게 한다' 고 한 것이다."

맹자는 이 장에서 양혜왕의 경우를 예로 들어 '불인자'를 설명하고 있다. 성격상 [진심 하]편의 마지막 장에서 설명한 '인자'에 대한 부연설명에 해당한다. 이 장에서는 <불인不仁 = 호전好戰> 으로 등식화된 맹자의 '비전론非戰論' 입장이 잘 나타나 있다.

14-2

孟子曰 "『春秋』無義戰. 彼善於此, 則有之矣. 征者上伐下也, 敵國不相征也."

맹자가 말했다.

"『춘추』에는 의전(義戰 : 의로운 전쟁)에 관한 내용이 없다. 다만 저 나라가 이 나라보다 나은 경우는 있다. 정벌은 상국(上國)이 하국(下國)에 대해 행하는 것이다. 적국(敵國 : 대등한 나라)은 서로 정벌하지 못하는 것이다."

이 장 역시 앞장에 대한 부연설명에 해당한다. 주희는 상대적인 의전義戰으로 평가할 수 있는 '피선어차彼善於此'의 구체적인 실례로 『춘추좌전』 [노희공 4년]조에 나오는 '소릉召陵의 회맹'을 들었다. 이는 제환공이 제후들의 군사를 이끌고 가 주왕실을 무시해 온 초나라를 친 뒤 소릉 땅에서 맺은 회맹을 말한다. 당시 초나라는 이적시夷狄視되었다. 주희가 '소릉의 회맹'을 '피선어차'의 실례로 든 것은 중원을 세계의 중심으로 간주하는 중화주의中華主義에서 비롯된 것이다.

14-3

孟子曰, "盡信『書』, 則不如無『書』. 吾於[武城], 取二三策而已矣. 仁人無敵於天下, 以至仁伐至不仁, 而何其血之流杵也."

맹자가 말했다.

"『서경』의 내용을 모두 믿는다면 아예 『서경』이 없느니만 못하다. 나는 『서경』 [주서 · 무성(武城)]편 중 이삼책(二三策 : 몇몇 쪽으로 策은 쪽에 해당하는 竹簡을 의미)을 취할 뿐이다. 본래 인인(仁人)은 천하무적이다. 무왕의 주(紂)에 대한 정벌은 지인(至仁)으로 지불인(至不仁)을 친 것인데 어찌 [무경]편 대목처럼 '혈류표저(血流漂杵 : 죽은 병사의 피에 절구공이가 표류함)'의 대격전이 있었을 리 있겠는가."

『서경』에 대한 맹자의 평가는 『서경』의 편찬과정에 대한 강한 의문을 낳기에 충분하다. 사실 공자 생존 당시 공문孔門에서는 현존하는 『서경』과 같은 내용의 경전이 존재하지 않았다. 당시의 『서書』는 고문서를 뜻했다. 특히 『서경』의 내용 중 요 · 순 등과 같이 주나라 이전의 전설시대에 관한 얘기는 모두 전래의 신화와 전설을 토대로 한 것으로 역사적 사실과 거리가 멀다. 그럼에도 요 · 순을 실존 인물로 간주한 맹자의 영향으로 인해 『서경』에 나오는 주나라 이전의 기록이 모두 사실로 간주되었다. 이는 요 · 순을 실존한 최고의 성군으로 간주한 맹자의 주장을 뒷받침하는 데 결정적인 배경이 되었다.

14-4

孟子曰, "有人曰, '我善爲陳(=陣), 我善爲戰.' 大罪也. 國君好仁, 天下無敵焉. 南面而征北狄怨, 東面而征西夷怨, 曰, '奚爲後我.' 武王之伐殷也, 革車3百兩, 虎賁3千人. 王曰, '無畏, 寧爾也, 非敵百姓也.' 若崩厥角稽首. 征之爲言正也, 各欲正己也, 焉用戰."

맹자가 말했다.

"어떤 사람이 말하기를, '나는 진(陣)을 잘 치고 전쟁을 잘 한다'고 하면 이는 대죄이다. 국군(國君)이 호인(好仁)하면 천하무적이 된다. 탕(湯)이 남정(南征)하면 북적(北狄)이 원망하고, 동정(東征)하면 서이(西夷)가 원망했다. 이들은 원망하기를, '어찌하여 우리들을 뒤로 돌리는가' 라고 했다. 무왕이 은나라를 칠 때 병거(兵車)가 3백 량(兩)이었고, 호분(虎賁 : 날랜 병사)이 3천 명이었다. 무왕이 은나라 백성에게 이르기를, '두려워하지 말라. 너희들을 편안히 하려는 것이지 적으로 삼으려는 것이 아니다' 라고 했다. 이에 은나라 백성들이 마치 짐승이 뿔을 땅에 대듯이 머리를 조아렸다. '정(征)' 의 말뜻은 '정(正)' 이다. 당시 모든 사람들이 자신들을 바로잡아 주기를 바랐는데 어찌 대격전을 치렀을 리 있겠는가."

주희는 '진陳' 을 항오行伍, '전戰' 을 교병交兵으로 풀이했다. 이 장에서 맹자는 호전好戰과 호인好仁을 극명하게 대비시켜 자신의 '의전론義戰論' 을 뒷받침하고 있다. 맹자는 기본적으로 전쟁을 반대하는 '비전론' 을 전개했으나 우, 탕, 문 · 무 등의 성군을 예로 들어 '호인' 의 군주에 의한 '의전義戰' 은 찬성하는 입장을 보였다. '정征' 을 '정正' 의 의미로 풀이한 맹자의 언급에 '의전' 에 한해 전쟁을 수긍하는 그의 '제한적 비전론' 의 이런 입장이 선명히 드러나고 있다.

14-5
孟子曰, "梓匠輪輿能與人規矩, 不能使人巧."

맹자가 말했다.

"재장(梓匠 : 목수)과 윤여(輪輿 : 수레를 만드는 車工)는 다른 사람에게 규구(規矩)의 사용법을 가르칠 수는 있다. 그러나 그를 공교(工巧 : 장인의 뛰어난 기교)에 이르도록 만들 수는 없다."

후대의 성리학자들은 규구規矩를 말로써 전달이 가능한 '하학下學', 공교工巧를 마음으로 깨달아 통달하는 '상달上達'로 풀이했다. 문의에 부합한다. 『장자』 [천도天道]편에 이와 유사한 얘기가 나온다. 이에 따르면 하루는 제환공이 성인의 책을 읽고 있을 때 수레바퀴를 만드는 거공車工이 이것을 보고 말하기를, '책은 옛 사람의 조박糟粕 : 찌꺼기에 불과합니다. 제가 수레바퀴를 깎으면서 너무 빡빡하지도 않고 너무 헐겁지도 않게 하는 것은 손에 익고 마음에 터득한 것이어서 입으로 말해줄 수 없기 때문입니다. 이와 마찬가지로 진리 역시 말로 전해줄 수없는 것입니다. 성인의 글은 조박에 불과합니다'라고 했다. 『장자』에 나오는 '거공'의 이 비유는 맹자가 이 장에서 언급한 '불능사인교不能使人巧'의 취지와 동일하다. 『장자』에는 지치至治와 관련해 유가의 입장을 반영한 듯한 일화가 다수 실려 있다. 일각에서는 이런 점 등을 근거로 장주莊周를 안연顔淵의 문인으로 간주하고 있다. 주목할 만한 견해가 아닐 수 없다.

14-6

孟子曰, "舜之飯糗茹草也, 若將終身焉. 及其爲天子也, 被袗衣, 鼓琴, 2女果, 若固有之."

맹자가 말했다.

"순(舜)은 반구여초(飯糗茹草 : 마른 밥을 먹고 채소를 먹음)할 때 마치 그렇게 종신(終身 : 일생을 마침)할 듯했다. 그러나 천자가 된 후 진의(袗衣 : 무늬 있는 옷)를 걸치고 오현금을 탈 때 2녀(二女 : 순에게 출가한 堯의 두 딸을 지칭)가 과(果 : 여기서는 시중을 의미)하자 마치 본래부터 그러한 듯했다."

주희는 이 장을 두고 풀이하기를, '성인의 마음은 빈천하다고 하여 밖을 사모하지 않고, 부귀하다고 하여 마음에 동요를 일으키지 않는다. 수우이안隨遇而安 : 상황에 맞춰 편히 지냄할 뿐이다' 라고 했다. 문의에 부합하는 해석이다.

14-7

孟子曰, "吾今而後知殺人親之重也. 殺人之父, 人亦殺其父. 殺人之兄, 人亦殺其兄. 然則非自殺之也. 一間耳."

맹자가 말했다.

"나는 이제야 남의 부친을 살해하는 것이 매우 중대한 일임을 알았다. 남의 부친을 살해하면 남 또한 나의 부친을 살해할 것이다. 남의 형을 살해하면 남 또한 나의 형을 살해할 것이다. 그럴 경우 자신이 직접 부형을 죽인 것은 아니나 일간(一間 : '한 사이' 로 사실상 같다는 의미임)일 뿐이다."

일간一間은 사람과 사람이 오가면서 중간에 한 사람이

끼일 정도로 근접한 것을 말한다. 맹자는 이 장에서 선행과 악행 모두 인과因果를 이루는 까닭에 스스로 남의 부형을 공경해야 한다고 주장하고 있다. 불가의 연기론緣起論을 연상시키는 대목이 아닐 수 없다.

14-8

孟子曰, "古之爲關也, 將以禦暴. 今之爲關也, 將以爲暴."

맹자가 말했다.

"옛날의 위관(爲關 : 관문의 설치)은 장차 어포(禦暴 : 포악한 행위를 사전에 방어함)하려고 한 것이었다. 그러나 지금의 '위관'은 장차 위포(爲暴 : 포악한 행위를 감행함)하려는 것이다."

'위관爲關'이 '어포禦暴'를 위한 것임은 쉽게 이해할 수 있다. 그러나 '위관'을 '위포爲暴'로 해석하기가 쉽지 않다. 맹자는 왜 '위관'을 '위포'의 예비행위로 간주한 것일까. 주희는 '위포'를 '관문출입자에 대한 징세'로 풀이했다. 이같이 해석할 경우 맹자는 이 장에서 열국 군주들의 가렴주구苛斂誅求를 통렬하게 비판한 셈이다. 대략 문의에 부합한다.

14-9

孟子曰, "身不行道, 不行於妻子. 使人不以道, 不能行於妻子."

맹자가 말했다.

"자신이 도를 행하지 않으면 도가 처자(妻子)에게 행해지지 않는다. 사람을 도로써 부리지 않으면 명이 처자에게조차 행해지지 않는다."

처자妻子는 '처'만을 가리키는 경우와 '처와 자식'을 가리키는 경우가 있으나 여기서는 후자로 해석하는 것이 문맥상 타당하다. 맹자는 이 장에서 스스로 바른 행실을 하지 않을 경우 장차 도道는 말할 것도 없고 자신의 언명言命 또한 처자에게 행해지지 않을 것임을 경고하고 있다. 자신에게 가장 가까운 사람이 처자인 점을 감안할 때 이는 가령家令이 무너지는 것을 의미한다. 수제修齊를 중시하는 맹자의 기본입장이 선명히 드러난 대목이 아닐 수 없다.

14-10
孟子曰, "周(=足)于利者, 凶年不能殺, 周于德者, 邪世不能亂."

맹자가 말했다.

"이(利 : 여기서는 정당한 이익을 의미)에 주밀(周密 : 주도면밀)한 자는 흉년(凶年)에도 죽일 수 없고, 덕(德)에 주밀한 자는 사세(邪世 : 흉악한 세상)에도 어지럽힐 수 없다."

여기의 '주周'를 두고 조기는 '통달'로 보았으나 주희는 '적후유여積厚有餘 : 두텁게 쌓아 여유가 있음'로 풀이했다. 다산은 주밀周密로 보았다. 다산의 해석이 타당하다. 이 장에서 '이利'가 '덕德'과 병칭되어 있는 것은 [양혜왕 상]편 제1장의 '하필왈리何必曰利'에서 '이利'가 '의義'의 대칭 개념으로 사용된 것과 대비된다. 여기의 '이'는 '덕'에 준하는 '공리公利' 내지 '민리民利'의 개념으로 해석해야만 문맥상 무리가 없게 된다.

14-11

孟子曰, "好名之人, 能讓千乘之國, 苟非其人, 簞食豆羹見於色."

맹자가 말했다.

"호명인(好名人 : 명예를 좋아하는 사람)은 명예를 얻기 위해 천승지국(千乘之國 : 중소국을 지칭)도 사양할 수 있다. 그러나 그가 진정 부귀를 하찮게 여기는 사람이 아니라면 단사두갱(簞食豆羹 : 한 그릇의 밥과 국으로 사소한 것을 의미)을 양보하는 모습에서도 그 본색이 낯빛으로 드러난다."

사실 호명인好名人은 실정을 속이고 명예를 요구하는 까닭에 나라조차도 양보할 수 있다고 호언한다. 그러나 내심 부귀를 바라는 '호명인'은 단사두갱簞食豆羹과 같이 사소한 것을 양보하는 데에서도 아쉬워하는 모습을 얼굴에 확연히 드러낸다. 사람을 관찰할 때는 그가 겉으로 내세우는 것보다 그가 소홀히 여기면서 본색을 드러내는 바를 면밀히 관찰할 필요가 있다는 게 맹자의 주장이다. 인간의 심성에 대한 맹자의 뛰어난 통찰력이 약여하게 드러나는 대목이 아닐 수 없다.

14-12

孟子曰, "不信仁賢, 則國空虛. 無禮義, 則上下亂. 無政事, 則財用不足."

맹자가 말했다.

"인현(仁賢 : 인자와 현자)을 신임하지 않으면 나라가 공허(空虛 : 사람이 없는 것을 의미)해진다. 예의(禮義)가 없으면 상하관계가 어지러워진다. 정사(政事)를 돌보지 않으면 재용(財用)이 부족해진다."

맹자는 이 장에서 치국治國의 주의사상을 언급하고 있다. 그가 경계한 것은 국공허國空虛와 상하란上下亂, 재용부족財用不足의 3가지이다. 이는 각각 불신인현不信仁賢과 무예의無禮義, 무정사無政事에서 비롯되는 것이다. 주희는 이를 두고 각각 생산과정의 무도無道 : 대책 없음, 군신지간의 무도無度 : 절도 없음, 재원사용의 무절無節 : 절제 없음로 풀이했다. 주희의 해석이 탁월하다. 그러나 사실 맹자가 언급한 치평의 3가지 주의사항이 빚어지는 근원은 '불신인현' 하나에 있다고 할 수 있다. '인현'이 등용되지 못하면 소인이 국정을 좌우하는 까닭에 '국공허'와 '상하란', '재용부족'의 3가지 병폐가 동시에 나타날 수밖에 없기 때문이다.

14-13
孟子曰, "不仁而得國者, 有之矣. 不仁而得天下者, 未之有也."

맹자가 말했다.
"불인(不仁)한데도 득국(得國)하는 경우는 있으나 불인한데도 득천하(得天下)하는 경우는 없다."

이 장은 앞장에 대한 부연설명에 해당한다. 앞장이 '치국'의 주의사항이라면 이 장은 '평천하平天下'의 주의사항에 해당한다. 맹자는 이 장에서 불인不仁한 인물이 간혹 득국得國하는 경우는 있으나 결코 득천하得天下하는 경우는 있을 수 없다고 단언하고 있다. 그러나 역사적으로 볼 때 불인한 인물이 천하를 손에 넣은 경우도 있었다. 이는 어떻게 해석해야만 하는 것일까. 송대의 추지완鄒志完은 이같이 풀이했다.

"진시황 이래 불인한데도 천하를 얻은 자가 있었다. 그러나 이들은 모두 한두 대代를 전하고 천하를 잃었다. 이는 결국 얻지 못한 것과 같다."

불인한 인물의 '득천하'를 강력 부인한 맹자의 주장을 뒷받침하기 위해 나름대로 고심한 흔적이 역력히 드러나는 풀이가 아닐 수 없다. 새 왕조의 건국은 전 왕조의 입장에서 볼 때 찬국簒國에 불과할 뿐이다. 새 왕조가 들어설 때마다 '천명'을 들먹이며 왕조 건립의 정당성을 확보키 위해 공을 들이는 이유가 바로 여기에 있다.

그러나 정작 중요한 것은 창업創業보다 수성守成이다. '수성'이 성공적으로 이뤄지지 못할 경우 아무리 신민臣民의 전폭적인 지지 하에 새 왕조를 세울지라도 이내 무너질 수밖에 없다. 백성들과 지배층의 전폭적인 지지로 전한제국의 뒤를 이어 성립된 왕망王莽의 신新나라가 한두 대를 전위傳位키는커녕 당대에 무너지고 만 것도 바로 이 때문이다. 이와 정반대로 조선조는 태종 및 세종대에 들어와 조선조 개국을 부인했던 고려의 유신遺臣들이 속속 합류함으로써 정당성을 확보하게 되었다. 이를 통해 불인한 인물의 '득천하'를 부인한 맹자의 주장은 역사적 사실과 괴리되어 있음을 확인할 수 있다.

그럼에도 불구하고 맹자가 말하고자 한 취지는 매우 수긍할 만하다. 원래 '치평治平'의 관점에서 볼 때 '득천하'는 '득국'과 동일한 차원의 개념이다. 그러나 세부적인 면에서는 적잖은 차이가 있다. '득천하'는 '득국'에 비해 훨씬 높은 수준의 대의명분과 다양한 인재의 가동, 장기적 안목에 입각한 유연한 대응과 상황 변화에 따른 과감한 결단력 등이 요구되고 있다. 이런 관점에 설 경우 '득국'과 '득천하'를 구분한 맹자의 기본취지만큼은 족히 수긍할 만하다.

14-14

孟子曰, "民爲貴, 社稷次之, 君爲輕. 是故得乎丘民而爲天子, 得乎天子爲諸侯, 得乎諸侯爲大夫. 諸侯危社稷, 則變置. 犧牲旣成, 粢盛旣潔, 祭祀以時, 然而旱乾水溢, 則變置社稷."

맹자가 말했다.

"백성이 귀하고, 사직은 다음이고, 군주는 가볍다. 그래서 구민(丘民 : 田野의 백성)의 마음을 얻는 자는 천자, 천자의 마음을 얻는 자는 제후, 제후의 마음을 얻는 자는 대부가 된다. 제후가 사직을 위태롭게 하면 제후를 변치(變置 : 교체)한다. 나아가 미리 살진 희생(犧牲)과 정결한 자성(粢盛)을 마련해 제때 제사를 지냈는데도 가뭄이 들고 홍수가 나면 기존의 사직단을 허물고 새롭게 '변치'한다."

맹자는 이 장에서 자신의 독특한 군민관君民觀을 피력하고 있다. 그의 '군민관'은 한마디로 '귀민경군貴民輕君'으로 요약할 수 있다. 이는 『논어』 [안연]편에 나오는 공자의 '민무신불립民無信不立' 언급과 그 취지를 같이하는 것이다. 여기의 사직社稷을 두고 많은 사람들이 현대의 국가를 상징하는 말로 해석하고 있으나 이는 잘못이다. 여기의 사직은 왕조를 상징한 것으로 보아야 한다. 이는 현대의 공화국에 해당한다.

맹자가 백성과 사직, 군주가 차등적으로 언급한 데서 알 수 있듯이 백성은 국가, 사직은 공화국, 군주는 정권 차원의 비유로 해석하는 것이 옳다. 만일 6공화국 헌법을 기준으로 해방 이후의 한국사를 맹자의 '귀민경군' 사상에 입각해 해석하면 우리나라는 모두 6번 사직이 바뀌고 8명의 군주가 바뀐 셈이다. 그러나 백성과 국가는 결코 바뀌지 않았다. 현대의 공화국 교체는 말할 것도 없고 과거의 왕조 교체도 백성의 입장에서 볼 때는 사직의 변동에 불과하다. 결코 나라가 바뀐 것은 아니다. 따라서 이 장에 언급된 사직을 국가로 해석하는 것은 큰 잘못이다.

본래 정치변동의 주체는 말할 것도 없이 국민이다. 맹자의 '귀민경군' 사상은 이를 지적한 것으로 볼 수 있다. 맹자의 '귀민경군' 사상이 민주주의를 채택하고 있는 현대에도 여전히 설득력을 지니고 있는 이유가 바로 여기에 있다. 해방을 전후로 남북에 각기 다른 공화국이 성립되었음에도 불구하고 큰 틀에서 보면 고려조 이후 조선조로 이어진 한민족의 나라와 민족, 백성은 하등 변함없이 면면히 유지되고 있는 셈이다. 이는 한때 중원을 호령했던 만주족이 완전히 소멸된 것을 상기하면 그 의미를 더욱 확연히 파악할 수 있다. 세부사항의 차이에도 불구하고 1천여 년 넘게 단일 민족국가를 형성해 온 우리에게 <백성=민족=국가>의 등식은 과거와 현재는 말할 것도 없고 앞으로도 계속 타당할 수밖에 없다. 그런 의미에서 맹자의 '귀민경군' 사상이 우리에게 시사하는 바는 매우 크다.

흔히 맹자의 '귀민경군' 사상을 흔히 '민본주의民本主義'로 칭하면서 서양에서 발전한 민주주의와 전혀 별개의 이념체계로 간주하고 있으나 이는 잘못이다. 서구 민주주의 이념의 결정적인 배경이 된 프랑스혁명 당시 맹자의 '귀민경군' 사상이 얼마나 지대한 영향을 미쳤는지에 관해서는 필자가 이미 『공자의 군자학』에서 자세히 언급한 바 있다. '민본주의'와 '민주주의' 모두 백성을 국가성립과 정치권력의 발동, 혁명을 포함한 모든 정치변혁의 주체로 상정한 점에서 하등 차이가 없다. 양자의 차이는 오직 권력 주체를 선정하는 과정에서의 방법론적 차이에 불과하다.

본래 '민본주의'에서는 학덕學德을 연마한 위정자를 천거薦擧 내지 고시考試제도를 통해 선발한 데 반해 '민주주의'에서는 민리民利를 대변하는 위정자를 선거選擧제도를 통해 선발한 점이 다를 뿐이다. '민본주의'와 '민주주의'를 전혀 별개의 것으로 간주하는 기존의 견해는 수정될 필요가 있다. 선거와 고시제도로 상징되는 방법론상 차이는 지엽적인 문제에 지나지 않는다. 이는 17세기 중엽의 명말청초에 황종희況宗羲의 주장이 뒷받침한다. 그는 『명이대방록明夷待訪錄』에서 이같이 주장한 바 있다.

"군주란 본래 개인적인 이해관계를 초월해 공익을 위해 헌신하는 사람이다. 군주가 하는 일은 많고 고달픈 까닭에 아무도 군주가 되기를 원치 않았다. 그러나 후대에 와서 군주는 천하를 자신의 수중에 넣게 되자 심지어는 천하를 사유재산으로 생각해 대대로 자손에게 이어가면서 영원히 전하고자 했다. 옛날에는 천하인이 주인이고 군주가 손님이었던 것이 후세에는 군주가 주인이 되고 천하인이 손님이 된 것이다. 나라의 해독은 군주이다. 이런 상황에서는 백성의 헌신적인 봉사는 전혀 기대할 수 없다. 혁명을 수행한 주무왕이야말로 성인이고, 이를 시인한 맹자의 말이야말로 진정한 성인의 말이다."

황종희는 이어 신하된 사람은 군주 개인의 노예가 되어서는 안 된고 천하인의 공복이 되어야 한다고 주장했다. 그의 이런 주장에는 맹자의 '귀민경군' 사상이 면면히 흐르고 있다. 이를 통해 맹자의 '귀민경군' 사상을 토대로 한 '민본주의'와 현대 서양의 '민주주의'는 기본이념상 하등 차이가 없다는 점을 극명하게 확인할 수 있다.

14-15

孟子曰, "聖人, 百世之師也, 伯夷 · 柳下惠是也. 故聞伯夷之風者, 頑夫廉, 懦夫有立志. 聞柳下惠之風者, 薄夫敦, 鄙夫寬. 奮乎百世之上, 百世之下, 聞者莫不興起也. 非聖人而能若是乎. 而況於親炙之者乎."

맹자가 말했다.

"성인은 백세(百世)의 스승이다. 백이 · 유하혜가 바로 그들이다. 그래서 백이의 풍도(風度)를 들은 후 완부(頑夫 : 탐욕스런 자)는 염직(廉直 : 청렴하고 곧음)해졌고, 나부(懦夫 : 나약한 자)는 입지(立志 : 뜻을 세움)하게 되었다. 유하혜의 풍도를 들은 후 박부(薄夫 : 야박한 자)는 돈후(敦厚 : 돈독하고 후함)해지고, 비부(鄙夫 : 비루한 자)는 관대(寬大 : 너그러움)해졌다. 백세지상(百世之上 : 1백대 이내)에 분발한 자가 있게 되면 백세지하(百世之下 : 1백대 이후)에 그 풍도를 들은 사람들 중 감화를 받아 떨쳐 일어나지 않는 자가 없게 된다. 성인이 아니고서야 어찌 능히 이같이 할 수 있겠는가. 하물며 친자지자(親炙之者 : 곁에서 깊은 영향을 받은 자)의 경우야 더 이상 말할 게 있겠는가."

맹자는 이 장에서 백이와 유하혜를 예로 들어 백세百世의 스승인 성인의 공효를 설파하고 있다. 앞서 살펴본 바와 같이 맹자는 백이와 유하혜를 현인賢人으로 평가한 바 있다. 그러나 이들을 성인聖人으로까지 높인 경우는 이 장이 유일하다. 후대에 깊은 영향을 미친 이들의 풍도를 높이 평가한 데 따른 것으로 짐작된다. 그러나 마지막 구절의 친자지자親炙之者가 구체적으로 누구를 지칭하는 것인지 헤아리기가 쉽지 않다. 주희는 이 구절을 두고 '친근훈자親近薰炙 : 성인을 직접 가까이 하여 가르침을 받은 자'로 풀이했으나 그 성인의 실체가 누구인지에 대해서는 아무런 언급도 해놓지 않았다. 맹자가 자신을 성인으로 간주해 자신의 문도門徒를 '친자지자'로 표현했을 공산이 크다. 시종 현인으로 평가한 백이와 숙제를 문득 성인으로 평가하고 나선 사실이 이를 뒷받침한다.

14-16
孟子曰, "仁也者, 人也. 合而言之, 道也."

맹자가 말했다.
"인(仁)은 인(人)이다. 둘을 합해 말하면 곧 도가 된다."

이 장의 '합이언지合而言之'는 곧 인仁과 인人을 결합한 '인인仁人'을 의미한다. 이를 두고 주희는 풀이하기를, "인仁은 사람이 사람 된 소이所以이다. 그러나 인仁은 이치이고, 사람은 물物이다. 인仁의 이치를 인신人身에 합쳐 말한 것이 바로 도道이다"라고 했다. '인인'을 도道로 간주한 맹자의 취의에 부합한다.

14-17

孟子曰, "孔子之去魯, 曰, '遲遲吾行也.' 去父母國之道也. 去齊, 接淅而行. 去他國之道也."

맹자가 말했다.

"공자가 노나라를 떠날 때에는 탄식하기를, '지지(遲遲 : 더딤)하구나, 나의 발걸음이여' 라고 했다. 이것이 부모의 나라를 떠나는 도리이다. 그러나 제나라를 떠날 때는 접석(接淅 : 밥을 지으려고 물에 담근 쌀을 건짐)해 가지고 갈 정도로 급히 떠났다. 이것이 타국을 떠나는 도리이다."

동일한 내용의 일화가 노나라와 제나라를 떠날 때의 얘기가 뒤바뀐 채 [만장 하]편 제1장에 나오 고 있다. 동일한 내용의 이전異傳이 각기 다른 시기에 수록된 데 따른 것으로 보인다.

14-18

孟子曰, "君子之戹(=厄)於陳蔡之間, 無上下之交也."

맹자가 말했다.

"군자(君子 : 공자를 지칭)가 진(陳) · 채(蔡) 사이에서 곤액(困戹)을 당한 것은 상하지교(上下之交 : 진 · 채 두 나라 군신과의 교유를 의미)가 없었기 때문이다."

공자는 천하유세 기간 중 모두 4차례에 걸쳐 죽을 고비를 넘겼다. 진陳 · 채蔡 사이의 곤액이 바로 그 중의 한 고비였다. 진 · 채 사이의 곤액의 원인을 상하지교上下之交의 부재에서 찾은 맹자의 언급은 대략 역사적 사실에 부합한다.

14-19

貉稽曰, "稽大不理於口." 孟子曰, "無傷也. 士憎(=增)玆多口. 『詩』云, '又心悄悄, 慍于群小.' 孔子也. '肆不殄厥慍, 亦不隕厥問(=聞).' 文王也."

맥계(貉稽 : 전력 미상)가 말했다.

"저 계(稽)는 중구(衆口)에 의해 크게 불리(不理 : 비난받는다는 뜻임)했습니다."

맹자가 말했다.

"무상(無傷 : 나쁠 게 없음)이오. 선비에게는 구설(口舌)이 더욱 많소. 『시경』 [패풍 · 백주(柏舟)]에 이르기를, '근심으로 초초(悄悄 : 크게 심려함)하니 군소(群小 : 뭇 소인들)의 노여움을 사네' 라고 했소. 이는 공자를 말한 것이오. 또 [대아 · 면(綿)]에 이르기를, '그들의 노여움을 없애지는 못했으나 또한 그 명성을 잃지는 않았네' 라고 했소. 이는 문왕을 말한 것이오."

불리不理의 '리理'는 당시의 방언으로 '뢰賴 : 의뢰함'의 의미를 지니고 있었다. '사肆'는 뜻 없는 발어사發語辭이다. 맹자는 이 장에서 공자와 주문왕을 예로 들어 세인들의 구설에 구애받지 말고 소신껏 행동을 것을 주문하고 있다.

14-20

孟子曰, "賢者以其昭昭, 使人昭昭. 今以其昏昏, 使人昭昭."

맹자가 말했다.

"현자는 자신의 소소(昭昭 : 밝음)로 남을 '소소' 하게 한다. 그러나 지금은 자신의 혼혼(昏昏 : 어두움)으로 남을 '소소' 하게 하려고 한다."

이 장은 내용상 『대학』의 '명명덕明明德' 구절의 취지와 상통한다. 맹자는 이 장에서 과거의 현자는 스스로 명덕明德을 밝힘으로써 천하와 국가를 이롭게 한 데 반해 지금의 위정자들은 자신의 혼암昏暗을 깨닫지도 못한 채 오히려 남을 밝히려 든다고 비난하고 있다. 이는 국민들보다 수준 낮은 위정자들이 감히 국민들을 계도하려는 작금의 정치현실을 감안할 때 가슴에 와닿는 경구가 아닐 수 없다.

14-21

孟子謂高子曰, "山徑之蹊間, 介然用之而成路. 爲間不用, 則茅塞之矣. 今茅塞子之心矣."

맹자가 제자인 고자(高子)를 질책했다.

"산경(山徑 : 작은 산길)에 나 있는 혜간(蹊間 : 사람이 다닌 지름길 사이)도 사람들이 개연(介然 : 삽시간)히 사용하면 큰 길을 이루고, 위간(爲間 : 잠깐 동안) 사용치 않으면 곧 띠풀이 자라 막히게 된다. 지금 띠풀이 자라나 자네의 마음을 꽉 막고 있구나."

개연介然은 순식간을 지칭하는 말로 숙연倏然과 같은 의미이다. 위간爲間은 이보다는 약간 긴 소경少頃 : 적은 시간을 의미한다. 맹자가 왜 제자인 고자를 이같이 힐난했는지에 관해서는 정확히 알 길이 없다. 대략 고자는 의리에 어긋나는 행동을 해 스승으로부터 이런 힐난을 받은 듯하다.

14-22

高子曰, "禹之聲, 尙文王之聲." 孟子曰, "何以言之." 曰, "以追(=槌)蠡." 曰, "是奚足哉. 城門之軌, 兩馬之力與."

고자가 말했다.

"우(禹)의 음악이 문왕의 음악보다 나은 듯합니다."

맹자가 물었다.

"무슨 근거로 그리 말하는 것인가."

고자가 대답했다.

"퇴려(追蠡 : 종이 닳았다는 뜻으로 여기서는 우 때의 음악이 보다 많이 사용되었음을 의미) 때문입니다."

맹자가 말했다.

"그것이 어찌 충분한 근거가 되겠는가. 성문(城門) 아래에 난 수레바퀴 자국이 단지 양마지력(兩馬之力 : 두 마리 말의 힘을 뜻하는 말로 하나의 수레를 의미)만으로 만들어진 것이겠는가."

조기는 '퇴려追蠡'의 '퇴'를 '종뉴鐘鈕 : 종의 꼭지', '려'를 '끊어지려고 하는 모양'으로 해석했다. 이에 대해 다산은 '퇴'를 '미攠 : 종의 당목으로 치는 자리', '려'를 '벌레가 나무속을 갉아 먹는 것'으로 보았다. 다산은 '퇴려'를 두고 풀이하기를, "종이 오래 되면 퇴槌가 닳아 여러 개의 구멍이 뚫어져 마치 벌레가 갉아 먹은 듯한 모양이 된다"고 했다. 다산의 해석이 문의에 부합한다.

이 장에서 고자는 '퇴려'를 '우禹의 음악이 문왕의 음악보다 낫다'는 뜻으로 사용했다. 여기에는 상당히 복잡한 논리가 전제되어 있다. 이를 분석하면 다음과 같다. 당시 우 때의 물건으로 남아 있던 종은 매우 낡았다. 종의 끈이 벌레가 파먹은 듯 끊어질듯

말듯 한 것이 그 증거이다. 이는 우의 음악을 사용한 자가 매우 많았다는 것을 의미한다. 이에 반해 주문왕 때의 종은 상대적으로 아직 새 것이다. 이는 주문왕의 음악을 사용한 사람이 많지 않았음을 의미한다. 이를 종합해 볼 때 결국 우의 음악이 주문왕의 음악보다 낫다는 결론을 얻을 수 있다. 이것이 바로 고자가 전개한 논리이다.

그러나 나무를 좀먹는 벌레에 의한 부식腐蝕을 뜻하는 '퇴려'를 '우의 음악이 문왕의 음악보다 낫다'는 주장과 무리하게 연결시킨 고자의 논리는 비약에 비약을 거듭한 억지논리에 불과하다. 이는 논리적 비약이 이뤄진 대목마다 반론이 가능하다. 첫째 우 때 만들어진 종의 끈이 낡았다는 사실만으로는 종 자체가 낡았다는 사실을 증명할 수 없다. 둘째 설령 그럴지라도 우 때의 종이 낡았다는 것이 반드시 우의 음악을 사용한 자가 많다는 것을 의미하는 것은 아니다. 셋째 주문왕 때의 종이 상대적으로 새 것인 것은 후대에 만들어진 데 따른 것으로 볼 수 있다. 이것이 반드시 주문왕의 음악을 사용한 사람이 많지 않았다는 증거가 될 수는 없다.

고자의 논리를 반박하기 위해 동원된 맹자의 논리 역시 매우 복잡하기는 마찬가지이다. 당시 한 대의 수레는 말 두 마리가 이끌었다. 양마지력兩馬之力은 곧 한 대의 수레를 의미한다. 수레가 성 안으로 들어가기 위해서는 반드시 성문城門을 통과해야만 한다. 그러나 당시 성문은 오직 한 대의 수레만 허용했다. 일단 비좁은 성문을 통해 성 안으로 들어가면 모두 9갈래의 길이 나 있었다. 이로 인해 성문 아래의 수레바퀴 자국은 상대적으로 성 안의 수레바퀴 자국보다 깊을 수밖에 없었다.

당시 맹자는 고자의 주장을 듣자마자 곧바로 '성문'과 '양마지력'의 상호관계에 주목해 반론을 전개했다. 성문의 통과는 수레 한 대로 제한되어 있었던 까닭에 수많은 수레가 좁은 성문을 통과하는 과정에서 성문의 수레바퀴 자국은 깊이 파일 수밖에 없다. 이는 날짜가 오래되고 수레가 많다 보니 자연스럽게 그리된 것으로 결코 '양마지력'만으로 그리된 것은 아니다. 따라서 우 때 만들어진 종이 낡은 것은 시간이 오래되어 그리된 것일 뿐이니 이것만을 가지고 우의 음악과 주문왕 음악의 우열을 논하는 것은 잘못이다. 이것이 바로 맹자가 전개한 반박논리이다. 결국 맹자는 위에 언급한 둘째와 셋째의 논리를 통해 고자의 주장을 반박한 셈이다.

14-23

齊饑, 陳臻曰, "國人皆以夫子將復爲發棠, 殆不可復." 孟子曰, "是爲馮婦也. 晉人有馮婦者, 善搏虎, 卒爲善士. 則之野, 有衆逐虎, 虎負嵎, 莫之敢攖. 望見馮婦, 趨而迎之. 馮婦攘臂下車. 衆皆悅之, 其爲士者笑之."

제나라에 흉년이 들었다. 맹자의 제자 진진(陳臻)이 말했다.

"국인(國人 : 도성 사람)은 모두 부자(夫子)가 장차 다시 한 번 당읍(棠邑 : 양곡창고가 있던 곳)의 창고를 열어달라고 건의할 것으로 생각하고 있습니다. 이는 다시 할 수 없을 듯합니다."

맹자가 말했다.

"그리하는 것은 풍부(馮婦)의 짓이다. 일찍이 진(晉)나라 사람 중에 풍부라는 자가 범을 잘 잡아 문득 선사(善士 : 모범이 되는 선비)가 되었다. 하루는 그가 들로 나가자 여러 사람들이 범을 쫓고 있었다. 범이 우(嵎 : 산모퉁이)를 등지고 서자 사람들이 감히 달려들지 못했다. 사람들은 마침 멀리 있는 풍부를 보고는 곧바로 달려가 맞이했다. 풍부가 곧 수레를 타고 달려와 양비하거(攘臂下車 : 팔뚝을 걷어 붙이고 수레에서 내림)하자 중인(衆人)들이 크게 좋아했다. 그러나 선비들은 모두 이를 비웃었다."

'졸위선사卒爲善士 · 즉지야則之野'의 '즉則'을 '칙則'으로 새긴 뒤 '졸위선 · 사칙 · 지야'로 끊어 읽어 '마침내 선한 행동을 하자 선비들이 본받았다. 하루는 그가 들로 나가자'로 풀이하기도 한다. 문맥상 무리가 없다. 맹자가 '풍부'의 일화를 거론한 것을 두고 주희는 풀이하기를, '당시 제왕齊王이 능히 맹자를 등용하지 못했고 맹자 또한 장차 떠나려 한듯하다'고 했다. 대략 문의에 부합한다.

다만 평소 인의를 강조한 맹자가 과연 제나라를 떠날 생각으로 '풍부'의 일화를 거론했는지는 여전히 의문으로 남는다. 주희의 해석을 좇을 경우 당시 맹자는 선비들의 비웃음을 두려워하여 국인들의 어려움을 무시한 채 당읍 창고를 다시 한 번 열어달라고 건의하는 것을 매우 꺼린 셈이 되기 때문이다. 과연 맹자는 무슨 이유로 흉년의 상황에서 문득 자신을 '풍부'에 비유한 이런 일화를 거론한 것일까. 혹여 첫 번째 흉년에 비해 두 번째 흉년이 상대적으로 미약했거나 첫 번째 흉년 때의 발창發倉 : 창고 개방과정에서 불미스런 일이 있었던 것은 아닌지 추정해 볼 뿐이다.

14-24

孟子曰, "口之於味也, 目之於色也, 耳之於聲也, 鼻之於臭也, 四肢之於安佚也, 性也. 有命焉, 君子不謂性也. 仁之於父子也, 義之於君臣也, 禮之於賓主也, 智之於賢者也, 聖人之於天道也, 命也. 有性焉, 君子不謂命也."

맹자가 말했다.

"구(口)와 미(味), 목(目)과 색(色), 이(耳)와 성(聲), 비(鼻)와 취(臭), 사지(四肢)와 안일(安佚)의 관계는 성(性)의 문제에 속한다. 그러나 구 · 목 · 이 · 비 · 사지가 추구하는 미 · 색 · 성 · 취 · 안일의 실현은 명(命)에 달려 있다. 그래서 군자는 미 · 색 · 성 · 취 · 안일을 '성' 이라고 부르지 않는다. 인(仁)과 부자(父子), 의(義)와 군신(君臣), 예(禮)와 빈주(賓主), 지(智)와 현자(賢者), 천도(天道)와 성인(聖人)의 관계 또한 '명' 의 문제에 속한다. 그러나 부자 · 군신 · 빈주 · 현자 · 성인이 추구하는 인 · 의 · 예 · 지 · 천도의 실현은 '성' 에 달려 있다. 그래서 군자는 인 · 의 · 예 · 지 · 천도를 '명' 이라고 부르지 않는다."

정이천은 이 장에 나오는 성性과 명命의 관계를 두고 풀이하기를, "구 · 목 · 이 · 비 · 사지가 미 · 색 · 성 · 취 · 안일의 다섯 가지를 하고자 하는 것은 '성' 이다. 그러나 여기에는 분수가 있어 바라는 바와 같이 할 수는 없는 일이다. 이는 '명' 이다. 이를 나의 '성' 에 있는 것이라고 하면서 반드시 구득求得하려고 해서는 안 된다. 인 · 의 · 예 · 지 · 천도는 '명' 이 사람에게 부여한 것이나 그 품수稟受에는 후박厚薄과 청탁淸濁이 있다. 그러나 '성' 이 선하여 배워서 극진히 할 수 있는 까닭에 '명' 이라고 이르지 않는 것이다"라고 했다. 문의에 부합하는 해석이다.

이 장에서 주목할 점은 맹자가 미 · 색 · 성 · 취 · 안일은 '성'

에 속하나 그 실현은 '명'에 달려 있다고 본 데 반해 인·의·예·지·천도는 '명'에 속하나 그 실현은 '성'에 달려 있다고 본 점이다. 이는 후대에 나오는 이기론理氣論의 근거가 되었다. 맹자는 이 장에서 미·색·성·취·안일은 '성'에서 비롯된 것이나 이를 '성' 자체로 보아서는 안 되고, 인·의·예·지·천도는 '명'에서 나오는 것이나 이를 '명' 자체로 보아서는 안 된다고 주장한 셈이다. 후대의 성리학자들은 미·색·성·취·안일 등을 '성'에서 비롯된 '정情', 인·의·예·지를 '천도', 즉 '천리天理'의 반영인 '리理'로 정리한 뒤 '정'을 '기氣'의 표현으로 간주했다. 여기서 복잡하기 그지없는 형이상의 이기론理氣論이 전개되기 시작했다.

14-25

浩生不害問曰, "樂正子, 何人也." 孟子曰, "善人也, 信人也." "何謂善, 何謂信." 曰, "可欲之謂善, 有諸己之謂信, 充實之謂美, 充實而有光輝之謂大, 大而化之之謂聖, 聖而不可知之之謂神. 樂正子, 2之中, 4之下也."

제나라 사람 호생불해(浩生不害 : 성이 '호생'임)가 맹자에게 물었다.

"악정자(樂正子)는 어떤 사람입니까."

"선인(善人)이고 신인(信人)이다."

"무엇이 선(善)이고, 무엇이 신(信)입니까."

그러자 맹자가 이같이 대답했다.

"가욕(可欲 : 가히 추구할 만한 것)을 선(善), '선'이 자기 몸에 있는 것을 신(信), '신'이 충실(充實 : 가득 참)한 것을 미(美), '미'가 광휘

(光輝 : 환히 빛남)한 것을 대(大), '대' 가 저절로 화(化)한 것을 성(聖), '성' 이 불가지(不可知)에 이른 것을 신(神)이라고 한다. 악정자는 앞의 두 경지인 '선' 과 '신' 사이에 있고, 뒤의 네 가지 경지인 '미' 와 '대', '성', '신' 보다는 아래에 있다."

춘추전국시대를 통틀어 형이상의 문제에 가장 큰 관심을 기울인 인물을 꼽으라면 단연 맹자를 들 수 있다. 특히 이 장은 맹자의 논지가 분명치 않아 『맹자』 전편을 통틀어 가장 어려운 글 중의 하나로 꼽힌다. 맹자가 이 장에서 언급한 <선善–신信–미美–대大–성聖–신神> 의 단계는 맹자 특유의 분류법에 의한 것으로 <선–신–미–대–성–신> 이 각각 어떤 의미를 지닌 것이고 왜 이런 단계가 가능한지에 대한 증명이 불가능하다. 이는 이들 개념 자체가 한마디로 정의할 수도 없는 데다 설령 그것이 가능할지라도 단계별 정립의 이유를 설명할 수 없는 형이상의 개념으로 이뤄져 있다는 데 있다. 맹자는 이 장에서 나름대로 각 개념에 대한 설명을 시도했으나 이는 그의 해석에 불과할 뿐이다.

추상적인 형이상의 개념이 모두 그렇듯이 맹자가 여기서 말한 <선–신–미–대–성–신> 개념 역시 객관적으로 정의하는 것 자체가 불가능하다. 맹학孟學은 후대에 극히 사변적인 성리학으로 발전함으로써 우주론적 사변철학의 발전에 크게 기여했음에도 불구하고 상대적으로 치평治平을 위주로 한 공학孔學과는 더욱 멀어지게 되었다. 서구 제국주의 열강의 침탈이 노골화하는 19세기 중엽 이래 공학이 비판의 도마 위에 오르게 된 근본 이유가 바로 여기에 있었다. 맹학과 이에 기초한 성리학은 공학과 동떨어진 학문체계임에도 불구하고 맹학과 성리학이 공학의 정맥正脈

으로 간주된 데 따른 부작용이 아닐 수 없다.

14-26

孟子曰, "逃墨必歸於楊, 逃楊必歸於儒. 歸, 斯受之而已矣. 今之與楊墨辯者, 如追放豚, 旣入其苙, 又從而招之."

맹자가 말했다.

"묵가(墨家)에서 빠져나오면 반드시 양주(楊朱)로 돌아가고, 양주에서 빠져나오면 반드시 유가(儒家)로 돌아간다. 유가로 돌아오면 그대로 받아들이면 될 뿐이다. 지금 양주 및 묵가와 논쟁을 하는 것은 마치 달아난 돼지를 쫓다가 돼지가 이미 돈립(豚苙 : 돼지우리) 안으로 들어왔는데도 다시 따라 들어가 돼지발을 얽어매는 것과 같다."

맹자가 활약할 당시는 유가보다 묵가와 양주의 학문이 기세를 떨쳤다. 맹자는 자신의 소명이 유가의 성세를 복원시키는 데 있다고 확신했다. 그의 묵가 및 양주에 대한 비판은 그의 이런 신념이 확고한 만큼 그 강도가 매우 높았다. 그가 묵가와 양주와의 논쟁을 '추돈追豚 : 돼지쫓기' 에 비유한 것이 그 실례이다.

14-27

孟子曰, "有布縷之征, 粟米之征, 力役之征. 君子用其一, 緩其2. 用其2而民有殍, 用其3而父子離."

맹자가 말했다.

"부세(賦稅)에는 포루지정(布縷之征 : 직물을 거두는 세)과 조미지정(粟米之征 : 곡물을 거두는 세), 역역지정(力役之征 : 부역을 부과하는 세)의 3가지가 있다. 군자는 이들 3가지 중 한 가지만 쓰고 나머지 2

가지는 완화해 준다. 그 중 2가지를 동시에 쓰면 민표(民殍 : 백성들이 굶어죽음)가 빚어진다. 이들 3가지를 일시에 쓰면 부모와 자식이 이산하게 된다."

여기의 세 가지 '정征'을 두고 조기와 주자는 '전세田稅'로 보았으나 다산은 『주례』[지관地官]편의 기록 등을 근거로 '부세賦稅'로 보았다. 다산에 따르면 포루지정布縷之征은 택지에 상마桑麻를 심지 않은 사람에게 매긴 세금, 조미지정粟米之征은 밭이 있으면서도 농사짓지 않는 사람에게 벌로 매긴 세금, 역역지정力役之征은 백성에게 부과한 노역을 의미한다. 다산의 해석이 타당하다. 당시 열국의 군주들은 전역戰役의 비용을 충당하기 위해 각종 명목의 세금을 거둬들였다. 세 가지 부세 중 하나만 사용할 것을 역설한 맹자의 언급은 당시 백성들의 심각한 피폐상을 반증한다.

14-28
孟子曰, "諸侯之寶3. 土地, 人民, 政事. 寶珠玉者, 殃必及身."

맹자가 말했다.
"제후의 보배는 3가지이다. 토지(土地)와 인민(人民), 정사(政事)가 그것이다. 주옥(珠玉)을 보배로 여기는 자는 재앙이 틀림없이 그 몸에 미칠 것이다."

맹자가 제후의 3가지 보배로 거론한 토지土地와 인민人民, 정사政事 개념은 '정사'를 주권主權 개념으로 해석할 경우 현대 헌법학에서 흔히 국가의 3대 요소로 거론하고 있는 영토와 인민, 주권 개념과 완전히 일치하고 있다. 이 개념은 서양 전래의 전통적인 사고와는 동떨어진 것이다. 서양에서 주권 개념을 최초로 도입한 사람은 루소이다. 루소는 정규 교육을 받지는 못했으나 많은 책을 읽었다. 그 중에는 선교사들이 번역한 중국고전이 다수 포함되어 있었다. 그가 중국사상의 세례를 받은 것은 의심할 여지가 없다. 프랑스혁명을 전후로 계몽주의자들이 『맹자』의 번역서를 읽고 이를 차용했을 가능성을 배제할 수 없다.

14-29

盆成括仕於齊, 孟子曰, "死矣, 盆成括." 盆成括見殺, 門人問曰, "夫子何以知其將見殺." 曰, "其爲人也小有才, 未聞君子之大道也, 則足以殺其軀而已矣."

분성괄(盆成括 : '분성' 이 성임)이 제나라에서 벼슬을 하게 되자 맹자가 탄식했다.

"죽고야 말겠구나, 분성괄은."

과연 분성괄이 살해되자 한 문인(門人)이 물었다.

"부자(夫子)는 어떻게 그 사람이 살해될 것을 알았습니까."

맹자가 대답했다.

"그 위인(爲人)은 약간의 재주는 있으나 군자의 대도(大道)를 듣지 못했다. 이는 자신의 몸을 죽일 뿐이다."

이 장의 내용에 비춰 전력미상의 '분성괄' 은 자신의 작은 재주를 믿고 함부로 행동한 사람이었던 것으로 짐작된다. 주희를 비롯한 대부분의 주석가가 이같이 추정했다.

14-30

孟子之滕, 館於上宮. 有業屨於牖上, 館人求之弗得. 或問之曰, "若是乎從者之廋也." 曰, "子以是爲竊屨來與." 曰, "殆非也. 夫子之設科也, 往者不追, 來者不拒. 苟以是心至, 斯受之而已矣."

맹자가 등나라로 가서 상궁(上宮 : 별궁의 이름)에 머물렀다. 마침 창문 위에 만들다 만 신발이 있었다. 이는 관인(館人 : 객관의 주인)이 이리저리 찾다가 이내 찾지 못한 것이었다. 혹자가 맹자를 겨냥해 이같이 말했다.

"이같이 할 수 있는가, 종자(從者)들이 물건을 숨겨놓는 짓이."

맹자가 힐난했다.

"그대는 우리가 신발을 훔치러 왔다고 생각하는 것인가."

그러자 혹자가 이같이 변명했다.

"그런 뜻은 아닙니다. 그러나 부자(夫子)는 설과(設科 : 강의를 개설함)한 뒤 왕자불추(往者不追 : 가는 사람을 붙잡지 않음) · 내자불거(來者不拒 : 오는 사람을 막지 않음)를 행하여 배우려는 마음으로 찾아오기만 하면 곧바로 받아주고 있기에 그리 말했을 뿐입니다."

객관客館의 혹자가 맹자의 문도 중에 신발을 훔친 자가 있을 것으로 의심한 것은 나름대로 타당한 것이었다. 이는 맹자가 문도를 받아들이면서 '왕자불추往者不追 · 내자불거來者不拒'의 입장을 견지한 데 따른 것으로 그를 탓할 수만도 없다. 대략 이 일화를 통해 당시 적잖은 사람들이 맹자의 문도 중에 불미한 자가 적잖이 끼어 있는 것으로 인식하고 있었음을 짐작할 수 있다.

14-31

孟子曰, "人皆有所不忍, 達之於其所忍, 仁也. 人皆有所不爲, 達之於其所爲, 義也. 人能充無欲害人之心, 而仁不可勝用也. 人能充無穿踰之心, 而義不可勝用也. 人能充無受爾汝之實, 無所往而不爲義也. 士未可以言而言. 是以言餂之也. 可以言而不言, 是以不言餂之也, 是皆穿踰之類也."

맹자가 말했다.

"사람에게는 모두 소불인(所不忍 : 차마 하지 못하는 것)이 있으니, 이를 확충하여 소인(所忍 : 이내 할 수 있는 것)까지 이르게 하는 것이 인(仁)이다. 또 사람에게는 모두 소불위(所不爲 : 통상 할 수 없는 것)가 있으니, 이를 확충하여 소위(所爲 : 통상 할 수 있는 것)까지 이르게 하는 것이 의(義)이다. 사람이 능히 무해인지심(無害人之心 : 남을 해치지 않으려는 마음)을 확충하면 '인'은 다 쓸 수 없을 정도로 많아진다. 사람이 능히 무천유지심(無穿踰之心 : 벽에 구멍을 뚫고 담장을 넘지 않으려는 마음으로 곧 盜心이 없음을 의미)을 확충하면 '의'는 이루 다 쓸 수 없을 정도로 많아진다. 사람이 능히 이여(爾汝 : '너'에 해당하는 비칭)의 멸칭(蔑稱)을 받지 않으려는 마음을 확충하면 가는 곳마다 '의'를 행하지 않음이 없게 된다. 선비가 말을 해서는 안 될 때 말을 하면 이는 언첨(言餂 : 말로써 핥아먹는다는 뜻으로 남에게 영합해 자신의 이익을 꾀함을 의미)하는 것이다. 말을 해야 할 때 말을 하지 않는다면 이는 불언첨(不言餂 : 침묵으로 이익을 꾀함)하는 것이다. 이는 모두 천유(穿踰)의 도적질과 같은 것이다."

맹자는 이 장에서 인仁을 <소불인所不忍 = 소인所忍>, 의義를 <소불위所不爲 = 소위所爲>로 규정하면서 그 단초를 무해인지심無害人之心과 무천유지심無穿踰之心에서 찾고 있다. 이는 곧 <불인不忍 = 무해인無害人 = 인仁>, <불위不爲 = 무천유無穿踰

=의義> 로 해석한 셈이다. 앞서 살펴보았듯이 맹자는 측은지심惻隱之心과 수오지심羞惡之心을 각각 '인'과 '의'의 단서로 규정한 바 있다. 그렇다면 그는 곧 <측은=불인=무해인>, <수오=불위=무천유> 로 풀이한 셈이 된다. 줄리앙도 이런 입장에서 '불인'과 '무위'를 이같이 풀이했다.

"맹자는 불인지심을 확대하면 인간을 사랑하는 마음이 된다고 보았다. 남의 불행 앞에서 무관심할 수 없다는 것은 곧 남의 불행 앞에서 결코 우리의 마음이 편할 수 없음을 의미한다. 이것이 '인'이다. 사람에게는 하지 않는 것이 있다. 어떤 이가 자기가 해서는 안 된다고 생각하는 것을, 그렇게 느끼지 않는 사람에게 전하는 것이 바로 '의'이다. 중국에서는 서양과 달리 도덕성을 종교적 차원에서 찾지도 않을 뿐만 아니라 명령적인 계명이나 행동규칙을 동반하지도 않는다. 어디까지나 인성의 연장으로 해석했던 것이다."

줄리앙은 도덕성의 근원을 종교 내지 어떤 추상적인 절대가치에서 찾지 않고 인간의 본성에서 찾은 맹자의 도덕철학을 높이 평가한 것이다. 줄리앙은 맹자의 주장을 토대로 도덕성 자체가 지니고 있는 확산의 힘을 두 가지 차원에서 찾았다. 첫 번째는 우리 내부 차원의 것으로 그것은 타인의 비참함 앞에서 느끼는 측은한 심정을 일상생활에서 실현하는 것이다. 줄리앙은 그 근거로 [진심 하]편 제1장을 들었다. 두 번째는 외부 차원의 것으로 그것은 가까운 이웃이건 먼 이웃이건 모범이 되는 것들을 사람들에게 전파함으로써 전개되는 도덕의 확대로 나타난다. 줄리앙은 그 근거로 [양혜왕 상]편 제7장을 들었다. 줄리앙 역시 <측은=불인=

무해인 = 인> 과 < 수오 = 불위 = 무천유 = 의> 로 나타나는 '인의' 를 도덕성의 근간으로 간주한 셈이다.

14-32

孟子曰, "言近而指遠者, 善言也. 守約而施博者, 善道也. 君子之言也, 不下帶而道存焉. 君子之守, 修其身而天下平. 人病舍其田而芸人之田, 所求於人者重, 而所以自任者輕."

맹자가 말했다.

"언근지원(言近指遠 : 말이 비근하면서도 담긴 뜻이 심원함)이 선언(善言)이고, 수약시박(守約施博 : 몸단속이 간략하면서도 시혜가 넓음)이 선도(善道)이다. 군자의 말은 불하대(不下帶 : 통상 시선이 衣帶 아래로 내려가지 않는 것을 뜻하는 말로 목전의 가까운 일을 예로 드는 것을 의미)하나 도가 그 안에 있다. 군자는 자신의 몸을 닦아 천하를 태평하게 한다. 사람들의 병통은 '사기전운인전(舍己田 · 芸人田 : 자기 밭을 버려두고 남의 밭을 김맴)' 을 행하는 데 있다. 그래서 남에게 요구하는 것은 무겁고 스스로 책임지는 것은 가볍기만 한 것이다."

맹자는 이 장에서 선언善言과 선도善道의 요체를 각각 언근지원言近指遠과 수약시박守約施博에서 찾고 있다. 이는 말만 앞세우는 허울뿐인 '선언' 및 '선도' 에 대한 경계에서 나온 것이다. 여기의 '사기전운인전舍己田 · 芸人田' 을 두고 주희는 '불수약무박시不施約 · 無博施 : 몸가짐을 간략히 하지 않은 채 널리 베풀기를 힘씀' 로 풀이했다. 문의에 부합한다.

14-33

孟子曰, "堯舜, 性者也. 湯武, 反之也. 動容周旋中禮者, 盛德之至也. 哭死而哀, 非爲生者也. 輕德不回, 非以干祿也. 言語必信, 非以正行也. 君子行法, 以俟命而已矣."

맹자가 말했다.

"요 · 순은 성(性)을 좇아 자연스럽게 행했고, 탕 · 무는 인위적인 노력으로 '성'을 회복했다. 동용주선(動容周旋 : 몸을 움직이고 사람과 교제하는 것으로 곧 모든 행위를 지칭)이 예에 부합하는 것은 성덕(盛德)이 지극한 것이다. 곡사이애(哭死而哀 : 사자를 곡하며 슬퍼함)는 생자(生者)를 위한 것이 아니고, 경덕불회(經德不回 : 덕을 실현하고 간사하지 않음)는 간록(干祿 : 작록) 때문이 아니고, 언어필신(言語必信 : 언어를 미덥게 함)은 정행(正行 : 행실을 바르게 함) 때문이 아니다. 군자는 행법(行法 : 여기의 '법'은 천도로 천도의 이행을 의미)하여 사명(俟命 : 待命)할 뿐이다."

맹자는 이 장에서 '성性'을 자연스런 '천성天性'과 인위적인 '복성復性 : 본성의 회복'으로 구분하면서 '복성'의 실현방안으로 행법사명行法俟命을 제시했다. 주희는 '천성'을 '불가수위不假修爲 : 인위적인 노력과 작위가 없음'로 풀이하면서 '불가수위'는 성인, '행법사명'은 군자로 간주했다. 정이천은 '동용주선動容周旋이 예에 부합한다'를 『논어』 [안연]편의 '조문도석사가의朝聞道夕死可矣'와 같은 취지로 해석했다. 모두 문의에 부합한다.

14-34

孟子曰, "說大人, 則藐之, 勿視其巍巍然. 堂高數仞, 榱題數尺,我得志, 弗爲也. 食前方丈, 侍妾數百人, 我得志, 弗爲也. 般樂飮酒, 驅騁田獵, 後車千乘, 我得志, 弗爲也. 在彼者, 皆我所不爲也. 在我者, 皆古之制也, 吾何畏彼哉."

맹자가 말했다.

"대인(大人 : 여기서는 군주를 지칭)에게 유세할 때는 그를 묘시(藐視 : 輕視)하고, 그 외외연(巍巍然 : 드높음)을 보아서는 안 된다. 그는 당고(堂高 : 집 높이)가 몇 길이나 되고 최제(榱題 : 서까래 머리)가 몇 자나 되지만 나는 득지(得志)할지라도 그리하지 않을 것이다. 그는 식전방장(食前方丈 : 음식이 사방 열 자의 상 위에 가득 차려져 있는 연회를 의미)에 시첩(侍妾 : 시중드는 여인)이 수백 명이지만 나는 득지할지라도 그리하지 않을 것이다. 그는 반락음주(般樂飮酒 : 즐기며 술을 마심)하고 구빙전렵(驅騁田獵 : 말을 내달리며 사냥함)할 때 뒤따르는 수레가 1천 승(乘)이지만 나는 득지할지라도 그리하지 않을 것이다. 그에게 있는 것은 모두 내가 하지 않는 것이나, 나에게 있는 것은 모두 고제(古制 : 전래의 법도)이다. 그러니 내 어찌 저들을 두려워하겠는가."

맹자는 이 장에서 군주에게 유세할 때 짐짓 그를 묘시藐視할 필요가 있다는 등의 구체적인 방안을 제시하고 있다. 그러나 이는 호연지기浩然之氣를 강조한 맹자의 기본입장과 사뭇 동떨어진 것으로 그가 의외로 사소한 문제에 너무 집착한 게 아닌가 하는 느낌을 주고 있다. 이런 얘기는 차라리 하지 않는 것이 훨씬 맹자다웠다.

14-35

孟子曰, "養心莫善於寡欲. 其爲人也寡欲, 雖有不存焉者, 寡矣.

其爲人也多欲, 雖有存焉者, 寡矣."

맹자가 말했다.

"양심(養心 : 마음을 기름)의 방법으로 과욕(寡欲 : 욕심을 적게 가짐)보다 더 나은 것은 없다. 그 사람됨이 '과욕' 하면 설령 마음이 보존되지 않았다 할지라도 그 보존되지 않은 바가 매우 적고, 그 사람됨이 다욕(多欲)이면 설령 마음이 보존되었다 할지라도 그 보존된 바가 매우 적다."

이 장의 양심養心은 [진심 상]편 제1장에 나오는 존심양성存心養性 : 마음을 보존하여 성을 기름과 같은 말이다. 맹자는 이 장에서 '양심'의 구체적인 실현방안으로 '과욕寡欲'을 제시하고 있다. 주희를 비롯한 후대의 성리학자들은 성性과 정情을 '천리天理'와 '인욕人欲'으로 간주한 뒤 맹자의 '과욕'을 '존천리存天理'에 부응하는 '알인욕遏人欲'으로 간주했다. 동일한 취지이기는 하나 '알인욕'은 맹자의 '과욕'에 비해 인위적인 색채가 짙다. 이후 성리학자들은 '알인욕'을 '멸인욕滅人欲'으로까지 해석했다. 이는 '인욕' 자체를 아예 죄악시한 데 따른 것으로 성리학 이념이 화석화한 데 따른 부작용이 아닐 수 없다.

14-36

曾晳嗜羊棗, 而曾子不忍食羊棗. 公孫丑問曰, "膾炙與羊棗孰美." 孟子曰, "膾炙哉." 公孫丑曰, "然則曾子何爲食膾炙而不食羊棗." 曰, "膾炙所同也, 羊棗所獨也. 諱名不諱姓, 姓所同也, 名所獨也."

일찍이 증석(曾晳)이 양조(羊棗 : 고욤)를 좋아하자 아들 증자(曾

子)가 차마 양조를 먹지 못했다. 이를 두고 공손추가 맹자에게 물었다.

"회자(膾炙 : 저며 썬 고기와 구운 고기)와 양조 중 어느 것이 더 맛있습니까."

"회자이다."

"그렇다면 증자는 어찌하여 회자는 먹고 양조는 먹지 않은 것입니까."

그러자 맹자가 이같이 대답했다.

"회자는 사람들이 다 좋아했지만 양조는 부친 증석만이 좋아했기 때문이다. 이름은 휘(諱 : 호칭을 꺼리어 피함)하지만 성은 휘하지 않는다. 이는 성은 같지만 이름은 독특하기 때문이다."

회자膾炙의 '회膾'를 생선회로 해석하는 경우도 있으나 이는 잘못이다. 여기서는 저며서 썬 날고기를 의미한다. 『오월춘추吳越春秋』에는 회膾가 생선회로 사용된 용례가 나오기는 한다. 그러나 이는 남방지역의 관습이다. 북방의 노나라에서는 생선회를 먹는 관행이 없었다.

14-37

萬章問曰, "孔子在陳曰, '盍歸乎來. 吾黨之士狂簡, 進取, 不忘其初.' 孔子在陳, 何思魯之狂士." 孟子曰, "孔子, '不得中道而與之, 必也狂獧乎. 狂者進取, 獧者有所不爲也.' 孔子豈不欲中道哉. 不可必得, 故思其次也." "敢問何如斯可謂狂矣." 曰, "如琴張 · 曾晳 · 牧皮者, 孔子之所謂狂矣." "何以謂之狂也." 曰, "其志嘐嘐然, 曰, '古之人, 古之人.' 夷考其行而不掩焉者也. 狂者又不可得, 欲得不屑不潔之士而與之, 是獧也, 是又其次也." "孔子曰, '過我門而不入我室, 我不憾焉者, 其惟鄕原(=愿)乎. 鄕原, 德之賊也.' 曰何如斯可謂之鄕原矣." 曰, "何以是嘐嘐也. 言不顧行, 行不顧言, 則曰, '古之人, 古之人.' 行何爲踽踽凉凉. 生斯世也, 爲斯世也, 善斯可矣. 閹然媚於世也者, 是鄕原也." 萬章曰, "一鄕皆稱原人焉, 無所往而不爲原人, 孔子以爲德之賊, 何哉." 曰, "非之無擧也, 刺之無刺也, 同乎流俗, 合乎汙世, 居之似忠信, 行之似廉潔, 衆皆悅之, 自以爲是, 而不可與入堯舜之道, 故曰 '德之賊也'. 孔子曰, '惡似而非者. 惡莠, 恐其亂苗也. 惡佞, 恐其亂義也. 惡利口, 恐其亂信也. 惡鄭聲, 恐其亂樂也. 惡紫, 恐其亂朱也. 惡鄕原, 恐其亂德也.' 君子反經而已矣. 經正, 則庶民興. 庶民興, 斯無邪慝矣."

만장이 물었다.

"공자가 진(陳)나라에 있을 때 이르기를, '어찌 돌아가지 않겠는가. 오당지사(吾黨之士 : 내 고향의 선비로 곧 노나라에 남아 있던 제자들을 지칭)는 광간진취(狂簡進取 : 열정적이며 진취적임)하며 그 초지를 잃지 않고 있다' 고 했습니다. 공자는 진나라에 있으면서 왜 노나라의 광사(狂士 : 뜻은 높으나 실천이 소홀한 선비)를 생각한 것입니까."

맹자가 대답했다.

"공자는 말하기를, '중도(中道)의 인물을 얻어 더불어 사귀지 못하면 반드시 광견(狂狷)을 얻을 일이다. 광자(狂者 : 지극히 뜻이 커 행동이 말을 따르지 못하는 선비)는 진취적이고, 견자(狷者 : 지조가 있으나 고집스럽고 소심한 선비)는 하지 않는 바가 없다' 고 했다. 공자가 어찌 중도의 인물을 원치 않았겠는가. 다만 반드시 얻을 수는 없었기에 그 다음의 인물을 생각했던 것이다."

만장이 물었다.

"감히 묻건대 어찌해야 가히 '광자' 라고 이를 수 있는 것입니까."

"금장(琴張 : 琴牢)과 증석(曾晳), 목피(牧皮 : 전력미상)와 같은 사람이 바로 공자가 말한 소위 '광자' 이다."

"어째서 이들을 '광자' 라고 하는 것입니까."

맹자가 대답했다.

"그 뜻이 효효연(嘐嘐然 : 지나치게 뜻이 큼)하여 늘 입만 떼면 말하기를, '고지인(古之人 : 옛 사람은 云云)' 이라고 했다. 그러나 평소의 행실을 보면 그 말한 바를 다 실천에 옮기지 못했다. 공자는 '광자' 또한 얻지 못할 바에는 정결치 않은 것을 꺼리는 선비를 얻어 더불어 사귀고자 했다. 이들이 바로 '견자' 로 '광자' 다음가는 인물이다."

만장이 다시 물었다.

"공자가 말하기를, '내 집 문 앞을 지나면서 내 집에 들어오지 않는다 할지라도 내가 결코 유감으로 생각지 않을 자는 바로 향원(鄕原 : 향당에서 행세하는 선비)일 것이다. 향원은 덕지적(德之賊 : 덕을 해치는 자)이다' 라고 했습니다. 묻건대 어떠해야 가히 향원이라고 비난할 만한 것입니까."

맹자가 대답했다.

"이들은 말하기를, '광자들은 어찌하여 이처럼 효효(嘐嘐)한 것인가. 말은 행실을 돌아보지 않고, 행실은 말을 돌아보지 않은 채 입만 열면 고지인(古之人) 운운하는 것인가. 또 견자들은 어찌하여 행실은 우우량량(踽踽凉凉 : 홀로 거닐며 쓸쓸해함)한 것인가. 이 세상에 태어났으면 이 세상에 맞춰 살아가야 한다. 남들이 선하다고 하면 그것으로 가하다' 라고 한다. 이들은 엄연(閹然 : 속내를 감춤)히 미세(媚世 : 세속에 영합함)하니 이런 자들이 바로 향원이다."

만장이 물었다.

"한 고을 사람들이 모두 원인(原人 : 근후한 인물)이라고 칭송한다면 가는 곳마다 원인이 되지 않을 턱이 없는데 어찌하여 공자는 이들 원인을 두고 '덕지적' 이라고 한 것입니까."

맹자가 대답했다.

"비난코자 해도 지적할 게 없고, 풍자하려 해도 풍자할 게 없고,

유속(流俗 : 유행과 세속)에 휩쓸리고, 오세(汙世 : 더러운 세상)에 영합하고, 평소에는 충신(忠信)하게 살며 염결(廉潔)하게 행동하는 듯하고, 중인들이 좋아하면 스스로 옳다고 여긴다. 이런 자들과는 더불어 요순지도(堯舜之道)에 들어갈 수 없다. 그래서 공자는 '덕지적'이라고 한 것이다. 공자가 이르기를, '나는 사이비(似而非 : 비슷한 듯하지만 다름)를 미워한다. 유(莠 : 가라지)를 미워하는 것은 곡식의 싹을 어지럽힐까 염려하기 때문이다. 영인(佞人 : 잔재주가 있는 자)을 미워하는 것은 의(義)를 어지럽힐까 염려하기 때문이다. 이구(利口 : 말재주가 있는 자)를 미워하는 것은 신(信)을 어지럽힐까 염려하기 때문이다. 정성(鄭聲 : 淫風의 정나라 음악)을 미워하는 것은 악(樂)을 어지럽힐까 염려하기 때문이다. 자색(紫色)을 미워하는 것은 주색(朱色)을 어지럽힐까 염려하기 때문이다. 향원을 미워하는 것은 덕을 어지럽힐까 염려하기 때문이다'라고 했다. 군자는 경도(經道 : 떳떳한 도)를 회복할 뿐이다. 경도가 바르면 서민이 흥기(興起)하고, 서민이 흥기하면 사특(邪慝)이 사라질 것이다."

이 장에 인용된 공자에 관한 일화는 크게 『논어』 [공야장]편에 나오는 오당지사吾黨之士에 관한 일화와 [양화]편에 나오는 향원鄕原에 관한 일화 등 2가지이다. 향鄕과 당黨은 규모가 큰 마을을 의미한다. 당시 5가家가 모여 1비比, 5비가 모여 1려閭, 4려가 모여 1족族, 5족이 1당黨, 5당이 모여 1주州, 5주가 모여 1향鄕의 마을을 형성했다. 이를 총칭해 흔히 '향당'이라고 했다. 대략 1호당 4인 가족으로 간주하면 1만 명가량이 1개 향에 살았던 셈이다.

'향원'은 세속에 영합함으로써 시골에서 근후하다는 칭송을 받는 속되고 옹졸한 자를 지칭한다. 공자가 '향원'을 질타한 것은 사이비似而非 덕으로 덕을 해치기 때문이다. '오당지사' 및 '향원'의 일화에 대한 맹자의 해석은 대략 『논어』에 나오는 공자의 발언 취지에 부합한다. 다산은 맹자가 '향원'의 전형적인 작태로 거론한 '엄연미세閹然媚世'를 두고 풀이하기를, "소인이 뜻을 품고 드러내지 않으면서 남에게 아첨하는 것을 말하니 이른바 암아媕婀 : 여인이 머뭇거리며 애정을 표시하지 못하는 모습와 같다"라고 했다. 절묘한 비유가 아닐 수 없다.

14-38

孟子曰, "由堯舜至於湯, 5百有餘歲. 若禹 · 皐陶則見而知之, 若湯則聞而知之. 由湯至於文王, 5百有餘歲. 若伊尹 · 萊朱則見而知之, 若文王則聞而知之. 由文王至於孔子, 5百有餘歲. 若太公望 · 散宜生, 則見而知之, 若孔子則聞而知之. 由孔子而來至於今, 百有餘歲, 去聖人之世, 若此其未遠也. 近聖人之居, 若此其甚也. 然而無有乎爾, 則亦無有乎爾."

맹자가 말했다.

"요(堯) · 순(舜)으로부터 탕(湯)에 이르기까지가 5백여 년이다. 우(禹)에서 고요(皐陶)는 요 · 순의 도를 견지(見知 : 직접 보아서 앎)했고, 탕은 문지(聞知 : 들어서 앎)했다. 탕으로부터 문왕(文王)에 이르기까지가 5백여 년이다. 이윤(伊尹)과 내주(萊朱 : 탕의 현신으로 仲虺와 동일인물로 보기도 함)는 탕의 도를 '견지' 했고, 문왕은 '문지' 했다. 문왕으로부터 공자(孔子)에 이르기까지가 5백여 년이다. 태공망(太公望)과 산의생(散宜生 : 문왕의 현신)은 '견지' 했고, 공자는 '문지' 했다. 공자로부터 지금까지가 1백여 년이다. 성인의 시대로부터 떨어진 거리가 이처럼 멀지 않고, 성인이 살던 곳도 이처럼 심히 가까운데도 성인의 도를 계승할 사람이 없으니 끝내 그렇게 할 사람이 없단 말인가."

맹자는 이 장에서 자신만의 독특한 역사관인 소위 '오백세왕자흥설五百世王者興說'을 전개하고 있다. 유사한 얘기가 [등문공 하]편 제13장에 실려 있기는 하나 '오백세왕자흥설'의 구체적인 내용이 바로 이 장에 서술돼 있다. 당시 맹자가 무엇을 근거로 5백 년을 주기로 왕도를 행하는 왕자가 나온다고 했는지 알 길이 없다. 과거 맹자의 이런 주장을 뒷받침하기 위한 여러 주장이 나왔으나 아직까지 5백 년을 단위로 치세와 난세가 교체했음을 확고하게 뒷받침하는 주장은 존재하지 않는다. 이는 사실 맹자의 이런 주장이 엄밀한 역사적 분석에 기초한 것이 아니라는 점에서 볼 때 당연한 것이기도 하다.

주희는 '문지'를 두고 『논어』 [자장]편에 나오는 자공子貢의 말을 인용해 '문무지도文武之道 : 주문왕과 주무왕이 이룩한 공업과 예악 등을 지칭의 사숙私淑'으로 풀이했다. [자장]편에서 자공은 말하기를, '문무지도文武之道가 아직 땅에 떨어지지 않아 사람들의 기억 속에 남아 있다. 현명한 자는 그 큰 것을 기억하고, 현명치 못한 자는 그 작은 것을 기억하고 있다. 부자夫子는 문무지도를 빠짐없이 갖추고 있으니 어디선들 문무지도를 배우지 못했을 리 있겠는가. 또한 어찌 일정한 스승을 두고 배웠을 리 있겠는가'라고 했다. 주희는 바로 이것이 '문지'라고 주장한 것이다. 대략 맹자도 이런 뜻으로 '문지'를 이해한 것으로 짐작된다.

그렇다면 맹자가 마지막 대목에서 '아직도 성인의 도를 계승할 사람이 없으니 끝내 그렇게 할 사람이 없단 말인가'라고 탄식한 것은 구체적으로 누구를 염두에 둔 것일까. 맹자는 앞서 [등문공 하]편 제13장에서 분석한 바와 같이 평소 자신만이 새로운 세상의 왕자王者가 될 자격이 있다는 확신을 지니고 있었다. 더구나 그는 '오백세왕자흥설'의 역사관을 지니고 있었다. 이를 종합하면 맹자는 어느 날 문득 새로운 세상의 도래는 요원해 보이고 아직도 유세객에 머물고 있는 자신의 처량한 모습을 보고는 자신도 모르는 사이에 장탄식했을지도 모를 일이다.

본래 뜻이 크고 확신이 강할수록 자신의 이상과 괴리된 현실에 대한 비탄은 처절할 수밖에 없다. 『맹자』의 최종편인 [진심 하]편의 마지막 장의 마지막 구절은 바로 왕도를 통한 새로운 세상의 도래를 갈구하는 맹자의 염원이 절절히 표현된 구절로 보는 것이 옳다. 『맹자』의 편찬자가 이 구절을 『맹자』의 맨 장에 배치한 것도 이를 의식한 데 따른 것으로 짐작된다. 이 구절은 왕도를 내세운 맹자의 첫 유세가 끝내 실패로 끝난 일화를 다룬 [양혜왕 상]편의 첫 대목인 '맹자견양혜왕孟子見梁惠王' 구절과 묘한 대조를 이루고 있다.

인의仁義에 입각한 왕도王道를 통해 천하를 통일코자 했던 맹자의 위대한 구상은 과연 언제 이뤄질 수 있는 것일까. 전국시대의 난세에 열국의 군주들을 계몽해 왕도낙토王道樂土의 새로운 천하통일의 시대를 구가코자 했던 맹자의 구상은 비록 현실과 동떨어진 것이기는 했으나 그 이상만큼은 숭고한 바가 있었다. 인류가 제1-2차 세계대전을 겪은 후에 비로소 '항구적인 세계평화의 구축'을 위해 국제연맹과 국제연합을 잇달아 구성한 전례에 비춰볼 때 맹자가 내세운 왕도낙토王道樂土의 구상은 '항구적인 세계평화의 구축'에 해당한다.

현재 모든 나라가 비록 국제연맹의 실패와 국제연합의 여러 시행착오에도 불구하고 '항구적인 세계평화의 구축' 이념을 소중히 생각해 각기 노력하고 있는 만큼 언젠가는 인류의 염원을 실현할 때가 도래할 것이다. 우리도 노력하기에 따라서는 얼마든지 남북통일의 대업을 이뤄 한반도를 중심으로 한 동북아 전체를 왕도낙토王道樂土로 만들어 나갈 수 있다. 비록 안팎의 도전으로 인한 여러 어려움이 있으나 지금이야말로 전 국민이 일치단결해 모든 난관을 돌파하고 부국강병을 통한 한반도 통일과 동북아 전체의 왕도낙토를 위해 일로매진해 나가야 할 때가 아닐 수 없다.

⚜ 부록_1 ⚜

맹자연보 *이 연표는 청대 적자기(狄子奇)의 [맹자편년(孟子編年)]에 따른 것으로 어디까지나 하나의 추정에 불과하다는 사실에 주의할 필요가 있다.

B.C.	나이	약력
372	1	鄒(산동성 연주부 곤현)나라에서 태어나다.
358	15	노나라에서 배우다.
332	41	처음 추나라 穆公을 만나다.
331	42	제나라 平陸에 머무르다.
330	43	추나라에서 任나라로 가다.
329	44	제나라 평륙에서 제나라 수도 臨淄로 가다.
328	45	제나라에서 賓師가 되다.
326	47	제나라를 떠나 송나라로 가다.
325	48	송나라에서 추나라로 돌아오다.
324	49	추나라에서 滕나라로 가다.
322	51	등나라를 떠나 추나라로 돌아가다.
320	53	양혜왕의 초빙을 받고 양나라로 가다.
319	54	양혜왕 罃 이 죽자 양나라를 떠나 제나라로 가다.
318	55	제나라에서 客卿이 되다.
317	56	모친의 상을 당해 제나라에서 노나라로 돌아와 장례를 모시다.
315	58	노나라에서 제나라로 돌아오다.

314	59	제나라가 연나라를 치자 제나라를 떠나 송나라로 가다.
313	60	宋牼을 石丘에서 만나 인의로써 秦楚의 왕에 대한 설득을 권하다.
312	61	송나라에서 薛나라로 가다.
311	62	설나라에서 노나라로 갔다가 뜻을 얻지 못하고 다시 추나라로 가다.
289	84	세상을 떠나다.

⚜ 부록_2 ⚜

전국시대 열국세계표 (괄호안은 모두 기원전임)

1) 東周 威烈王

考王 – 威烈王 – 安王 –– 烈王 –– 顯王 – 愼靚王 – 赧王
(441–426) (426–402) (402–376) (376–369) (369–321) (321–315) (315–256)
桓公 –– 威公 –– 惠公 –– 東周惠公
(256–249)

2) 齊(田氏)

田敬仲完 … 釐子 … 太公 –– 侯(剡) –– 桓公 –– 威王 ––
(388–378) (378–356) (356–319)
宣王 –– 湣王 –– 襄王 –– 王(建)
(319–301) (301–283) (283–264) (264–221)

3) 魏

畢萬 … 桓子 … 文侯 –– 武侯 –– 惠王 –– 襄王 –– 哀王 ––
(424–387) (387–371) (371–335) (335–319) (319–296)
昭王 –– 安釐王 –– 景湣王 –– 王(假)
(296–277) (277–243) (243–228) (228–225)

4) 趙

趙夙 … 烈侯 —— 敬侯 —— 成侯 —— 肅侯 —— 武靈王 ——
(408–400) (387–375) (375–350) (350–326) (326–299)
惠文王 —— 孝成王 —— 悼襄王 —— 幽繆王
(299–266) (266–245) (245–236) (236–228)
武公 代王
(400–387) (228–222)

5) 韓

景侯 —— 列侯 —— 文侯 —— 哀侯 —— 懿侯 —— 昭侯 ——
(408–400) (400–387) (387–376) (376–371) (371–359) (359–333)
宣惠王 – 襄王 —— 釐王 – 桓惠王 – 王(安)
(333–312) (312–296) (296–273) (273–239) (239–230)

6) 楚

簡王 —— 聲王 —— 悼王 —— 肅王
(432–408) (408–402) (402–381) (381–370)
宣王 —— 威王 —— 懷王 —— 頃襄王 ——
(370–340) (340–329) (329–299) (299–263)
考烈王 ——
(263–238)
幽王
(238–228)
負芻
(228–223)
哀王
(228)

7) 秦

靈公 –– 獻公 –– 孝公 –– 惠文王 –– 武王
(425–415) (385–362) (362–338) (338–311) (311–307)
簡公 ––– 惠公 –– 出子 昭襄王 – 孝文王 – 莊襄王 – 秦始皇
(415–400) (400–387) (387–385) (307–251) (251–250) (250–247) (247–210)

8) 燕

孝公 –– 成公 –– 湣公 ––
(?–455) (455–439) (439–415)
– 簡公 –– 桓公 –– 文公 –– 易王 –– 王(噲) ––
(415–370) (370–362) (362–333) (333–321) (321–312)
昭王 –– 惠王 –– 武成王 –– 孝王 –– 王(喜)
(312–279) (279–272) (272–258) (258–255) (254–222)

⚜ 부록_3 ⚜

전국시대연표

紀元前	春秋年代	事件
403	23년	3진(三晋)이 시작됨. 『자치통감』이 기필함. -전국시대 개막-
400	周安王	2년 정나라가 한(韓)나라의 양척(陽翟)을 포위함. 3진이 초나라를 침.
397	5년	섭정(聶政)이 한나라 재상 협루(俠累)를 죽임.
396	6년	위문후(魏文侯)가 죽고 아들 위무후가 즉위함.
387	15년	진(秦)이 촉(蜀)의 남정(南鄭)을 공략함.
386	16년	제나라의 전화(田和)를 제후로 봉함.
382	20년	제나라와 위나라가 위(衛)를 도와 조(趙)를 치고 강평(剛平)을 공략함.
379	23년	제강공(齊康公)이 죽고 전씨(田氏)가 제나라를 병합함.
378	24년	3진이 제나라의 영구(靈丘)까지 진격함.
377	25년	촉나라가 초나라를 침.
375	周烈王	원년 한나라가 정나라를 멸하고 양척(陽翟)으로 천도함.
372	4년	맹자 탄생.
369	7년	조나라와 한나라가 위나라를 포위함.
361	周顯王	8년 진(秦)나라가 상앙(商鞅)을 기용함.
359	10년	진나라가 상앙을 좌서장(左庶長)에 기용해 제1차 개혁

		을 단행함.
356	13년	노공후(魯共侯)와 위성후(衛成侯), 한소후(韓昭侯)가 위혜왕을 조현함.
352	17년	제후들이 위나라의 양릉(襄陵)을 포위함.
351	18년	신불해가 한나라의 재상이 됨.
350	19년	진나라가 함양으로 천도함.
		상앙이 제2차 개혁을 단행함.
338	31년	진효공이 죽고 상앙이 피살됨.
337	32년	신불해가 죽음.
		초나라 등 4국이 진나라에 사절을 파견함.
334	35년	위나라와 제나라가 서주(徐州)에서 만나 칭왕키로 합의함.
329	40년	진나라가 위나라의 분음(汾陰)과 피씨(皮氏)를 빼앗고 초(焦)를 포위함.
328	41년	진나라가 처음으로 상국(相國)제도를 두고 장의(張儀)를 상국으로 삼음.
325	44년	진나라가 처음으로 칭왕함.
323	46년	장의가 제·초(齊楚) 양국과 회맹함.
		연·한(燕韓)이 칭왕함.
318	周愼靚王	3년 3진과 연나라, 초나라가 연합해 진나라를 쳤으나 패배함.
316	5년	진나라가 촉나라를 멸함.
313	周赧王	2년 장의가 초나라의 재상이 되어 제나라와 단교함.
312	3년	초회왕(楚懷王)이 진나라를 치다가 대패함.
311	4년	장의가 각국에 유세함.
309	6년	장의가 위나라에서 죽음.
307	8년	진나라가 한나라의 의양(宜陽)과 무수(武遂)를 빼앗고 축성함.
302	13년	위양왕과 한나라 태자가 진나라에 입조함.
		초나라 태자 도주해 귀국함.
301	14년	진나라가 위·제·한과 함께 초나라를 중구(重丘)에서 격파함.

300	15년	진나라가 초나라를 대파함.
299	16년	맹상군이 진나라 승상이 됨. 진(秦)이 초(楚)를 치고 8개 성을 점거함.
298	17년	맹상군이 제나라로 도망쳐 옴. 한 · 위 · 제 3국이 진나라의 함곡관을 침.
297	18년	초회왕이 탈출에 실패함.
296	19년	초회왕이 진나라에서 죽임을 당함. 위양왕과 한양왕이 죽음.
295	20년	조나라 공자 성(成)이 조무령왕을 치자 조무령왕이 아사함.
293	22년	진나라 장수 백기(白起)가 한 · 위 연합군을 이궐(伊闕)에서 대파함.
288	27년	진소왕이 서제(西帝)를 칭하고 제왕을 동제(東帝)로 칭함.
285	30년	진나라의 몽무(蒙武)가 제나라의 9성을 점령함. 진소왕이 초왕과 화해함.
284	31년	진나라가 3진 및 연나라와 함께 제나라를 쳐 임치(臨淄)로 진공함.
280	35년	진나라가 초나라와 함께 조나라를 침.
279	36년	연(燕)의 악의(樂毅)가 분조(奔趙)함. 제나라 전단(田單)이 실지를 회복함.
278	37년	진나라가 초나라 도읍 영(郢)을 함락시킴.
277	38년	진나라가 초나라의 무(巫)와 검중(黔中)을 점령함. 굴원이 멱라에 투신함.
276	39년	초나라가 장강 유역의 15개 성읍을 수복함.
275	40년	조나라의 염파(廉頗)가 위나라의 방자(房子)와 안양(安陽)을 빼앗음.
273	42년	조 · 위가 한(韓)의 화양(華陽)을 치나 진나라가 한나라를 도와 대승함.
272	43년	초나라가 태자를 인질로 해 진(秦)과 강화함. 진 · 위 · 초가 연나라를 침.
263	52년	초고열왕이 즉위하자 춘신군이 재상이 됨.

262	53년	진나라가 한나라의 10개 성읍을 빼앗음.
260	55년	진나라 장수 백기가 장평(長平)에서 조나라 군사를 대파함.
259	56년	진시황이 탄생함. 진나라가 한 · 조 양국과 강화함.
257	58년	진나라 장수 백기가 자살함. 위나라가 진나라 군사를 한단에서 격파함.
256	59년	초나라가 노나라를 치고 거(莒) 땅으로 몰아냄. 진나라가 주왕실을 멸함.
251	秦昭襄王	56년 진소왕이 죽음. 조나라의 평원군이 죽음.
250	秦孝文王	원년 진효문왕이 즉위 이틀 후에 죽고 아들 초장양왕(楚莊襄王)이 뒤를 이음.
249	秦莊襄王	원년 여불위(呂不韋)가 한(韓)을 치고 삼천군(三川郡)을 둠. 노나라가 멸망함.
247	3년	위나라 신릉군이 진군(秦軍)을 격퇴함. 태자 정(政 : 진시황)이 즉위함.
242	秦始皇	5년 진나라가 위나라의 20개 성을 빼앗고 동군(東郡)을 설치함.
238	9년	장신후 노애(嫪毐)의 반란이 일어남. 초나라 춘신군이 피살됨.
237	10년	진왕 정(政)이 여불위를 파면함.
236	11년	진나라가 조나라의 9개 성읍을 빼앗음.
235	12년	여불위가 자살함.
233	14년	한비자(韓非子)가 자살함. 진나라가 조나라의 평양(平陽)을 점령함.
230	17년	진나라가 한나라를 멸하고 영수군(潁水郡)을 설치함.
228	19년	진나라가 조나라를 멸하자 조나라 공자 가(嘉)가 조대왕(趙代王)이 됨.
227	20년	형가(荊軻)가 암살에 실패함. 연 · 대(燕代) 연합군이 진군(秦軍)에 패함.
225	22년	진나라 장수 왕분(王賁)이 위나라를 쳐 멸망시킴.
224	23년	진나라 장수 왕전(王翦)과 몽무가 초나라를 대파함.
223	24년	초나라가 멸망함.

222	25년	진나라가 요동에서 연왕(燕王)을 생포하고 조대왕(趙代王)도 생포함.
221	26년	진시황이 제나라를 멸하고 천하를 통일함. -전국시대 종료-

⚜ 참고문헌 ⚜

1. 기본서

『논어』, 『맹자』, 『관자』, 『순자』, 『열자』, 『한비자』, 『윤문자』, 『노자』, 『장자』, 『묵자』, 『양자』, 『상군서』, 『안자춘추』, 『춘추좌전』, 『춘추공양전』, 『춘추곡량전』, 『여씨춘추』, 『회남자』, 『춘추번로』, 『오월춘추』, 『신어』, 『세설신어』, 『잠부론』, 『염철론』, 『국어』, 『설원』, 『전국책』, 『논형』, 『공자가어』, 『정관정요』, 『자치통감』, 『독통감론』, 『일지록』, 『명이대방록』, 『근사록』, 『송명신언행록』, 『설문해자』, 『사기』, 『한서』, 『후한서』, 『삼국지』.

2. 저서 및 논문

1) 한국

가네타니 사다무 외, 『중국사상사』(조성을 역, 이론과 실천, 1988).
가리노 나오끼, 『중국철학사』(오이환 역, 을유문화사, 1995).
가이쯔까 시게끼, 『제자백가』(김석근 외 역, 까치, 1989).
강재언, 『선비의 나라 한국유학 2천년』(하우봉 역, 한길사, 2003).
골드만, 『계몽주의의 철학』(문학과 사회연구소 역, 청하, 1980).
곽말약, 『중국고대사상사』(조성을 역, 도서출판 까치, 1991).
김경일, 『사서삼경을 읽다』(바다출판사, 2004).
김승혜, 『원시유교』(민음사, 1990).
김용덕, 「조선시대 군주제도론」, 『창작과 비평』 11-2(1976).

김용옥, 『동양학 어떻게 할 것인가』(민음사, 1985).
김재욱, 『맹자, 제멋대로 읽기』(포럼, 2006).
김충렬 외, 『논쟁으로 보는 중국철학』(예문서원, 1995).
김한식, 『실학의 정치사상』(일지사, 1979).
김형효, 『맹자와 순자의 철학사상』(삼지원, 1990).
니시지마 사다이끼, 『중국고대사회경제사』(변인석 역, 한울, 1996).
대진, 『맹자자의소증』(임옥균 역, 홍익, 1998).
라이샤워 외, 『동양문화사』 상하(고병익 외 역, 을유문화사, 1973).
런지유에, 『중국철학사 1』(이문주 외 역, 청년사, 1989).
이탁오, 『분서』(김혜경 역, 한길사, 2004).
리쭝우, 『후흑학』(신동준 역, 효형, 2003).
린유탕, 『공자의 사상』(민병산 역, 현암사, 1984).
마루야마 마사오, 『충성과 반역』(박충석 · 김석근 역, 나남출판, 1998).
마쓰시마 다까히로 외, 『동아시아사상사』(조성을 역, 한울아카데미, 1991).
모리모토 준이치로, 『동양정치사상사 연구』(김수길 역, 동녘, 1985).
모리야 히로시, 『중국고전의 인간학』(이찬도 역, 을지서적, 1991).
박영진, 『공자에서 노신까지』(삼경, 1999).
박충석, 『한국정치사상사』(삼영사, 1982).
북경대중국철학사연구실 편, 『중국철학사』(박원재 역, 자작아카데미, 1994).
샤오꿍취엔, 『중국정치사상사』(최 명 역, 서울대출판부, 2004).
서울대동양사학연구실 편, 『강좌 중국사』 1－7(지식산업사, 1989).
송영배 , 『제자백가의 사상』(현암사, 1994).
슈월츠, 『중국고대사상의 세계』(나성 역, 살림출판사, 1996)
신동준, 『중국문명의 기원』(인간사랑, 2005).
_____, 『논어론』(인간사랑, 2006).
양국영, 『맹자 평전』(미다스북스, 2002).
왕방웅, 『맹자철학』(서광사, 2005).
유정기, 『정치철학 : 맹자신강』(일신서적, 1993).
윤사순, 『한국유학사상론』(열음사, 1986).
이기동, 『맹자강설』(성균관대출판부, 1994).
이덕일, 『당쟁으로 보는 조선역사』(석필, 1997).
이병도, 『한국유학사』(아세아연구소, 1987).

이성규 외, 『동아사상의 왕권』(한울아카데미, 1993).
이춘식, 「유가정치사상의 이념적 제국주의」, 『인문논집』 27(1982).
임종삼, 『맹자 : 혁명사상과 왕도정치론』(문원각, 1982).
장기근, 「예와 예교의 본질」 『동아문화』 9(1970).
장따이니엔, 『중국유물사상사』(최형식 역, 이론과 실천, 1989).
장치쥔 외, 『중국철학사』(송하경 외 역, 일지사, 1995).
전성홍, 「중국 정치체제 변화의 회고와 전망」, 『한국정치학회보』 35-4(2001).
전일환, 『난세를 다스리는 정치철학』(자유문고, 1990).
전해종 외, 『중국의 천하사상』(민음사, 1988).
정약용, 『맹자요의』(이지형 역주, 현대실학사, 1994).
정태윤, 『맹자의 사상』(문경, 1997).
조성기, 『맹자가 살아있다면』(동아일보사, 2001).
조윤수, 「유가의 법치사상」 『중국연구』 10(1987).
주희, 『맹자집주』(성백효 역, 전통문화연구회, 2005).
차주환, 『신완역 맹자』(명문당, 1984).
체스타 탄, 『중국현대정치사상사』(민두기 역, 지식산업사, 1979).
최 명, 『삼국지 속의 삼국지』(인간사랑, 2003).
_____, 『춘추전국의 정치사상』(박영사, 2004).
최성철, 「선진유가의 정치사상 연구」 『한국학논집』 11(1987).
최승희, 『조선초기 정치사연구』(지식산업사, 2002).
최지태, 『맹자학 : 맹자의 정치 및 사회사상』(을지서적, 1991).
치엔무, 『중국사의 새로운 이해』(권중달 역, 집문당, 1990).
캉유웨이, 『대동서』(이성애 역, 민음사, 1994).
크릴, 『공자-인간과 신화』(이성규 역, 지식산업사, 1989).
펑 유, 『천인관계론』(김갑수 역, 신지서원, 1993).
펑여우란, 『중국철학사』(정인재 역, 형설출판사, 1995).
프랑수와 줄리앙, 『맹자와 계몽철학자의 대화』(한울, 2004).
하영일, 『맹자의 왕도주의』(울산대출판부, 1997).
한국동양철학회 편, 『동양철학의 본체론과 인성론』(연세대출판부, 1990).
한국철학사연구회 편, 『한국철학사』(이성과 현실사, 1988).
허우와이루, 『중국철학사』(양재혁 역, 일월서각, 1995).
황원구, 『중국사상의 원류』(연세대출판부, 1988).

2) 중국

高懷民,「中國先秦道德哲學之發展」,『華岡文科學報』14(1982).
顧頡剛,「"聖", "賢" 觀念和字義的演變」,『中國哲學』(1979).
金德建,『先秦諸子雜考』(北京, 中州書畵社, 1982).
童書業,『先秦七子思想硏究』(濟南, 齊魯書社, 1982).
潘富恩 · 甌群,『中國古代兩種認識論的鬪爭』(上海, 上海人民出版社, 1973).
方立天,『中國古代哲學問題發展史(上,下)』(北京, 中華書局, 1990).
傅樂成,「漢法與漢儒」,『食貨月刊』復刊 5-10(1976).
徐復觀,『中國思想史論集』(臺中, 臺中印刷社, 1951).
聶文淵,「孟子政治觀中的民本思想」,『貴州社會科學』1993-1(1993).
蘇誠鑑,「漢武帝 "獨尊儒術" 考實」,『中國哲學史硏究』1(1985).
蘇新鋈,「孟子仁政首重經濟建設的意義」,『中國哲學史硏究』1(1988).
孫 謙,「儒法法理學異同論」,『人文雜誌』6(1989).
孫家洲,「先秦儒家與法家 "忠孝" 倫理思想述評」,『貴州社會科學』4(1987).
孫開太,「試論孟子的 "仁政" 學說」,『思想戰線』1979-4(1979).
孫立平,「集權 · 民主 · 政治現代化」,『政治學硏究』5-15(1989).
梁啓超,『先秦政治思想史』(上海, 商務印書館, 1926).
楊善群,「論孟荀思想的階級屬性」,『史林』1993-2(1993).
楊雅婷,「荀子論道」,『中國文學硏究』2(1988).
楊榮國 編,『中國古代思想史』(北京, 三聯書店, 1954).
楊幼炯,『中國政治思想史』(上海, 商務印書館, 1937).
楊鴻烈,『中國法律思想史』上,下(上海, 商務印書館, 1937).
呂思勉,『秦學術概論』(上海, 中國大百科全書, 1985).
吳乃恭,『儒家思想硏究』(長春, 東北師範大學出版社, 1988).
吳辰佰,『皇權與紳權』(臺北, 儲安平, 1997).
王文亮,『中國聖人論』(北京, 中國社會科學院出版社, 1993).
王亞南,『中國官僚政治硏究』(北京, 中國社會科學出版社, 1990).
熊十力,『新唯識論 : 原儒』(山東友誼書社, 1989).
劉奉光,「孔孟政治思想比較」,『南開學報(哲學社會科學)』6(1986).
劉澤華,『先秦政治思想史』(天津, 南開大學出版社, 1984).
游喚民,『先秦民本思想』(長沙, 湖南師範大學出版社, 1991).

______, 「先秦儒家民本思想論」, 『湖南師範大學社會科學學報』 6(1990).
李錦全 外, 『春秋戰國時期的儒法鬪爭』(北京, 人民出版社, 1974).
李宗吾, 『厚黑學』(求實出版社, 1990).
李澤厚, 『中國古代思想史論』(北京, 人民出版社, 1985).
人民出版社編輯部 編, 『論法家和儒法鬪爭』(北京, 人民出版社, 1974).
林聿時 · 關 峰, 『春秋哲學史論集』(北京, 人民出版社, 1963).
張豈之, 『中國儒學思想史』(西安, 陝西人民出版社, 1990).
張君勱, 『中國專制君主政制之評議』(臺北, 弘文館出版社, 1984).
張岱年, 「孟子"民爲貴"疏析」, 『中國哲學史硏究集刊』 2(1982).
趙光賢, 「什麽是儒家? 什麽是法家?」, 『歷史敎學』 1(1980).
鍾肇鵬, 「董仲舒的儒法合流的政治思想」, 『歷史硏究』 3(1977).
周立升 編, 『春秋哲學』(山東, 山東大學出版社, 1988).
周雙利, 「略論儒法在 '名實' 問題上的論爭」, 『考古』 4(1974).
周燕謀 編, 『治學通鑑』(臺北, 精益書局, 1976).
陳大絡, 「儒家民主法治思想的闡述」, 『福建論壇(文史哲)』 6(1989).
陳飛龍, 「孔孟荀三家禮之異同」 『中華學苑』 21(1978).
黃公偉, 『孔孟荀哲學證義』(臺北, 幼獅文化事業公司, 1975).
黃偉合, 「儒法墨三家義利觀的比較硏究」, 『江淮論壇』 6(1987).
黃俊傑, 「孟子王霸三章集釋新詮」, 『文史哲學報』 37(1989).

3) 일본

加藤常賢, 『中國古代倫理學の發達』(東京, 二松學舍大學出版部, 1992).
角田幸吉, 「儒家と法家」, 『東洋法學』 12-1(1968).
岡田武彦, 『中國思想における理想と現實』(東京, 木耳社, 1983).
鎌田 正, 『左傳の成立と其の展開』(東京, 大修館書店, 1972).
高文堂出版社 編, 『中國思想史(上,下)』(東京, 高文堂出版社, 1986).
高須芳次郎, 『東洋思想十六講』(東京, 新潮社, 1924).
館野正美, 『中國古代思想管見』(東京, 汲古書院, 1993).
溝口雄三, 『中國の公と私』(東京, 硏文出版, 1995).
宮崎市定, 『アジア史硏究(I-V)』(京都, 同朋社, 1984).
金谷 治, 『秦漢思想史硏究』(東京, 平樂寺書店, 1981).
大久保隆郎也, 『中國思想史(上)』(東京, 高文堂出版社, 1985).

大濱 皓,『中國古代思想論』(東京, 勁草書房, 1977).
渡邊信一郎,『中國古代國家の思想構造』(東京, 校倉書房, 1994).
服部 武,『論語の人間學』(東京, 富山房, 1986).
上野直明,『中國古代思想史論』(東京, 成文堂, 1980).
相原俊二,「孟子の五覇について」,『池田博士古稀記念論集』(1980).
小倉芳彦,『中國古代政治思想硏究』(東京, 青木書店, 1975).
松浦 玲,「'王道'論をめぐる日本と中國」,『東洋學術硏究』16-6(1977).
守本順一郞,『東洋政治思想史硏究』(東京, 未來社, 1967).
安岡正篤,『東洋學發掘』(東京, 明德出版社, 1986).
安居香山 編,『讖緯思想の綜合的硏究』(東京, 國書刊行會, 1993).
栗田直躬,『中國古代思想の硏究』(東京, 岩波書店, 1986).
伊藤道治,『中國古代王朝の形成』(東京, 創文社, 1985).
日原利國,『中國思想史(上,下)』(東京, ぺりかん社, 1987).
佐川 修,「董仲舒の王道說」,『東北大學教養部紀要』19(1974).
中村 哲,「韓非子の專制君主論」,『法學志林』74-4(1977).
紙屋敦之,『大君外交と東アジア』(東京, 吉川弘文館, 1997).
淺間敏太,「孟荀における孔子」,『中國哲學』3(1965).
淺井茂紀他,『孟子の禮知と王道論』(東京, 高文堂出版社, 1982).
貝塚茂樹 編,『諸子百家』(東京, 筑摩書房, 1982).
戶山芳郞,『古代中國の思想』(東京, 放送大教育振興會, 1994).
丸山松幸,『異端と正統』(東京, 每日新聞社, 1975).
丸山眞男,『日本政治思想史硏究』(東京, 東京大出版會, 1993).
荒木見悟,『中國思想史の諸相』(福岡, 中國書店, 1989).

4) 서양

Ahern, E. M., *Chinese Ritual and Politics*(London : Cambridge Univ. Press, 1981).
Allinson, R.(ed.), *Understanding the Chinese Mind : The Philosophical Roots* (Hong Kong : Oxford Univ. Press, 1989).
Aristotle, *The Politics* (London : Oxford Univ. Press, 1969).
Barker, E., *The Political Thought of Plato and Aristotle* (New York : Dover Publications, 1959).

Bell, D. A., 「Democracy in Confucian Societies : The Challenge of Justification.」 in Daniel Bell et. al., *Towards Illiberal Democracy in Pacific Asia* (Oxford : St. Martin's Press, 1995).

Carr, E. H., *What is History* (London : Macmillan Co., 1961).

Cohen, P. A., *Between Tradition and Modernity : Wang T'ao and Reform in Late Ch'ing China* (Cambridge : Harvard Univ. Press, 1974).

Creel, H. G., *Shen Pu-hai. A Chinese Political Philosopher of The Fourth Century B.C.* (Chicago : Univ. of Chicago Press, 1975).

Cua, A. S., *Ethical Argumentation-A study in Hsün Tzu's Moral Epistemology* (Honolulu Univ. Press of Hawaii, 1985).

De Bary, W. T., *The Trouble with Confucianism* (Cambridge, Mass./London : Harvard Univ. Press, 1991).

Fukuyama, F., *The End of History and the Last Man* (London : Hamish Hamilton, 1993).

Hsü, L. S., *Political Philosophy of Confucianism* (London : George Routledge & Sons, 1932).

Moritz, R., *Die Philosophie im alten China* (Berlin : Deutscher Verl. der Wissenschaften, 1990).

Munro, D. J., *The Concept of Man in Early China* (Stanford : Stanford Univ. Press, 1969).

Peerenboom, R. P., *Law and Morality in Ancient China-The Silk Manuscripts of Huang-Lao* (Albany, New York : State Univ. of New York Press, 1993).

Plato, *The Republic* (London : Oxford Univ. Press, 1964).

Pott, W. S., A *Chinese Political Philosophy* (New York : Alfred. A. Knopf, 1925).

Rubin, V. A., *Individual and State in Ancient China-Essays on Four Chinese Philosophers* (New York : Columbia Univ. Press, 1976).

Schwartz, B. I., *The World of Thought in Ancient China* (Cambridge : Harvard Univ. Press, 1985).

Taylor, R. L., *The Religious Dimensions of Confucianism* (Albany, New York : State Univ. of New York Press, 1990).

Tomas, E. D., *Chinese Political Thought* (New York : Prentice-Hall, 1927).

Tu, Wei-ming, *Way, Learning and Politics-Essays on the Confucian Intellec-*

tual (Albany, New York : State Univ. of New York Press, 1993).

Waley, A., *Three Ways of Thought in Ancient China* (New York : doubleday & company, 1956).

Wu, Geng, *Die Staatslehre des Han Fei–Ein Beitrag zur chinesischen Idee der Staatsräson* (Wien & New York : Springer–Verl., 1978).

| 신동준 |

1956년 충남 천안생
경기고등학교 졸업
서울대 정치학과 및 동대학원 졸업(정치학박사)
동경대 동양문화연구소 객원연구원
서울대, 외국어대, 국민대, 덕성여대 강사(현)
21세기 정치연구소 소장 겸 孟坡講院 원장(현)

저서
『통치보감』, 『관중과 제환공』, 『치도와 망도』
『역사대장정』, 『연산군을 위한 변명』
『덕치 · 인치 · 법치』, 『통치학원론』, 『삼국지통치학』, 『조조통치론』
『중국문명의 기원』, 『논어론』, 『공자의 군자학』.

역서
『난세를 평정하는 중국통치학-후흑학』, 『자치통감-삼국지』
『오월춘추』, 『전국책』, 『국어』, 『춘추좌전』.

논문
「선진 유법가의 치도관과 치본관의 비교연구」
「역대 대통령 통치행위에 대한 치도론적 비교연구」
「몽양주의에 관한 치도론적 분석」
「중도주의 이념정립에 관한 치도론적 고찰」

맹자론

초판1쇄 / 2006년 10월 20일

지은이 **신동준**
펴낸이 **여국동**
펴낸곳 **도서출판 인간사랑**
인 쇄 **백왕인쇄**
제 본 **은정제책사**

출판등록 1983. 1. 26. / 제일-3호

정가 35,000원

ISBN 89-7418-722-1 03140

(411- 815) 경기도 고양시 일산구 백석동 1178-1
TEL (031)901-8144, 907-2003
FAX (031)905-5815
e-mail/igsr@Yahoo.co.kr
igsr@Laver.com